U0944315

湘学研究报告

(2016)

湖南省湘学研究院◎主编

中国社会科学出版社

图书在版编目(CIP)数据

湘学研究报告．2016／湖南省湘学研究院主编．—北京：中国社会科学出版社，2017.12

ISBN 978－7－5203－1582－1

Ⅰ．①湘…　Ⅱ．①湖…　Ⅲ．①学术思想—思想史—研究报告—湖南—2016　Ⅳ．①B2

中国版本图书馆 CIP 数据核字（2017）第 288581 号

出 版 人　赵剑英
责任编辑　孙　萍
责任校对　王佳玉
责任印制　王　超

出　　版　中国社会科学出版社
社　　址　北京鼓楼西大街甲 158 号
邮　　编　100720
网　　址　http://www.csspw.cn
发 行 部　010－84083685
门 市 部　010－84029450
经　　销　新华书店及其他书店

印　　刷　北京君升印刷有限公司
装　　订　廊坊市广阳区广增装订厂
版　　次　2017 年 12 月第 1 版
印　　次　2023 年 11 月第 2 次印刷

开　　本　787×1092　1/16
印　　张　20
字　　数　338 千字
定　　价　85.00 元

《湘学研究报告（2016）》编辑委员会

前　言

湘学研究院自2012年成立以来，即组织团队编纂《湘学年鉴》，选载有关重要研究成果，评介相关重要著作，汇集相关资料索引，旨在为广大研究者提供较为详尽的湘学研究资料借鉴，偏重于“资料性”。自2016年开始，我们决定将《湘学年鉴》改版为《湘学研究报告》，在尽量维持原有“资料性”特色的基础上，加强对年度湘学研究成果的分类归纳和评述，增强成果的“研究性”，主要是为了比以前更加完整、全面地展现年度湘学研究成果，利于研究者和读者更加全面、准确地把握年度湘学研究动态，从而更好地为湘学研究服务。

“路漫漫其修远兮，吾将上下而求索。”湘学，内含着湖湘优秀传统文化最深沉的精神追求。湘学研究工作者孜孜以求，从各个视角和不同层面探究湘学。通过分类评述历年湘学研究状况，可以更清晰地展示湘学的内涵和传承，凸显湘学精神、品格、思想，反映湘学优秀传统文化深厚历史渊源与湖南乃至中国现实发展的内联。

与过去几年的湘学研究成果相比较，2016年度的湘学研究既保持了湘学研究领域的共性，又有新的特色和发展趋势。作为区域学术意义上的湘学，其概念、内涵、范畴及源流的研究，虽然仍是湘学研究领域的重要内容，但学者的研究视角不再局限于某种哲学流派或思想，而是从广度和深度上极大地拓展了湘学的内涵与外延，这为湘学的研究开辟了广阔的空间，尤其在构建湘学的学术谱系与湘学的近代转型研究方面，取得了系列创新的成果。

湘学思想内容丰富，包括历代湖湘人士的政治、法治思想，军事、外交思想，经济、社会思想，科技、教育思想，等等。湘学思想影响深远，特别是近代以来，对中国社会发展产生了巨大的推动作用。2016年的湘学思想研究成果主要集中在对近代以来湖湘人士的各种思想及其影响方面的探讨。

文献是记录、积累、传播和继承知识的最有效手段，是记录人类社会活动最基本最主要的史料，也是学者从事研究的基础。2016 年度对湘学文献的整理与研究取得丰硕的成果，为湘学研究注入新鲜血液，更加彰显了湘学的学术特色。

湘学是一个历史发展形成的概念，其内涵和外延以及学术表现形态在各个历史时期的表现不尽一致。需要指出的是，虽然湖南地区的非物质文化遗产、湖湘文学与艺术研究、湖湘宗教与民俗研究这些研究领域并不能等同于作为学术思想意义上的湘学，但这些具有独特湖南地方特色的本土文化资源，不失为孕育湘学的文化与思想土壤，因此我们将该领域的研究也纳入《湘学研究报告》之中，以求能够全方位多角度地开展湘学研究。

湘学是湖南文化的内核，是湖湘大地最深厚的文化软实力，内涵丰富，并鲜明地体现在湖湘士人的精神气质中。正是在湘学精神的浸染之下，一代又一代湖湘人士砥砺前行，推动了湖南乃至中国经济社会的发展，为实现中华民族的伟大复兴做出了自己的贡献。湘学所倡导的心忧天下的爱国情怀、敢为人先的创新精神、不尚空言的实干品格以及不甘人后的自强毅力等，已成为中国精神的重要组成部分。因此，弘扬湘学精神，不只是有为湖南，更是有为天下；诵说先贤，不只是为致敬往世，更是为服务当今。

目　　录

附　录

一　湘学综合研究

湘学综合研究包括“湘学内涵与源流研究”“湖湘学术及学派研究”“湖南非物质文化遗产研究”以及“湘学精神品格研究”四个方面。2016年，以“湘学”为关键词的各类文章有80余篇，其中学术论文有20篇，大部分都涉及湘学研究的上述四个方面。论著则有朱汉民的《湘学通论》，另外还有虽不以“湘学”为关键词，但与湖湘学术及学派、湘学精神品格主题相关的各类文章100多篇。

（一）湘学内涵与源流研究

湘学研究成果固然不少，但时至今日，学界对于湘学的概念、内涵仍然存在不同的意见。

1. 关于湘学概念与内涵的研究

关于湘学概念与内涵的研究，主要是梳理学界对湘学概念、内涵的不同意见，并有学者提出可以构建“湘学”学科体系。

王继平的《论湘学及其学术谱系》一文总结归纳了对湘学概念研究成果的四种具有代表性的意见：一是有的学者认为，广义地说，湘学史就是湖南地区的学术思想发展史，特别是宋以后的湖南学术史，湖湘学派倡导的理学历史和务实学风一直贯穿其中。二是有的学者认为，湘学是一种极富特色的地域思想，是指在湖南地区产生和传承并对湖南地区产生影响的以哲学为核心的学术思想。强调湘学的内涵是哲学，作为湖湘文化内核的湘学，核心内容就是湖湘哲学。三是有的学者认为，湘学产生于南宋时期的湖南，但湘学不是一般意义上的湘中学术的省略称谓，湘学既非一般意义上的湘中学术，就不应当包含风土人情、农桑手工以及辞章训诂、书法、绘画、建筑、雕塑之类。湘学的基调是宋学，所谓义理之学，义理，是湘学主要的和核心的内涵。因此，湘学在原则意义上，应当是传统儒学在湖南生根和演变历程的凝缩式称谓。四是有的学者在“新架构”的视域下认为，新架构下的湘学不是一般意义上的文化概念，不是纯粹的地理概念，也不是凝固不变的时间概念，更不只是一个学理概念。新架构下的湘学就是关于湖南的历史、现在与未来的学问，是关于湖南人、湖南事和与湖南相关的人和事的学问，是关于当今湖南社会发展中有关湖湘气派、湖湘特质、湖湘风格、湖湘精神的学问，是关于湖南在中国的地位、在世界的地位的学问。简言之，新架构下的湘学就是湖南学。王继平认为，当代湘学的研究者基本上赞同湘学就是湖南学术思想史或者学术史（思想与方法），至少湖南学术思想史是湘学主要的内容，只是在湘学的内容、范畴上有不同的看法，但大多没有超出李肖聃先生的《湘学略》的界定。他个人倾向于从学理的角度来定义湘学，就是晚清、民国学者主张的，方克立先生广义定义的湘学概念，即湘学是指湖南区域学术思想史或学术史，是中国学术史的一部分，在不同的时代，它表现为不同的形式。借用张立文先生的定义，所谓湘学，就是对湖南历史上的“哲学家、思想家、学问家、科学家、宗教家、文学家、史学家、经学家等的学说和方法系统，并藉其文本和成果，通过考镜源流、分源别派，历史地呈现其学术延续的血脉和趋势”。①

要构建一门学科，首先要明确研究对象。作为中国学术史的分析学科，湘学的研究对象是什么？也就是“湘学”的内涵与外延是什么？《湘学通论》这本书对此问题提出了独到的见解。该书对如何处理共性与个性、部分与总体的关系，进行了有益的探索，即将地域视角与国家视角结合起来，既探讨湘学的独特性，又探讨湘学中体现出的中国学术史的共性。该书将湘学与中国传统学术文化演变的动态关系予以揭示。首先，把湘学的形成放在中国传统学术嬗变的大背景下考察。“湘学作为一种区域学术形态出现于学术界，绝不是一种孤立的文化现象，而是与中华学术文化的重大发展、转型密切相关。”② 湘学形成于宋代，与理学思潮的兴起、中国文化重心南移的完成、儒学地域化的出现等有关。其次，注意挖掘湘学对中国传统学

① 王继平：《论湘学及其学术谱系》，《船山学刊》2016 年第 2 期。

② 朱汉民：《湘学通论》，高等教育出版社 2016 年版。

术文化的贡献。正如作者所言："湘学的地位、影响总是与它对中华学术文化的表达与贡献有关。"[①] 湘学并非只是被动地接受中国传统学术文化演变的影响，而且还积极参与、引导中国传统学术文化的演变，甚至在一定程度上以维系儒学正统为己任。在湘学史上一个很有意思的现象就是，湘学学者一直有很强的儒学正统意识，揭"湖湘正学""道南正脉"之旗帜[②]。作为一种历史的还原，自然不宜以固定的概念来剪裁历史事实。朱汉民著《湘学通论》意不在简单地复述历史，而是站在当代学者的立场上反思与建构湘学，因而有自己的筛选与设定。他认为，"湘"代表的是湖南行政区划的地域空间，"学"指具有学理意义的传统学术思想，将"湘学"界定为"湖南地区所形成的传统学术文化"。[③] 但同时，他也强调：湘学为中国传统学术文化的地域化形态之一，它的渊源、形成、演变、发展均是在中华学术文化的大框架之中，并且是在与其他区域学术形态的交流、融汇过程中发生的，因此，"无论其他地域的学术在湖南的传播、衍化、交流，还是湘学学者在其他地域的交流、传播，均是本书研究的内容"[④]。这就将湘人之学与湘地之学都囊括进了湘学的范围，从而较好地规避了以人为主与以地为主的冲突。而在"学"的界定上，也由作为理学流派之一的"湖湘学"扩充到"传统学术文化"，极大地丰富了湘学的内涵。[⑤]

张晶萍在《湘学何以可能——评〈湘学通论〉》这篇书评中再次对有关湘学概念界定问题进行了研究。文章提出"湘学"概念是历史形成的。概念不同，所指亦非，往往导致论者不在同一层面对话。"湘学"乃一偏正词组，"湘"是范围界定，"学"是内涵设置。然而，"湘"究竟是指湘人还是指湘地？"学"的内涵究竟为何？作者有感于当代学者在类似概念问题上的缠绕不休，转而探讨"湘学"概念的形成史，通过分析"湘学"这一概念在历史中的运用，反观"湘学"的内涵与外延。从历史人物对"湘学"概念的运用来看，有的以地为主，如李肖聃的《湘学略》，既包括本省人，也包括流寓湘中的官僚、学者、士大夫；有的以湘人为主，如刘茂华的《近代湘学概论》和钱基博的《近百年湖南学风》，就不包括外省人的学说与活动。"湘学"有时泛指湖南的学术文化，有时指湖南的学术著述，有时

① 朱汉民：《湘学通论·前言》，高等教育出版社2016年版。
② 张晶萍：《湘学何以可能——评〈湘学通论〉》，《湘学研究》2016年第2辑。
③ 朱汉民：《湘学通论》，高等教育出版社2016年版。
④ 朱汉民：《湘学通论·前言》，高等教育出版社2016年版。
⑤ 张晶萍：《湘学何以可能——评〈湘学通论〉》，《湘学研究》2016年第2辑。

指湖南的学术风气，有时甚至指湖南的学校、教育，等等，不一而足；发展至民国，外界所论的“湘学”则逐渐转向实质性的、具有湖南特色的学术精神风貌甚至学术流派，从而把“湘学”当作研究对象。而对湘学特色、旨趣等问题的看法，也往往随着概念的流动而变化。①

王继平分析晚清湘学发展的县学因素，他认为，湘学在经历了元、明时期的相对沉寂之后，进入了晚清繁盛时期。促成这一时期的繁盛现象，除了学术发展内在的规律及客观环境外，县域人文因素或曰县学的积淀，是重要的元素。② 如姚武在《魏源与湘学演进：中国近代化的开启与突围》一文中认为：严格学理意义上的湘学，其研究视野是指两宋到清末在湖南地区产生和发展的、将儒家性理之学与经世之学相结合的学术形态。湘学是中国传统学术即“国学”的组成部分，也是传统儒学、宋明理学的重要分支，是儒学发展和儒学地域化的产物。它的研究视野具有内在的自足性，具有一定的保守和封闭性。由于湘学一直以来具有“学贵力行”“经世致用”等特质，当湘学发展到近代，它的领域根据时代的变化，突破中国传统学术的研究局限，开始放眼世界。③

湘学研究院成立的主要目的就是要研究湘学，宣传湘学；研究湖南，宣传湖南，弘扬湖南精神。进一步挖掘湘学的内涵，让湖湘文化“走出去”，是把湖南建设成一个文化强省的必由之路。刘建武在《挖掘湘学内涵，为湖湘文化塑魂铸品》一文中指出：湘学是湖南文化的根脉与内核，深入挖掘湘学的丰富内涵，以塑湖南文化之“魂”。文化“走出去”，意味着既要让文化产品走向国际市场，让文化活动走向国际舞台，更要让文化精神走向国际社会并获得世人的认可和接受。党的十八大以来，中央高度重视中华文化“走出去”，同时强调要突出思想内涵、彰显价值观念、传播中国精神、展现中国形象。湖南文化“走出去”是中华文化“走出去”总体战略的重要组成部分，承载着传播湖湘精神、展示湖南形象的使命担当。诚如国学本质上是中国精神产生的母体，湘学同样是孕育滋养作为“湘魂”的湖湘精神的活水源头。推进湖南文化“走出去”，主旨在于传播和弘扬与中国精神一脉相承的湖湘精神，借此助益湖南发展。④

---

① 张晶萍：《湘学何以可能——评〈湘学通论〉》，《湘学研究》2016 年第 2 辑。

② 王继平：《晚清湘学发展的县学因素》，《安徽史学》2016 年第 3 期。

③ 姚武：《魏源与湘学演进：中国近代化的开启与突围》，《湖南科技大学学报》2016 年第 2 期。

④ 刘建武：《挖掘湘学内涵，为湖湘文化塑魂铸品》，《湖南日报》2016 年 2 月 7 日。

2. 关于湘学源流的研究

湘学是一个历史发展形成的概念，其内涵和外延以及学术表现形态在各个历史时期表现不尽一致。古老的湘楚文化，屈、贾、柳、刘等士大夫流寓湖湘形成的思想文化，濂溪之学、湖湘学派、船山之学，等等，均是湘学形成的思想渊源和文化基础。

张京华在《湘学的源头和湖南的贡献》一文中指出，炎帝、舜帝、贾谊、柳宗元代表了湖湘文化中的“寓贤”元素，鬻熊、屈原代表了湖南、湖北“楚文化”的共同元素，那么，周敦颐、王夫之、曾国藩则是真正本土的古代湖南文化中最优秀、最典型的代表。他高度评价了周敦颐的文化贡献，认为周敦颐是第一个对中国传统文化产生重大影响的湖湘学人。周敦颐上承孔孟，下启程朱，开创湖湘学术的新形态，与孔孟、程朱具有同等的重要地位，是宋以后中国思想发展的“源头活水”。周敦颐的思想光芒如一盏明灯，照亮了中国近千年的历程，照亮了东亚世界，此其所以为一代圣人。作者进一步论述了湖南的贡献在于其独特的地域文化。湖湘文化，源远流长，有肇端，有源流，有清晰的主题、主线。研究湖湘文化，应当注重提升主题、提炼主线。濂溪学、湘学、理学、儒学的研究，与经学、国学相接，学术视域最为博大，思想内涵最为丰富。诚如朱汉民教授所指出的，楚之屈原为文学鼻祖，代表湖湘的“文统”；宋之周敦颐为理学开山，代表湖湘的“学统”。①

王继平在《论湘学及其学术谱系》中对“湘学”进行溯源，详细论述了湘学的学术传承及其形态。该文认为：作为学术流派的湖湘学派虽然在南宋时形成，但时人也只是以“湖湘学派”“湖南学”“湖一派”来称谓，没有出现“湘学”的概念。从目前所掌握的材料来看，“湘学”一词出现在清末维新运动时期。先是江标、唐才常、蔡钟睿等创办于湖南长沙的《湘学新报》，后改为《湘学报》，但“湘”表达的只是区域的概念，“湘学”也不是指湖南学术。《湘学报》宣传、介绍的是西方近代社会科学和自然科学知识，宣传维新变法，它设史学、时务、舆地、算学、商学、交涉、格致等栏目。王继平指出，从湘学学术谱系的角度对湘学进行了概括的是叶德辉和杨毓麟。对湘学进行系统研究的是李肖聃先生。李肖聃应邀撰写了《湘学小史》。1934 年，他又撰写了《湘学叙录》。1946 年，在湖南大学任

① 张京华：《湘学的源头和湖南的贡献》，《中华读书报》2016 年 6 月 15 日。

教的李肖聃在此两文的基础上撰成《湘学略》，述北宋周敦颐至晚清谭嗣同共二十六学略，涵括宋以来历代湖南学人及流寓学人。在此之前的 1943 年，钱基博先生撰写了《近百年湖南学风》一书，叙汤鹏、魏源、罗泽南、李续宾、王鑫、胡林翼、曾国藩、左宗棠、刘蓉、郭嵩焘、王闿运、阎镇珩、邹代钧、罗正钧、谭嗣同、蔡锷、章士钊十七位文人、学者、循吏、良相、名将“好学深思”之学行，其实是一部近代湘学略或者湘学学案。对中国学术史有系统研究的梁启超，没有使用“湘学”来描述湖南学术史，而是使用“湖湘学派”“沅湘学派”来表达。可见，在清末、民国学者那里，湘学、湖湘学派、沅湘学派都是湖南学术的指称，他们虽然没有给予湘学以明确的定义，对湘学发展脉络的梳理以及对湖湘学者学术的描述，显然是指湖南学术思想史。①

3. 关于近代湘学的转型研究

湘学在发展过程中，经历了从古代到近代的转型，体现了这一地域文化及学术历久弥新的生命力。尤其是鸦片战争之后，中国的传统文化遭遇了前所未有的挑战，开始转向新的发展方向。以传统文化为主导的湘学，适应时代变化，开始了最早向近代的转型的时期。

姚武在《魏源与湘学演进：中国近代化的开启与突围》中指出，近代湘学在转型过程中，魏源是其中最为关键的人物，他著书立说，开风气之先，提出了前人未能想到的新见解，推动湘学进入新的历史阶段，堪称湘学近代转型的前驱先路，为其走向新的时代奠立了基础。他提出的种种见解突破了传统观念，在中国思想史上开辟了一个新纪元，产生了深远的历史影响。姚武高度评价了魏源作为近代湘学先驱人物，顺应历史潮流，运用“世界眼光”，复兴“经世致用”思想，提出“师夷长技以制夷”等重要主张，引导和促进了近代湘学演进。在传统湘学“敢为天下先”的感召下，魏源应时而变，运用“世界眼光”，在拓展近代湘学学术领域的同时，探寻造成中国近代文化困境的根源，在中国近代化开启与突围上起到了重要的开拓作用。传统湘学“经世致用”的思想，经过魏源的复兴和推进，成为近代湘学人物探求中国近代化突围的思想武器。魏源主张“变易”思想与“经世致用”作风相结合，促进了近代湘学理论与实践的新发展，在中国近代化突围中引领了革新浪潮。湘学人物“敢为天下先”，擅长困境突

① 王继平：《论湘学及其学术谱系》，《船山学刊》2016 年第 2 期。

围，主要得益于湘学在治学方法上包含有与时俱进的“变易”思想。这里的治学方法是指湘学人物研究和处理社会问题的思维方法。湘学有一个显著特征，就是历史上当其他地域学派在传承的时候，而湘学往往在求变。许多湘学人物既表现出突破成见、兼容并蓄的开放气度，又展露了坚持与时俱进、变革求新的通变精神。①

冯友兰先生基于近代化的视野对晚清湘学与湘人进行了专门研究。李新士在《冯友兰基于近代化视野对晚清湘学及湘人的研究》中以冯友兰研究湘学的成果为基础，对近代湘学在各时期的转型与成就进行比较研究。冯友兰先生认为，在举国对西方深固闭拒的守旧氛围中开展洋务运动，要从理论上进行论证。湖湘学派“以事功济义理”的传统学风对此有推动作用。王夫之“道丽于器”的道器观，颠覆了传统的重道轻器的道器观；魏源所主张的“师夷长技以制夷”的总对策拉开了洋务运动的序幕；曾国藩由“理”到“气”的理学转变，不但使他在精神上战胜了洪秀全的“上帝”，也为他开辟近代化道路提供了理论支撑。因为王夫之的大部分著作在湖南大山中完成，所以没有流传出来。一直到晚清，才由曾国藩兄弟整理刊印，从而成为晚清湖湘学人的重要学术资源。魏源的经世致用哲学思想，使他注重从现实出发，对西洋技术和资本主义制度有更多的观察。冯友兰认为，正是因为魏源具备这些进步哲学思想，并处在中国历史大转变时代，才能对事物有比较正确的认识，也才能提出比较正确的解决问题的对策。也可以说，中国哲学的优良传统，以他的体现，在历史大转变中起了很大的进步作用。②

20 世纪初的中国，在经历了义和团起义、八国联军侵华之后，陷入了严重的民族危机和政治危机之中。内部阶级矛盾加剧，外部帝国主义再次掀起瓜分中国的狂潮，中国面临着生死存亡的考验。清廷和社会各界的有识之士在危机形势的激发下努力探索挽救危亡的道路。周接兵指出，在诸多挽救危亡的行动中，湘学在时势的推动下，再一次登上历史舞台，杰出的湘学人物从政治、军事、教育等各个方面提出了颇具建设性的救国方案。从内容上看，刘坤一主导的江楚三折突破了洋务派自身中体西用的藩篱，提出了政治体制变革的要求，成为清末新政的总纲领和总方案，是维新变

① 姚武：《魏源与湘学演进：中国近代化的开启与突围》，《湖南科技大学学报》2016 年第 2 期。

② 李新士：《冯友兰基于近代化视野对晚清湘学及湘人的研究》，《南阳师范学院学报》2016 年第 10 期。

法的继续和深化。真正负责教育改革具体实施并有创造性改进的是湘学人物张百熙，他主管京师大学堂的重建、学堂章程的制定，以及全国教育工作。蔡锷的军国民主义思想透彻地分析了中国积弱受辱的原因，对封建主义的批判也入木三分。蔡锷为推翻满清、推翻袁世凯帝制、捍卫民主共和立下了赫赫战功。杨度把经济军国主义最终落实到政治上，确立了“金铁主义—君主立宪”的救国理念和政治革命模式，并最终通过政党、国会来实现。革命派把传统民族主义置于世界视野之下，将传统民族主义思想与反对帝国主义结合起来，提出了“民族建国主义”的口号，成为革命派进行排满反帝革命的指导思想。湘学人物杨毓麟就是最早提出民族建国主义的革命者之一①。

陈代湘、周接兵在《马克思主义大论战与湘学的新民主主义转型》一文中指出，湘学人物毛泽东、蔡和森、李达等运用马克思主义基本原理批判各种非马克思主义学说，有力地捍卫了马克思主义唯物史观、阶级斗争学说和无产阶级专政学说，为中国社会以及湘学的新民主主义转型做出了突出的历史贡献和文化贡献。随着毛泽东、蔡和森、李达等湘学人物走上马克思主义道路，湘学也开始由近代向现代转型，由旧民主主义向新民主主义转型。怎样认识转型后的新民主主义湘学呢？新民主主义湘学与之前的湘学有什么区别呢？作者从三个层面对此问题进行深入分析：首先，从转型的衡量标准和发展的终极目标看，近代湘学转型的衡量标准和发展的终极目标是市场经济、民主政治和个人自由三大标准，近代湘学在其发展过程中也的确是朝着这三个方向努力的。其次，从促成湘学转型的因素看，促成湘学近代转型的因素一方面是湘学内在的批判精神，另一方面是鸦片战争所带来的西方文化的冲击。最后，从湘学人物的文化背景和知识构成看，近代湘学人物的知识背景是中西文化冲突的二元文化格局，新民主主义湘学则在中西文化二元格局的基础上，添加了马克思主义的内容。而马克思主义的形成与发展过程是建立在对封建主义和资本主义双重批判之上的，换言之，马克思主义源于并高于中西文化的二元格局。这就使得新民主主义湘学人物不仅具备了世界视野和世界眼光，而且具备了中、西、马三维文化视野，更具备了运用马克思主义基本原理批判中西文化的知识基

① 周接兵：《挽救危亡：帝国主义瓜分中国形势下的湘学》，《上饶师范学院学报》2016 年第 4 期。

础和理论水平。①

2016 年，学界对湘学的内涵与源流进行了比较系统的梳理、探讨与研究，取得了可喜的成绩。对湘学的转型研究，较以往而言，更注重分析其近代化转型的原因。

（二）湖湘学术及学派研究

湘学是中国传统学术的组成部分，带有中国传统学术的共性与普遍性。同时，湘学又是中国传统学术的地域化形态，带有地域的个性与特殊性。自宋代以来，湖湘学术思想不断繁荣发展，学术流派对湖湘学术思想不断传承。2016 年，对湖湘学术思想的研究主要集中在有关思想家、哲学家、史学家的学术与哲学思想及其相关成果的研究方面；对湖湘学派的研究则主要集中在宋明理学学派及其对周敦颐思想的传承方面。

1. 湖湘学术思想研究

湖湘学术思想内涵丰富，包括几千年来湖湘学人在哲学、经学、史学等领域的思想。2016 年，学界对王船山、曾国藩、郭嵩焘、刘蓉、谭嗣同、蒋廷黻、金岳霖等人的学术思想展开了研究。

几百年来，船山学影响深远。王泽应指出，王船山先后做过“科举救国梦”“反清复明梦”和“文化救国梦”，并为“文化救国梦”付出了长达数十年的艰辛努力。他在困顿中以一种空前的学术自觉和价值自觉，既“坐集千古之智”，又“推故而别致其新”，对中华哲学文化作出了全面总结和创造性建构。在中国古代学术发展史上，王船山可谓是真正“究天人之际，通古今之变，成一家之言”的思想学术大师，他结合中华学术文化发展的逻辑和未来社会发展的需要建构起了一个朴素唯物主义和朴素辩证法相结合的思想体系，将中国古代哲学文化推进到一个新的阶段。②

王夫之的哲学突出了公正、正义的伦理思想，强调公正原则是政治伦理和社会伦理的主导原则，召唤公平正义。公正思想通过礼用实现了贯通，

① 陈代湘、周接兵：《马克思主义大论战与湘学的新民主主义转型》，《湖湘论坛》2016 年第 2 期。

② 王泽应：《船山思想对建构中国特色哲学社会科学的贡献与启示》，《船山学刊》2016 年第 4 期。

公正通过过程和动态展现，礼用通过天理和人情以实现公正，礼用是对大义本质的落实，通过礼用达到本质大义，君与民、上与下通过礼用达到人际关系和睦，修正制度纲纪通过礼用达到良好政治伦理和社会伦理。王夫之的“礼”范畴不仅是一种规范体系，还是一种贯通体系，是规范向贯通的超越。[①] 他坚持士人精神，坚持维护民族尊严，树立道德自我，坚贞不渝、老而弥笃。有论者认为，他的士人精神主要体现为：民族至上的爱国主义精神、经世致用的求实精神、自强不息的奋斗精神和卓然不惑的创新精神。他身上不仅体现着锐意进取、积极奋斗、敢想敢做的狂者精神，同时也有着率真洒脱、淡泊自持的狷者意志。[②] 家庭是社会共同体最古老的形式之一，是社会的细胞。推崇“家国同构”的中国儒家文化历来重视家庭伦理，王夫之亦如此。他的家庭伦理观思想主要包括父慈子孝、家教从严；夫义妇听，相敬如宾，勤俭持家；兄友弟恭，安静守分。随着现代化带来的社会变迁，人类家庭发生着有史以来从未有过的急剧变革，无论是西方还是中国的传统的家庭制度和家庭观念面临着严峻的挑战，而王夫之齐家思想中的有益部分对当前世界性的“家庭危机”颇有参考借鉴价值。[③] 中国传统文化特别是儒家文化以友情为其学说的一大支柱，王夫之对友情亦十分重视。一方面，王夫之认为朋友的价值非常重要，朋友之间要互帮互助，促进彼此的完善；另一方面，王夫之认为朋友相处要有良好的规矩，朋友之间要诚信为本、从义不从利。[④] 在当今大力培育和践行社会主义核心价值观的浪潮下，王夫之的友情观可以说不无裨益。

被世人奉为“千古第一完人”的曾国藩，强调以自省修身为基础的个体道德、以勤俭孝悌为核心的家庭伦理及以诚恕和谐为原则的社会伦理。他主张在个体道德上，要以严谨的态度进行治学、以克己慎独的方式进行修身、以自我反思的态度进行自省；在家庭伦理上，要以孝为本，在孝的基础上勤俭持家，维护着家庭乃至乡邻的和睦共处；在社会伦理上，则要以诚为原则处理个人与他人、个人与社会的关系，这两对关系的处理将直接影响整个社会的秩序。[⑤] 有论者认为，曾国藩的家庭伦理思想远远超越了

① 李长泰：《论王夫之公正思想的礼用贯通面向》，《湖南师范大学社会科学学报》2016 年第 2 期。

② 陈杨：《论王夫之的士人精神与风流思想》，《衡阳师范学院学报》2016 年第 2 期。

③ 阳海燕：《王夫之的家庭伦理观及其当代价值》，《衡阳师范学院学报》2016 年第 5 期。

④ 唐卫红：《王夫之的友情观及其当代价值》，《衡阳师范学院学报》2016 年第 5 期。

⑤ 曹维文：《曾国藩伦理思想及其当代价值——基于曾国藩家书的文本研究》，硕士学位论文，南京师范大学，2016 年。

地域和时代的时空限制，影响到了社会的各界人士和各个阶层，具有重要的历史地位。但他的伦理思想却是以维护封建伦理纲常为核心的，他的家庭伦理思想带有浓厚的重孝尊礼色彩，而他所重的这种孝和礼又是维护封建统治社会秩序和社会制度的重要组成部分，是一种严格的宗法等级制度，也是维护宗法等级制度的社会秩序和道德规范，更是为维护封建等级社会秩序和道德规范而采取的一种组织制度和措施。尽管如此，其思想闪光部分仍对构建满足当代需求的家庭伦理道德建设，加快和谐社会主义现代化建设具有极其重要的现实意义。① 也有论者认为，曾国藩的孝悌思想尽管有着诸多局限性，但仍具有重要的历史价值和现实意义。它促使了曾氏家族长盛不衰，为社会各阶层树立了治家典范，也丰富和发展了传统孝悌思想。② 曾国藩所倡导的孝为家和之方、睦邻为和家之辅、先孝后忠等思想可以为继承和弘扬中华民族优良道德传统之孝文化提供有益的借鉴。在家庭伦理中，父慈子孝、兄友弟恭、邻里和睦，并由此推至爱其他人，这对社会主义精神文明建设具有积极的意义。③

魏源继承和发展了以王夫之为代表的湖湘理学的实学传统，发展出自己独特的“以经术为治术”的实学理念，在求学考试和入幕参佐的生涯中，他秉持这一实学精神，投身到晚清的学术、政治、经济变革大潮中去，并且多有创拓，引领一时风气。魏源何以能继承和弘扬“实体达用”之传统，我们可以得出两点原因：首先，魏源在湖湘学术的氛围中接受了基础教育，其学术根基就是以理学为风尚的湖湘学；其次，魏源对王夫之学说多有承继，可以说魏源是继王夫之之后湖湘学派的另一位思想家。魏源不仅继承，而且还进一步发展了实学传统，为近代湖南学术的转型增添了新的内涵。他继承和发展实学传统的一个表现便是将经世致用思想发展成为一种济时救世的理想，这一理想表现在实践中便是广交天下师友、谋求救世良方。为此，他一方面拜访名师益友，交流学问与修身之道；另一方面，在学术研究中，他并不局限于当时的学校授课以及考试范围，而是把自己的很多精力用在儒学之外的子学上。首先，魏源的“子学致用”思想来源于其固有的湖湘实学思维。其次，魏源在《老子本义》中经常以道家思想比附儒家，其手法极似宋明理学之“援佛入儒”。魏源进入贺长龄、陶澍幕府赞襄军民政务，将其致用实学思想应用于筹划幕府事务，并且取得了不俗的效

① 田晓平：《曾国藩的家庭伦理思想研究》，硕士学位论文，南京大学，2016 年。
② 瞿丽芝：《曾国藩的孝悌思想及现代启示》，硕士学位论文，湖南师范大学，2016 年。
③ 申圣超：《论曾国藩孝道思想》，《学理论》2016 年第 9 期。

果，客观上也为湖湘经世派的发展壮大做出了自己的贡献。魏源一生的思想变迁，从笃信官学，有志于科举；到博采众家，趋于全才；再到投身今文经学，大倡经世致用、改革救世，都有他本身深厚的理学根基和他秉持的实学风气这些因素的存在。可以说，魏源的思想渊源就是湖湘理学——这个传统儒家地域学术分支，不仅直接导致了湖南自宋以来的传统文化的诞生及发展壮大，也造就了像张栻、王夫之、曾国藩这样带有典型的湖南经世致用、兼容并蓄特征的历史人物，而魏源就是这些人物中的一位。虽然魏源在很多方面表现出他特别的个性，但是总归而言，他的根本归属还是湖湘理学传统学者这个群体。①

曾国藩是传统道德思想极具代表性的人物，他在传统道德思想方面给后人留下了许多可供思考与借鉴的东西，值得深入发掘。学者们对曾国藩道德思想的研究颇多，但将其与思想政治教育联系起来并发掘其对当代思想政治教育价值的研究还较少。曾国藩在中国历史上一直是个功绩显赫又颇具争议的历史人物，百余年来人们对他在政治、军事方面的评价可谓仁者见仁，智者见智，褒贬不一。曾国藩的家庭伦理思想之所以能成为让后人刮目相看的教育理念，究其原因主要在于其自身所具有的独特社会历史背景和深厚的文化理论渊源。集中表现在颓废不振的晚清政局为它的产生和发展提供了必要的政治背景，落后的自然经济和西学东渐思潮对当时中国文化的渗透都为其家庭伦理思想的形成奠定了历史背景，然而对传统伦理思想中腐败因素的扬弃、对其曾祖父时便流传下来的曾氏家风的继承、对自身起伏多变的丰富人生经验的总结又为其思想的形成提供了有力的理论依据。曾国藩家庭伦理思想的内容是极为丰富的，它既涉及了包含“孝悌、勤俭”在内的家庭内部关系的正确处理，也涉及了有关如何有效处理邻里间关系的内容。此外，它还包含了如何为人处世、修身养性，真正达到慎独之境界的有关内容。② 有学者概述了曾国藩道德教育思想形成的背景和理论基础，分析其形成的条件和形成的各个阶段，从三个方面论述了曾国藩道德教育思想的主要内容。曾国藩道德教育思想的目的主要体现为去“欲”存“理”，“内圣外王”；其道德教育的基本内容可概括为“八德”：勤、俭、刚、明、孝、信、谦、浑等；其教育方法包括敬恕养心、慎独持身、克己自省、榜样示范和实践教育等。文章还阐释了曾国藩道德教育思

① 秦世龙：《魏源思想的理学渊源——以湖湘实学为视角》，《学术界》2016 年第 5 期。

② 田晓平：《曾国藩家庭伦理思想研究》，硕士学位论文，南京大学，2016 年。

想及其对当代思想政治教育的启示：一是加强社会主义荣辱观教育；二是思想政治教育者要坚持以身作则；三是加强公民道德自律意识的培养；四是注意恰当运用思想政治教育方法；五是注意发挥同辈群体和家庭在思想政治教育中的作用。①

三代是儒家政治追求的最高理想社会，素为儒家士大夫心目中的黄金时代，“回向三代”去追寻中华文化的元典精神，探索儒学的真实意蕴成了历代儒家士大夫的坚定信念。郭嵩焘作为有着深厚儒学底蕴的儒家士大夫，在这方面表现尤为突出。他不仅以“三代之治”来批判当时社会存在的弊端，还以“三代之治”来观照西方文明，并把西方文明纳入儒学的框架内来考量。郭嵩焘“回向三代”的理想诉求体现了他对儒家最高理想的深层追求，对中国传统文化的坚定信仰，也表明了他的思想趋于返本与开新之间。② 郭嵩焘的“人心风俗”论在道德、学术、政治的三重视域融合中展开。人心风俗基于道德，道德是人心风俗改革和建设的核心内涵。人心风俗明于学术，学术是人心风俗改革和建设的理论基石。人心风俗本于吏治，政治是人心风俗改革和建设的根本手段。由此也展现了一位儒者的儒家哲学精神：接受分殊的开放精神、因时因势的通变精神、建立善政的制度精神、德才并重的人才精神。③ 晚清时期，湖湘地区人才济济，事功与文学皆举世瞩目，其中郭嵩焘作为湘军集团的代表人物，在文学创作上的成就一直被其卓越的政治识见与广泛的政治活动所掩盖，学界多将其视为曾国藩幕下文士之一，贴以湘乡派文人的标签。而细考郭嵩焘的古文创作轨迹与创作内容，以及当时文坛的评价情况，则会发觉其与湘乡派除在创作上关联之外还有很大的疏离。④

范广欣分析了刘蓉的“门户之见”与理学家的经世观念。湘军集团的关键人物多是理学家出身。刘蓉是其中的代表人物之一。梳理刘蓉《思辨录疑义》对清初理学家陆世仪的批评可以发现，刘蓉是以程朱正统自居，批评陆世仪的王学倾向。刘蓉通过对程朱、陆王之辨的重新讲究，兼容汉

① 周宇：《曾国藩道德教育思想及其对当代思想政治教育的启示》，硕士学位论文，华中师范大学，2016 年。

② 王俊桥：《知识·思想·信仰——郭嵩焘“回向三代”的理想诉求》，《船山学刊》2016 年第 2 期。

③ 李会军、付红梅：《道德、学术、政治：郭嵩焘“人心风俗”论的三重视域》，《船山学刊》2016 年第 5 期。

④ 王志华：《畛域抑或归属——试论郭嵩焘的古文成就及其与湘乡派的关系》，《青海师范大学学报》2016 年第 6 期。

学和经世学风的影响，完成了对其心目中理想程朱的建构，为更多包容事功的要求奠定了理论基础。刘蓉重新强调程朱陆王之辨，不是无的放矢：晚清程朱学者经常容易受到王学观点的干扰，当时王学复兴主要采取的形式便是折中程朱陆王。因为汉学的影响，他坚持程朱对经典的解释最符合原意；因为经世的影响，他坚持程朱理学原本就包含对事功的要求和实现事功的途径。他对程朱格物之功的重新阐述，既突出客观知识的积累，又突出政治人才综合素质的培养；既重视儒家道德哲学的精神领导，又不忽略细枝末节，甚至主张从小事入手发掘、体会并实践道德原则。汉学和经世学风的合力便把程朱的格致功夫改造为理学家成就事功的方法论①。

韩洪泉以刘蓉为中心，考察了曾国藩、刘蓉、郭嵩焘的交往和关系。曾国藩、刘蓉、郭嵩焘作为湘军元老，不仅在晚清历史舞台上各自扮演过重要角色，三人之间的友谊亦值得关注和研究。1833 年至 1852 年，三人虽聚少离多、显晦有别，却能求同存异、关爱有加，从而建立起长久牢固的友谊，奠定了终身事业的基础，也为后人考察近世湖湘士大夫的精神世界提供了一个重要视角。三人之中，刘蓉与曾国藩结交最早，故刘氏《曾太傅挽歌百首》中有“海内论交我最先”之句。1836 年春，刘蓉结识了同在岳麓书院读书的郭嵩焘。这一年夏天，两次会试不第的曾国藩郁郁返湘，亦经刘蓉引荐结识郭嵩焘。三人一见如故，遂结为莫逆之交。曾、刘二人不仅以诗歌寄情，更以书信论道，大都围绕进德修业、治学为政等宏大主题展开讨论，虽观点不尽一致，主张常有龃龉，但思接千载、心忧天下之情却毫无二致，且能求同存异。综观青年时代的曾、刘、郭三人，虽然在成长环境、出处态度、治学旨趣、性格特征等方面有着很大差异，有的甚至可以说别如天壤、判若云泥、势同水火，似乎方枘圆凿，格格不入，但实际上他们是同大于异，或者说在骨子里有太多相似相近相通之处，这正是他们长久友谊的牢固基础，对曾国藩文化思想的形成及其发展脉络有积极影响。②

谭嗣同是中国近代著名的戊戌启蒙思想家，尚动、尚变和维新变法是他启蒙思想的一部分。有别于古代哲学尚静的传统，谭嗣同尚动、尚变，不仅宣称人类历史是不断变易的，而且断言由君主专制的君统到消除君主的天统、元统是历史变易的必然法则和趋势。正是秉持建立理想世界的信

① 范广欣：《刘蓉的“门户之见”与理学家的经世观念》，《学术月刊》2016 年第 8 期。

② 韩洪泉：《曾国藩、刘蓉、郭嵩焘早期交谊考——以刘蓉为中心的考察》，《湖南人文科技学院学报》2016 年第 2 期。

念，谭嗣同一改古代的尚静传统，主张尚动、尚变，试图经过勇猛无畏的变法维新，将人类引向无限美好的未来。对他来说，尚动不仅牵涉宇宙观，而且牵涉价值观。借此变易的思维方式和价值旨趣，谭嗣同确立了通过尚动、尚变来拯救中国的实践策略和救亡途径，毅然决然地走上了变法之路。谭嗣同的变法主张与其变易的历史观一脉相承，并且奠基在尚动、尚变的思维方式和价值旨趣之上。这些都使他突破了洋务派以及早期维新派的局限，将中国近代的启蒙思想推向了一个新的高度和广度。①

王先谦曾经因为在湖南阻挠戊戌维新而被后世史家诟病，成为顽固派的代表人物，但是经过分析他的后半生的一系列政治主张、经济活动以及社会活动，可以看出，在民族危亡之际，王先谦作为一个传统的儒家知识分子，对传统文化持保守态度，对西方文化则是有限度地接受，并不是一成不变的顽固派。虽然王先谦没有了中央官吏居庙堂之高的地位，但是凭借国子监祭酒、江苏学政等光环余晖，使得他成为湘省政治学术影响力最大的士绅，得到了自曾国藩以来的湖南急速膨胀的缙绅势力团体的更有效的支持，他的经世思想能够在他影响能及的范围内发挥实质性作用，因此这一时期他的经世思想比较前期更具实践性和具体性。这一时期王先谦的经世思想及实践则更成熟和明朗，以儒家的伦理为核心同时融入西方的器用拯救政治衰败的思想更为突出。具体表现在政治上是固持保守，但在经济和文化教育方面异常活跃。②

蒋廷黻是我国著名的历史学家、外交家。学术上，他为中国近代史研究、外交史研究等做出了极其重要的贡献，起到了开榛莽启津途的作用。蒋廷黻在抗战初期所著的《中国近代史》打破了中国传统唯古是崇的历史研究思路，形成了以中西关系为中心，以近代化为主线的“重综合、重分析、重整体把握”的新史学理念，奠定了他在中国近代史研究领域的开拓者地位。虽然大多学者习惯于将蒋廷黻在《中国近代史》中所表述的史学思想归结为进化史观的产物，但其实际上蕴含着比进化史观更为丰富的思路和观点。③ 蒋廷黻在清华大学执教期间，对该校历史系的师资培养、课程设置、史学教研方向与方法以及育人理念与方法等方面进行了一系列的调整与改革，形成了符合中国实际的独特的史学研究和教学风格，为清华历史专业的创新与发展做出了重大贡献，其许多改革理念和做法对当今中国

---

① 魏义霞：《论谭嗣同基于尚动的变法主张》，《武陵学刊》2016 年第 3 期。
② 千泽星：《王先谦绅途阶段经世致用思想研究》，《河池学院学报》2016 年第 4 期。
③ 孙婷婷：《蒋廷黻〈中国近代史〉史学思想探究》，《天中学刊》2016 年第 5 期。

大学的教育教学改革仍具有重要的指导价值。① 其仅五万言的《中国近代史》至今仍少有人能出其右，二卷本的《近代中国外交史资料辑要》开创了史料编撰的体例，奠定了近代外交史研究的基本框架和分析结构；事业上，他由学者而入仕途，由大学教授而为外交官，大有传统士大夫的遗风。② 蒋廷黻是民国时期最重要的近代史学者，中国近代外交史由其开拓，中国近代政治史也因其“现代化叙事”发生了极大变化，深刻影响了一代学人。然而由于政治原因，蒋廷黻的学术影响在 1949 年之后的中国大陆悄然消失了三十多年，直至国门重开，蒋廷黻的学术才渐渐被大陆学人所认知。一个学术史上的失踪者极大改变了中国近代史叙事模式、情节，最近二十年中国近代史研究的创新，很大程度上得益于蒋廷黻当年所建构的学术框架、学术方法。③

金岳霖是我国著名的哲学家、逻辑学家。他创建清华大学哲学系，为我国哲学和逻辑的发展做了一些基础性和开创性的工作。《论道》《知识论》和《逻辑》是他的代表作。除此之外，他还写了许多论文，可以反映出他关于哲学和逻辑的看法。金岳霖针对中国哲学史研究区分出“中国哲学的史”与“在中国的哲学史”。如果把“史”字去掉，区分就变为“中国哲学”与“在中国的哲学”。若再把“在中国”这个地域性限定表述去掉，实际上是“中国哲学”与“哲学”的区别。这一区别的实质在于：通过加字形成一种加字哲学，从而形成与哲学的区别，具有超出中国哲学史研究范围的、富有启示性的普遍意义。④ 金岳霖于 1927 年发表的论文“Prolegomena”阐述了哲学基础，尤其是逻辑基础这一问题。他从形而上学的实用主义立场就逻辑的起点问题提出并论证了自己的基本见解（“金岳霖论题”）——“相信逻辑是很便利的，至少比不相信逻辑更便利”，从而在中国开逻辑基础问题研究之先河。刘新文在《金岳霖论题——一个逻辑的形而上学问题》一文中研究了金岳霖论题的提出及其遇到的“逻辑中心困境”、思想来源以及在金岳霖哲学体系中的地位，力图为理解金岳霖的逻辑观念、逻辑理论从哲学体系提供了一个恰当的起点。⑤ 金岳霖作为生长于中国的哲学家，虽不以研究中国哲学为专业，但他对中国传统思想并不陌生，

---

① 曾维君、王素华：《蒋廷黻对清华大学历史系专业改革之贡献》，《邵阳学院学报》2016 年第 1 期。

② 周苇：《蒋廷黻的史学思想及其实践》，硕士学位论文，湘潭大学，2016 年。

③ 马勇：《蒋廷黻：学术史上的失踪者》，《中国文化》2016 年第 2 期。

④ 王路：《论加字哲学——从金岳霖先生的一个区分谈起》，《清华大学学报》2016 年第 1 期。

⑤ 刘新文：《金岳霖论题——一个逻辑的形而上学问题》，《清华大学学报》2016 年第 1 期。

尤其对于老庄思想和宋儒理学有深刻了解。当金岳霖试图用西方近代哲学和逻辑分析方法来弥补他认为中国哲学中缺乏的逻辑和认识论意识时，首先着手重建了中国哲学的形而上学基础（本体论），即他所说的元学或玄学。这构成了《论道》一书的主题。而当他试图以中国哲学基于天人合一思想的人生观来弥补西方哲学的缺陷时，则将批评指向西方文化中传统的英雄主义人生观，以及英美现代哲学脱离价值意义和实际生活的专业化、市场化倾向。这是他在1943—1944年发表的系列英文论著的主题。总之，以形上学和人生观这两个哲学的永恒主题为核心论题，儒道互补、中西互补，是金岳霖哲学体系的主要特色。而老庄思想在其中占据一个很重要的部分，这是称他为当代新道家人物的主要理由。①

《周谷城的世界史研究》一文在概述周谷城从事世界史研究历程的基础上，从科研、教学和著述三个方面，回顾他的主要活动、学术思想与成就、贡献。总体而言，周谷城在推进中国的世界史研究和编撰，以及人才培养、学科建设、专业机构发展等方面做了大量工作。其治学特色与突出贡献主要体现在以下三个方面：一是继承中国古代史学的优良传统，充分吸取传统史学的丰硕成果和理论遗产，用于世界史的研究。二是将科研、教学与著述三者相结合，相互促进、无一偏废。三是关注社会现实，强调史学之于政治的功用。对于现实政治的关注贯穿于周谷城一生的学术活动，这是他治学的鲜明特色所在，也是其生平学术引发争议最多之处。②

杨树达早年受学叶德辉，治学深受叶氏启发，中年成名之后，在学术与政治思想上皆比叶德辉明显进步。杨树达于政治、学术观念上与叶德辉出现的分歧，体现了民国初年湖南学术界对传统的超越。而杨树达对叶德辉的极度推崇，又体现了湖南学术在近代的传承，也可以看作是杨树达重构湖南学术，与章太炎等争胜乃至进一步树立民国时期湖南汉学正统的一种努力。③ 杨树达是我国近现代著名语言文字学家，在语法、修辞、训诂和文字学诸领域均有很深造诣，而文字学研究最为突出，学界称许备至，赵诚认为他是20世纪五六十年代金文研究的领军人物。杨树达初文研究的贡献主要有两个方面：一是考释出了一批初文并对前人时彦的初文研究成果进行了汇总；二是归纳出了文字初义不属初形属后起字现象，揭示了初文

① 王卡：《金岳霖的形上学与人生观》，《湖南大学学报》2016年第4期。

② 陈丽：《周谷城的世界史研究》，硕士学位论文，河北大学，2016年。

③ 安学勇：《重构近代湖南汉学谱系——杨树达盛推叶德辉之原因探析》，《武汉理工大学学报》2016年第6期。

发展到纯形声字的“三步说”。[1] 义近形旁任作是宋以来金文考释所使用的一种方法，清末甲骨文考释得到推广。杨树达在甲金文考释中大量运用这一方法，并发扬光大，将其提炼成为金文考释“十四条”之一。深入分析杨氏利用这一条例考释过的古文字，成功的例子很多，但也存在失误。上述问题的讨论，可以深刻认识杨氏古文字研究在这方面的成败得失，对我们古文字学习也有借鉴作用。[2] 杨树达著《春秋大义述》的目的是激发抗日敌忾、打击汉奸和倭寇，有很强的时代特色。他在著述中述而不作、不事考据，原因在于他的几个恩师在《春秋》义理的阐发上争论不休，这既不同于历代各家对《春秋》义理的阐发，也迥异于他本人其他著作的撰写风格，个人特色鲜明。综观他的其他著作，他对《春秋》义理的阐发还是述而有作的。[3]

清末民初掀起了研究《论语》的又一股热潮，其中康有为和杨树达代表了研究《论语》的不同路数，这跟家庭背景、个人经历、性格特点等都有关系。康有为主要受西方政治的影响，而杨树达主要受西方语法学的影响；康有为是积极参与现实的士大夫形象，而杨树达是与现实保持距离的学者形象；康有为注重主观性，杨树达注重客观性；康有为强调学术为政治服务，为时代服务，而杨树达强调学术的真理性，为学术而学术；康有为强调时代儒学意义上的孔子，而杨树达强调原始儒学意义上的孔子；康有为的学术背景和治学路径主要为公羊三世说、小康大同说、孔教说、君主立宪制、经济近代化和进化论，而杨树达的学术背景和治学路径主要为朴学、史料学、文法学和语源学。在内容上，康有为融今于古，注解充满时代气息，运用大量现代语汇，主要包括政治语汇、生物语汇和国名语汇；而杨树达侧重“信而好古”，其证文颇为可观，按内容分为疏解之文、说明之文和说理之文。在孔子思想的解读上，两人均站在开明进步的立场，力求有理有据，但康有为侧重于“注”，更大胆，经常过度发挥，一方面极力回护孔子，另一方面对孔子思想进行改造，实际上利用孔子来表达自己的思想；而杨树达侧重于“证”，更慎重，有一说一，尽量还原孔子，有时甚至对孔子提出委婉的批评。在特点上，两人均采取汉宋调和的态度，但康有为侧重于汉学，推崇今文经学，排斥古文经学，而杨树达侧重于宋学，

---

① 肖峰：《杨树达初文研究析论》，《贺州学院学报》2016 年第 2 期。

② 肖峰：《论杨树达义近形旁任作》，《铜仁学院学报》2016 年第 5 期。

③ 肖峰：《论〈春秋大义述〉“经世致用”的时代特色和个人特色》，《大理大学学报》2016 年第 9 期。

深得宋学中类书的精髓，使《论语疏证》具有资料汇编的性质。注经方式也有差异，康有为采取“六经注我”，而杨树达采取“我注六经”。在影响上，两本注均有较高学术价值，研究方法均有可取之处，但《论语注》主要是政治价值，它推动了中国的近代化和社会转型；而《论语疏证》主要是学术价值，史料丰富，训诂严谨，义理稳妥。[①]

2. 湘学学派研究

自宋代湖湘理学学派开创以来，湘学学派不断发展，为湘学的繁荣、传承打下了坚实基础。与此同时，湖湘书院文化为湘学学派的生成与发展提供了条件，也反映了湘学谱系的脉络。2016 年，学界对湘学学派的研究主要集中在湘学学术谱系及对宋代湖湘学派的探讨上。

王继平分析了湘学及其学术谱系。他从学术的角度溯源湘学，认为湘学谱系或曰发展形态，可以表述为：楚南之学、濂溪之学、湖湘学派、船山之学、清代湘学、晚清湘学、民国湘学。宋以来湘学发展的形态学界已无大的争议，具体表述可能有所不同，亦无伤大雅。楚南之学，可能有所分歧。基于以上论述，楚南之学作为宋以前的湘学形态，是可以成立的。诚如已有的研究者所说，宋以前湖南学术理论思辨性不强，完整的学理形态并不完备。但是，南楚道家思想、屈原与贾谊的文学、汉代黄老思想、禅宗南岳一系、柳宗元文学成就、李东阳茶陵诗派，等等，是湖南学术史不可或缺的部分，其精神与气质对后世湖南学术思想的发展有着深远的影响。因此，确立楚南之学的地位，湘学谱系才能完整地建构。[②]

关于湖湘学派学术思想的渊源，周建刚认为湖湘学派学术思想源于周敦颐理学思想。周敦颐与北宋理学之形成有密切关系，朱熹从“道统论”的立场将其视为宋代理学第一人。但事实如何，还需重新评估。“道统论”叙事实际是一种哲学叙事，从哲学义理演变的“内在理路”来看，周敦颐在北宋理学的“哲学突破”中起到了关键作用，其“道统”地位有其合理性。与哲学叙事并行的是历史叙事，从纯粹历史的观点来看，二程是北宋理学实际的奠基者，但周敦颐对北宋理学也有事实上的贡献，即其人格影响、经学解释学思想和一系列重要义理的提出。[③] 至于周敦颐的学术地位与

① 黄云：《康有为〈论语注〉与杨树达〈论语疏证〉比较研究》，硕士学位论文，山东大学，2016 年。

② 王继平：《论湘学及其学术谱系》，《船山学刊》2016 年第 2 期。

③ 周建刚：《周敦颐与北宋理学之形成》，《湖南科技学院学报》2016 年第 6 期。

传承，周建刚认为，南宋湖湘学派的理学家最早开始重视周敦颐的学术地位。南宋初期，胡宏及其弟子张栻大力推崇周敦颐，强调周敦颐之学宏大精密、广袤深邃，周敦颐在道统谱系具有重要地位。湖湘学者对周敦颐的推崇，既与湖湘学派对周敦颐在理学史上的贡献与地位的认同有关，也有通过推崇周敦颐为自身的致思路径、理论构架的合理性做出论证的考虑，甚至还可以理解为，他们在二程之学逐渐成为主流学术的情况下，试图塑造周敦颐“理学宗主”、二程老师的形象，以缓和自己在二程的致思路径、理论构架之外另辟蹊径之举的紧张感。张栻承胡宏之学，对湖湘先贤周敦颐的思想进行了深入挖掘。张栻对周敦颐之学的发掘主要体现在两个方面：一是对周敦颐“道统”地位的强调；二是撰《太极解义》，从“太极为性”的角度诠释周敦颐的思想。张栻的“太极为性”，在思想史上具有重要意义。“太极为性”首先将周敦颐和二程的思想融为一体，为“周程授受”说充实了内涵，解决了“道统论”的难题。“太极为性”还反映出南宋理学的主题已发生变化，太极由宇宙本体而转变为心性本体。张栻的“太极说”契合了当时的思想潮流，为周敦颐学说赢得了新的发展空间。①

陈坤、李佳对周敦颐《太极图说》的理学心理学思想进行了探讨，他们认为，朱熹尊推周敦颐《太极图说》，以理学立场对《太极图说》进行了全面诠释及发展。事实上，周敦颐《太极图说》不仅对宋明理学，同时也对我国古代的心理学思想的发展做出了不可磨灭的贡献。他论述了“心性义理”“气一元论”的“性命合一”心理发生观点，他关于“形生神发”“神发知矣”的体现形神关系的生理心理思想和实践，关于“孔颜乐处”的人格理想与精神境界追求，关于“主静无欲”“五性感知”的道德心理修养方法和关于“因循心理”的教育心理观论述，都闪耀着心理学思想的光辉。深入研究周敦颐《太极图说》的理学心理学思想，对于发掘我国宋明理学时期心理学宝贵思想遗产，继承、弘扬中国优秀传统文化，具有极为重要的意义。②

肖永明、申蔚竹在《南宋湖湘学派对周敦颐的推崇及其思想动因》一文中论述了湖湘学派代表人物胡安国、胡宏、张栻对周敦颐学术思想的推崇，并从四个方面分析了其思想动因：一是他们生活空间的接近，为胡宏、张栻等接触、熟悉、了解周敦颐之学提供了机缘。这种地缘因素虽然并非

---

① 周建刚：《张栻对周敦颐之学的继承与发展》，《求索》2016 年第 11 期。

② 陈坤、李佳：《周敦颐〈太极图说〉的理学心理学思想述略》，《黑龙江社会科学》2016 年第 5 期。

主要原因，但也不可忽视。二是胡宏、张栻等湖湘学派学者对周敦颐之学在宋代儒学乃至整个儒学发展史上的定位有明确认识。周敦颐在吸收利用佛道之学理论思维成果的基础之上，由天及人，建构了自己的宇宙本体论、人性论、道德论、修养论，较好地解决了儒学的时代课题。其理论体系确立了理学发展的基本框架与思路，为理学的发展做出了开创性的贡献，在理学发展史乃至整个儒学史上都有着重要地位。对此，胡宏、张栻等有着明确而清醒的认识，他们推尊、称颂周敦颐的文字，大多是围绕周敦颐的贡献与地位而阐述的。三是南宋前、中期，理学的发展仍未达到成熟、完备的阶段，胡宏、张栻思想理论体系正处于艰苦的建构过程之中。他们从周敦颐之学中看到了自己需要的东西，周敦颐之学中的思想路径、理论构架启发了他们的思考，或者说周敦颐之学中蕴含了他们所需要的学术、理学资源，为此，他们试图通过对周敦颐之学的阐释、发挥、利用建构其思想理论体系。四是胡宏、张栻在推尊周敦颐的过程中，特别强调周敦颐与二程的师承授受关系，强调周敦颐对二程的影响，极力凸显周敦颐的“发端”之功。①

胡寅是湖湘学派的代表人物。邹啸宇认为，胡寅儒学建构的一个重要特点，即是对儒家中道观念的贯彻与运用。在胡寅看来，中道乃是究极圆满之道，具有不偏不倚、无过不及、大公至正、纯粹精一、赅摄万有、圆融一切的内涵特征，可以充分体现出儒家的根本精神；同时，中道融摄道、理、心、性诸本体性范畴之意涵，既是宇宙万有之本原，亦是人生修养的终极理想和最高境界。这样一种中道观贯彻于胡寅的整个儒学，既是他批判佛、老等异端思想的有力武器，也是其救治时弊、经邦济世的根本理念，因而对于胡寅的儒学建构具有十分重要的奠基性作用。②

南宋湖湘学术之盛，得益于潭州岳麓书院、衡州石鼓书院、道州濂溪书院、靖州鹤山书院四大学术基地的建设与成就。邓洪波、颜为在《石鼓书院：湖湘学派的重要基地》一文中主要论述了南宋时期，理学家与书院深度相契，开创出书院与学术的一体化传统。位列天下“三书院”“四书院”“五书院”中的岳麓与石鼓，更是湖湘之学与书院一体化的典型代表。乾淳之际，朱子所作《石鼓书院记》意在为天下书院建设提供范式，实为湖湘文化自立自强的重要标志。石鼓书院在纠正科举俗学之余，倡导传道

① 肖永明、申蔚竹：《南宋湖湘学派对周敦颐的推崇及其思想动因》，《湖南社会科学》2016年第2期。

② 邹啸宇：《胡寅中道观探析》，《船山学刊》2016年第3期。

济民，开湖湘实学之风。山长讲学兼采诸家，辑成《石鼓论语问答》，刊刻《尚书全解》，扩大湖湘之学谱系。宋末石鼓书院于战火中重建，习武备战，扩充田产，担起乱世中传承文脉的重任，成为湖湘学派的重要基地。[①]

作为一种区域学术的湘学，在经历了南宋时期湖湘学派的辉煌之后，陷入了元、明长达数百年的相对沉寂，到了晚清，进入了繁盛时期。学术发展自有其发展的脉络和自身的规律，但是，在这繁盛时期，有几个县的人文因素起到了关键的作用。王继平在《晚清湘学发展的县学因素》一文中以新化、湘乡、浏阳三地为例，探讨了县学因素对晚清湘学繁盛的影响。新化邓显鹤对湖湘文献特别是船山遗书的收集整理、湘乡曾国藩经世理学士人群体的崛起、浏阳谭嗣同对中西学术的融通，促成了晚清湘学的发展与转型。[②]

2016 年，对湖湘学术的研究，有不足之处，对王船山之前湖湘人物的学术思想研究不够深入。对重要湖湘人物的学术思想研究有待加强，例如，理学家周敦颐的哲学思想、清代经学家皮锡瑞的学术思想都非常丰富，但对其相关研究欠缺。此外，在书院文化研究方面相对薄弱。

（三）湖南非物质文化遗产研究

非物质文化遗产是指各种以非物质形态存在的与群众生活密切相关、世代相承的传统文化表现形式。非物质文化遗产是以人为本的活态文化遗产，它强调的是以人为核心的技艺、经验、精神，其特点是活态流变。湖南省作为文化大省，历史悠久，非物质文化遗产异常丰富。2016 年 5 月湖南省开始实施《中华人民共和国非物质文化遗产法》，依法要求对非物质文化遗产保护、保存应当注重其真实性、整体性和传承性，坚持保护为主、抢救第一、合理利用、传承发展的方针。湖南省非物质文化遗产所体现的深厚人文精神与历史文化底蕴，亦是酝酿并促进湘学发展的文化因素。2016 年，省内外学者对湖南省非物质文化遗产的研究亦取得一定成果，有相关文章二十多篇，其中主要集中在以下两个方面。

---

① 邓洪波、颜为：《石鼓书院：湖湘学派的重要基地》，《湖南大学学报》2016 年第 2 期。

② 王继平：《晚清湘学发展的县学因素》，《安徽史学》2016 年第 3 期。

一是关于湖南省非物质文化遗产的挖掘、传承与开发利用的研究。

陈仕姣等在《湖南省非物质文化遗产景观基因的挖掘及其意象特征》一文中，以湖南省几项非物质文化遗产为样本对象进行研究，并对区域非物质文化遗产的景观因素进行了挖掘分析。湖南省一些国家级非物质文化遗产基因景观有着显著的独特性特点，虽然其文化内涵的表达形式，没有传统聚落文化那样明显的物质性载体，但其更多的都是以人为中心，并依托独特的自然地理和人文背景得以发展形成。所以，从与人为活动相关的各种代际传承的非物质文化遗产中，也一定能够寻得一些兼具显性和隐性特点的文化表达形式和载体。比如，一些传统的民间习俗、祭祀仪式等，这些本身不具备具体的形象，但其所涵盖的非物质文化遗产的景观意象，却可以通过具体的人为活动形态、精神文化情感以及文化传承范式等形式表达出来。①

湖南省文化产业发展迅速，非物质文化遗产丰富多样、底蕴深厚。范果在《基于湖南文化产业发展的非物质文化遗产保护与创新模式研究》一文中分析了湖南省非物质文化遗产保护及开发现状，研究了非物质遗产资源开发与文化产业和谐发展模式，提出了对接湖南文化产业发展的非物质文化遗产资源开发策略：一是构建湖南非物质文化遗产资源开发与文化产业和谐发展模式。二是设置特色产业园区，实现非物质文化遗产产业集群发展。三是联合地方高校办学，强化非物质文化遗产人才培养。四是从文化与科技融合的视角完善非物质文化遗产资源开发创新体系。②

非物质文化遗产是与人们生活息息相关的文化表现形式。这些文化融合了时代特征与民族特色，包含独特的精神价值，显示中华民族独有的生命力和创造力。体育类非物质文化遗产的保护问题目前在我国备受关注，由于相关法律机制的缺失等，在其保护和传承上面临着巨大的困境。覃英在《湖南省少数民族传统体育非物质文化遗产保护与传承研究》一文中指出湖南省的少数民族众多，传统体育非物质文化遗产丰富，保护及传承工作也具有较大的难度。当前湖南省少数民族传统体育项目中，包含跳马、梯玛跳神、接龙舞、八宝铜铃舞、椎牛祭等，各个民族共有的传统体育项目有十余个，仅瑶族、苗族、侗族、土家族特有的传统体育项目就有二十

① 陈仕姣、糜毅、方明：《湖南省非物质文化遗产景观基因的挖掘及其意象特征》，《现代园艺》2016 年第 7 期。

② 范果：《基于湖南文化产业发展的非物质文化遗产保护与创新模式研究》，《产业与科技论坛》2016 年第 9 期。

余个，可见传统体育非物质文化遗产的丰富性。湖南省为了实现对这些少数民族传统体育非物质文化遗产的保护，也多次召开相关探讨会，并采取众多措施，但是由于普及面不足等原因，导致其保护及传承效果仍然不尽如人意。①

随着信息化技术的发展，数字化技术为非物质化文化遗产的保护提供了新的手段和方式，将非物质文化遗产保护提升到了新的层面。国务院就非物质文化遗产的数字化保护下发了《关于加强我国非物质文化遗产保护工作的意见》，提出利用文字、录音、录像等多媒体方式对非物质文化遗产进行全面的记录和保护。湖南保留了许多传统文化技艺和艺术，湖南民间美术非物质文化遗产数目众多、地域性强、艺术性高，但因经济和社会因素，面临失传、消亡的境地。袁悦在《基于湖南民间美术非遗保护视野的电子书籍设计探索》一文中论证了数字化保护中的电子书籍作为成熟的信息技术，完全能够承担对湖南民间美术非物质文化遗产保护的重任，将非遗项目与电子书籍相结合，不仅是对电子书籍设计形式的创新，更是对湖南民间美术非遗项目的保护和开发。利用电子书籍这一便捷而直观的数字技术进行开发保护，一方面是对电子书籍设计的推陈出新，设计出更加有艺术气息、更有吸引力的电子书籍；另一方面是对湖南民间美术非遗的展示和传播，扩大读者群体，增强影响力，更有利于推动湖南民间美术非遗的开发保护。②

二是具有代表性的湖南非物质文化遗产的专题研究。

农历五月初五的端午节，是中国四大传统节日（春节、清明、端午、中秋）之一，也是迄今中国四大传统节日中唯一入选《人类非物质文化遗产代表作名录》的世界非物质文化遗产。《端午为屈原的节俗演变与文化意义》一文指出，端午节当源自先秦的夏至节。端午为屈原的节俗演变，是历史的造就和民众的抉择，具有十分重大的文化意义。其意义主要在于，一是丰富了节俗内容及相关设施，使得节日活动繁多精彩，更加能够吸引社会各阶层人士热情参与并传承发展；二是改变了端午节俗的主题，升华了端午节俗的意义，使得端午节俗具有了永恒的生命力；三是促进了文化

① 覃英：《湖南省少数民族传统体育非物质文化遗产保护与传承研究》，《民族传统体育》2016 年（第 6 卷）第 31 期。

② 袁悦：《基于湖南民间美术非遗保护视野的电子书籍设计探索》，《艺术评论》2016 年第 3 期。

认同和民族团结，有助于国家统一富强，有利于世界和平发展。①

梅山剪纸是湖南省非物质文化遗产，具有独特的工艺、造型特征和丰富的审美内涵。“梅山剪纸”最早出现在当地人的祭祀活动中，随着历史的推延，在婚丧嫁娶、生育、生活娱乐、装饰等场合也得到广泛的应用。但相当时期以来，这一古老的艺术形式也出现了生存危机。因为不能看到直接的经济效益，年轻一代不愿意花时间来学习和继承这一民间技艺。这就要求我们对梅山剪纸在市场经济时代如何更好地传承进行深入的思考。莫丹华在《湖南省非物质文化遗产——梅山剪纸传承与发展途径的思考》一文中提出梅山剪纸要获得可持续的继承和发展，必须融入现代艺术体系，适应时代的发展。将之与教育体系相结合，不仅有利于梅山剪纸自身的传播，而且有利于从小培养民族自豪感，提升艺术修养。在高校设立“梅山剪纸大师工作室”，搭建政府、教育、市场等各方面的平台，将梅山剪纸融入艺术类人才培养体系，可以发挥各方优势，实现梅山剪纸这一民间艺术奇葩的可持续发展。②

2006 年，澧水船工号子经国务院批准列入第一批国家级非物质文化遗产名录。凡春喜、谈海红在《澧水船工号子的音乐艺术与文化内涵研究》一文中以澧水流域的澧水船工号子为研究对象，认为澧水船工号子作为民间音乐，无论是在音乐特征方面，还是在音乐元素方面，都体现出了其多民族文化融合的特点，澧水的船工们将自己不同的民族语言、音调、信仰融会在一起。作为口头传唱的民俗文化，在其漫长的发展历程中，因为时空的转换（不同的时代、不同的民族、不同的人），在其传承的过程当中，各少数民族的音调特色、装饰音习惯、衬词特点等音乐元素已经完全融合，便形成了一首在澧水河畔回荡了几百年的歌——澧水船工号子。澧水船工号子作为非物质文化遗产有着丰富的文化内涵。在澧水流域，澧水船夫们在崇山峻岭、险滩恶浪的环境里繁衍生息、代代相传，而由澧水船夫们即兴创作、口口传唱的澧水船工号子，无论是其音调还是唱词无一不反映出澧水船工号子深刻的文化内涵。③

花鼓戏是湖南省的一种地方戏曲，是湖南各地花鼓戏流派的总称，是国

① 蔡靖泉：《端午为屈原的节俗演变与文化意义》，《湖北社会科学》2016 年第 1 期。

② 莫丹华：《湖南省非物质文化遗产——梅山剪纸传承与发展途径的思考》，《大众文艺》2016 年第 8 期。

③ 凡春喜、谈海红：《澧水船工号子的音乐艺术与文化内涵研究》，《音乐创作》2016 年第 9 期。

家非物质文化遗产之一。李曼霞在《我国传统戏剧类非物质文化遗产的保存和发展初探——以湖南花鼓戏为例》一文中通过对国家级非物质文化遗产湖南花鼓戏的发展历史和现状研究表明，20 世纪 50 年代是花鼓戏发展的黄金时期。20 世纪 90 年代以后，由于受到市场经济的冲击，花鼓戏的生存和发展困难。虽然 2008 年花鼓戏被列入国家非物质文化遗产代表性目录，成立了省、市级花鼓戏保护传承中心，但其生存和发展困局并未破解，主要原因是在市场经济和科学技术、文化多元和城镇化冲击下，缺乏文化自信，社会的价值观发生扭曲，观众群体丧失；政府以追求 GDP 为目标，投入不足、支持方式单一，导致传统戏曲没有与文化产业同步发展。李曼霞提出，地方戏剧类非物质文化遗产的保护，重点是各级政府履行非物质文化保护和继承的主体责任。与一般项目不同，戏剧需要由一个团队才能完成完整的表演内容。因此，戏剧不仅重视传承人的作用，更要重视骨干团队的保护和发挥团队整体作用。只有培育有利于其生存和发展的土壤和环境，扩大观众群体，改革创新，才能不断推陈出新，与社会经济发展共同起舞。[①]

湖南省非物质文化遗产所体现的深厚人文精神与历史文化底蕴，亦是酝酿并促进湘学发展的文化因素。2016 年关于湖南非物质文化遗产的研究成果，主要集中在个案分析，对非物质文化遗产的整体保护、发展状况、发展对策等方面的研究相对欠缺。

（四）湘学精神品格研究

2016 年，以“湘学精神”为主题的文章有十余篇，其中学术论文 2 篇。以“湖湘精神”为主题的文章，有 30 多篇，既有从总体上研究湘学精神的优良传统，又有从宏观上分析湘学精神品格；既有从群体的视角进行研究，又有典型人物精神品格的个案分析。这些成果，一是从总体上研究了湘学精神的优良传统，并指出其缺陷，这方面以朱汉民的研究为代表；二是从宏观上分析湘学精神品格，或是从群体的视角进行研究；三是典型人物精神品格的个案分析。具体而言，2016 年湘学精神品格研究成果的主要内容及基本观点如下。

---

① 李曼霞：《我国传统戏剧类非物质文化遗产的保存和发展初探——以湖南花鼓戏为例》，《广西师范大学学报》2016 年第 2 期。

一是通过宏观和微观相结合的视角，分析湘学精神的优良传统，同时又揭示湘学精神的缺陷。

钱基博在《近百年湖南学风》中称赞湖南人为“抑亦风气自创，能别中原人物以独立”。这种精神风气，正是湖湘文化在中华文化体系中独特价值之所在，也是近现代湖湘文化奉献予中华民族卓异贡献的根源之所在。正是在湘学精神的浸染之下，湖南人以其所作所为，推动了社会的发展，为实现中华民族的伟大复兴做出了自己的贡献。湘学从来都不只是湖湘之学，如濂学就是宋明理学的开山，船山思想是人类精神宝库的共同财富；湘学人物也从来不只属于湖南，从胡宏到王船山再到毛泽东等大批湖湘翘楚，无不怀抱着匡济天下的高远情怀。湘学所倡导的心忧天下的爱国情怀、敢为人先的创新精神、不尚空言的实干品格以及不甘人后的自强毅力等，早已内化为中国精神的重要组成部分。因此，弘扬湘学，不只为湖南，更为天下；诵说先贤，不只为往世，更为今人。①

湖湘精神具有务实和浪漫相结合的特点，并鲜明地体现在湖湘士人的精神气质中。朱汉民指出，一方面，湖湘士人具有现实主义取向，在实用理性、经世谋略方面特别出色；另一方面，他们亦具有浪漫主义气质，总表现出一种对超现实理想的浪漫想象与执着追求。他们的人格魅力和历史成就，与他们具有这种理想主义的浪漫情怀与现实主义的务实精神相结合的精神气质有关。晚清以来的湖湘士人活跃于当时军政界、学术界，恰恰在于他们是一批既不俗又不迂的真君子。陶澍、魏源、曾国藩、左宗棠、郭嵩焘、谭嗣同等人，均是一批既有文化理念、政治理想的浪漫情怀，又有现世关怀、实用理性的务实精神的志士仁人。在他们的影响下，晚清民初的湖湘知识群体，继承并发扬了这种既浪漫又现实的精神气质。辛亥革命中崛起的湖湘士人，包括黄兴、蔡锷、陈天华、宋教仁等一大帮民主革命派人物。在他们的精神气质中，无不是坚持将理想主义的浪漫情怀与现实主义的务实精神统一起来。继他们之后，在新文化运动中又涌现出一大批早期马克思主义者，包括毛泽东、蔡和森、邓中夏、李达等人。他们同样是一批将理想主义的浪漫情怀与现实主义的实用理性结合起来的人。以毛泽东为首的早期马克思主义者，他们之所以在经历了自由主义、无政府主义等各种思潮的影响后，最后选择了马克思主义、共产主义，无疑是这种源远流长的理想主义思想传统影响的结果。他们希望建立一个与上古

① 陈柳钦：《宏大湘学是弘扬中国精神的重要途径》，《中国城市报》2016 年 7 月 4 日。

“大同”式的理想社会相似的共产主义社会。正是这种追求最高社会理想的浪漫情怀，激励他们将共产主义作为解决中国问题的根本出路。但是，他们又有重实行、讲实效的实用理性态度，他们与那批只讲马克思主义原则而不重视中国实际的马克思主义理论家不同，而是非常强调中国式革命的道路。他们坚持土地革命、建立农村革命根据地，坚持农村包围城市的政治、军事方略，又继承了中国文化或湖湘文化传统的重实行、讲实效的实用理性精神。以毛泽东、刘少奇、任弼时为代表的湖湘知识群体在近代史上创造的辉煌成就，确是与他们具有这种理想主义的浪漫情怀与现实主义的务实精神相结合的精神气质有关。①

朱汉民、郑翔高挖掘了湖湘人士精神气质的另一面。他们认为，湖湘士人既有很强的叛逆性，敢于挑战强势的权威，又有对正统的忠诚，竭尽身心以维护某种权威。他们的思想与行动所表现出来的这种既叛逆又忠诚的精神气质，与历史上的流动性交互文化对他们的深刻影响有关。湖湘士人的叛逆人格，首先体现在以屈、贾为代表的流寓人才群体之中。湖湘士人不仅具有敢于挑战、敢于反叛的叛逆性人格，同时对自己内心倾服的精神理念、社会权威又表现出特别的忠诚，具有一种特别鲜明的忠诚人格。两宋以来，由北宋周敦颐开创，经南宋胡安国、胡宏、张栻发展，再经明清诸儒承传的湘学学统，是两宋以来理学思潮的产物。理学思潮是一场儒家内部的变革运动，一方面是它摆脱了汉唐以来确立的儒家传注经学的传统，敢于反叛汉唐构建起来的意识形态、学术主流；另一方面则是对先秦儒家人文信仰、道德价值的回归，体现的正是对儒家人文精神的内在信仰。周敦颐、胡安国、胡宏、张栻、王夫之等人的学术创新，恰恰源于一种对先秦孔孟之道的精神信仰与价值回归。他们背叛了汉唐儒家的家法、师法，却复兴、维护了一种源远流长的儒家道统。他们体现出来的叛逆精神，却源于内心对儒家文化理想的信仰与忠诚。②

二是以人物群体为研究对象，揭示湘学的精神品格。

湖湘文化发端于中原文化南传的远古时期，兴盛于民族危亡的近现代，其中所蕴含的“爱民崇道”等文化理念，正是历代湖湘文化精英“廉洁公正”做派的文化根基之所在。周敦颐等湖湘文化先贤“爱民崇道”思想确立了其湖湘廉政文化的“基因”，曾国藩等人的“以俭养廉”思想形成了湖

① 朱汉民：《湖湘文化精神的务实与浪漫》，《求索》2016年第4期。

② 朱汉民、郑翔高：《湖湘士人的叛逆与忠诚》，《湖南社会科学》2016年第3期。

湘文化的“廉政精神”，胡耀邦等中国共产党人的“利归天下”思想构成了当代中国湖湘文化中的“廉政理念”。湖湘前辈以其爱民崇道的人生理念、清操厉节的清廉作风，铸就了各有千秋的人生伟业。作为一种既有文化传承又极富地方特色的廉政文化形态，湖湘文化中的廉政精神历经上千年的发展演变，已经融入中华民族廉政文化之中，成为中国共产党人廉政精神的一部分。①

何湘通过分析清代湖湘文人结社探讨了湖湘文人的精神品质。近三百年清代时段里，湖湘文人社群依于乡土，分布各地，风格不一，多数由基层文人组成：如衡阳王夫之结匡社、邵陵车大任结古桃花园社于湘南，郭都贤、陶汝鼐倡社于湘中，华容严首升结东山社于湘北等；小的有梅花诗社、湘中五子等数人结社，大的有碧湖诗社、湘社等数十人的社群；有些主要课艺，如曲江文社、岳麓文会；有的偏于休闲消遣，如消寒、消夏、迎春等诗社；还有怡老型结社，如九老会、五老会等。湖湘历史上出现了屈原、贾谊等忠雅文人，湖湘地域里也留下过杜甫、柳宗元、陈与义等人的风雅印记，清末全国形势之扭转，更少不了以陶澍、魏源、曾国藩、左宗棠为代表的经世实学人才群体。这些历史名人事迹带给湖湘文人长久的缅怀与感慨，引发他们强烈的认同感与模仿倾向，并与清代湖湘文人结社雅集的场所、社集的因由、社作的题材等有着密切的联系。清代湖湘文人社群作为有代表性又数量繁多的地域群体，从物质空间与文学精神两个层面入手，通过社群活动的展开、雅集场所的选择、诗文的创作等担当其有效的传播媒介，在地方上构建历史记忆的典型认知环境。文人们在屈、贾、王、曾等乡贤志士的祠园中社集聚合，以屈原、王船山等人的生日、祀日为由展开社集活动，据杜甫、陈与义等留下的典故命名诗社创作作品，在风雅、随意的交流中追忆前贤，抒发壮志、寄托情思，用文学社集、创作这种休闲、娱乐的方式传导地方文化，将具有深刻、严肃意味的忧国悯民思想与轻松、愉悦的民俗节日活动相结合，寓教于乐，寄深于浅。②

李晨曦将唐才常、谭嗣同、刘善涵、熊希龄等报人视为一个群体，从历史背景、地缘条件等方面分析了该群体的产生；以“成立浏阳算学馆”“筹办《湘报》”“《湘学新报》发刊”“创办《湘报》”四个节点梳理了该群体的形成过程；在考察群体成员从事报刊活动的同时，对群体与本省官

---

① 李泽中：《论湖湘文化的廉政“基因”》，《湘潮》（下半月）2016 年第 3 期。

② 何湘：《论历史记忆与清代湖湘文人结社》，《湖南科技大学学报》（社会科学版）2016 年第 4 期。

员、外省维新志士等围绕报刊展开的联系与互动进行了考察。维新时期湖南报人群体有“以社会变局为最大动力”“同外省同志建立的独特合作模式”“政商学三位一体”等特点。李晨曦通过对谭嗣同、刘善涵、江标等与相关人物往来信件的阅读与分析，深入揭示了在维新运动的历史语境中湘省报人们曲折艰难的合群历程，梳理了此过程中湘籍报人们与外省报人、本省官绅之联系与互动，探究了当时报人合群之内在精神动力、联系纽带及合作方式。同时，通过对《湘学新报》《湘报》等报刊原件，及对《翼教丛刊》等当时守旧派声讨文集的阅读，分析了谭嗣同、唐才常等人宣传维新变法的效果，考察了该群体在梁启超所说“湖南人自此昭苏”“后此奇才蔚起”这一层面上的影响与贡献。①

三是阐释湘女精神，探讨湘女精神的影响。

湘女精神是2016年的一个社会热门话题。针对社会上一些误读和歪曲湘女精神的现象，一些学者开展了湘女研究，并探讨了湘女精神。

雷国珍等人认为，红色湘女是指近现代以来，积极投身民族进步解放和社会主义事业的湘籍女性革命者、革命家、共产党人以及无私奉献者。她们生于三湘、长于四水，深受湖湘文化的熏陶，在湖湘大地上挥斥方遒、指点江山，以春蚕到死、蜡炬成灰的壮烈情怀，为人生谱写了诸多心忧天下、敢为人先的伟大篇章。湖湘文化是红色湘女成长的精神沃土，赋予了红色湘女特殊品格。在不同时代，红色湘女对湖湘文化的传播、转型与扩容做出了历史性贡献。在红色湘女的血脉里绵延流淌着一种独特的气质，那就是“敢为人先、大情大爱、至刚至柔、坚毅执着、勤劳聪慧”的红色湘女精神。这种精神汲三湘四水之灵气，承湖湘文化之底蕴，集广大湘女之智慧，在革命、建设和改革的不同历史时期，在一代代红色湘女的心灵深处一脉相承。② 邓玉香指出，湘女将经霜千年、源远流长、历久弥新的湖湘文化演绎得淋漓尽致，将“敢为人先”的湖湘精神描绘得惟妙惟肖，成为湖湘文化重要一脉。敢为人先就是敢于尝试，敢于探索与创新，敢于引领潮流与风气。敢为人先的胆识和气魄，靠的就是永不停顿、与时俱进的实践精神，靠的就是挑战现实、敢于创新的特殊品质。③ 柏颖认为，作为一种区域性的历史文化形态，湖南人的特质尤为值得注意，湖南女子也深受影响，有湘女刚烈多情的美誉。湖南这块热土，孕育了无数的先贤烈女，

---

① 李晨曦：《维新时期湖南报人群体研究》，硕士学位论文，湖南大学，2016年。

② 雷国珍、祁雪春：《论红色湘女与湖湘文化》，《湘潮》（下半月）2016年第4期。

③ 邓玉香：《敢为人先的红色湘女》，《湘潮》（下半月）2016年第4期。

其中近现代的红色湘女更为显耀，她们或果敢决绝，或为了信仰从容赴死，或为了理想坚贞不屈，或为了革命遍历苦难，为中国新民主主义革命书写了可歌可泣的壮丽篇章。①

周亚平分析了唐群英的湘女性格与女杰气质，指出，人们习惯把湖南女性称为“湘女”，湘女的性格除了温柔、多情等，主要表现为“男人般的决断与火辣辣的性格”，而这种“决断与泼辣”，其实就是湖南人个性刚强、直率、倔强、坚韧、热情似火、勇于作为的表现。唐群英是中国近代妇运史上杰出的资产阶级革命活动家、报业家、教育家，是辛亥革命时期妇女运动的杰出领袖。近年来，国内外史学界关于唐群英的研究越来越多，尤其是国外有许多学者对唐群英的研究极为重视。唐群英的湘女性格特征与众多湘妹子一样，主要表现在以下四点：一是倔烈、泼辣；二是聪慧、灵秀；三是侠义、重情；四是忧患、敢为。唐群英之所以能成为中国近代女权运动史乃至中国近代史上一位有影响的人物，除了她身上所具备的湖南人性格之外，最主要的是她身上所特有的一种非同凡响的精神气质，这种精神气质就是，革命的献身精神。这种献身精神的形成，既源自中国的传统文化，更源自湖南人的性格特征。如前所述，湖南人的性格特征，恰恰就是成就唐群英成为中国近代女杰所必需的，也恰恰是当时中国所普遍缺少的。②

四是关于湘学代表人物精神品格的分析。

关于湘学代表人物精神品格的分析，主要集中于王夫之、魏源、曾国藩、谭嗣同、宋教仁、毛泽东、刘少奇、胡耀邦等人的精神品格和气质。

王夫之的精神品质一直是湘学精神的重要体现。彭巧燕等分析了船山精神与社会主义核心价值观的契合性，指出，船山思想蕴含的民族爱国精神、豪杰精神对于构建公民“爱国、敬业”价值理念具有引领作用；而他追求儒家风范的理想人格，强调“仁义礼智信”的道德修养观，其精神内核就是“友善、公正、文明、诚信”；他所提倡的“均天下”、追求天下相亲的和谐政治理念，与社会主义核心价值观高度契合。③

陈杨分析了王夫之的“士人精神”。“士”是中国历史发展到一定阶段产生的一个特殊阶层，是国家政治的参与者与礼乐传统的创造者和传承者。

① 柏颖：《略论湖湘文化影响下红色湘女之精神特质》，《湘潮》（下半月）2016 年第 4 期。

② 周亚平：《论唐群英的湘女性格与女杰气质》，《湘潮》（下半月）2016 年第 4 期。

③ 彭巧燕、贺方春：《船山思想与社会主义核心价值观》，《衡阳师范学院学报》2016 年第 10 期。

生活在明清之际的王夫之坚持士人精神，坚持维护民族尊严，树立道德自我，坚贞不渝，老而弥笃。王夫之的士人精神主要表现为：民族至上的爱国主义精神、经世致用的求实精神、自强不息的奋斗精神和卓然不惑的创新精神。以狂放不羁、率真洒脱而著称的风流思想深深影响了湖湘大地，也影响了王夫之，这主要体现在他狂狷型的精神气质上。在他身上不仅体现着锐意进取、积极奋斗、敢想敢做的狂者精神，同时也有着率真洒脱、淡泊自持的狷者意志。狂者精神使王夫之在面对家亡国破的严酷现实中仍然保持积极进取心态；率真潇洒、性情正直的狷者心志使他能够审时度势，认清形势，从而下定决心跳出现实政治的旋涡，转入思想文化和学术领域，继续有所作为。正是士人精神和风流思想的影响，造就了王夫之狂狷型的精神气质，从而确立了他积极的人生风范和崇高的学术地位。①

湘潭陈鹏年是康熙年间的一代循吏和学者，其为人耿介，为官清廉。他出身于湖湘学派发源地的一个书香世家，自幼深得湖湘文化经世致用思想的熏陶，且将这种知行合一和济世之道的实干作风，运用在其为人为学为官之中，并深刻影响着后来陶澍等湖湘名士。陈鹏年去世后，先后入祀江宁名宦祠、海州名宦祠、苏州名宦祠和河南贤良祠，现苏州沧浪亭五百贤中，陈氏被冠为“治河有策，采风有诗；政通人和，来者之师”，可见他不仅在当时成为一种民间信仰和廉政上的学习楷模，其经邦济世之精神和清廉奉公的能官做派，更成为湖湘大地上一座不朽的丰碑，同时也是中华民族历史上一笔宝贵的精神财富。②

忧患意识是中国历代知识分子所坚守的精神品格，也是湖湘文化的精髓。张大联分析了魏源的忧患意识。他指出，中国传统忧患意识的产生和发展影响着湖湘文化中忧患意识的产生和演变。湖湘文化中的忧患意识源自屈原，其后经范仲淹、魏源有了一系列的发展演变。魏源的忧患意识不仅包括忧国忧民之情，也包括救亡图存、改造社会之思，赋予了湖湘文化中忧患意识新的特点。魏源的忧患意识正是他勇于改革和爱国爱民行动的思想基础。他的忧患意识本质上是以挽救封建统治为出发点的，虽不为当政者所理解，具有一定的悲剧色彩，但却为后世留下了一份珍贵的精神遗产，对近代先驱忧患意识的形成和发展具有重要影响作用，成为近代忧患

① 陈杨：《论王夫之的士人精神与风流思想》，《衡阳师范学院学报》2016 年第 4 期。

② 柳王敏：《湖湘陈鹏年经世致用精神论》，《船山学刊》2016 年第 4 期。

意识的继往开来者。①

彭育龙分析了曾国藩的精神品质。他指出，湖湘文化具有自强坚韧、经世致用、爱国救亡、兼容并包、独立创新的基本文化精神特质。曾国藩是湖湘文化传承者的典型代表，其书法艺术刚柔相济、雄浑劲美，其中所体现出的精神和路向对当前湖湘文化体系建构具有现实指导意义。②

王继平分析了谭嗣同的精神品质。谭嗣同是近代湖南第二大人才群体的杰出代表，也是中国著名的资产阶级思想家、政治家、杰出的维新志士，他短暂的一生展现了一种可贵的精神，具有先天下之忧而忧的爱国情怀、"冲决一切网罗"的批判意识、敢为人先的改革思想、"我自横刀向天笑"的牺牲决心、包容开放的学术创新、"摩顶放踵"的博爱胸怀等。这种精神既是湖湘文化濡染的结果，又是他短暂但充满坎坷遭际的反映，也是其学术取向的体现。与维新派群体相比，他具有激进的色彩，在晚清湖南人才群体中，他有着别具一格的个性特征。谭嗣同精神包含的爱国情操、批判意识、改革创新取向、牺牲献身决心、开放包容态度、博爱精神，不仅体现了湖湘文化精神，更弘扬了湖湘文化精神。尤其是他毅然选择以流血和牺牲唤醒民众的方式，使他的思想升华为一种精神，积淀于湖湘文化的深层结构之中。20 世纪初，陈天华、姚宏业、杨毓麟三人，或为抗议清政府的倒行逆施，或为反对帝国主义的侵略行径，愤而蹈海，以唤醒国人，莫不继承和体现了谭嗣同精神。从这个意义上说，谭嗣同精神融入了湖湘文化的精髓之中。③

宋教仁从事革命活动期间曾经化名为"渔父"，我们将他身上表现出来的值得后世学习与景仰的精神称为"渔父精神"。其内容主要包括勤学善思的求知精神、义无反顾的报国精神、崇尚法治的民主精神、宽厚诚挚的道德精神。"渔父精神"的形成与其个人修养、家庭熏陶及时代条件密不可分。它不仅在辛亥革命史上产生了重大影响，在今天对社会主义精神文明建设也具有积极的现实意义。④

邹标昌通过分析屈原、毛泽东的精神品格探讨了湘楚精神。他指出，《天问》是中国浪漫主义诗人屈原作品中的一篇奇文，被后人誉为"千古万

---

① 张大联：《湖湘文化中的忧患意识与魏源的"救亡图存""经世致用"》，《文学教育（下）》2016 年第 12 期。

② 彭育龙：《曾国藩书法艺术影响下湖湘文化体系建构的创新与发展》，《大众文艺》2016 年第 4 期。

③ 王继平：《论谭嗣同精神及其当代价值》，《湖湘论坛》2016 年第 1 期。

④ 熊英：《论"渔父精神"的内涵及其价值》，《武陵学刊》2016 年第 1 期。

古至奇之作”，诗人寻解答，求因果，将“路漫漫其修远兮，吾将上下而求索”的湘楚精神发挥得淋漓尽致。毛泽东是湖湘儿女中心忧天下、敢为人先的表率和丰碑，一生用言行诠释了对屈原精神的继承和发扬。[①] 夏远生分析了毛泽东和向警予的文化精神。毛泽东高度评价向警予，号召学习模范妇女领袖、女共产党员向警予。她为妇女解放、为劳动大众解放、为共产主义事业奋斗了一生。毛泽东与向警予，是无产阶级革命家中相识较早、友情较深、惺惺相惜、引为知己的战友。青年毛泽东与向警予具有共同的革命理想、湖湘性格和文化精神。这是他们成长、成功的深层原因、人文内涵，也是我们今天应该继承发扬的宝贵精神财富。[②]

1961 年，刘少奇在湖南天华大队进行了为期 18 天的蹲点调查。姚庆武认为，刘少奇在调查中表现出的心系群众、一切为民的公仆情怀；依靠群众、求真务实的优良作风；直面矛盾、勇于担当的优秀品格；严于律己、艰苦朴素的崇高风范，对当前党员干部具有重要启示和现实指导意义。[③]

刘惠、王旭利在《试析胡耀邦的人格魅力及其现实意义》一文中指出，胡耀邦作为伟大的无产阶级革命家、政治家，作为中国共产党和中华人民共和国的卓越领导人，拥有强大的人格魅力，对当前党政机关领导干部做人做事及其人格魅力的提升具有重要启示作用。胡耀邦独特人格魅力的形成是其出身、成长、工作的客观环境和追求崇高理想的信念及独特个性等主观因素共同作用的结果。胡耀邦人格魅力表现在公道正派，清正廉洁；为民着想，平易近人；顾全大局，光明磊落；沉着冷静，机智果断四个方面。[④]

总体来看，对近代湖湘精神的研究，既昭示了湘学精神之魂，又体现了中国精神之魂。其中，一个新的视角是通过研究清代湖湘文人结社，分析湖湘文人的精神品格。但本年度关于湘学精神的研究尚有不足，如没有深入挖掘典型模范人物的精神气质及其影响，如对黄兴、雷锋、欧阳海等人的个案研究成果相对较少。

---

① 邹标昌：《湖湘大地上延续两千余年的天问——初探屈原与毛泽东的湘楚精神》，《湘潮》（下半月）2016 年第 6 期。

② 夏远生：《毛泽东与向警予的文化精神》，《湘潮》（上半月）2016 年第 2 期。

③ 姚庆武：《刘少奇 1961 年湖南天华调查的当代启示》，《经营管理者》2016 年第 35 期。

④ 刘惠、王旭利：《试析胡耀邦的人格魅力及其现实意义》，《西华师范大学学报》（哲学社会科学版）2016 年第 6 期。

二　湘学思想研究

湘学思想内容丰富，包括历代湖湘人士的政治、法治思想，军事、外交思想，经济、社会思想，科技、教育思想，等等。湘学思想影响深远，特别是近代以来，对中国社会发展产生了巨大的推动作用。2016 年，关于湘学人物及其思想研究的成果主要集中在对近代以来湖湘人士的各种思想及其影响方面的探讨。2016 年，毛泽东研究是一个热点，仅以“毛泽东”为主题的文章就有 800 多篇。鉴于毛泽东研究成果主要在“年度热点人物”栏目中予以分析，在本章中，只撷取部分毛泽东有关思想的研究内容予以评述。

（一）政治与法律思想研究

近代以来，湘学人物如曾国藩、左宗棠、谭嗣同、毛泽东、刘少奇、任弼时、胡耀邦等人的政治思想，刘少奇、何叔衡、谢觉哉等人的法律思想，对中国社会产生了重要的影响。

1. 湘学政治思想研究

2016 年的湘学政治思想研究成果非常丰富，有近百论著涉及湘学人物的政治思想，其中，主要集中在晚清以来的近现代人物的政治思想及其影响研究。

一是关于曾国藩政治思想的研究。

曾国藩是湘学的代表人物，对近代中国政治、军事、社会等都产生了重要的影响，其政治思想主张是历年学界的关注点之一。2016 年关于曾国藩政治思想的研究成果主要探讨了曾国藩的为官之道、政治意识及影响等。

韩宇彤探讨了曾国藩“勤恕廉明”的为官理政思想及影响。在动荡飘摇的晚清，面对统治集团的日益腐化和社会矛盾的空前尖锐，曾国藩满腔血诚，立志于“澄清天下”，匡国济民，直陈“若不从吏治人心痛下功夫，涤肠荡胃，断无挽回之理”。曾国藩的为官之道是由己及人、由内而外的，不仅是对个人为官道德素养和政治素养的要求，而且也是对官场肃风整纪的一种倡导。曾国藩身为人臣的自律和担当，为时人树立了良好的为官榜样，在晚清贪颓的官场上形成一股清流逆势而上。在其“勤恕廉明”的躬身践行、引导教育的影响下，他属下的官风官气得到一定程度的修正，官员的贪腐巧取也得到一定程度的约束。“勤恕廉明”的为官之道塑造了曾国藩在道德修身方面的模范形象，推进了曾国藩在仕途方面的成功，也有助于其“内圣外王”的理想境界的外显。虽然，由于时代局限和各种主客观原因，曾国藩的为官之道只对其个人的道德修养和仕途发展发挥了作用，并没能彻底改变晚清的官场风气，其本身也存在着世故妥协的弊端，但其中蕴含的价值和智慧是不可泯灭和忽视的。① 周海生探讨了曾国藩的“政治规矩”意识。曾国藩始终保持“不遑不与不胜”的心态，抱持着上下有等、内外有别等“政治规矩”。他强调辨义利轻重之别，顾全大局；规上下权力之范，维护权威；防内外朋党之患，远离巨室；杜左右宗派之风，规避山头。② 张燚等分析了曾国藩的廉洁思想及其影响，指出，探究曾国藩传统廉洁思想，加强高校党风廉政建设中的现代价值应用研究，为高校营造良好的政治氛围提供了坚实的理论基础。③ 赵临在《曾国藩的思想政治教育观简析》一文中指出，清末名臣曾国藩通过终身不懈努力，在“修齐治平”等方面取得不凡成就。研究曾国藩的思想政治教育观有助于了解我国古代传统思想政治教育内容。文章从世界观、人生观、价值观、修身观、政治观五个方面对曾国藩的思想政治教育观进行了探讨，系统梳理了曾国藩政治教育思想的主要内容。④

二是关于左宗棠政治思想的研究。

2016年，关于左宗棠政治思想的研究成果主要探讨了左宗棠开发治理西北的举措及影响等。左宗棠在开发西北的过程中，因地制宜地采用不同

---

① 韩宇彤：《“勤恕廉明”——曾国藩为官之道论析》，硕士学位论文，吉林大学，2016年。

② 周海生：《曾国藩也讲“政治规矩”》，《领导科学》2016年第13期。

③ 张燚、温世娣：《浅析曾国藩传统廉洁思想在加强高校党风廉政建设中的价值》，《人才资源开发》2016年第14期。

④ 赵临：《曾国藩的思想政治教育观简析》，《改革与开放》2016年第15期。

的方法进行综合治理，对西北的恢复和发展起到了重要的作用。吕昕娱指出，左宗棠治理西北的思想严谨、务实。在教育上志存高远，经世致用；在民生上，以民为本；在环保上眼光长远，不拘泥于短暂的利益。[①] 张玮指出，左宗棠从同治六年（1867）督办西北军务、兼陕甘总督起，至光绪六年（1880）的十余年间，对河西地区进行了全方位的开发，涉及经济、环境、文化教育、政策建设多个方面，维护了国家的统一和民族的团结。[②] 何婷婷认为，左宗棠基于对新疆重要战略地位的认识，在西北边疆面临严重危机之时，力主收复新疆后，妥善处理民族关系，争取了民心，不仅使收复新疆之战顺利和迅速，而且为新疆建自治区和战后重建奠定了良好的基础。[③] 李芳探讨了左宗棠举荐刘锦棠接任督办新疆军务的缘由及影响。光绪六年（1880），在陕甘总督兼钦差大臣左宗棠的力荐下，收复新疆的36岁的将领刘锦棠，在与50岁的满族将领金顺的比较中胜出，被清廷任命为“署理钦差大臣督办新疆军务大臣”。张翔云分析了左宗棠的禁烟思想主张和政策。自1839年林则徐虎门销烟之后三四十年中，若要论禁烟，必谈及左宗棠。《禁种罂粟四字谕》可以称作是左宗棠禁烟的开端，文章剖析了西北地区严峻的禁烟形势，列举了吸烟造成的恶果并提出禁种罂粟的要求。在左宗棠的文集中，有着大量关于禁烟的文书，从同治六年一直延续到光绪八年，内容涉及禁烟告谕、烟情分析、禁烟方法、奖惩措施等。这些文章体现了左宗棠的政治思想和地方治理政策思想，为我们清晰地勾勒出左宗棠在西北的禁烟思想、实践及其成效。[④]

此外，周天翼探讨了左宗棠的国家政治伦理思想。19世纪六七十年代，中国边疆地区危机四伏。一方面，我国西北边疆地区出现严重的国土危机。1865年4月，中亚浩罕国阿古柏占领新疆企图瓜分中国；另外，自鸦片战争爆发，我国沿海地区频频受到外来侵略者的威胁。左宗棠政治思想的来源就是爱国伦理文化，他的一生都在践行这一思想，为维护国家统一做出了重要贡献。左宗棠十分推崇孔子的政治伦理主张，受“儒家”王道政治与圣贤治理的影响，左宗棠形成了忠君忠国的封建爱国主义思想，并一生践行。在他心中，忠君就是要帮朝廷镇压农民起义，抵御一切外敌入侵。

① 吕昕娱：《左宗棠西部开发思想探究》，《赤峰学院学报》（汉文哲学社会科学版）2016年第6期。

② 张玮：《浅论左宗棠对河西的开发》，《兰台世界》2016年第4期。

③ 何婷婷：《左宗棠收复新疆与处理民族关系》，《伊犁师范学院学报》（社会科学版）2016年第4期。

④ 张翔云：《从〈禁种罂粟四字谕〉看左宗棠禁烟》，《兰台世界》2016年第13期。

朝廷重用他，就是对他有知遇之恩，因此面对反侵略的战争，他显得义无反顾，将个人生死置身事外，自始至终把民族大义放在首要位置，这就是他的爱国思想、忠君思想，也让他成为后人敬仰的反抗外来入侵的民族英雄。左宗棠国家政治伦理思想主要有三部分：第一，国家主权论主要表现为舍生取义的忠君爱国思想、实用主义和德刑并用与大一统。第二，国家利益论主要表现为“尚义兴利”的伦理思想、以“功利”衡量义理和民本之利为重的价值观。第三，国家行政论主要表现为“内圣外王”之道、“倡导勤政”和“崇尚廉洁自律”。①

三是关于蒋廷黻政治思想的研究。

蒋廷黻（1895—1965），中国著名历史学家、外交家，湖南邵阳（今邵东）人。常璐通过分析《蒋廷黻回忆录》探讨了蒋廷黻的政治思想，指出，蒋廷黻是一位复杂的历史人物，身处于动荡的时代，使他的思想也带有鲜明的时代特色。蒋廷黻在20世纪20—40年代提出了许多从政的思想主张，简单记录在《蒋廷黻回忆录》中，其中包括祖国统一的理想和他对民族主义的认识。作者从《蒋廷黻回忆录》入手，探析了蒋廷黻的政治理想。② 蒋廷黻作为中国近代知识分子中“由文转政”的典型代表，在对中国经济现状进行考察研究的基础上，对中国的工业、农业、善后经济发展等问题提出了一系列的方针和政策。他提出了经济近代化的思想，论述了经济与政治、经济发展与文化思想的关系。他的经济思想既有西学渊源，又有一定的国内背景，是特定的社会历史条件下的产物和近代中西方思想文化互相碰撞、融合而发展的结果。③

还有论者认为，从教坛到政界，蒋廷黻始终怀抱一颗忧国忧民、强国富民的心。他在政治、经济、文化教育乃至军事等方面，提出了关于现代化建设的思想，特别是在经济建设上，他极力主张实行经济复兴计划，强调走一条以农业现代化和工业化为主的现代化道路，提出了实现经济现代化所应具备的两个重要因素：国家统一和政府廉明；教育的现代化。在担任国民政府行政院政务处长特别是“行总”署长期间，为践行其经济现代化思想，他做了不少的探索和努力，也取得过一定的成效。④

---

① 周天翼：《左宗棠国家政治伦理思想研究》，硕士学位论文，广西民族大学，2016年。

② 常璐：《〈蒋廷黻回忆录〉的背后——探析蒋廷黻的政治思想》，《名作欣赏》2016年第8期。

③ 付伟男：《蒋廷黼经济思想初探》，《2016年第一届今日财富论坛论文集》，2016年。

④ 曾维君、王素华：《蒋廷黻的经济现代化思想与实践》，《邵阳学院学报》2016年第3期。

四是关于刘少奇政治思想的研究。

刘少奇是伟大的马克思主义者和无产阶级革命家，是中国共产党杰出的领导人之一，他的党建思想一直是学界及党内外关注的焦点，也是2016年湘学研究中的一个亮点。此外，还有关于刘少奇工会思想、人民民主政权思想、统一战线思想的研究成果。

在中国长期的革命和建设实践中，刘少奇为中国人民解放事业、社会主义革命和建设事业，为中国共产党建设做出了巨大贡献。戴静雯认为，刘少奇关于党的建设的许多论著独具特色，他重视理论和实践的统一，勤于调查研究和总结经验，并善于把实践经验提升到理论的高度，其党建理论是毛泽东党建思想的重要组成部分，丰富了马克思主义党建理论宝库。[①] 余满晖则强调，刘少奇在阐述中国共产党相关建设问题的同时，既体现了对多样性与基层民主的尊重，也表达了对非暴力原则的追求，对全球责任意识的清醒把握，因而具有极为丰富的生态政治意蕴。由此启示人们，对西方生态政治学等学理，不能全盘照搬，但也不能简单否定，而是要采取辩证否定的方式，一切从现实出发不断前进。[②] 鲁梦瑶在《刘少奇保持党的纯洁性思想研究》一文中指出，刘少奇作为中国无产阶级的革命家、政治家和理论家，在新民主主义革命和社会主义建设时期对党和人民的事业做出了卓越的贡献。他的关于保持党的纯洁性思想作为其党建思想的重要组成部分，不仅有重要的理论价值，而且对中国共产党的建设实践发挥了重要作用。当前在新的历史条件下，重温和探讨刘少奇保持党的纯洁性思想，不仅将深化对刘少奇党建思想的认识，而且对于中国共产党继续保持党的先进性和纯洁性具有重要的现实意义。文章梳理了马克思、恩格斯、列宁、毛泽东关于保持无产阶级政党纯洁性的思想，并将其作为刘少奇保持党的纯洁性思想的理论基础；分析了刘少奇保持党的纯洁性思想的形成过程及其初步形成、成就和进一步完善的三个阶段；从保持党在政治上的纯洁性、思想上的纯洁性、组织上的纯洁性、作风上的纯洁性和保持党的清正廉洁五个方面，着重探讨了刘少奇保持党的纯洁性的主要内容；在此基础上指出了刘少奇保持党的纯洁性思想的历史意义和当代价值。[③] 刘正萍探讨了刘少奇的廉政教育思想。抗战期间，刘少奇在盐阜抗日根据地始终没有忘记廉政教育，主要内容包括人民利益至上教育、坚强党性教育、法制意识教

① 戴静雯：《刘少奇党建思想研究》，硕士学位论文，黑龙江大学，2016年。
② 余满晖：《论刘少奇党建思想的生态政治意蕴》，《辽宁行政学院学报》2016年第7期。
③ 鲁梦瑶：《刘少奇保持党的纯洁性思想研究》，硕士学位论文，扬州大学，2016年。

育、思想文化教育与廉洁民主政权的实践等。这些教育内容进一步丰富和发展了刘少奇的廉政思想，其实践有效启迪了根据地军民的民主意识和爱国意识，对吸引广大民众参加抗日民族斗争、维护民族利益起到了积极的作用。①

中共七大是中国共产党在特殊历史条件下召开的具有独特历史意义的大会。陈答才、刘涛在探讨刘少奇对中共七大的贡献时认为，刘少奇对于中共七大的成功召开和胜利闭幕做出了历史性贡献，主要表现在：因才受命，返回延安筹划七大，作为中共七大主要筹备人艰辛工作，全面协调保证会议圆满举行，系统阐释中国化马克思主义，重点论述党建理论与实践等。在中共七大上，刘少奇为毛泽东思想的形成与发展、为党的建设理论的不断完善贡献了卓越智慧。刘少奇的严谨作风和求实精神，为新时期广大党员干部树立了光辉典范，为新形势下推进全面从严治党提供了宝贵的思想素材。② 丁俊萍、许春涛分析了刘少奇反对官僚主义的思想。刘少奇在长期的革命和建设实践中，坚持从理论和实践上反对官僚主义，其鲜明特点是：倡导从民主的视角分析和克服官僚主义；强调改革和完善相关制度是克服官僚主义的治本之策；坚持群众路线，动员人民群众参与反对官僚主义的斗争；既认识到反对官僚主义斗争的长期性和渐进性，又强调要消除官僚主义的根源。③ 苏新宇分析了刘少奇关于人民民主政权组织形式的思想。在抗日战争时期和新中国成立后，刘少奇对人民民主政权所采取的组织形式作了论述，构成了他关于人民民主政权组织形式的思想。这个思想阐明了不同时期人民民主政权所采取的组织形式的根据、要求和重大意义，不但对当时人民民主政权建设起了重要的指导作用，而且对于今天深化政治体制改革、建设社会主义法治国家，也有重要的现实启示。④

魏登云、周元美探讨了刘少奇在长征中的革命活动。刘少奇是伟大的马克思主义者，伟大的无产阶级革命家和政治家。他几十年如一日为党和人民的事业殚精竭虑，奔走操劳，建立了不可磨灭的功绩。而长征过贵州是刘少奇革命活动中绕不开的精彩片段，在此大转折时期，他高屋建瓴，

---

① 刘正萍：《浅谈刘少奇与盐阜抗日根据地的廉政教育》，《教育理论与实践》2016 年第 36 期。

② 陈答才、刘涛：《刘少奇与中共七大》，《党的文献》2016 年第 2 期。

③ 丁俊萍、许春涛：《刘少奇反对官僚主义思想的特点及其启示》，《湘潭大学学报》（哲学社会科学版）2016 年第 4 期。

④ 苏新宇：《刘少奇关于人民民主政权组织形式的思想论析》，《东北师大学报》（哲学社会科学版）2016 年第 5 期。

胆识过人，始终站在真理一边，为实现中国革命转折发挥了重要作用。他支持毛泽东正确路线，为革命转折投赞成票；首提政治路线错误，彰显其深刻洞察力；及时传达会议精神，增强红军胜利信心；积极开展思政工作，激发红军革命士气。①

张昭国、时贤分析了刘少奇在中华人民共和国成立初期工会问题论争中的转向。中华人民共和国成立初期，在关于工会的性质、地位、作用及工会与党和国家行政、企业行政的关系等问题上，引发了李立三、邓子恢等人与高岗等的探讨与争论。在此次论争中，刘少奇由起初李、邓意见的支持者到最后成了缄默者，并进行了自我批评。刘少奇的转向，一方面表明了社会主义建设道路理论探索的艰辛；另一方面也意味着，毛泽东以他个人的巨大威望，开始左右中央其他领导人的认识。②

刘少奇同志在长期的革命生涯中致力于统战工作，认为统一战线是在中国共产党领导人民进行革命中取得胜利的法宝；领导权始终是统一战线中的中心问题，中国共产党要争取统一战线的领导权，就要保护、增进同盟者的利益，为了人民的利益和解放是统一战线工作的立场；人民政协是中国人民民主统一战线的组织形式。③

五是关于任弼时政治思想的研究。

任弼时是我国伟大的马克思主义者，杰出的无产阶级革命家、组织家，中国共产党和中国人民解放军的卓越领导人，以毛泽东同志为核心的中国共产党第一代领导集体的重要成员。2016 年，有关任弼时的学术成果主要是其党建思想、青年工作思想、统一战线思想等。

刘志辉分析了中央苏区时期任弼时对党的建设的思考。1931 年 3 月，中央政治局决定由任弼时等三人组成“中央代表团”，前往中央苏区。任弼时在中央苏区的两年时间里，主要负责党的组织工作。这两年里，他把列宁关于党的建设的经验，用于指导中央苏区党的建设，为中央苏区党的建设解决了许多问题，积累了很多经验。其中，《关于党的建设问题决议案》和《目前党在组织上的中心工作》，是中央苏区时期任弼时关于党的建设的两份重要文献，蕴含了很多他关于如何加强党的建设的思考，回答了“为

① 魏登云、周元美：《论刘少奇长征过贵州革命活动之功》，《遵义师范学院学报》2016 年第 1 期。

② 张昭国、时贤：《刘少奇在建国初期工会问题论争中的转向论析》，《衡阳师范学院学报》2016 年第 4 期。

③ 邵南征：《刘少奇论统一战线和人民政协》，《经营管理者》2016 年第 33 期。

什么要加强苏区党的建设”和“如何加强苏区党的建设”这两个重要问题。任弼时关于在执政条件下加强党的建设的思想，是我们党党建理论的重要内容。[①] 王晓荣等人论述了任弼时对中央苏区党组织的布尔什维克化建设的贡献。土地革命战争时期，任弼时在领导中央苏区党的组织建设中，通过提高党员质量以加强党的阶级基础，实行民主集中制以改善党的领导方式，改良支部生活以发挥党支部的战斗堡垒作用，严肃党纪以健全党的组织机体，为把中国共产党建设成为布尔什维克化的无产阶级政党做出了不可磨灭的贡献。[②]

柏婷分析了延安整风时期任弼时的党建思想与实践。1941 年 5 月至 1945 年 4 月，中国共产党在延安领导了一次大规模的整风运动。作为党的第一代领导集体中的重要成员，任弼时参与了整风运动的全过程。这一时期，是任弼时从政生涯中最辉煌的时期，他作为中共中央政治局委员、中央书记处书记、中央秘书长，成了毛泽东最得力的助手之一。如果说毛泽东是整风运动最伟大的设计师，那么，任弼时就是最称职的工程师、最坚定的执行者。任弼时以他深厚的马列主义修养和丰富的革命斗争经验，为党的建设做出了重要贡献。关于党的思想建设，任弼时认为“要灵活地、切乎实际地运用马克思列宁主义”，并且他认为只有毛泽东思想才是适合中国国情的马列主义理论。关于党的政治建设和组织建设，任弼时在讲话中提出必须在各抗日根据地加强党的一元化领导，反对宗派主义、独立主义等错误倾向，要加强对党员尤其是党员干部的组织原则和组织纪律的教育。关于党的作风建设，任弼时指出，要“彻底转变老一套的领导方法和作风”。要密切联系群众，反对官僚主义作风，实事求是；发扬民主，开展批评与自我批评；发扬大胆创造事业的精神。任弼时在这一时期的党建思想丰富了毛泽东思想的内涵，使其更加系统化和具体化；同时，对加强延安整风时期党的建设及抗日战争的胜利有着重要的指导意义。任弼时在整风时期的党建实践，巩固了毛泽东在党内的核心领导地位，保证了党的团结，也为党的第一代领导集体创立了科学、高效的运行机制。[③]

曾成贵分析了任弼时长征时对党的团结和统一的维护。1935 年 11 月 19

---

① 刘志辉：《中央苏区时期任弼时对党的建设的思考》，《毛泽东研究》2016 年第 1 期。

② 王晓荣、王鑫：《任弼时与中央苏区党组织的布尔什维克化建设》，《毛泽东思想研究》2016 年第 1 期。

③ 柏婷：《延安整风时期任弼时的党建思想与实践研究（1941. 5—1945. 4）》，硕士学位论文，华东师范大学，2016 年。

日，任弼时与贺龙、关向应率领红二、六军团踏上长征之路。在此之前，红一、四方面军会合后，发生了张国焘另立中央，分裂党和红军的严重事件。1936 年 6 月，二、六军团与四方面军在甘孜会师。任弼时从团结的愿望出发，坚持原则的坚定性与手法的灵活性相结合，耐心、周全、细致地做工作，体现了极高的政治担当，为党的最高领导机关的重新团结和统一，促进三大主力红军胜利会师，做出了重要贡献。①

任弼时关于青年团工作群众化的思想，由来已久。从他担任共青团中央领导工作以后，就不断申述和强调团的工作群众化的必要性与重要性，以及实行路径与方法，并为此垂范。任弼时这一思想，对于在团的工作中贯彻党的群众路线，使团组织成为党的得力助手，有着重大且深远的意义。②

六是关于胡耀邦政治思想的研究。

胡耀邦是中国共产党重要领导人，曾任中共中央主席和中共中央总书记。2016 年，学界主要探讨了胡耀邦的改革思想、从严治党思想、反腐思想等。

李聪探讨了胡耀邦全面改革思想的形成。胡耀邦“全面改革”思想经过了从“改革”到“全面改革”的演进过程。1975 年在中科院时期主持制定《汇报提纲》是胡耀邦改革思想的开端；1978 年前后，经过“真理标准问题”大讨论和平反冤假错案，胡耀邦改革思想得到进一步发展；1983 年全国职工思想政治工作会议上的讲话《四化建设和改革开放》，标志着胡耀邦“全面改革”思想的最终形成。胡耀邦“全面改革”思想的现实目标是实现“四个现代化”，价值诉求是一切为了人民。③ 钟德涛等学者分析了胡耀邦的从严治党思想。1978 年至 1987 年，作为改革开放开拓者的胡耀邦怀抱忧党之心和兴党信念，提出了一系列关于从严治党的思想理论观点。胡耀邦的从严治党思想是他探索和建设中国特色社会主义的重要理论成果之一，在改革开放的历史进程中发挥了重要的指导作用。习近平总书记在《在纪念胡耀邦同志诞辰 100 周年座谈会上的讲话》中，号召全党学习胡耀邦的革命精神和崇高风范。④

---

① 曾成贵：《任弼时长征及其对党的团结和统一的维护》，《中国延安干部学院学报》2016 年第 5 期。

② 曹春荣：《任弼时的青年团工作群众化思想》，《上海党史与党建》2016 年第 8 期。

③ 李聪：《胡耀邦全面改革思想形成简论》，《泰山学院学报》2016 年第 1 期。

④ 钟德涛、钟道邦：《胡耀邦从严治党思想述要》，《决策与信息》2016 年第 9 期。

李建锋指出，在长达60年的革命生涯中，胡耀邦同志十分重视党的作风建设。胡耀邦将党的作风建设问题看作是关系执政党生死存亡的重大问题，特别是在他担任党的主要领导职务之后，针对扭转党的思想作风、务实党的工作作风、整顿党的生活作风、重振党的优良学风和改善党的领导作风提出了一系列有建设性的思想。这些重要思想对新时期加强党的作风建设和推进全面从严治党新常态具有重要的启示意义[①]。

李佑新等人分析了胡耀邦与毛泽东的交往。胡耀邦是久经考验的忠诚的共产主义战士，伟大的无产阶级革命家、政治家，我军杰出的政治工作者，长期担任党的主要领导职务的卓越领导人。从20世纪30年代在陕北初识毛泽东，历经难忘的抗大时光和革命岁月，到新中国成立后主政川北、投身青年团工作、整顿中国科学院，胡耀邦得到了毛泽东的关怀、教育和培养，并始终追随毛泽东的事业。[②]

在华北解放战争中，胡耀邦领导所属部队开展了卓有成效的思想政治工作，其思想和实践主要包括：充分发挥各级党组织的战斗堡垒作用；通过帮助和教育加强干部队伍建设；用办报纸带动战时政治工作；把贯彻上级方针与澄清模糊认识结合起来；严格维护战场政策纪律；通过强大的政治攻势瓦解敌军；将战时政治工作的重心放在作战一线。[③]

七是关于罗荣桓政治思想的研究。

罗荣桓作为伟大的无产阶级革命家、政治家、军事家，中国人民解放军政治工作奠基人，其政治思想是湘学研究的重要内容。2016年，关于罗荣桓政治思想的研究，主要聚焦在思想政治工作和政治建设上。

黄秋莹分析了罗荣桓的思想政治工作。民主革命时期，罗荣桓充分运用马克思主义立场、观点和方法，创造性地开展了军队思想政治工作，形成了鲜明的思想政治工作特色。其中引人注目的就是成功地运用了儒家伦理思想，表现在倡导“和谐”的思想政治教育目标、坚持“仁爱”的思想政治教育原则、秉持“智信”的思想政治教育方法等方面，给当前的思想政治工作带来深刻启示。[④] 刘金如、蔡娟探讨了中央苏区时期罗荣桓的军队思想政治工作。中央革命根据地以及中央红军的发展壮大离不开强有力的

---

① 李建锋：《论胡耀邦关于党的作风建设的思想》，《中共合肥市委党校学报》2016年第1期。

② 李佑新、吴璇：《胡耀邦与毛泽东交往实录（上）》，《湖南科技大学学报》（社会科学版）2016年第3期；李佑新、吴璇：《胡耀邦与毛泽东交往实录（下）》，《湖南科技大学学报》（社会科学版）2016年第4期。

③ 曹展明：《胡耀邦的军队政治工作思想和实践探析》，《学理论》2016年第11期。

④ 黄秋莹：《罗荣桓思想政治工作运用儒家伦理的启示》，《党史文苑》2016年第6期。

思想政治工作，离不开以罗荣桓为代表的一批思想政治工作领导者。因为，在中央苏区创建时期，红军队伍中存在大量的非无产阶级思想，如单纯军事观点、流寇思想和军阀主义等，严重影响着党对军队的正确领导、军队内部的团结以及军队战斗力的提高。罗荣桓从抓好连队党支部建设入手，坚持党对军队的绝对领导不动摇，充分发挥党支部的战斗堡垒作用、共产党员的先锋模范作用；着力抓好军队的民主制度建设，奠定官兵平等团结的新型关系；时时处处以身作则，发挥自己的模范带头作用。罗荣桓为人民军队的建设做出了很大的贡献，而且也赢得了官兵的尊重和信任，成为军队杰出的思想政治工作者。①

中国共产党的思想政治工作是党进行各项工作的保障，是中国共产党最有力的武器。韩延明在《摭论鲁南抗日民主政权建设》一文中分析了罗荣桓的民主政治建设思想。韩延明从政治学和社会学的视角，对鲁南抗日民主政权的创建历程、施政纲领、现实启迪作了分析。1939 年秋，八路军第一一五师代师长陈光、政委罗荣桓率师部和主力一部挺进鲁南。罗荣桓进入鲁南后，将政权建设视为一项紧迫的政治任务，强力推进鲁南抗日民主政权的创建与发展。民主政权的施政纲领，乃维护群众利益、坚持统一战线、善做群众工作、维护机构清正廉洁。其做法和经验，有些及至今天仍对我们不乏启迪和教益。② 樊涛在《井冈山革命根据地党的农村思想政治工作研究》一文中分析了毛泽东、罗荣桓等人的农村思想政治工作及影响。毛泽东等无产阶级革命家在井冈山创建了第一个农村革命根据地。1927 年 10 月毛泽东等率部进驻井冈山，到 1930 年 2 月完全退出根据地，前后坚持两年多的时间。毛泽东、朱德、陈毅、罗荣桓等中国共产党人认识到党的农村思想政治工作的迫切和重要性，通过对农民群众进行阶级教育、在革命斗争中发动和锻炼农民，收获了极高价值的党的农村思想政治工作的经验。③

此外，还有其他重要历史人物的政治思想研究。

近代以来，湘人英才辈出，在中国历史上留下了非常浓烈的色彩。2016 年有关湘学人物政治思想的研究，除前面重点介绍的七个外，学界对其他湘学人物的政治思想也有比较精彩的探讨与分析。

---

① 刘金如、蔡娟：《中央苏区时期罗荣桓对军队思想政治工作的突出贡献》，《老区建设》2016 年第 6 期。

② 韩延明：《摭论鲁南抗日民主政权建设》，《枣庄学院学报》2016 年第 4 期。

③ 樊涛：《井冈山革命根据地党的农村思想政治工作研究》，硕士学位论文，吉首大学，2016 年。

朱新屋、吕谋琴探讨了聂云台的革命救国思想及影响。文章以近代湖南士绅聂云台（1880—1953）为例，通过系统考察由内到外、由小到大和由私到公的三个层面，即个体心智、家族生活与国家情怀，来作为重访中国近代革命的“低音”的窗口和渠道。其实从人物性质上说，聂云台并不算是底层人物。作为曾国藩（1811—1872）的外孙、聂缉椝（1855—1911）的三子，聂云台曾先后担任上海总商会会长（1922）和上海公共租界工部局华董（1926）。聂云台生于1880年，卒于1953年，可谓经历了完整的中国近代革命的历程。而作为近代中国革命高潮的辛亥革命，恰好将其一生分割成前后两段。尽管从未亲身参与过辛亥革命及前后的系列政治活动，但聂云台无论是在思想观念，还是在行为实践上，都无意中耦合了人间佛教、家庭革命、实业救国和教育救国的革命思潮。在聂云台的身上，我们可以清晰地看到传统—现代、东方—西方多重文化要素的交织。但是这些交织状态又不成其为紧张和矛盾，反而激发了聂云台的积极实践。从个体心智角度来说，聂云台的二次改宗预示了人间佛教观念和佛教革命的思潮，并以此为基础，展开善书劝善和慈善事业；从家庭生活的角度来说，聂云台生活在中国和西方两种家族模式中，以西方式的集会和家刊传播中国式的家庭伦理；从国家情怀上说，学通中西的聂云台对时政和时务的关注，导致无意识中与近代的实业救国和教育救国思潮耦合。①

张晓分析了黄尊三的政治、教育思想及影响。清末民初的剧烈社会变革，极大地冲击了知识分子的内心世界。作为清末湘籍留日学生中的一员，黄尊三的心态变化及其实践活动，在其《三十年日记》中记载颇详，具有一定的代表性。1905年黄尊三由湖南官费赴日留学。留日期间他广为接触新知识，并对日本进行了多方面的观察。在经受了清政府的软弱和压迫、列强的侵略和刺激，以及革命思想的宣传后，黄尊三的心态发生了变化。由起初立志学业报国，到革命取向逐渐形成。在目睹辛亥革命国内之“乱象”后，黄尊三心态再次发生变化，选择东渡日本完成学业。毕业归国后，黄尊三积极投身于民初政治，他参与湖南地方议会选举，曾任北京中央政府国务院秘书厅编纂、国务院内务部佥事等职，但最终都离职而去。黄尊三还积极投身教育事业，先后在武汉江汉大学、上海中国公学、北京私立民国大学等任职，希望以教育救国，亦皆以失败而告终。参政、从教间的

① 朱新屋、吕谋琴：《重访中国近代革命的“低音”——以湖南士绅聂云台为例》，《唐都学刊》2016年第2期。

转换，虽有解决个人生计之考虑，但更多的是反映出黄尊三为国效力的热情，只可惜最终结局令其倍感无奈与伤感。黄尊三曲折的人生轨迹，其实也正是动荡时局下民国知识分子生活样态的一个缩影。①

黄兴是中国资产阶级杰出的革命家和军事家。除负责组织和领导武装起义外，黄兴还一直致力于发展革命会员、蓄积革命力量、培训革命骨干、运动新军反正等革命工作。这是黄兴对革命的又一突出贡献②。林建曾论述了在护国运动发动和进行过程中，以孙中山、黄兴为代表的中华革命党人，以梁启超、蔡锷为代表的进步党人，以及在全国各地，特别是云贵川湘等地不断蓬勃高涨的追求民主、共和、进步的群众运动等形成一个合力，正是这一合力，在运动中起到了决定性的推动和核心作用。作者认为，对照护国运动的全过程，不应该夸大以孙中山、黄兴等人为代表的国民党人的作用。③

新民学会是五四时期由毛泽东、蔡和森等发起成立的一个进步团体，84名会员中有19名女性。新民学会女性群体与湖南留法勤工俭学运动有密切关系，她们是湖南女子留法勤工俭学运动的主要推动者，也是留法学生政治运动的重要参与者，留法勤工俭学运动锻炼和培养了她们的才干，促使她们迅速成长。运动促使她们向马克思主义者转变。经过三次反抗斗争的洗礼，大家的思想发生了剧烈变化。原来曾想学工、学农、学医，求得一技之长以报国的同学，头脑逐渐清醒了，她们懂得在反动阶级的统治下，这是根本行不通的。因此，通过对各种思想流派的比较，她们最终选择了马克思主义，走上了十月革命的道路，成长为坚定的马克思主义者。④

2. 湘学法律思想研究

湖湘法律思想文化源远流长，具有经世济民的时代精神、心忧天下的家国情怀、敢为人先的创造意识以及服务大众的民本思想。2016年，学界关于湘学法律思想的研究成果有几十篇论文，主要涉及湖南地方司法、法治建设研究，以及对法治人物代表谢觉哉等人法治思想的研究。

《从宋、清两朝“榜告”看湖湘学派对湖南司法的影响》一文通过探讨

① 张晓：《清末民国时期的黄尊三》，硕士学位论文，河北大学，2016年。

② 王武：《黄兴为发展革命力量做出的突出贡献》，《兰台世界》2016年第23期。

③ 林建曾：《试用“合力论”再析护国运动的领导力量及其历史意义》，《贵州文史丛刊》2016年第3期。

④ 张杰：《试论新民学会女性群体与留法勤工俭学运动》，《湘潮》（下半月）2016年第4期。

宋、清两朝的湖南地方“榜告”揭示湖南司法的特点。宋代为湖湘学派成熟的“起始点”，而清代又是中国传统司法的“终结点”，因此，这两时期可能具有更多典型性研究的意涵。在宋、清两朝的湖南地方“榜告”中，涉及大量相关司法事务的内容。这不仅是中国传统权力体制中，地方行政署理司法的表现，而且体现了湖湘官员一定程度上的地方造法权。但与一般的地方立法事项不同，司法“榜告”中的这种造法权带有强烈的地方性司法的属性，即对中央颁布法律在适用、实施上的细化与变通。当时湖湘官员有识于这种地方司法的重要，甚至将关注地方司法的程度，设为评定政绩的指标。宋、清两朝的湖湘司法“榜告”，体现了湖南司法的地方性实践。其在“化弊清讼”“以仁恤民”“纯良风俗”和“察吏安民”方面，受到湖湘学派“经世致用”“熔炼多家”“敢为人先”等独具一格的思想影响。对于一种本土思想资源的地方法治利用：它从“人才群体”和“士风民情”两方面，给出了“作为动力的资源”与“作为场境的资源”的现代启示。湖湘地方“榜告”，尤其在恽世临所颁的《禁革书役积弊示》中，体现有两处亮点：一是注重技巧细节上的智慧。例如，专设木柜而由长官亲启收状的巧妙，一反饱儒之士动辄宏经大义的教化风格。二是敢行非常态的极端重惩。例如，对屡教不改的蠹索书役“即拿杖毙”，这有异于常是“温情脉脉”的儒者之为。深究其因，湖湘学派中“熔炼多家”的思想风范和“敢为人先”的精神品质，应是对此大有影响。①

湖南法治发展的现实成就离不开湖湘法律文化的培育和建设。因为一个国家或地区的法治，如果没有进入文化状态，就不可能是真正的、持久的法治。法治文化应当成为社会主流文化的重要组成部分，反映和体现在社会主体的行为模式和根本性的社会关系上。王彬辉、刘刚魁在《湖湘法治文化特质、建设实践和推进对策》一文中指出，湖湘法治文化具有经世济民的时代精神；湖湘法治文化具有心忧天下、服务大众的民本思想；湖湘法治文化具有敢为人先的创新意识。②

李红雁认为，毛泽东法律思想作为毛泽东思想理论体系的重要组成部分，是我国社会主义法制建设的指导思想之一，其形成与发展在很大程度上也受到湖湘文化的影响。毛泽东法律思想是毛泽东思想理论体系的重要

---

① 殷思佳、李鼎楚：《从宋、清两朝“榜告”看湖湘学派对湖南司法的影响》，《湖南科技大学学报》（社会科学版）2016 年第 2 期。

② 王彬辉、刘刚魁：《湖湘法治文化特质、建设实践和推进对策》，《中国司法》2016 年第 6 期。

组成部分，是指毛泽东基于无产阶级立场、方法论，把马克思主义法学基本原理同中国革命和建设过程中的具体实际创造性相结合，对我国社会主义法制问题提出的一整套理论和观点。毛泽东法律思想对于我国法制建设的过去、现在和将来都发挥着巨大的作用。[①]

革命战争年代，林伯渠等湖湘革命志士严守纪律的言行也是湖湘法治思想的重要体现。在白区行军时，由于国民党方面的恶意宣传、污蔑，老百姓对红军误解严重。往往是红军尚未到来，当地的老百姓就闻风而逃，跑得十室九空。就是在这种情况下，担任红军总供给部长兼没收征发委员会主任的林伯渠，强调严明纪律规定，每到一地，严格执行长征中的规定，林伯渠还约法三章：一切缴获要归公，该分配给群众的分给群众，该留给部队的留给部队。个人不能私拿私分一点物品。不准吃土豪家的东西，也不准在土豪家煮东西吃。[②] 林伯渠这些言行和要求，都是其法治思想的重要体现。

谢觉哉是我国著名的法学家和教育家、杰出的社会活动家、法学界的先导、人民司法制度的奠基者。张硕指出，谢觉哉是一位革命战士和革命司法者，自小受到父亲好为穷苦人打抱不平的朴素司法实践的影响。纵观谢觉哉的一生，从乡村少年到“府考”中秀才，从立志从医到转习商事，从参加学生运动到投身新文化运动，从报刊主编到大革命中的斗士，从红都瑞金的选举到陕甘宁边区的选举，由一个拥有朴素司法观念的少年逐渐成长为根据地立法工作的先驱，在学习马克思列宁主义的过程中，运用辩证唯物主义思考中国的社会，一切从根据地的经济、政治、文化以及社会习俗出发，开创了人民司法制度，对当时的边区以及新中国司法建设都做出了重要贡献。[③] 马成分析了谢觉哉的“新民主主义民主宪政思想”。谢觉哉虽未接受过系统法学知识的熏陶和训练，但他非常重视平时的法学理论学习。长征到达陕北之后，他逐步成长为“杰出的法学界先导，人民司法制度的奠基者”。抗战胜利后，他又先后担任延安的新中国法学会和中央法律问题研究委员会的负责人，在此期间，谢觉哉主持起草了《陕甘宁边区宪法草案》以及边区民法、刑法等重要法律，并开始了对“新中国宪政建设”的思考与规划。谢觉哉是中共党内特别重视“民主宪政”建设的领导人之一。他的“新民主主义民主宪政”思想中体现了较多的制度设计和理

① 李红雁：《湖湘地域文化视域中的毛泽东法律思想考评》，《湖南社会科学》2016 年第 2 期。

② 魏雪莲：《林伯渠严明筹粮纪律》，《中国纪检监察》2016 年第 18 期。

③ 张硕：《谢觉哉湖南时期革命司法实践探析》，《学理论》2016 年第 11 期。

性思考：他第一次明确指出了新民主主义宪法和纲领之间的区别；他要求立法工作必须要体现人民群众的生活全貌，客观对待立法专家的意见；他认为人民政府只可能存在于新民主主义社会中，“民主宪政”就是建立倾听民意的人民政府。[①] 马延炜探讨了中华人民共和国成立初期谢觉哉关于建设社会主义法治与改进领导干部作风的思想。作为党内长期从事法律工作的领导人之一，谢觉哉在中华人民共和国成立初期，对于如何建设社会主义法治体系进行了较多论述。他将法治建设与领导干部的作风建设联系起来，认为良好的干部作风对于建设社会主义法治体系至关重要。具体来说，就是党员干部需要在立法时坚持群众路线，在执法时避免事务主义和官僚主义，同时带头守法。[②]

2016 年湘学政治思想的研究成果，集中在近现代重要湖湘人物政治法制思想研究方面，对曾国藩之前的湖湘政治思想研究非常薄弱。此外，对湖湘法律思想及其影响的研究更是有待加强，如对国家法学家周鲠生的国际法思想研究几乎空缺，对刘少奇等人的法律思想研究也有待加强。

（二）军事与外交思想研究

2016 年，学界对湘学军事思想的研究成果较为丰富，有各种论著 100 多种，主要聚焦在两个方面，一是湘军及其主要将领，如曾国藩、左宗棠、彭玉麟、胡林翼等人的军事思想研究；二是新民主主义革命时期彭德怀、毛泽东、刘少奇、罗荣桓等人的军事思想。2016 年，有关湘学外交思想研究的成果不多，仅有论文十多篇，并且主要集中在对曾纪泽、郭嵩焘、毛泽东等人外交思想的分析上。

1. 湘学军事思想研究

2016 年湘学军事思想研究主要涉及湘军将领军事思想，还有关于毛泽东、刘少奇、彭德怀、罗荣桓等无产阶级革命家军事思想的研究。其中，有关毛泽东军事思想的研究，我们将在后文毛泽东专题中介绍，此处不予

① 马成：《谢觉哉的新民主主义民主宪政思想》，《兰台世界》2016 年第 3 期。

② 马延炜：《建国初期谢觉哉关于建设社会主义法治与改进领导干部作风的思想》，《法制与社会》2016 年第 2 期。

展开。

一是关于湘军主要将领军事思想的研究。

2016年，关于湘军主要将领曾国藩、左宗棠、彭玉麟、胡林翼等人的军事思想研究成果较多。

周虹霞、张昊分析了曾国藩的建军思想。曾国藩所创建的湘军，被称为“中兴之臣”，在太平天国运动时期，湘军获得了极大的发展。在组建和管理湘军的过程中，曾国藩针对军队存在的积弊等问题，提出了相应的治军思想。通过对军队组织编制的改革、对湘军的思想政治灌输和完善的后勤保障体系，极大地推动了军队的建设和发展，也形成了系统的建军思想。他的建设思想具有完整的组织脉络和丰富的内容，对于完善我国近代的军事思想起到了重要的作用。①

李涛分析了左宗棠的国防战略思想。他指出，国防战略是对国防建设和运用综合国力维护国家安全，实现国防目标的总体构想，取决于国家战略和国家政策，最终体现国家利益。左宗棠的国防战略思想是在晚清内忧外患的社会时局下，在抵御外来侵略和兴办洋务的实践中逐步形成的，而这又与他个人的人生经历、性格特征、中西学观等因素不无关系。左宗棠的国防战略思想可分为四个方面。其一，“海防之重与自强”。左宗棠认为，各国火轮兵船直达天津，大清海疆如同虚设，我海防之弱已到极点。而要保卫海防、塞防，他指出，不外乎守、战、和这三者，能守才能战，能战才能和，古今之律。正是站在如此战略高度，左宗棠着力创建福州船政局、整顿江海防务、援台抗法，还极力推动设置海防大臣、台湾建省等重大决策。其二，“塞防与海防并重”。面对国防两线告急的形势，左宗棠提出“东则海防，西则塞防，二者并重”的国防战略；而且他还强调在“海塞并重”下，先出兵新疆。其三，“谈判与武力兼施”。其四，“备战与建设共举”。左宗棠主张大力发展社会经济与加强战备，将国防安全建立在综合国力之上，如此才能长治久安。左宗棠的国防战略思想蕴含着御侮的价值：具有强烈的反侵略精神；开启我近代海防之先声；指出国防可持续发展之路；揭示战与和的国防辩证法。而其局限性体现在：奉行消极的海防战略；具有两面性的特点；重装备轻西法。②

杨涛探讨了彭玉麟对晚清水师建制的贡献及影响。彭玉麟早年曾入衡

① 周虹霞、张昊：《论曾国藩的建军思想》，《才智》2016年第12期。

② 李涛：《左宗棠国防战略思想研究》，硕士学位论文，湖南大学，2016年。

州协标镇压李元发起义。后又加入湘军，成为湘军水师主要将领，为创建和领导湘军水师做出了贡献。他几乎参与了湘军水师与太平军作战的主要战役，包括湘潭战役、武汉战役、田家镇战役、安庆战役、天京外围战役等。太平天国运动失败后，他又会同曾国藩参与了湘军水师的改制工作，将其改组创建为长江水师，成为清廷经制之师。在长江水师弊端丛生之际，他不顾年老体衰，巡阅长江水师多年，革除长江水师弊端，惩治不法水师官兵，为长江水师的发展延续做出一定贡献；同时，受自身学识和湘军身份所限，他固守旧式治军方法和武器装备，又限制阻碍了长江水师向近代化方向的转变。彭玉麟在晚清水师中纵横半生，丰富的实践经历和对国家国防事业的关心使他形成了一套自己的江防海防思想。在中法战争之际，他受命督办广东防务，在实战中实践和丰富了自己的江防海防思想，守卫国之藩篱，有力地抗击了法国侵略者，不失为民族英雄。彭玉麟在晚清水师中成就了他的一生，他的事迹、他与晚清水师的关系、他的江防海防思想都是我国海军水师历史长河中的重要内容。①

薛学共探讨了胡林翼的军事哲学思想。湘军统帅胡林翼有着许多引人注目的军事哲学思想。他始终奉理学为经世基础，编撰兵略史书，注重选将练兵以强兵立国，调和各方关系以维护湘军大局及竭力筹饷以供军需等方面，逐渐形成了他的军事经世哲学思想；在建军治军的过程中，充分吸收理学的养分，上承中华历代武德文化的传统，下继程朱理学尽心穷理的精蕴，形成了一套较为完整的军事伦理思想；他那独特的军事战略战术思想，蕴含其中的辩证法思想对于中国的近世军事影响颇为深远。②

董丛林分析了曾国藩、胡林翼在安庆战役中的战略思维异同及影响。在历时两年有余而最终由湘军取胜的安庆战役中，湘军的最高指挥层在大多时间里呈胡林翼、曾国藩双帅并立格局。担任湖北巡抚已有数年的胡林翼主导了安庆战役开局的运筹，在曾国藩正式入局并立为帅的最初阶段依然占据主导地位。总体来说，胡林翼能够大胆放手，曾国藩则相对谨慎保守；胡林翼有时果敢中稍显操切，曾国藩则有时稳慎中难免拘谨；胡林翼战略视野较为宏阔，曾国藩则相对狭窄。笔者认为，在总体战争指导水平上胡林翼稍胜于曾国藩。曾国藩曾说自己为“教练之才，非战阵之才也”，自谦之外，恐怕也不无自知之明的成分。这从他出任两江总督后，在相关

① 杨涛：《彭玉麟与晚清水师》，硕士学位论文，郑州大学，2016 年。
② 薛学共：《胡林翼军事哲学思想略论》，《船山学刊》2016 年第 6 期。

军事战略规划上与胡林翼的认识存有差异可得佐证。胡林翼的视野虽已超出安庆战役之局，但与之又密切关联，更能反映他对战略全局的认识，由此可见胡、曾二人的风格差异。可以说，安庆战役中协调运行的湘军“双帅格局”，已较太平军指挥层胜出一筹，这应当是清方最终赢得安庆战役胜利的一个不可忽略的因素。①

马晓珍分析了刘坤一在甲午战争时期的军事思想。马晓珍认为，刘坤一在甲午战争中的军事思想主要有四个方面：一是军队管理中严肃军法，关怀士兵，提高官兵待遇；二是战术运用中重视厚结兵力，统一指挥；三是以海防为重的国防思想；四是与日本持久作战的方针。刘坤一在甲午战争期间带兵作战的实践中形成了既严明军纪、赏罚分明，又关心士兵、知人善任的治军原则，作出了解决军饷、重新编整部队、加强海防部署等具体备战计划，体现了重视指挥权的统一性、强调广集兵力、力求做到以众敌寡的战略特点。在江海防务的实践中，甲午战争的爆发加速了刘坤一从偏重塞防到重视海防的防务观转变。他裁减长江水师，添购西式船、炮，积极筹办南洋防务，其国防思想也日趋成熟，顺应了近代强国重视海权的大势。在受任钦差、参加前敌的指挥过程中，他从总体的防御、进攻的顺序、战场纪律、后勤、人才等方面进行了规划，为战争从前敌到后勤的组织进行了力所能及的努力。即便在《马关条约》签订后，他仍坚持积极主战的态度，坚决反对日本霸占台湾。在甲午中国海陆军战败后，刘坤一接办了自强军这支新式军队，对它做了符合实际的调整，同时提出了西法练兵、军火生产和整顿陆军等方面的新思想。基于刘坤一无法真正实施钦差大臣的实权，未把握战机，再加上兵勇作战不力等复杂因素的制约，其军事思想的进步性在甲午战场上没有得到有效的实施，由此导致战事日益险恶，最终未能完成清廷交付的重任。②

二是关于刘少奇军事思想的研究。

刘少奇的战略战术和建军、用兵思想，在中国革命战争的胜利进程中发挥了重要作用。罗雄分析了刘少奇的军事思想。他指出，刘少奇勤于思考、善于总结、精于实践，具有统揽大局的战略观、抓大放小的取舍观、放眼全局的整体观。在革命战争年代，刘少奇先后担任红 8 军团、红 5 军团中央代表，红 3 军团政治部主任兼红军筹粮委员会主任，八路军总指挥部政

① 董丛林：《安庆战役中湘军的“双帅格局”》，《军事历史研究》2016 年第 4 期。

② 马晓珍：《论刘坤一在甲午战争时期的军事思想及军事活动》，硕士学位论文，华中师范大学，2016 年。

委，新四军政委，中央军委副主席等；刘少奇先后发表《抗日游击战争中各种基本政策问题》等军事论著，系统分析和阐述了抗日游击战争的必要性、前途、条件和各种政策；他先后领导和指挥过半塔集、郭村、黄桥、盐城等以少胜多的成功战例，在解放战争中成功部署指挥抢占东北。刘少奇的军事思想和军事指挥才能具有鲜明的特色，是我党我军的宝贵财富，突出表现在三个方面：一是深谋远虑的超凡判断力；二是运筹帷幄的战略进攻性；三是纵横捭阖的统筹用兵法。①

武军分析了刘少奇与中华人民共和国的国防建设，他指出，中华人民共和国成立后，刘少奇除了协助毛泽东领导党和国家全局工作外，对军事工作也给予了许多关心和指导，参与制定了加强国防和军队建设的一系列战略决策，提出人民解放军要担负“建设国防，保卫祖国”的新任务，重视加强边海防建设和人民军队的革命化现代化正规化建设，提出建立普遍的民兵制度，加强国防后备力量建设，为新中国的国防建设倾注了大量心血，发挥了重要的指导作用。②

三是关于彭德怀、罗荣桓、贺龙军事思想的研究。

对湘学现代军事人物思想的研究，除刘少奇外，学界还重点关注了彭德怀、罗荣桓、贺龙怀的军事思想。

何小文探索了彭德怀在井冈山时期的军事战略及影响。彭德怀率部从井冈山突围、进军赣南以及在二打安福等战役中，忍受和克服了常人难以想象的艰难困苦。他不仅开创了井冈山斗争的新局面，而且还推进了井冈山斗争的战略纵深，甚至为随后的湘赣苏区乃至中央苏区大格局的形成奠定了广泛的政治和群众基础。彭德怀在井冈山时期，所体现出的坚忍执着、大智大勇、顾全大局、不辱使命的一贯风格和虽经万险、九死一生却始终拥有顶天立地、叱咤风云的盖世豪气，成就了他与井冈山不朽的传奇和华美篇章。③

钟山等人分析了解放战争时期彭德怀、习仲勋联手指挥西北野战兵团展开的战略大反攻。1947 年 3 月至 5 月，彭德怀、习仲勋联手指挥西北野战兵团，接连取得青化砭、羊马河、蟠龙“三战三捷”，打出“彭习军”威名，稳定了陕北的战争局势，扭转了战略退却的被动局面。但此时，国民党军依然呈进攻态势，而“彭习军”仍处防御状态。胡宗南部和西北悍匪

① 罗雄：《刘少奇军事思想评析》，《军事历史》2016 年第 1 期。
② 武军：《刘少奇与新中国国防建设》，《国防》2016 年第 12 期。
③ 何小文：《井冈山上的彭德怀》，《党史博览》2016 年第 6 期。

“马家军”一再寻我主力决战，企图全歼“彭习军”，抑或将我军挤出西北，实现既定战略目标。西北野战部队，在彭德怀、习仲勋的灵活、巧妙的指挥下，打出一场场精彩的政治仗、军事仗，实现了西北战局的重大逆转。至此，国民党军对于陕北的重点进攻被彻底粉碎，我军开始对国民党军队的战略反攻。自 1947 年 3 月以来，一直对我军采取进攻态势的胡宗南部，被迫收缩兵力，放弃陕北广大占领区，向南撤退，集结于从绥德、清涧到延安一线，取战略守势。[①]“彭习军”由最初的西北野战兵团，演变为西北野战军、第一野战军，在中国人民解放军五大野战军中排序第一；从最初的两万来人，发展到几十万人；从最初战斗在陕北的野战部队，发展为在广阔的西北纵横驰骋、令敌军闻风丧胆的雄师劲旅，为中国人民的解放立下了不朽的历史功勋。[②]

梅兴无揭示了贺龙与彭德怀在西北战场相互配合的一段历史。解放战争时期，根据党中央的决定，陕甘宁晋绥联防司令贺龙所属野战部队交由彭德怀指挥，贺龙负责陕甘宁、晋绥两个边区的后方工作，支援西北解放战争。一个一辈子带兵打仗、驰骋沙场的将领，在战火最炽烈的时候，却“改行”去管后方，许多人觉得不可理解。但贺龙认为，一名共产党员，一切都要听党的，怎样有利于战争就怎样安排。中央军委留在陕北，作战由军委领导同志亲自指挥更为适宜，而且中央交给自己的任务同样重要。贺龙甘愿挑起执掌后方的重担，保障彭德怀战西北的后勤供应、兵员补充，协助做好前线部队的思想政治工作。在贺龙的协调下，西北野战军将帅之间的磨合期大大缩短，将领们对彭德怀更加理解、更加尊重，维护了彭德怀的权威，野战军指挥系统更加和谐融洽、更加高效有力，稳定了西北战场大局，为解放大西北立下了不朽功勋。用彭德怀的话说，“贺龙是不顾一切地支援西北战争”[③]。

中国人民解放军和中华人民共和国缔造者之一罗荣桓，是中国人民解放军政治工作奠基人，中华人民共和国元帅。他的军事思想是毛泽东军事思想的重要组成部分。春紫回溯了罗荣桓三次进入山西的历程及影响，他指出，开国元帅罗荣桓曾经三次踏入三晋大地，在汾河两岸、吕梁山上留下了光辉的足迹，为三晋大地播下了革命火种，领导抗日军民英勇抗击日

---

① 钟山、黄旭东、樊敏涛、汤家玉：《“彭习军”战略大反攻》，《党史文苑》2016 年第 23 期。

② 钟山、黄旭东、樊敏涛、汤家玉：《雄师劲旅“彭习军”》，《党史文苑》2016 年第 21 期。

③ 梅兴无：《贺龙：倾力协助彭德怀战西北》，《党史博采（纪实）》2016 年第 2 期。

军侵略，创立了不可磨灭的功绩，在山西人民心中树立了不朽的丰碑。[①] 王德蓉指出，在革命战争年代，罗荣桓曾率兵开辟山东抗日民主根据地，参与指挥辽沈战役、平津战役，为革命胜利立下了不朽功勋；中华人民共和国成立后，罗荣桓长期担任国家和军队的重要领导职务，为社会主义事业和军队建设做出了重要贡献。毛泽东同志曾用十句话概括罗荣桓的品格：无私利，不专断，抓大事，敢用人，提得起，看得破，算得到，做得完，撇得开，放得下。[②]

罗荣桓要求部队在作风、打仗、组织三方面要过得硬。1939 年 3 月，罗荣桓与陈光率一一五师师部和主力一部进入山东，参与指挥樊坝、梁山等战斗，重创日伪军。但是主力部队经过多次激烈战斗，减员较多，补充兵员十分困难。1940 年年初，罗荣桓召集地方和军队的几十名干部一起开会，研究如何解决补充兵源的问题。他强调，要让群众来参军，我们必须过得硬。一要作风过硬，对群众要秋毫不犯，消除群众对我们的误解；二要打仗过硬，要打出我们的气势和声威，让群众认为我们能打仗，能让老百姓过上好日子；三要组织过硬，要在地方建立党的组织和群众组织。达到了这三个“过硬”，兵源问题“也就迎刃而解了”。罗荣桓在会上还宣布，从主力部队抽调 100 多人组成工作团，帮助地方党组织开展工作。工作团下去以后，很快建立了 50 多个群众工作点，发展了党员，建立了党支部、基层政权和工、农、青、妇等群众组织，激发了群众的抗战热情，八路军主力部队和地方抗日武装力量都有了很大发展。[③]

韩延明分析了罗荣桓在抗日民主政权建设中的战略思想。1939 年秋，八路军第一一五师代师长陈光、政委罗荣桓率师部和主力一部挺进鲁南。他们以丰富的革命斗争经验和卓越的军事指挥才能，披荆斩棘，奋发踔厉，进军郯码平原，开展滕东反顽和兑头沟伏击战，三打白彦镇，粉碎日伪军“扫荡”，不仅实现了罗荣桓提出的“以抱犊崮山区为中心、向北向西连接大块山区、向南向东发展大块平原”的战略构想，而且先后打通了鲁南与华中、鲁中、湖西、滨海周边四区的联系，建立了抗日民主政权，开创了鲁南抗战新局面，筑起了摧不毁、打不垮的“军民团结如一人”的钢铁长城，为中华人民共和国的诞生立下了不朽的功勋，在山东人民心中树起了

① 春紫：《罗荣桓东征往事》，《文史月刊》2016 年第 6 期。

② 王德蓉：《罗荣桓家风：不要搞特殊》，《中国纪检监察》2016 年第 13 期。

③ 周宗文：《罗荣桓：达到三个过硬，问题就迎刃而解》，《北京日报》2016 年 1 月 11 日。

巍巍丰碑。[①]

2016 年，学界关于湘学军事思想的研究成果中，湘军及其将领军事思想的研究成果较为突出，对中国共产党领导人毛泽东、刘少奇军事思想及湘籍元帅军事思想的研究成果也较为丰富。但对近代以前的湘学军事思想研究则几乎为空白，因此，古代湘学军事思想有待进一步挖掘。

2. 湘学外交思想研究

近代以来，大批湖湘人士积极参与外交活动，或是提出外交方针政策，维护国家的主权和地位。其中尤以左宗棠、曾纪泽、郭嵩焘、蒋廷黻、毛泽东等人为代表。2016 年，学界围绕上述杰出湘学人物的外交思想进行了论述。

左宗棠是湘军将领，主要是在晚清的军事及边疆治理中发挥了重要作用，但其军事行动对外交产生了间接影响。左宗棠对《伊犁条约》的签订发挥了重要的作用。赵剑锋指出，在以往的研究中，学者们都谈及左宗棠与崇厚所订《中俄交还伊犁条约》及曾纪泽所订《中俄改订伊犁条约》之关系，但对两个《伊犁条约》内容之差异，尚缺乏详细对比与分析。他在逐条对比的基础上，深入研究左宗棠与两个《伊犁条约》之关系，最后指出，没有左宗棠平定阿古柏，就不会有伊犁交涉，他在伊犁交涉中的坚定立场，确实为伊犁的收回起到了重要作用。[②]

郭嵩焘是中国首位驻外使节，其外交活动和外交思想都值得史书一笔。范广欣分析了郭嵩焘接受国际法的心路历程，他通过晚清首任驻外公使郭嵩焘的传统学术著作和出使前后的日记、奏稿及书信，探讨了其对外交涉，并指出，郭氏诠释儒家经典时指出，“三代宾客之礼”包含对外交涉的真理。出使前后通过阅读《万国公法》等国际法译著，并与“万国公法讨论会”交往，他才意识到近代外交应以“万国公法”为依据。然而，郭氏接受“公法”，并不意味着放弃“三代之礼”，恰恰相反，他是将“公法”当成“三代之礼”精神在当代的体现而加以推崇。[③] 吕漫、周宁认为，郭嵩焘在外交活动中，知礼、守节、创新。作为近代第一位派驻西方国家的钦差

① 韩延明：《摭论鲁南抗日民主政权建设》，《枣庄学院学报》2016 年第 4 期。

② 赵剑锋：《左宗棠与〈伊犁条约〉》，《伊犁师范学院学报》（社会科学版）2016 年第 4 期。

③ 范广欣：《从三代之礼到万国公法：试析郭嵩焘接受国际法的心路历程》，《天府新论》2016 年第 4 期。

大臣，郭嵩焘出使在中国外交史上占据举足轻重的地位。以往著作关于这方面的研究大都侧重郭嵩焘的外交思想、外交原则和中西文化观，鲜少有从其民族责任感出发分析其外交活动的。据此，文章以郭嵩焘出使前后的三件代表性事件——滇案、觐见英国女王和夫人外交为例，展开具体探讨。在处理这些涉外事件中郭嵩焘展现了知“礼”的民族气度、识大体的民族气节和创新的民族意识。①

曾纪泽是清代著名外交家，光绪年间曾担任清政府驻英、法、俄国大使。张潇逸阐述了曾纪泽的外交素养，他在文章中通过对《里瓦几亚条约》和《中俄圣彼得堡条约》签订过程的全面分析，指出，崇厚与沙俄签订的《里瓦几亚条约》导致清政府在打胜仗的情况下仍然丧失了多种利益。在各方面处于劣势的情况下，曾纪泽力挽狂澜，签订的《中俄圣彼得堡条约》为清政府最大限度地挽回了利益，这是晚清政府外交史上的一大胜利，夺回了主权，也鼓舞了人心。曾纪泽的外交胜利并非出于偶然，这与他平时积累的素养是密不可分的，如上所述的坚定不移的爱国情怀、灵活的应变能力、专业的理论素养等。曾纪泽本人通过不断地完善与提高，使他受到了国内外人士的尊重与欣赏，打破了西方对中国国内无人才的偏见，让世界重新认识了中国。②

樊爱萍对曾纪泽和薛福成的外交思想作了比较。薛福成和曾纪泽是晚清时期的著名外交活动家，作为近代中国最早的新型知识分子，基于对民族危机和时代巨变的深刻体认，他们都以自己卓越的外交才能在近代中国的对外交涉中卓有建树，其外交思想在反对外国侵略、维护国家主权与民族利益等诸多方面具有趋同性，对近代中国的外交政策和外交实践产生了深刻影响。但由于个人阅历和历史机遇的不同，二人的外交思想和主张又体现出个体差异性。③ 郑红飞分析了曾纪泽出使俄国前后的心路历程。作为中国最早一批出使西方的外交家，曾纪泽在当时国内风气未开、保守气氛浓重的环境下，能运用西方的外交手段解决伊犁问题实属不易。本文旨在通过分析他从被任命为出使俄国的钦差大臣起，到

---

① 吕漫、周宁：《知礼、守节、创新：郭嵩焘外交活动评析》，《阜阳师范学院学报》（社会科学版）2016 年第 5 期。

② 张潇逸：《论晚清官员曾纪泽的外交素养》，《西安文理学院学报》（社会科学版）2016 年第 6 期。

③ 樊爱萍：《浅析薛福成与曾纪泽的外交思想》，《齐齐哈尔大学学报》（哲学社会科学版）2016 年第 3 期。

中俄双方条约签署前后的心理变化，更深入地理解这次谈判的复杂性。[①]

（三）经济与社会思想研究

湘学经济思想与社会思想是湘学研究中的重要内容。无论是古代湘人，还是近现代湘人，在丰富的社会实践中都有不少对于社会经济问题的观点和主张。加强湘学经济思想的研究，对于促进我国经济社会平稳健康发展、建设富饶美丽幸福新湖南具有重要参考价值。

1. 湘学经济思想研究

经济思想是人们对于社会经济问题的观点、理论和主张。根据这一定义，笔者通过中国知网（CNKI）、万方数据库、维普中文科技期刊数据库、读秀学术搜索、超星等检索出2016年湘学经济思想相关论著100余篇，其中尤以毛泽东经济思想研究最为繁盛。湘学经济思想涉及古代和近现代湘人在家庭生产消费思想、工农业发展思想、财政金融思想、富民思想、分配思想、绿色生态经济思想、城乡协调发展思想、商品经济思想等诸多方面的内容，展现了湘人对于发展社会经济的积极探索与深刻思考。2016年湘学经济思想研究的主要内容及基本观点如下。

一是关于政治经济学思想的研究。

党的十八大以来，以习近平同志为核心的党中央议大事、抓大事、干大事，纲举目张，战略布局和总体布局都取得了令人瞩目的重大进展，而支撑一系列战略决策的基础，则是中国特色社会主义政治经济学重大创新的厚积薄发。这不仅充分彰显了中国特色社会主义政治经济学的重要角色，也离不开以毛泽东为代表的老一辈共产党人在政治经济学上的积极探索。

周新城认为，毛泽东十分重视社会主义政治经济学的理论研究。经济学研究应该有哲学家的头脑，从哲学高度来研究经济学问题，是毛泽东经济思想最大的特点。毛泽东特别重视矛盾分析方法，他指出，“当作一门科学，应该从分析矛盾出发，否则就不能成其为科学”；“研究社会主义社会的经济问题，要以生产力和生产关系的平衡和不平衡、生产关系和上层建

① 郑红飞：《曾纪泽使俄前后的心路历程》，《学理论》2016年第4期。

筑的平衡和不平衡，作为纲”，等等。[①] 张宇通过研究认为，毛泽东对社会主义政治经济学的探索，继承和发展了马克思主义经典作家关于公有制、按劳分配、有计划发展等未来社会主义经济的基本理论；肯定和吸收了苏联社会主义政治经济学的正确方面，同时又对其中一些不科学、不正确的方面进行了批判性分析；并在此基础上，根据中国的实际，提出了一系列创新性观点。概括起来主要有以下几个方面：（1）坚持政治挂帅，政治工作是一切经济工作的生命线；（2）在社会主义社会，矛盾仍然是社会发展的动力；（3）走群众路线，实行两参一改三结合[②]；（4）兼顾国家、集体和个人利益；（5）“向科学进军”，“实行技术革命”；（6）消除两极分化，实现共同富裕；（7）价值法则是一个伟大的学校，是建设社会主义的有用工具；（8）社会主义经济是波浪式发展的；（9）农、轻、重协调发展，“两条腿走路”；（10）自力更生为主，争取外援为辅。这些思想观点开启了中国特色社会主义政治经济学发展的历史征程，为中国特色社会主义政治经济学的发展开辟了道路。[③]

顾海良认为，《论十大关系》是中国特色社会主义政治经济学的序篇，其所阐释的基本理论对于当今续写中国特色社会主义政治经济学新篇章依然有着重要影响。中国特色社会主义政治经济学的生命活力就在于适应全面建成小康社会的要求，在于同中国经济发展实际的结合，形成中国特色社会主义建设道路发展的理论逻辑。续写中国特色社会主义政治经济学的新篇章，最重要的就是要从当前经济改革和发展的事实出发，不断弘扬和拓新《论十大关系》坚守的“从中国的实际出发”的立场和思路。[④] 他还认为，《论十大关系》和《关于正确处理人民内部矛盾的问题》，产生于中国社会主义经济制度确立之初，是中国特色社会主义政治经济学的始创之作。这两篇文献阐释的社会主义政治经济学的基本理论和方法，对中国特色社会主义政治经济学形成和发展，乃至对当今写就中国特色的“系统化

① 周新城：《毛泽东经济思想的若干问题探讨（上、下）——学习〈毛泽东读社会主义政治经济学批注和谈话〉》，《当代经济研究》2016 年第 3、4 期。

② 即“领导人员以普通劳动者姿态出现，以平等态度待人，改进规章制度，干部参加劳动，工人参加管理，领导人员、工人和技术人员三结合”。

③ 张宇：《毛泽东对中国特色社会主义政治经济学的探索》，《高校马克思主义理论研究》2016 年第 2 期。

④ 顾海良：《中国特色社会主义政治经济学的序篇——纪念毛泽东〈论十大关系〉发表 60 周年》，《毛泽东邓小平理论研究》2016 年第 3 期。

的经济学说”的新篇章，仍然有着重要的理论意义和科学价值。[①]

在中共七大以后，刘少奇也对新民主主义的经济问题进行了初步理论探索，形成了关于新民主主义社会经济建设的一系列理论。中华人民共和国成立以后，结合新民主主义经济建设的实际，刘少奇继续其探索，获得了关于对新民主主义社会经济问题认识的新的理论成果。刘少奇关于新民主主义经济建设总体思想主要有：一是其基本方针是对新民主主义社会存在的五种不同经济成分，除去那些投机操纵者，以及其他的有害于国计民生的，其发展都采取鼓励的政策；二是工业化是中国社会进步的基础，大力发展工业化，是国家社会主义改造的最根本的先决条件；三是新民主主义的经济建设和新民主主义的政治建设要相互促进，共同发展。这些探索成果，丰富了马克思主义的“过渡”理论，发展了中国共产党的新民主主义社会理论，为中国特色社会主义建设提供了有益借鉴。[②]

李富春作为中国经济的主要奠基人之一，长期从事经济方面的工作，形成了丰富的经济思想。21 世纪开始，学界对李富春的经济思想研究开始逐渐升温。朱锦平就从思想来源、发展阶段、内容特点、现实意义四个方面对 1949—1966 年李富春的经济思想进行了研究。作者认为，李富春的经济思想来源包括中国的传统文化、马克思主义政治经济学和一部分西方资本主义经济思想。而其中华人民共和国成立后至“文化大革命”前的经济思想又可以分为四个阶段，即国民经济恢复时期（1949—1952）、第一个五年计划时期（1953—1957）、“大跃进”时期（1958—1960）、国民经济调整时期（1961—1966）。李富春经济思想对中国经济的恢复起到了推动作用，他的“整顿、巩固、提高”六字方针和“省”的思想减轻了“大跃进”对中国经济的伤害，他的国民经济发展与人民群众生活水平之间的关系理论丰富了马克思主义的基本理论，弘扬了“实事求是”和“勤俭节约”等中国共产党人的优良品质。当然，他的经济思想也不可避免地存在一些局限性。[③]

此外，黄文夫认为，胡耀邦富民思想的理论来源，毫无疑问是马克思主义政治经济学。可以说，“富民”就是胡耀邦的政治经济学，也是胡耀邦

---

① 顾海良：《中国特色社会主义政治经济学的始创及理论结晶——毛泽东〈论十大关系〉和〈关于正确处理人民内部矛盾的问题〉研究》，《毛泽东研究》2016 年第 5 期。

② 李贵忠：《刘少奇对“新民主主义社会”经济问题的探索及其意义》，《经济研究导刊》2016 年第 10 期。

③ 朱锦平：《李富春经济思想研究（1949—1966）》，硕士学位论文，浙江师范大学，2016 年。

政治经济学里的一个关键词。胡耀邦从富民强国出发，高度重视马克思主义政治经济学基本原理的学习与研究；从马克思主义政治经济学的基本原理和方法出发，在生产力与生产关系的矛盾运动中推动改革，并提出以解放和发展生产力与人民的富裕幸福作为检验改革的根本标准；他还特别重视分配关系的改革与调整，主张构建人民富裕幸福、当家做主的新型生产关系和社会关系。[①]

二是关于消费经济思想的研究。

消费经济与人们的衣食住行密切相关，湘人对此有很多精辟的见解与论述。王泽应认为，明清之际的伟大思想家王船山继承并发展了儒家有关思想成果，在总结中华伦理文明内在规律和发展机理的基础上予以创造性地转化，建构起了自己颇具特色的政治伦理和财富伦理的基本框架。[②] 曾方、唐铭则强调，船山先生的消费思想是以理欲合性为基础，以奢、俭有度的奢俭观为重心，以追求“絜矩之道”为旨归的哲学思想。他构建了一个既继承中国传统“崇俭黜奢”思想，又立足实际且面向未来的消费模式。这在当时具有启蒙的意义，使人们冲破了“灭人欲”的桎梏。[③] 徐孟林在研究曾国藩时提出，曾国藩虽位高权重，但他始终重视家庭的农事生产，视其为“觇人家兴衰气象”的标志，认为勤俭是家庭兴旺的根本，官宦之家富贵逸乐的寄生式生活则是“天下最不平之事”。时至今日，曾国藩的勤俭居家、自食其力的家庭生产消费思想仍有教育意义。[④]

消费思想在胡耀邦的经济思想，尤其是富民思想中占有十分重要的地位。2016 年 9 月 19 日，“胡耀邦富民思想”系列读书会（第三期）在北京召开，与会嘉宾、学者和企业家，从不同的角度讨论了胡耀邦关于消费和富民的思想。与会嘉宾认为，胡耀邦从社会主义生产目的出发，来探讨生产和消费的各种关系。他提出以消费促生产的模式，主要有三个基本观点：一是生产的基础是消费需求；二是消费的基础是人民富裕；三是鼓励消费，倡导生活方式现代化，同时提倡艰苦奋斗，反对浪费。中央社会主义学院教授王占阳认为，胡耀邦提出了以大众消费拉动经济的发展模式；提出了生产的目的是消费，用消费促进生产、刺激生产的观点；提及了刺激消费的经济手段和非经济手段；在提出刺激消费的同时，胡耀邦还强调了发展

① 黄文夫：《富民的政治经济学——六谈胡耀邦富民思想》，《中国民商》2016 年第 12 期。
② 王泽应：《船山的位财论与伦理神韵》，《船山学刊》2016 年第 1 期。
③ 曾方、唐铭：《从船山消费思想探析当代女大学生消费观》，《法制与社会》2016 年第 6 期。
④ 徐孟林：《曾国藩家庭生产消费思想浅析》，《文学教育》2016 年第 7 期。

生产力和生产资料生产与生活资料生产的比例结构问题。① 胡耀邦的商品经济思想同样引人关注。黄文夫就认为，发展商品（市场）经济是富民的核心，也是富民强国的必由之路，这在胡耀邦富民思想体系中非常重要。由胡耀邦主持起草的《中共中央关于经济体制改革的决定》，明确提出我国经济是公有制基础上的有计划的商品经济，最终打破了把计划经济同商品经济对立起来的传统观念，这是划时代的贡献。②

为了纠正“大跃进”和人民公社化运动给社会主义建设带来的严重灾难，毛泽东号召中共党员重新研读苏联《政治经济学教科书》，学习苏联建设社会主义经验，提高党员干部的理论水平，探索社会主义建设规律。为了响应毛泽东号召，刘少奇于 1959 年 11 月 11 日组成学习小组，重新研读苏联《政治经济学教科书》，在读书活动中，刘少奇发表了许多意见，蕴含了丰富的社会主义经济思想。宁宇涵在研究中指出，刘少奇不认同“大跃进”提出的社会主义不存在商品生产和商品经济的看法，认为社会主义制度下仍然保留着商品生产和商品经济，而这种商品生产和商品经济的存在是为无产阶级建设社会主义服务的。刘少奇认为劳动力应该采取商品的形式，应实行按劳分配。尽管刘少奇有些思想始终未能突破苏联模式的弊端，未能跳出苏联模式的条条框框。但是，刘少奇的这些思想为十一届三中全会以后我国的经济体制改革，提供了有益的借鉴。③

还有论者对改革开放初期陈云与胡耀邦经济体制改革思想进行了比较研究。认为十一届三中全会之后，陈云和胡耀邦都曾致力于社会主义改革开放的事业。二者的经济体制改革思想有不少相似点，但在取向上有明显差异。陈云主张发展有计划的商品经济，胡耀邦的经济体制改革思想则以市场为取向。④

三是关于工农业发展思想的研究。

工业是国民经济的主导，是国民经济各部门进行技术改造的物质基础，决定着国家的技术水平和经济发展水平。论农业的战略地位，农业是国民经济的基础。任何社会的存在和发展，任何其他经济、社会部门的发展，都必须以农业的发展为基础和始端。我国要全面建成小康社会，实现社会

① 姜懿翀：《发挥消费引领作用促进供给侧结构性改革》，《中国民商》2016 年第 10 期。

② 黄文夫：《富民的核心是发展商品（市场）经济——再谈胡耀邦富民思想》，《中国民商》2016 年第 8 期。

③ 宁宇涵：《浅析刘少奇对社会主义商品经济的理论探讨——以刘少奇读苏联〈政治经济学教科书〉为中心考察》，《金融经济》2016 年第 14 期。

④ 刘震：《改革开放初期陈云与胡耀邦经济体制改革思想比较研究》，《传承》2016 年第 5 期。

主义现代化，就必须大力发展工农业经济。

土地革命时期，作为井冈山革命根据地和中央苏区的主要领导人，毛泽东非常重视革命根据地的经济建设工作。他主张要把经济工作放在战略的高度来对待，先后提出了一系列恢复和发展经济的政策和措施（包括：有组织地调剂劳力，解决根据地劳动力、耕牛和农具的短缺问题；大力调动党和政府工作人员参加生产劳动的积极性，号召各行各业支援农业生产；大力提倡兴修水利、开垦荒地、改良土壤等农田水利基本建设，为苏区农业生产的发展创造有利条件）来指导根据地的经济建设。毛泽东提出的这些思想和主张不但对当时革命根据地经济的恢复和发展起了重要作用，而且对当前我国农业现代化和社会主义新农村建设也具有重要借鉴价值。①

中华人民共和国成立后，毛泽东又提出了系统的农业现代化思想。有论者认为，毛泽东是中国农业现代化进程的开启者，毛泽东农业现代化思想是毛泽东思想的主要内容，是毛泽东解决农村、农业、农民问题的战略考量，是对中国农业现代化实践经验的凝练和升华，是改革开放前我党制定农村政策的理论基础。毛泽东农业现代化思想在国际现代化农业发展大趋势和国内中华人民共和国成立初期农业社会的国情背景下形成，并受中国传统文化、马列主义农业经典论述和苏联模式的影响。②

“先合作化，后机械化”是20世纪50年代毛泽东引导农民走社会主义道路的重要思想内容，当时这一思想在全国范围内得到广泛实施并获得了成功。通过该项合作化变革行动，很快提高了中国农业的生产力，实现了社会主义过渡时期定下的目标。有论者认为，毛泽东是在大量借鉴了马列主义的农民合作运动理论，以及参照了20世纪二三十年代苏联的实践经验的基础上才提出了农业合作化思想，并联系了我国农村在1953—1956年这段时期贫困潦倒的现实，才走上了这条社会主义农业改造的道路。③ 有论者认为，农业合作思想是毛泽东理论创新的重要组成部分，是毛泽东谋求农民解放、探索农业和农村现代化道路的重要理论支撑。农业合作化推动确立了社会主义公有制的主体地位，促进了农村生产力发展，促进了工业化的发展，促进了农村医疗和教育水平的改善。在肯定毛泽东倡导的农业合

① 邓运山：《土地革命时期毛泽东的农业经济建设思想及其当代价值》，《毛泽东研究》2016年第4期。

② 王海娥：《建国后毛泽东农业现代化思想及当代价值研究》，硕士学位论文，兰州理工大学，2016年。

③ 郑卫平：《毛泽东农业合作化思想研究》，硕士学位论文，湘潭大学，2016年。

作运动历史贡献的同时，应当承认这场运动也有着一定的历史局限性，例如，“一刀切”的单一合作化形式；“一哄而起”的“左”倾冒进情绪；合作运动中的平均主义；合作运动中对农民利益的忽视等。[①] 有论者认为，毛泽东农业合作化思想的主要内容包括：一是整合农业资源，实现规模化生产；二是改变生产资料所有制，实现共同富裕；三是提高农业整体实力，助推工业经济发展。作者认为，农业合作化有利于农业生产力的发展；农业合作化是“组织起来”在新时期的历史继承；走农业合作化道路，能够避免两极分化和资本主义；农业合作化的目的是为工业化现代化建设而服务。[②]

在合作社经济发展方面，刘少奇根据列宁《论合作制》的基本思想和毛泽东思想关于合作制的理论，再结合我国的实际，深刻地阐明了在我国组织和发展合作社经济的重要性和必要性。他又不断总结和概括群众创办合作社的经验，系统地提出发展我国合作社经济的道路、任务、方针、政策和方法。刘少奇丰富全面的合作社经济思想中，最核心内容有以下几点：一是把合作社置于国民经济建设和经济改造的重要战略地位；二是视发展合作社为解决农民贫困和生产困难的重要办法；三是将供销合作社放在合作制的优先发展地位；四是供销合作社必须忠于农民；五是坚持民主管理，保障社员当家做主的权利。他的合作社经济思想，尤其是发展供销合作社的观点，对发展我国合作社经济具有重要现实意义。[③]

土地作为农业最基本的生产资料，在农业现代化发展过程中，起着最基本、最直接、不可替代的作用。陶冬林从理论来源、形成过程、主要内容、意义价值四个方面考察了毛泽东的土地思想。毛泽东土地思想的主要内容包括土地革命思想、减租减息、土地分配方法，以及土地所有思想。土地农民所有和集体所有是毛泽东解决农民土地问题的核心思想。减租减息是抗日战争时期，为了建立和巩固抗日民族统一战线而实行的特殊的土地政策。土地分配方法主要是以乡或村为单位，按人口平均分配。而毛泽东土地思想的理论价值和实践意义就在于为土地革命和改革提供了理论支撑，丰富发展了马克思主义土地理论，为其他被压迫民族的土地改革提供

---

① 孙明月：《毛泽东的农业合作思想与我国新时期农业合作组织》，硕士学位论文，石家庄铁道大学，2016 年。

② 孙万君：《毛泽东农业合作化思想的再探析及当代价值》，《延边党校学报》2016 年第 4 期；伍春杰：《毛泽东农业合作化思想及其当代价值》，《现代经济信息》2016 年第 2 期。

③ 黄宝：《刘少奇合作社经济思想的现实意义》，《广东合作经济》2016 年第 1 期。

了经验借鉴，对当今我国土地改革的指导作用以及为破解三农问题等提供了启迪。①

在新民主主义经济体系中，如何正确解决农民问题，如何更好地促进农业经济发展问题，是新民主主义社会理论的核心问题之一。刘少奇也对此进行了思考，他对新民主主义的农业、农民问题的思想的核心内容是：第一，要稳定农民对土地的所有权；第二，要保护富农经济；第三，要引导农民走合作化道路；第四，要走先机械化后集体化的道路。② 20 世纪 60 年代，由于“大跃进”运动和人民公社化的影响，我国国民经济遭受了中华人民共和国成立以来最严重的困难，农业是重灾区。为了尽快恢复发展农业生产，作为当时经济工作的重要负责人，李富春提出、实施了一系列重要思想。这些思想分为三个方面，剖析困难原因是恢复农业生产的基础，以农业为基础、工业支援农业发展是核心，并积极支持农业中出现的创新做法。③

四是对外经济思想研究。

目前学术界对曾国藩政治、军事、经济思想的研究很多，成果颇丰。但事实上，作为晚清“中兴四大名臣”之首，在晚清与西方越来越频繁的经济往来过程中，曾国藩有较多关于对外经济的独到见解，这些观点渗透在他直接或间接地处理对内对外经济事务的过程中。王继超、韩立君认为，曾国藩的主要对外经济思想是在中国半封建半殖民地的社会形成和发展起来的。其主要对外经济思想概括起来有：招商引资的思想；主张“商战”和鼓励设厂的思想；利用税收手段保护华商的思想；调整对外经济管理机构并减少通商口岸的思想；重视科技在洋务企业中应用的思想。对曾国藩的主要对外经济思想，我们应坚持用历史唯物主义的观点来评价，在看到其推动生产力发展的同时也应看到他并没有突破其作为封建士大夫的局限性。④

学界也对毛泽东对中国改革开放的历史贡献给予了充分肯定。赵国宝、何阶平认为，毛泽东是中国改革开放的理论奠基人。从 20 世纪 30 年代起，

---

① 陶冬林：《毛泽东土地思想研究》，硕士学位论文，江西农业大学，2016 年；陶冬林：《毛泽东土地改革思想的价值及意义》，《老区建设》2016 年第 20 期。

② 李贵忠：《刘少奇对“新民主主义社会”经济问题的探索及其意义》，《经济研究导刊》2016 年第 10 期。

③ 王定毅：《1960 年代初期李富春农业恢复发展思想探析》，《湖南行政学院学报》2016 年第 4 期。

④ 王继超、韩立君：《试论曾国藩的主要对外经济思想》，《赤子》2016 年第 23 期。

他就对外经济贸易、商品经济进行探索；中华人民共和国成立后，主张建立适合中国国情的企业管理制度和经济管理体制；提出并解答了社会主义应当存在商品与市场经济的理论难题。主张在“平等互利”原则的基础上与各国发展外交、贸易关系。[①] 针对有些人认为“毛泽东同志不赞成对外开放，甚至主张闭关锁国”的观点，何永珍认为这是一种完全错误的认识，从革命战争年代到社会主义建设时期，毛泽东同志历来就竭力主张同世界各国进行平等互利的合作交往，甚至主张“全部开放”。毛泽东在不断地与社会主义国家进行政治交往和经济合作，与发展中国家交往时，提出第三世界理论，以及与资本主义国家的经济交往，都体现了毛泽东的改革开放思想。[②]

五是其他经济思想研究。

晚清名臣陶澍的经世思想蕴含着丰富的经济改革思想。嘉道时期，吏治腐败，贫富不均，土地、流民、漕政、盐政、货币等方面积弊甚深，农民起义此起彼伏，并且西方列强向中国输入鸦片又导致了严重的财政危机。高云娜认为，陶澍认识到这些问题的严重性，认为除弊之法，只有改革一途。他重视商业，倡导农商并重；改革漕运，倡导海、河并运；改革盐政，实行票盐制；兴修水利，治水患、保民生；改革货币，主张自铸银币代替银锭。陶澍的上述改革，与中国古代的改革的明显区别就是“重商”“用商”，将商品经济引入改革体制。这些改革已不是对旧生产关系的简单修补，而是开始突破旧封建藩篱，一定程度上促进了资本主义因素的发展，打破了清王朝的一些传统政治经济体制。从这个意义上说，陶澍倡行改革，具有时代先进性。[③]

蒋廷黻作为中国近代知识分子中“由文转政”的典型代表，在对中国经济现状进行考察研究的基础上，对中国的工业、农业、善后经济发展等问题提出了一系列的方针和政策。[④] 还有论者认为，蒋廷黻提出了关于现代化建设的思想，特别是在经济建设上，他极力主张实行经济复兴计划，强调走一条以农业现代化和工业化为主的现代化道路，提出了实现经济现代化所应具备的两个重要因素：国家统一和政府廉明；教育的现代化。[⑤]

---

① 赵国宝、何阶平：《毛泽东对中国改革开放的历史贡献》，《中共桂林市委党校学报》2016年第3期。

② 何永珍：《毛泽东的对外开放思想》，《法制与社会》2016年第9期。

③ 高云娜：《陶窥的经世思想及其当代价值研究》，硕士学位论文，内蒙古大学，2016年。

④ 付伟男：《蒋廷黼经济思想初探》，《2016年第一届今日财富论坛论文集》，2016年。

⑤ 曾维君、王素华：《蒋廷黻的经济现代化思想与实践》，《邵阳学院学报》2016年第3期。

2016 年，湘学经济思想研究主要存在以下特点与不足。

一是观照现实性。通观 2016 年湘学经济思想研究，无论是消费思想、工农业发展思想、分配思想、商品经济思想，还是城乡协调发展思想，都无一不体现了浓厚的现实针对性。例如《从船山消费思想探析当代女大学生消费观》《新中国成立前夕毛泽东关于经济建设的战略构想及其影响》《刘少奇对“新民主主义社会”经济问题的探索及其意义》《毛泽东社会主义商品经济思想研究》《土地革命时期毛泽东的农业经济建设思想及其当代价值》等，都通过挖掘湘人经济思想方方面面的宝藏，来汲取对现实经济发展问题的经验和参考。

二是全面客观性。通过上述的研究情况显示，在探讨、阐述湘学经济思想的过程中，不少论者都采取了唯物辩证法的观点。对有关思想理论中的合理、精华部分，给予充分肯定；而对于其不可取之处，则予以指明和批判。

三是学术学理性。在有关湘学经济思想研究成果中，我们都可以看到不少论者是通过解读湘人的经典原著，从而做出相关结论。如周新城的《毛泽东经济思想的若干问题探讨（上、下）——学习〈毛泽东读社会主义政治经济学批注和谈话〉》、钱路波的《毛泽东社会主义商品生产思想研究——以〈毛泽东读社会主义政治经济学批注和谈话〉为中心的考察》、宁宇涵的《浅析刘少奇对社会主义商品经济的理论探讨——以刘少奇读苏联〈政治经济学教科书〉为中心考察》。又如，2016 年是毛泽东发表《论十大关系》60 周年，不少专家学者都对其进行了新解读。尽管角度不同（有矛盾化解、利益协调、统筹兼顾），但他们都严格以原著体现出来的思想和精神为依据，揭示其现实意义和当代价值，体现了较强的学理性与严谨的学术性。

四是重复研究较多，创新性欠缺。尽管 2016 年湘学经济思想研究成果颇丰，在一些方面也取得了重要进展，但是仍存在一些问题。首先，重复研究颇多，笔者阅览多篇论著，感觉这个问题比较严重。有些论文，在同一问题的研究上，不仅思想观点差不多，就连文章结构章节都十分一致。其次，国内虽然已有一些湘学经济思想的研究成果，但深刻而严肃的学术研究成果并不多，在分析范式和研究深度方面还存在继续提高的空间。很多研究是在前人已有十分扎实的研究成果基础之上进行的，如果没有新材料、新观点，其创新性大打折扣，甚至完全没有价值。相关的专题著作也十分少见，研究的系统性也就不足。最后，关注的人和点过于狭窄。大部分研究都集中在毛泽东的经济思想上，而刘少奇、胡耀邦还有其他在经济领域有突出思想理论贡献的湘人的经济思想没有得到足够的关注。今后的湘学经济思想研究要在深挖新材料、拓宽关注点（人）和创新研究范式上着力。

2. 湘学社会思想研究

社会思想是人们在社会生产和生活实践中所形成的关于社会生活、社会问题、社会模式的观念、构想或理论。根据这一定义，笔者通过中国知网（CNKI）、万方数据库、维普中文科技期刊数据库、读秀学术搜索、超星等检索出2016年湘学社会思想相关论著70余篇。当前，我国正处于全面建成小康社会的决定性阶段，全面深化改革进入攻坚期和深水区，这既是重要的发展机遇期，也是矛盾的凸显期。因此，加强湘学社会思想研究，对我们今天的社会治理具有重要借鉴意义。2016年，学界围绕家庭伦理思想、公平正义思想、社会改造思想、社会进化思想、民生思想、和谐社会思想、医疗卫生思想、社会保障思想等多方面对湘学社会思想进行了广泛而深入的研究。2016年湘学社会思想研究的主要内容及基本观点如下。

宗族是中国古代社会的基本构成形态。唐宋社会转型时期，通过以宗族制度为基础进行儒家理想社会的整体建构是宋代儒学的重要内容。有论者考察了湖湘学派代表人物张栻的宗族思想，认为他的宗族思想主要涉及祭祀、乡治、家训等方面：在祭祀上主张遵循礼制，在墓祭与祭祀时间上与朱熹相发明；乡治上依傍《孟子》等经典阐发井田制度与王道教育；家训思想主要体现在家族书信往来与对祖上功业的推崇上。张栻宗族思想带有时代重视家族建设的社会特征，呈现出依傍儒家经典、缺乏系统性和未完成性的特征。这是宋儒重构宗族思想体系阶段性特征的反映，也是张栻自身思想特征与人生经历的体现。①

明末清初三大思想家之一、湖湘学派思想遗产的继承者王夫之，其社会思想内涵十分丰富，学界以往的研究很多。2016年，学界主要围绕其社会治理思想、家庭伦理思想、友情观和公正思想等进行了研究。

有论者认为，作为明末清初最著名思想家之一的王夫之，始终抱着一颗经世治民的雄心。他主张对传统文化加以改造，希冀为中华传统文化重

① 胡长海：《张栻宗族思想探析》，《宜宾学院学报》2016年第4期。

新注入昂扬健动的活力。他主张克己必须以复礼为依归，否则便有所偏颇；但是，却并没有由此忽略克己的重要性，而是在强调以复礼为要的基础上主张克己复礼交相养。对于人欲，他并不主张完全的禁欲主义，而是主张行天理于人欲之中，天理存则人欲自可归于正。[①] 王船山注重把风俗与政治得失、国事治乱、王朝兴亡联系起来考察，善于抓住影响风俗变迁的主体，阐幽洞微，揭明历史盛衰之故；他对风俗淳浇的辨正、对士风良莠的辩驳及对移风易俗的探究，具有鲜明的历史批判精神，体现了自觉的历史总结意识；尤其强调“有志者所不容不以叙伦拨乱自责也”，充分彰显了传统知识分子“治国平天下”的社会责任感和历史使命感。[②]

主张关心现实，强调治学和践行相结合，提倡经世致用，是湖湘文化的重要特色。所谓“经世致用”，即要求读书人关注社会现实，反对空谈，要有强烈的社会责任感，将个人所学运用到实际生活之中，要用一种积极的入世心态，解决国计民生的社会问题。“经邦治国，经世济民”，湖湘经世致用的这种精神深刻影响着广大的湖湘人士。湘潭陈鹏年是康熙年间的一代循吏和学者，其为人耿介，为官清廉，一生深受经世致用思想影响，并且将这种思想运用在其为人为学为官之中。他的经世致用精神，以务实求是、忠君爱国、经世济民为主要内容，并将其运用到实际操作中，例如惠利安民，清丈田亩；兴利除害，判冤打黑；心系民瘼，整治河道；善化民风，兴学重教；廉洁自律，两袖清风等。[③] 这些都为当时和后来的追随者留下了宝贵的精神财富。

湖湘经世名臣陶澍在嘉道时期社会危机和西方列强入侵中国的大背景下，受家庭教育环境的影响、中国传统经世实学的熏陶和湖湘学派经世思想的影响，其经世思想得以形成。他的经世思想内容主要有“经世致用”的学术思想、整顿吏治的政治思想、经济改革思想和赈灾救荒思想等。其经世思想的特色在于力倡实学，强调学术要经世致用，关注社会现实问题；倡行改革力求创新；重视调查研究，主张因地制宜。陶澍的经世思想不仅对嘉道经世思想的发展起到了推动作用，而且对近代经世大吏产生了较深远的影响。另外，受认识、环境、制度、经济等因素的制约，陶澍的经世思想和实践也存在着很大的局限性，如囿于中国传统文化观念、缺乏系统经世理论，且改革不彻底、不连续，是封建制度框架内的改革等。作者认

---

① 刘欢：《船山“克己复礼”义析及其时代关切》，《船山学刊》2016 年第 6 期。

② 汤城：《王夫之论“风俗”与历史盛衰》，《史学史研究》2016 年第 1 期。

③ 柳王敏：《湖湘陈鹏年经世致用精神论》，《船山学刊》2016 年第 4 期。

为，陶澍经世思想具有重要的时代价值，如勤、廉、勇的为官之德有助于推进地方官员的作风建设；依“地事地俗”而治的主张有助于提升地方政府决策水平；重民生、顺民意的政策措施对重塑地方政府政绩观有重要启示。[①] 陶澍还培养了一大批诸如贺长龄、魏源、左宗棠、胡林翼等湖湘经世人才。

魏源是晚清“睁眼看世界”的先行者，他的“经世致用观”主要包括“经世致用”“师夷长技以制夷”“变古愈尽，便民愈甚”。[②] 在当时“内忧外患”的时代背景下，魏源充满了忧患意识，不仅包括忧国忧民之情，也包括救亡图存、改造社会之思。[③] 魏源还主张“变易”思想与“经世致用”作风相结合，在中国近代化突围中引领革新浪潮。他认为人类社会一直处于不断变化之中，在他的眼中，天、地、人、物经过三代以上的发展和变化，与今日皆会不同。因此，他认为，要使清朝摆脱内忧外患的危机，变革求新是当务之急。[④] 魏源毕生致力于社会变革和富国强兵之道的探索。在阶级矛盾和民族矛盾日趋激化的形势下，这位忧国忧民的爱国思想家，早在鸦片战争前，就力主改革国内实政方面的各项弊政。他以清朝的“四大计”漕运、盐政、河工、兵制为改革重点，就如何增加财政收入、节约支出、选人用人等方面，提出了切实可行的改革建议。他的社会革新思想的一个重要特点，就是提出了进行革新的基本原则，即顺民情、乘时势、实事求是、策略灵活。[⑤] 慈善事业在中国有着悠久的历史，而魏源的慈善思想也是不可忽视的一点。魏源慈善思想包罗万象、内涵丰富，同时具有鲜明的时代特点。他主张防灾备灾、济贫救弱、教养兼施。这种慈善思想呈现出三个特点：一是兼容并包性：儒、释、道慈善之意蕴；二是批判创新性：古今中外慈善之理念；三是适时条理性：区别对待异时之思维。魏源的慈善思想具有启蒙性，开启了中国近代慈善事业新的发展之幕，促进其新陈代谢的进程。但这种思想同样也具有局限性，例如政治色彩强、宗教思想浓和实际操作差等。作者也指出，后人不应去苛求前人什么，而是应该在历史的三棱镜中探析出当代慈善事业的正确发展道路：浓郁的人文关怀氛

---

① 高云娜：《陶澍的经世思想及其当代价值研究》，硕士学位论文，内蒙古大学，2016 年。

② 吴志杰：《对魏源“经世致用”观的分析》，《教师》2016 年第 5 期。

③ 张大联：《湖湘文化中的忧患意识与魏源的“救亡图存”“经世致用”》，《文学教育》2016 年第 24 期。

④ 姚武：《魏源与湘学演进：中国近代化的开启与突围》，《湖南科技大学学报》（社会科学版）2016 年第 2 期。

⑤ 欧阳恩涛：《魏源早期革新思想初探》，《邵阳学院学报》（社会科学版）2016 年第 3 期。

围，合理地分配社会资源，激发民间慈善的活力，发挥慈善事业淳化风气、提升文明、安抚民心、共建和谐的功效，这才是后来人应该做的。[①]

说起中国人近代的大同理想，人们都会想到近代史上的两位人物：广东人康有为和湖南人谭嗣同。因此，学界常将二者的社会大同思想进行比较，围绕其异同、局限等进行研究。

魏义霞认为，谭嗣同与康有为一样对大同社会津津乐道，并且对大同社会提出了种种畅想。他们都热衷于大同，对大同社会的思考存在诸多相同之处，一起推出了近代大同形态的第一阶段。通过比较可以发现，两人对大同内涵的界定、对大同步骤的设置和对大同境界的描述，都如出一辙，既有近代的时代风尚，又有明显的阶段特征。康有为、谭嗣同不仅在理论上设想了消除民族、人种差异的大同之境，而且浓墨重彩地彰显同一人种，以期彻底消除人与人之间的种族和形体差异。他们都认定大同社会政治、经济一体化，思想、文化、宗教和教育等也一体化。而大同社会政治、经济皆一体化，就已经没有了国家，全球共治。[②] 但是两人的大同思想具有共同的理论误区。这主要表现在一味削异求同、一切诉诸宗教、将大同的实现推向无限遥远的未来和消解救亡主题四个方面。这表明，康有为、谭嗣同的大同理想带有明显的时代局限和特定的理论误区，与孙中山等人在对大同社会的描述中加入苏维埃政权、民族主义等内容不可同日而语。[③] 罗贵绒则对康、谭二人对现代平等观念的接受与误读进行了研究，认为列强的船坚炮利及其背后的政治制度与政治理念为康、谭等知识精英羡慕不已，于是大方接受其民主、自由、平等观念。但他们并不是以洛克式的“白板”来接受平等观念，而是从中国古代传统思想资源中找寻接受平等的依据。由于缺乏以个人为本位的传统与资本主义商品经济不发达的现状，康、谭对现代意义的平等存在着误读。尽管如此，他们对平等的重视使得平等进入了主流精英的视野，进而成了中国现代精神传统的重要组成部分。[④]

还有论者比较了谭嗣同与蔡和森的社会进化思想，认为在近代剧烈的社会动荡时期，西方文化纷至沓来，进化论脱颖而出。以谭嗣同、蔡和森为代表的有志之士以进化论为思想武器对中国社会发展道路进行了一系列

---

① 周娟：《魏源慈善思想的历史考察》，《吉首大学学报》（社会科学版）2016 年第 S1 期。

② 魏义霞：《大同之梦：康有为与谭嗣同的社会构想及其局限》，《江西社会科学》2016 年第 9 期。

③ 魏义霞：《康有为、谭嗣同大同思想的理论误区》，《南京政治学院学报》2016 年第 4 期。

④ 罗贵绒：《论康有为、谭嗣同对现代平等观念的接受与误读》，《江汉学术》2016 年第 5 期。

探索，提出了各具特色的社会进化思想。二者进化思想既具有一定的相承性，又在理论渊源、人类社会演化历程、进化发展方式等方面存在差异性。尽管他们的社会进化思想存在一定的不合理性与局限性，但也值得我们探讨与反思。时至今日，我国的社会发展更需要切合实际、符合人性、顺应时代发展潮流的进化观。因此，我们在思考谭嗣同、蔡和森社会进化思想的同时，更应该考虑中国的发展进化问题。①

此外，还有论者对唐才常的社会思想进行了考察。论者认为，唐才常的社会思想是其在长期社会实践中形成的，其思想内容涵盖了社会生活、社会模式以及社会内容等方面，兼具“新时代”和“旧时代”的双重特点。其社会思想的形成受到湖湘“经世”思想、西方进化观念、时代背景和维新人士的影响。他的社会思想的内容主要有：第一，社会变迁论，认为人类社会处在不断变化的过程中，并且变化的过程是渐进有序的；第二，理想社会论，认为理想社会是通过君主立宪来维护的官民一体的社会制度；第三，社会整合思想，认为要通过“爱力”来扭转当时国风日下的社会意识，团结和凝聚社会力量，而“爱力”是实现国家强盛的根本动力，也是西方国家实现强盛的根本原因；第四，社会问题洞察。他对八股科举制度和女子缠足进行了严肃批判，还提倡发展本国机械制造以抵制洋货。唐才常的社会思想，实现了从“旧”到“新”的转变，具有一定的时代先进性，还采用了“格义”的理解方式（即用西方思想来对传统思想进行解释）。②

有论者论析了向警予的家庭观，认为在新与旧思想相互碰撞的时代，向警予的家庭观随着主流思想及其主要观念的变化而发生变化，先是不顾现实需求彻底废除家庭，后又随着马克思主义信仰的确立逐渐开始形成关于马克思主义的家庭。其鲜活的、丰富多彩的经验为革命和现代化改造家庭提供了丰富的生活经历佐证，为研究中国早期为数不多的女性领导人社会变迁观提供了新的视角。③

文建龙考察了刘少奇出任国家主席期间关于民生问题的论述。作者认为，刘少奇出任国家主席期间，对我国的民生问题有过大量的论述。他关于民生问题的论述涉及经济建设、政治建设、社会建设、文化建设、生态建设等诸多方面。他的这些论述具有鲜明的特色，即着眼于国家经济建设

---

① 张帆：《谭嗣同与蔡和森的社会进化思想之比较》，《赤峰学院学报》（汉文哲学社会科学版）2016 年第 12 期。

② 王重升：《论唐才常的社会思想》，《兰州教育学院学报》2016 年第 10 期。

③ 解小明：《向警予的家庭观》，《兰台世界》2016 年第 5 期。

大局，着眼于人民群众的生活生存状态，带有拨乱反正的色彩，也与他出任国家主席前论述民生问题的思路一脉相承。他的民生思想也为我们促进民生建设提供了深刻的经验教训和有益的思想资源①。

综上所述，2016年，学界对湘学社会思想的研究大多是在结合现实实际、思想实际和历史实际的基础上展开的。他们基本上都是在历史与现实相结合、理论和实际相结合的基础上阐发论点的，取得了较为丰富的研究成果。研究的范围涉及家庭伦理、社会保障、社会治理、公平正义、社会矛盾化解、医疗卫生、社会进化、社会改造、社会建设等方方面面的内容。这些都为今后继续深入研究湘学社会思想奠定了基础。尽管如此，湘学社会思想研究仍然存在重复性研究多、优秀成果较少、雷同观点多等不足，今后对诸如社会生活思想、社会问题思想、社会关系（含宗族家族方面）思想、风俗改良思想以及和谐社会思想等还应进一步探索。必须指出的是，有的学者将哲学方面的“社会存在”和“社会意识”等高度抽象而非“社会”概念的内容也当成社会思想或民政思想来研究，恐有不当之处。此外，还应对湘人论著以外有关资料不断进行挖掘，并改进研究方法，尤其注重从社会思想的综合性层面来探索，以使这一研究迈上新台阶。

（四）科技与教育思想研究

近现代以来，杰出的湖南人在中国革命和建设的过程中，对科技创新、科技应用、科技人才、教育等方面进行了积极思考。认识和研究湘学科技、教育思想，对于我们今天更好地学习和领会，深入理解和全面实施“科教兴国”“人才强国”等战略，具有重要现实意义。

1. 湘学科技思想研究

科技思想不仅包括科技的社会功能思想，也涵盖了社会对科技影响的思考。党的十八大以来，以习近平总书记为核心的党中央，立足国内，放眼全球，以历史视野把握时代脉搏，从多个层面展现了科技对中国发展的决定性意义，并为深入实施创新驱动发展战略谋篇布局。2016年，学界对

① 文建龙：《刘少奇出任国家主席期间关于民生问题的论述》，《前沿》2016年第1期。

湘学科技思想的考察，主要集中在曾国藩、郭嵩焘、谭嗣同、毛泽东等湘人对于西学洋务、科技、格致之学、自然科学等的观点和实践研究上。

曾国藩是晚清洋务活动的最早倡导者，也是洋务运动的主要实践者。这一点早就为各界所公认。有学者考察了曾国藩作为传统文化的集大成者，为什么能够成为引进西方科技和近代文化的带头人，为什么能成为洋务运动的倡导者与开创者。舒彦认为，原因就在于曾国藩作为理学的最后一位代表和中国封建社会的最后一根精神支柱，其思想并非全部属于封建主义。除了自觉维护封建主义的一面之外，还不自觉地对封建之道有所舍弃，有所改变。正是因为他对传统文化的长短有透彻的了解，才能够吸取并发扬传统文化的精华，才能够引进西方科技和近代文化。作者还认为，曾国藩在学习西方先进技术的过程中，十分重视人才。例如，从 1867 年开始，聘请外国教师与中国科学家李善兰、徐寿等人筹建翻译馆、印书处，介绍传播西方科学技术，并积极创办洋务学堂，培养出了一批外交和科技方面的人才。他还积极筹措经费，成为中国派遣留学生的首创者。作者认为，曾国藩办洋务，目的是把林则徐、魏源“师夷长技以制夷”的大胆设想变为现实。鉴于曾国藩开风气之先的原因，无论是左宗棠还是李鸿章，在近代史上的地位与影响，都不能与曾国藩相比。①

郭嵩焘以晚清思想家、外交家著称。王俊桥回顾和展望了 21 世纪以来的郭嵩焘研究，其中亦涉及郭嵩焘的科技观。作者认为，郭嵩焘曾有出使西方的经历，切身感受到了西方科技文明的昌盛，并初步形成了自己独特的科技观。文中指出，郭嵩焘的科技观已经突破了“师夷长技以制夷”以及“中体西用”的藩篱，升华到制度和精神层面。作者指出，郭嵩焘研究的触角已深入科技、法制、跨文化交际等领域，尤其是学界对于郭氏的科技观的阐述，填补了这一领域的空白。②

洋务运动之后，西方科学大规模传入中国，在西式学堂开设的课程中出现了格致。格致相当于科学课，专门教授近代自然科学，主要是物理学和化学。因为自然科学通过实验手段取得对客观事物的理性认识，这个方法和中国古代哲学的格致很类似，所以清末把科学课取名格致。有学者就考察了谭嗣同对格致之学的运用，认为谭嗣同利用形形色色的格致之学来论证自己的哲学——仁学和以太说。例如，谭嗣同对以太、电、力和脑等

---

① 舒彦：《儒学大师曾国藩与西学洋务》，《工会信息》2016 年第 5 期。

② 王俊桥：《省思与超越——新世纪以来郭嵩焘研究回顾与展望》，《湖湘论坛》2016 年第 2 期。

西方东渐的格致之学概念津津乐道，并利用它们来比附、说明仁。在论证仁为世界本原和仁之平等内涵的过程中，试图将仁与形形色色源自西方近代格致之学的概念和学说相对接，其中，用得最多的还是以太、电、力等源自西方近代物理学领域的新学说和新成果。利用生理学、解剖学和神经学知识，谭嗣同把以太、电与脑联系起来，借助脑尤其是遍布周身的神经（谭称之为“脑气筋”，并且视为脑的一部分）进一步论证仁—通—平等的可能性和必然性。这些都使他的仁学不仅拥有古代仁学无与伦比的兼容性和汇通性，而且在近代哲学中个性张扬，特色鲜明。他还凭借众多格致之学的新成果、新发现或受格致之学的启发，憧憬人类未来的图景，形成了关于大同社会的构想。[①]

科技事业是中国特色社会主义建设事业的重要组成部分。关于科学技术的发展，毛泽东提出了许多独到的见解，并制定了一系列正确的方针政策。张纯、侯典举认为，毛泽东为探索中国特色社会主义道路做出了巨大贡献，体现在科技方面就是高度重视科学技术的发展，大力推动科学技术和国防事业现代化。在毛泽东看来，发展科学技术就是在提高生产力，这也是后来邓小平那句名言——“科学技术是第一生产力”的最初理论来源。[②] 有论者还从毛泽东重视科学技术发展的原因、在社会主义条件下发展科学技术所做的努力等方面考察了毛泽东对社会主义条件下科学技术发展的探索与启示，认为社会主义基本制度在我国确立后，毛泽东秉承我们党重视科学技术的传统，并结合新中国成立后的实践和对“本领恐慌”的忧虑等，对社会主义条件下科学技术发展进行了艰辛的探索，丰富和发展了马克思主义科学技术观，极大地促进了新中国科学技术事业的发展。林怀艺、王轲还驳斥了“毛泽东不懂得、不重视、不研究科学技术”的历史虚无主义观点，认为应在当代大力弘扬和传承毛泽东重视发展科学技术的思想。有论者认为，研究毛泽东的科技现代化建设思想，对我们深刻领会“科学技术是第一生产力”的论断，正确认识毛泽东的富强思想都具有重要的意义。为此，论者系统考察了毛泽东提出科学技术现代化的过程，认为毛泽东十分重视科学技术对生产力和经济发展、国家富强方面的重要作用。重视和发挥科学技术的社会功能，让科学技术推动生产力发展、造福人民大众，是毛泽东科技思想的出发点和归宿。在毛泽东的科学技术思想的指

---

① 魏义霞：《论谭嗣同对格致之学的运用》，《白城师范学院学报》2016 年第 10 期。

② 张纯、侯典举：《毛泽东探索中国特色社会主义道路的历史贡献》，《大庆师范学院学报》2016 年第 5 期。

导下，我国确立了一系列的科技发展战略，它们都以科学实验和技术革命为主线。这些战略使得我国的科学技术从无到有，发展迅速，并且带动一批新兴工业部门的诞生，改变了我国科学技术落后的境况。[①]

此外，还有论者探讨了毛泽东的“技术革命”思想、自然科学观和科技人才观。李合敏认为，实行技术革命以快速发展中国科学技术事业，是毛泽东的一个重大战略思想。这一思想的提出，既缘于他对世界新技术革命发展态势的敏锐把握，又缘于他对科学技术生产力功能的深刻认识，更缘于他希望尽快改变中国经济技术落后状况的急迫心情。为了顺利实行技术革命，他提出了“百家争鸣”、既要自力更生又要“洋为中用”、建立一支宏大的又红又专的科学技术队伍、既要着眼长远稳步发展又要集中力量重点突破等一系列战略性的方针政策，从而极大地推进了我国科学技术事业的发展。[②] 李合敏还认为，毛泽东一贯重视自然科学特别是中国自然科学的发展。为了推动我国自然科学的发展，毛泽东不仅强调“自然科学是人们争取自由的一种武装”，系统论述了自然科学认识世界、改造世界、推动社会发展进步的重要作用，而且提出了发展我国自然科学的基本构想，强调自然科学研究应当以马克思主义为指导，必须遵循“百家争鸣”的方针，必须建立一支宏大的又红又专的科学技术队伍，既要坚持自力更生，又要“洋为中用”。[③]

科技要发展，人才是关键，科技实力的竞争也是人才的竞争。有论者指出，毛泽东一直十分重视科技人才问题，形成了丰富的科技人才思想，包括人才识别、人才应用、人才培养、人才爱护和人才团结等。深入学习了解毛泽东的科技人才思想，对于科技人才工作的开展具有重大意义，对现在市场经济环境下科技人才选拔、管理、培养及使用上也有着非常重要的指导作用。[④]

综上所述，学界对湘学科技思想的研究虽然成果显著，但还存在一些不足。一是研究成果比较少，存在不平衡的现象，这显示出湘学科技思想还有待进一步拓展与深化。二是微观研究不足。对湘学科技思想的研究范围有所拓宽，但对湘学科技思想的侧面研究存在一些尚待充实发展的环节，

---

① 刘爽：《毛泽东富强思想探析》，硕士学位论文，湘潭大学，2016 年。

② 李合敏：《论毛泽东的“技术革命”思想》，《决策与信息》2016 年第 8 期（上旬）。

③ 李合敏：《论毛泽东的自然科学观》，《河套学院学报》2016 年第 3 期。

④ 董云蒂：《浅析毛泽东的科技人才思想》，《大科技》2016 年第 10 期。

有待进一步加强。三是比较研究有待进一步深入。这个领域的进步空间还是非常大的。

2. 湘学教育思想研究

教育思想是人们对教育实践及其关联问题所作的系列的价值评判。2016年，学术界、理论界关于湘学教育思想的研究，视角更加开阔，内容更加广泛，层次更加丰富。不仅有对家庭教育的研究，还有对国民教育、思想政治教育、干部教育等的探讨。不仅有对教育思想的探析，也有对湘学教育思想影响的考察。从而将湘学教育思想研究在原有基础上有了提高，进一步拓宽了学界对于湘学教育思想研究的视野和思路。

一年来，研究者对湘学教育思想的关注和研究依旧保持了相当的理论热情，研究成果更为系统、深入。以“2016”为搜索年度，从中国知网(CNKI)、万方数据库、维普中文科技期刊数据库、读秀学术搜索等检索到湘人教育思想、实践的研究文献达130余篇，充分彰显了湘学教育思想研究之显盛。

一是关于家庭教育思想的研究。

重视家风和家庭美德建设是中华民族道德生活的传统，也是家庭教育的重要组成部分。有论者系统考察了王船山的家训伦理思想，从船山家训伦理思想的背景及其理论渊源，船山家训伦理思想的主要内容，船山家训伦理思想的特点及影响、启示等方面进行了阐述，认为王船山主张义利并重的价值观、理欲合性的人性论、顺性重行的德育观以及扶长华夏的爱国主义思想，为他对子弟进行道德教育、人格塑造提供了坚实的理论基础。而在中国古代家训中，总是将对子弟的教育、培养放在中心位置，家训的主要目的就是规范和引导后辈的言行举止，培养子弟成人成才，从而为家族的延续和壮大提供有力支撑。王船山家训思想中对子弟的教育包括立志、学业、择业三方面。①

位列“晚清中兴四大名臣”的曾国藩、左宗棠，其家教思想亦得到学界的高度重视。

2016年，学界从曾国藩家庭道德教育思想的形成和影响，家庭德育思想及其价值，家训思想与教化路径，家风内涵、现实启示等方面对曾国藩家教思想进行了系统研究。

---

① 赵红莲:《王船山家训伦理思想》，硕士学位论文，湖南师范大学，2016年。

曾氏家族可谓为侯门望族，曾国藩继承发扬儒家教育思想取得了巨大成功。出现了像曾纪泽、曾广钧、曾广铨、曾昭抡、曾宪植等一代代杰出人物。钱穆先生称他“算得上一个标准的教育家”。因而其家庭教育思想是学界一直关注的热点。曹虹、王丹对曾国藩家庭道德教育思想的形成及影响做了分析，认为传统儒家文化的主导、湖湘文化的熏陶、家风的影响促成了曾国藩家庭道德教育思想体系的形成，这对现阶段国人的家庭道德教育具有十分重要的借鉴意义。①

有论者则探讨了曾国藩家庭道德教育的特色，认为曾国藩家庭道德教育思想和举措集众家之长，体现了对中国传统文化的继承与发展，又独树一帜地形成了以培养读书明理的君子为目标，家庭道德教育中以因材施教为原则，以严谨丰富的家书教育为手段，注重知、情、意、行的全面的鲜明特色。② 吕保霖从分析文献、实地考察、历史对比等角度，多方位地深入了解曾国藩家庭德育思想的形成渊源和主要内容，同时深化出对当今家庭、社会道德教育的价值意义。研究显示，曾国藩的德育思想主要是通过传统儒家思想、湖湘独特的地域文化、曾氏家族良好的耕读家风和自身的经历而逐步建立的，以孝悌、勤俭、教化、和家、睦邻为曾国藩家庭德育思想主要内容，它囊括了儒家大部分理论的精华，可谓博大精深，意味深远。③ 王淑珍等从教育心理学的角度，探讨了曾氏家庭教育思想及其现实意义，从历史影响和现代意义两个方面论述了这个问题。作者认为，曾国藩的家庭道德教育的精华部分具有普遍价值，对于当前的伦理道德建设有其独特的启示意义，即要重视子女的全面发展，要勇于敞开心扉，做子女的朋友，言传身教，切实指导，要严格要求自己，做子女的榜样。作者还指出了曾氏家庭教育思想的消极影响，例如“夫为妻纲”和否定医药的消极思想。④

有论者对曾国藩的家教法进行了探析，认为曾国藩的很多教育法，都与现代观念巧合，尤其是让孩子在鼓励和肯定中成长，这也是现代教育的重要理念。他培养人才的原则是“宏奖以育才”，也就是多多鼓励。⑤ 中华民族传统文化的继承，湖湘文化的影响及良好家风的熏陶是曾国藩家庭教育思想形成的理论基石。其家庭教育伦理思想的核心内容是：孝悌伦理是

① 曹虹、王丹：《解读曾国藩家庭道德教育思想的形成及影响》，《兰台世界》2016 年第 1 期。

② 曹虹、陈玉峰、王丹：《论曾国藩家庭道德教育的特色》，《兰台世界》2016 年第 17 期。

③ 吕保霖：《曾国藩家庭德育思想及其价值研究》，硕士学位论文，广西师范大学，2016 年。

④ 王淑珍、何卫军、郎蕊：《教育心理学视角下曾氏家庭教育思想及现实意义》，《知识经济》2016 年第 19 期。

⑤ 张宏杰：《曾国藩的家教法》，《视野》2016 年第 17 期。

兴家之本，读书伦理是兴家之源，勤俭伦理是兴家之宝，和睦伦理是兴家之基。曾国藩的家庭教育思想在近代教育史上占有极其重要的位置，无论是对今天的家庭教育、学校教育还是社会教育，都有一定的现实指导意义。①

苏瑞认为曾国藩的家庭教育思想一方面受晚清时期大背景的影响，另一方面也受到传统文化、良好的耕读家风和湖湘地域文化的影响。曾国藩家庭教育思想主要包含“立德思想、修身思想、孝友思想、勤俭思想、睦邻思想、明理思想”六个方面。其家庭教育原则是德才兼备和知行合一。他还采取“因材施教、循循善诱、反省内求、慎独、防微杜渐”等方法，教育家人如何持家和睦邻。作者认为，曾国藩的家庭教育思想无疑为我们今天千千万万的父母如何教育子女，如何搞好家庭教育提供了有益的借鉴，即修身立德以成人成才，以孝友促家庭和睦，以勤俭促家庭兴旺，以睦邻和家促家庭和谐，以读书明理促家国兴盛。②

党的十八大以来，习近平总书记在不同场合多次谈到要“注重家庭、注重家教、注重家风”，强调“千千万万个家庭的家风好，子女教育得好，社会风气好才有基础”。家训是家庭的核心价值观，家规是家庭的“基本法”，家风是家族子孙代代恪守家训、家规而长期形成的具有鲜明家族特征的家庭文化，是一个家庭最宝贵的财产。有论者对曾氏家训思想、家风的内涵、现实启示和传承创新进行了研究。戚卫红认为家道长久是曾国藩家训的宗旨，立身与和家是曾国藩家训思想的基本指向，其教化路径则是以家风熏陶和以诚立教。正因如此，才能产生收放自如、灵活多变的教育技巧和方法，才能起到抒情而不媚俗、说理而不僵化、教训而不呆板、力行而不流于作秀的效果，才能真正具有教育的效用。③ 刘胜梅认为，曾氏家风得以有明确的文字传承，要归功于曾家几代人的言传身教以及曾国藩的总结和概括。曾氏家风以勤俭为本、耕读传家、孝友为基的独特内涵，是其保持家族世代传承、使得后代英才辈出的原因之所在。它为我们纷繁浮躁的现代社会提供了思想引导和行为指南，启迪人们要培养勤勉踏实的实干精神，身处鼎盛的忧患意识，重视本业、心无旁骛的思想境界，以及勇于

① 熊文娟：《曾国藩家庭教育伦理思想论析》，《宁波教育学院学报》2016 年第 5 期。

② 苏瑞：《曾国藩家庭教育思想及其当代价值浅论》，硕士学位论文，贵州师范大学，2016 年。

③ 戚卫红：《曾国藩家训思想与教化路径新探》，《武陵学刊》2016 年第 5 期。

担当的实体意识和民胞物与的开阔胸襟。[①]

此外还有比较研究，有论者以颜之推的《颜氏家训》和曾国藩的《曾国藩家书》为文本，分析二人家庭教育思想的异同。认为二人家庭教育思想相同之处在于：批评当时的家庭教育目的，提出教育目的是培养实用的人才。家庭教育内容上都将道德教育置于首位，强调立志教育。家庭教育方法上都反对溺爱，强调对子女的严格教育。二者教育思想的不同之处在于：颜之推希望子女通过读书入仕，曾国藩期望子女读书能够明理。在教育内容上，颜氏关注语言教育，曾氏提出养生教育。[②] 还有论者比较了《曾国藩家书》与《富兰克林自传》，认为《曾国藩家书》代表了中国传统教育的精华和最高境界，体现了中国文化的博大精深。而《富兰克林自传》也代表了美国梦，体现了美国主流文化的精神和家庭教育方式，影响了一代又一代的美国人，并被介绍到全世界，发挥着巨大的影响。[③]《曾国藩家书》作为家训史上承前启后的巅峰之作，国人对其十分推崇，而学界对其研究也十分热烈，目的就是更好地挖掘其现实意义。[④]

学界对左宗棠的研究，往往聚焦在其军事、政治生涯中，却忽略了对他的教育思想，尤其是家庭教育思想的探究。事实上，左宗棠十分重视教育的作用。有论者通过对左宗棠家书的研究，认为左宗棠对教育之重要性，有着切身的体会，并十分看重对子孙的家庭教育，形成了独特的家教观。左宗棠勤俭持家的思想，体现在以下几个层面：一是唯崇俭乃可广惠，不给子孙留钱财；二是自奉宁过于俭，待人宁过于厚；三是衣无求华，食无求美。左宗棠崇尚以“礼”治家、以“礼”待人，影响深远。[⑤]

国内学界对毛泽东、刘少奇等湖南杰出人物的家教思想也进行了研究。开国领袖毛泽东是领导中国人民彻底改变自己命运和国家面貌的一代伟人，在家风家教方面也堪称一代典范。他给自己定下三条原则：恋亲不为亲徇私，念旧不为旧谋利，济亲不为亲撑腰。在亲情与党的利益、人民的利益

---

① 刘胜梅：《曾氏家风的内涵及其现实启示》，《学术探索》2016年第4期。

② 童星：《试析曾国藩与颜之推家庭教育思想的异同》，《集美大学学报》2016年第2期。

③ 鲁力：《中美传统修身思想比较研究——以〈曾国藩家书〉和〈富兰克林自传〉为例》，《河北青年管理干部学院学报》2016年第5期。

④ 李萍：《试论〈曾国藩家书〉治家思想的主体内容》，《成才之路》2016年第22期；郑千山：《传统家庭教育“八宝饭”——〈曾国藩家书〉读后》，《云南日报》2016年8月27日；文长华：《从〈曾国藩家书〉中学教育》，《科教新报》2016年11月17日；赵立波：《曾国藩倾力打造家风》，《文史月刊》2016年第6期。

⑤ 盛健：《〈左宗棠家书〉思想研究》，硕士学位论文，青岛大学，2016年。

之间，他始终保持着清醒的头脑，为全党作出了表率。[①] 作为一代领袖，毛泽东的家庭与普通家庭有些不同，在些许无奈的同时，毛泽东用心经营着自己的家庭，用情维系着与韶山故土的亲情，显示出一代伟人的优良家风。毛氏家族重视亲情，尊长爱幼，艰苦奋斗，自力更生；文氏家族品德高尚，好善乐施，积极帮助贫苦人民。毛泽东在承袭毛氏及文氏两大家族家风精粹的基础上，秉承共产党员一贯的优良作风，原则做人，不搞特殊化，努力学习，为国为民，最终形成毛泽东的优良家风。[②] 毛泽东在家风问题上所持的态度可以概括为“三有”，即有教、有爱、有严格要求，为领导干部树立了榜样。为什么毛泽东如此重视家风，有论者认为有三个原因：一是毛泽东认为自己是国家的主席，不是毛家的主席；二是不能一人做官，鸡犬升天；三是毛泽东想的是“这个国家如何治理”。[③] 研究者还指出，在家风建设方面，毛泽东堪称楷模，且在今天仍有重要教育意义。毛泽东对待子女严格要求，不搞特殊。对待亲属关心有则，不搞特殊。这些都具有重要正能量，启示我们对待子女要严格要求，磨炼其意志。对待亲属不搞特殊化[④]。刘少奇是党的第一代中央领导集体的重要成员，其家风也十分严明。对待子女要求十分严格，从来不搞特殊照顾。他还十分注重培养子女艰苦朴素的作风，避免他们滋生享乐主义。[⑤]

二是关于学校教育思想的研究。

学校教育思想是在一定理论的基础上，通过具体教育实践活动逐渐形成的对教育目的、教育本质属性等方面的看法和主张。周敦颐是湖南产生的第一个本土大思想家，被尊为宋明理学的“开山鼻祖”。周敦颐的理学思想、教育思想、人才思想对湖湘文化的形成起了十分关键的作用，标志着湖湘文化的形成。周敦颐十分重视教育，可谓为教一生，每到一地，兴教办学，甚至亲自讲学授徒，致力于人才的培养。他倡导的兴学重教的优良传统，在湖南各地得到了发扬光大，官学、私学齐头并进，特别是各地兴办书院，为湖南培养了一代又一代优秀人才。由于周敦颐重视教育事业和人才的培养，他的一代代弟子纷纷在湖南讲学授徒，从而在湖南开创了一个教育鼎盛的局面。教育事业的繁荣为湖湘文化的鼎盛和湖南人才的鹊起

① 王均伟：《毛泽东的家风故事》，《中国纪检监察》2016 年第 7 期。
② 杨海燕：《毛泽东的优良家风》，《党史博采》2016 年第 7 期。
③ 李瑞昌：《毛泽东的家风》，《领导之友》2016 年第 14 期。
④ 杨丽平：《毛泽东家风的正能量》，《现代交际》2016 年第 6 期。
⑤ 谭智俊：《刘少奇的严明家风》，《福建党史月刊》2016 年第 7 期。

奠定了坚实的基础。[①]

王夫之是湖湘学派思想遗产的继承者，他的学说影响了湖南数代人。王夫之一生著作极多，其中主要涉及哲学、教育的著作有《周易外传》《读四书大全说》《思问录》等，这些著作中提出了不少闪烁真理光辉的教育教学见解。他以“六经责我开生面”自勉，在极其艰难困苦的条件下，对教育理论进行了诸多创新。有论者考察了王夫之的教育方法思想，认为其教育方法思想的主要内容包括：因人而进；施之有序；学思“相资以为功”。[②]有论者考察了其蒙学教育观，认为王夫之教育思想中的蒙学教育观在继承总结传统蒙学教育思想的基础上，根植于博大精深的哲学、教育思想，并提出一些反映时代潮流的新思想。其蒙学教育观产生的思想基础，主要包括蕴含丰富哲学教育思想的人性观、知行观和德育观三个方面。其蒙学教育思想主要包括注重童蒙早期教育、重视发展童蒙自然天性、强调教师自身素质、全面有序的童蒙教学内容及系统完备的童蒙教学原则五个方面。作者还论述了王夫之蒙学教育观对当今小学语文教学的启示，即落实全面发展的教育理念，合理有序安排教学内容，调动儿童学习主体能动性，发挥教师教学主导作用。[③]

晚清时期，左宗棠以军政事功彪炳史册，在三十余年的军政生涯中也十分关心教育，形成了丰富的教育思想。他的教育思想主要包含两个方面内容：一是儒家理学教育思想特色，通过振兴儒家教育以恢复礼制本。二是实业教育思想特色，通过学习西方先进技术，培养新式人才以为我所用。[④] 在任陕甘总督期间，左宗棠对西北地区进行了一系列的改革、整顿、调整和创新的工作，在经略西北时期，他的教育思想和实践对西北地区的发展具有重要作用。他广开义学，普及教育，推广汉族文化，这为教育的普及和汉化的推广起到了重要作用。他还健全人才的选拔机制，在甘肃实行分闱，拓展士路。这项措施健全了西北的人才选拔机制，加强了地方教育的指导、管理和人才选拔。与此同时，他还鼓舞了甘肃士子学习的热情，改变了当地人民以往的思想观念。更加值得关注的是，考试设置了专取回族士子科。在文化推广方面，左宗棠在西北不仅推广义学等中国传统思想，

① 易永卿：《周敦颐对湖湘文化和湖南人才的影响》，《湖南师范大学社会科学学报》2016 年第 6 期。

② 邹昕胤：《浅谈王夫之的教育方法思想内涵》，《西部皮革》2016 年第 14 期。

③ 刘勇：《王夫之蒙学教育观与小学语文教学》，硕士学位论文，华中师范大学，2016 年。

④ 薛莉、张莲：《左宗棠教育观及其实践路径》，《教育评论》2016 年第 2 期。

还主张培养近代科学人才；不仅选送留学生出国留学，还在西北自己培养近代科技人才。①

近代以来，教育改革的呼声不绝于耳。魏源在《海国图志》中详细描述了西方教育的内容和形式，对其先进的教育理念赞不绝口，并提出了改革科举制度学习西方教育模式的要求，但当时并没有全面实施的政治条件和社会条件。洋务运动时期，尽管清廷也效法西方，引进西艺西学，但并没有从根本上触动科举制度。湘学人物郭嵩焘曾大声疾呼重视“实学”。维新运动期间，谭嗣同在批判封建制度和封建文化的同时，也把矛头对准科举制度。唐才常著《时文流毒中国论》，对科举制度进行猛烈抨击。欧阳中鹄、王先谦也曾著文，提出变革科举的要求。②

清代著名的湘绅领袖、学界泰斗王先谦一生中最主要的成就在学术文化、教育事业上。他在新旧教育改革中，做出了自己的选择。任祭酒期间，对国子监进行改革；归乡后，增设西学内容革新中国传统教育，并向学部奏请新的留学方案。但因他对儒家文化、封建王权的坚守，采取经世致用及中体西用的策略，注定其教育改革的成效不大。晚清政府处于内忧外患之际，无暇顾及留学策略的调整，最终导致新的留学方案未能实施。在王先谦从传统教育走向新式教育的改革历程中，可看出他归乡前后两种教育改革理念的矛盾与冲突，既“守中求变”，又“变中要守”。③

清末新政时期，刘坤一与张之洞联名上奏《江楚会奏变法三折》，主张在教育方面参照西法建立新学制和新式学堂，在课程设置上增加西学内容；变革科举制度，通过变革考试内容和逐年减少中式名额的方式废除科举考试，同时停罢武举，奖励游学。如果说，刘坤一、张之洞的江楚三折提出了教育改革的基本框架，为清末新政提供了总体方案，那么真正负责教育改革具体实施并有创造性改进的是湘学人物张百熙。④

1902 年，清朝政府颁布了《钦定学堂章程》，亦称“壬寅学制”，是我国教育史上正式颁布但未实行的第一个学制。1904 年 1 月，晚清颁布《奏

① 吴昕娱：《左宗棠西部开发思想探究》，《赤峰学院学报》（汉文哲学社会科学版）2016 年第 6 期。

② 周接兵：《挽救危亡：帝国主义瓜分中国形势下的湘学》，《上饶师范学院学报》2016 年第 2 期。

③ 张淑贤：《祭酒王先谦在新旧教育改革中的突围与坚守》，《继续教育研究》2016 年第 10 期；千池星：《王先谦绅途阶段经世致用思想研究》，《河池学院学报》2016 年第 4 期。

④ 周接兵：《挽救危亡：帝国主义瓜分中国形势下的湘学》，《上饶师范学院学报》2016 年第 2 期。

定学堂章程》，其中规划全国教育体系被称为“癸卯学制”。“癸卯学制”初步奠定了中国近现代教育的框架体系，将近代西学内容明确纳入教育体系，对后世产生了较大影响。而这两个学制的制定，都与张百熙密切相关。“癸卯学制”还体现出一些重要的教育思想，值得今日反思、借鉴。其一，“癸卯学制”高度重视伦理道德、品行人格。其二，重“学用结合”与“触类旁通”。其三，强调在小学阶段“勿庸兼习洋文”，要求以中文学习为重点，在小学阶段打牢中国文化基础。进入中学堂，则要求“勤习洋文”，“中学堂以上各学堂，必生勤习洋文”。其四，不可从西方截取片段而自轻自贱。①“癸卯学制”还对我国近代职业教育体系、实业教育制度的确立和军国民体育文化的兴起具有决定性的作用。②

20 世纪初，教育救国成为当时一些先进的中国人探索中国出路的途径。而改变传统的教育方式，引进西方新式教育制度，以培养人民的国民意识、国家观念，则成为当时教育的着眼点。我国近代史上著名的资产阶级民主革命家陈天华，也以学习西方文明为着力点，希望通过比较中西教育现状及中西国民素质，区别对待成年人教育与未成年人教育，以大力开展国民教育。其国民教育的主要内容包括国民道德教育和阶层国民教育。他还通过广兴学堂、提升国民权利与义务意识的方式来实施国民教育。其教育思想，以救亡图存，振兴民族为前提。在此基础上，他界定了现代国民与国家的基本内涵及其相互关系，建构了近代国民教育体系的基本框架。③

伟大的民主革命先行者、中华民国的主要缔造者、民国初期第一位倡导内阁制的政治家宋教仁先生，在民国初年提出了“教育立国”思想并直接或间接投身近代中国教育实践。其教育思想可以概括为以下几点：一是重视教育在国家发展中的战略地位，提出“强国之要，学战为先”，“教育为立国根本”；二是提出要普及国民教育，提高全民文化素质；三是重视师范教育及女子教育。在此思想指导下，他曾先后创办了民国初年第一所大学——江汉大学、国民大学、湖南省公立第二女子师范学校等学校，他还先后在长沙、武昌创办了长沙东文讲习所、武昌科学补习所、农政讲习所

---

① 任九光：《癸卯学制诞生于危局做出了不朽的贡献》，《学习时报》2016 年 7 月 14 日。

② 张经哲：《我国近代职业教育体系的形成——基于三部学制演变的视角》，硕士学位论文，河北师范大学，2016 年；夏光祥：《近代学制演进中的中国实业教育嬗变及其当代价值》，《中国职业技术教育》2016 年第 34 期；金光辉、金明星、王献英：《清末民初学制的更替与军国民主义体育文化的兴衰》，《教育观察》2016 年第 7 期。

③ 马鹏娟：《陈天华国民教育思想及其当代启示》，《长江大学学报》（社会科学版）2016 年第 8 期。

等职业学校。有论者还认为，宋教仁提倡教育立国、普及国民教育等系列教育思想及主张并非当时创举，教育只是其革命实践活动的一方面，因此而称为教育家理论家似有不妥。但是他主张的从教育救国到教育立国确实是一个伟大进步。①

“教育救国论”是中国近代先进的中国人为挽救民族危亡而提出的理论。它认为国家的优劣强盛与治乱盛衰取决于国民素质的高低，而提高国民素质的根本途径在于教育。杨昌济为了践行教育救国这一理论，出国留学，广求新知；拒绝高官之聘，矢志教育；力劝好友共同从事教育；借鉴西方先进的教育理念和教学方法，将其运用在教育实践中并加以创造性改进；提倡平民教育、“市民教育”；注重伦理教育和道德感化，创立“中国独立之伦理学和教育学”；发起成立湖南大学，推进湖南教育事业；主张大学应“先办哲学与本国文学两门”，以造就“社会之理想”和“民族之精神”。②

向警予也抱持“教育救国”理念，自然地将教育救国与妇女解放结合起来。她特别重视妇女教育，把它看作是妇女解放的先决条件。③ 有论者对向警予的早期教育思想与实践进行了研究，认为向警予早期教育思想与实践包括解放妇女，兴办女学；要求教师为人师表，终身学习，具有奉献精神；要求学生德智体全面发展；对学生教育注重自动，等等。这些思想与实践具有鲜明的先进性，但在当时具有不可实现性。而这也导致她的“教育救国”的理想破灭，从而转向根本改造的马克思主义。④ 从辛亥革命爆发到五四运动兴起之前的这一段时期，向警予以提倡教育救国为主要内容；五四运动和赴法勤工俭学期间，以妇女解放和男女平等为主要内容；从法国留学回国到1928年被国民党反动派杀害为止，以改造社会和革新教育思想为主要内容。向警予女子教育思想对中国女子教育事业做出了巨大的贡献。从历史角度来看，向警予女子教育思想运用马克思主义理论认识和解决中国女子教育问题，开创了中国无产阶级女子教育思想新高度；赋予了中国无产阶级女子教育思想新内涵；实现了知识妇女与劳动妇女在教育中结合；形成了以动员女子参加革命为目标的女子教育方式。从整个过程看，

① 双立珍：《对宋教仁教育立国思想及实践活动的再认识》，《长江丛刊·理论研究》2016年第36期。

② 周接兵：《杨昌济的教育救国理念》，《教育家》2016年第10期。

③ 周敏之：《向警予妇女解放思想之演进》，《湘潮》（下半月）2016年第4期。

④ 肖逸夫、曹心宝：《向警予早期教育思想与实践述评》，《遵义师范学院学报》2016年第3期。

向警予女子教育思想存在某些局限。但是，从现实角度来看，向警予女子教育思想对推动和谐社会的建设、革除教职员“旧思想”、加强教师职业道德的建设、加强对女子教育的政策倾斜和推动女子留学教育发展，具有重要启示作用。[①]

我国近代教育史上著名的教育家，同时也是教育史学研究、辞书编纂以及出版领域贡献卓越的学者舒新城，积极参与并推动了我国近代新教育运动，其教育思想十分丰富。他反对照搬西方的教育制度及方法，主张在引进西方教育制度及方法的同时，结合中国的国情民性进行改革，包括学制、课程、学校制度、教育行政制度等的改革。他认为教育为改进人生的活动，并主张教育要贴近学生的生活。如果说舒新城广义上的教育目的论具有个人主义的倾向，那么，舒新城狭义上的教育目的论则主张国家主义。他深感中国缺乏国家主义的教育理念，故提倡“求学是为救国，救国更要求学”的国家主义的教育目的论。舒新城为人生、为国家的教育目的论统领着他的教育见解。[②] 他对公民教育也具有自己独到的思考和认识。在舒新城关于公民教育的研究视域中，中国的公民教育思想兴起于清末民初，在民国初期的十余年间获得了较快的发展。他主张公民教育应明确政治生活常识，掌握社会生活常识，熟知经济生活常识，具备良好的道德修养。[③]

20 世纪 20 年代，舒新城借鉴西方经验在中学阶段推行选科制和学科制，广泛涉猎西方进步思想著作并进行深入研究后，形成了独树一帜的教学思想。舒新城从教育基本理论的角度揭示了课程改革的必要性，将选科制和学科制应用于教学实践中，并分别在上海吴淞中学和东南大学附属中学实施道尔顿制，开创了道尔顿制实验在中国试行的先河，推动了民国时期的教育改革。[④]

20 世纪 40 年代前后，针对当时社会教育现状，黎锦熙发表了“大学国文之统筹与救济”等系列语文论著，最早提出了“统筹与救济”的大学语文教育观。黎锦熙的“统筹”意为全国统筹国文教材，注重“大中”衔接，并在教学中兼顾教材的讲读与写作训练；“救济”是根据学生国文程度的不同情况，采取不同的教学方式，以期整体提高国文水平。这种教育观也为

---

① 戴安林：《论向警予的妇女教育思想》，《湘潮》（下半月）2016 年第 4 期；杨艳姣：《向警予女子教育思想研究》，硕士学位论文，湖南师范大学，2016 年。

② 舒文睿：《舒新城的教育目的论》，《教育家》2016 年第 3 期。

③ 于玲玲：《教育家舒新城的公民教育思想》，《教育家》2016 年第 3 期。

④ 黄晓莉：《舒新城教学思想与实践研究》，硕士学位论文，沈阳师范大学，2016 年。

现代中国语文教育提供了启示。中国语文教育走过了百年历程，但今天仍然存在着大中小学语文教育衔接问题、大学生语文水平普遍不高的现象，因此，高等语文教育仍然要坚定语言能力的培养目标，培养以语用为核心的高层级语言运用能力，使学生不仅具有高层级的阅读与理解能力，而且具有高超的交际与写作能力。①

邓中夏是我国近代平民教育运动的开拓者之一。他在中共建党前后进行了大量的教育实践活动，从最初的北京大学平民教育讲演团到帮助工人识字学文化的长辛店劳动补习学校的创建；从主政上海大学再到省港大罢工期间创立劳动学院；等等。考察邓中夏的教育实践活动，可以发现他的教育主张是想通过教育促使工农群众新的觉醒，为马克思主义中国化奠定群众基础，同时为中国革命培养干部，反映了大革命时期对教育的要求。这种教育理念和教育主张，无不打下了中国共产党人早期马克思主义中国化的时代烙印。② 王玉杰认为邓中夏教育思想是在十月革命胜利和马克思主义在我国广泛传播的背景下形成的，它既是我国早期先进知识分子在教育问题上的理论探索，也是马克思主义中国化的具体体现。教育思想的内容主要包括：对工人及大众进行马克思主义教育和爱国主义教育，坚持平民教育理念等。马克思主义相关教育思想、李大钊的工农教育思想、蔡元培的平民教育思想是邓中夏教育思想的重要理论来源。在对民众进行教育的过程中，邓中夏特别注重教育形式的灵活性，采取丰富多样的方法，例如：以新闻媒体为载体，启发大众觉悟；利用组织团体的力量，教育民众；充分发挥学校教育的主渠道作用，传播其教育思想等，开展教育宣传工作，使人民群众在潜移默化中接受知识，取得了较好的效果。邓中夏教育思想从实际需要出发，对当时社会产生了影响，对当今的教育改革仍然具有启迪意义。我们必须坚持马克思主义的指导地位，必须强化以爱国为重要内容的社会主义核心价值观教育，必须坚持和维护教育公平。③

著名的平民教育家周方先生，一生致力于平民教育事业，创办平民学校，编辑报刊宣传平民教育，在长期办学的基础上总结平民教育的经验教训，形成了丰富而独特的平民教育思想体系，被誉为“湖南平民教育的老总”。他认为普及义务教育和平民教育不是背道而驰，而是相辅相成的，平

---

① 曹凤霞：《黎锦熙的“统筹与救济”大学语文教育观》，《文艺理论研究》2016 年第 6 期。

② 肖青桃、杨军：《邓中夏的教育实践与教育主张探析》，《兰台世界》2016 年第 5 期。

③ 王玉杰：《邓中夏教育思想研究》，硕士学位论文，西华大学，2016 年；王玉杰：《论邓中夏的“平民教育”思想对促进“教育公平”的启迪作用》，《法制博览》2016 年第 16 期。

民教育是义务教育的根本；他改革旧的课程结构与教学方式，注重工学试验，并兼办社会事业，教学中以学生自学为主，教师指导为辅；他扩展平民教育对象，把失学的孩童、妇女、农民、军人、工人、一般犯人等都纳入平民教育的范畴；他修订平民教育教材，联合平民教师编成平民读本五种；拟定平民教育的实施方法，利用寒暑假开展平民教育，丰富平民教育形式；提出了以“劳动化”健全民族的身心，以“生产化”发展“民生”的经济，以“社会化”训练“民权”的普遍的“三化”教育体系，在社会上引起了极大的反响。周方还是一位身体力行的教育实干家。他发起湖南平民教育促进会，成为湖南平民教育运动的总枢纽；他致力于创办平民教育学校，先后创办湖南平民补习学校、平民女子职业学校、平民模范女子职业学校、枫林学校等，劝导、动员平民入学，将平民教育从省垣扩展到全省城乡；积极开展平民教育宣传和推动，编辑出版《湖南平民教育周刊》《枫林期刊》等，对于湖南平民教育运动的兴起和发展起了重要作用。他的平民教育思想及实践对湖南平民教育运动起了一定的推动作用，也推动了社会思想观念的改变，对湖南自治运动产生了一定的影响。[①]

徐特立是我国近现代伟大的无产阶级革命家和教育家，其教育思想也为学界所关注。徐老在旧式教育里耕耘多年，在毅然接受共产党的革命主张后，他又在新民主主义教育中取得巨大成就。对于这样一位革命教育家，其个体发展史也让学界颇有兴趣。有论者考察了徐特立的个体成长历程，探析了徐特立发展成为教育家的原因。通过对徐特立个人发展的研究，可以看出教育家的成长受内外双重因子影响。因而，对当代教育家来说，坚定的教育志向是教育家成功的前提、独特的教育理念是教育家成功的动力、优秀的教育品格是教育家成功的根基、理论与实践相结合是教育家成功的途径、顺应时代的发展是教育家成功的要求、能动地利用环境是教育家成功的保障。[②] 有论者对徐特立早年普及教育思想和小学教育实践进行了考察。清末民国时期，在精英知识分子的提倡和推广下，基层知识分子逐渐接受普及教育思潮并成为推动近代小学教育发展的主体力量。徐特立作为基层知识分子，在和知识精英的接触中，萌生普及教育思想，并从此致力于小学教育。研究者认为，“子弟不教非我有”的普及教育的理念和信仰，是徐特立早年致力于小学教育的最大动力，他对普及教育的实施，也从积

① 贺一峰：《周方平民教育思想与实践研究》，硕士学位论文，湘潭大学，2016年。
② 张蕊：《人民教育家徐特立个体成长史研究》，硕士学位论文，天津师范大学，2016年。

极提倡走向实际行动，一方面面向平民推广小学，另一方面积极兴办师范，培养小学师资。最后，作者认为，徐特立普及教育思想由萌芽而发展，成为其致力于小学教育的动力。普及教育的理想和信念，使得基层知识分子徐特立成为近代小学教育的有力推动者。而作为一名从乡村走出来的基层知识分子，徐特立对乡村生活状态十分了解，有着觉醒乡村民众的教育情怀。[①] 在徐特立长期的办学实践中，他还形成了丰富的民主办学思想，主要体现在“依靠全体教师、坚持师生平等、实施民主管理、主张思想自由”四个方面。这些思想也启示当前的高校办学，应大力推动高校民主管理的实行、坚持实施以人为本的管理体制和加强学校和谐校园的创建。[②]

徐特立还坚持走群众路线，从江西苏区提出“以人民教民”的教育方案，再到陕北创办文盲师范，徐特立的教育思想进一步成熟，形成了他最鲜明的教育思想标志，即“群众本位”。[③] 而这种“群众本位”教育观作为徐特立教育思想的精华，也实现了对中国传统教育观念的传承与超越。“群众本位”教育观有着丰富的内涵，包含三个方面的变革，即受教育权的平等、学习者自身发展权利的平等和师生关系的平等。三者共同指向人民地位的提高与社会主义发展的需要，教育是为每个群众服务、为群众成为高素质的人服务、为群众成为社会主义建设者服务的。基于教育对国家发展重要性的认识，“群众本位”教育观与孔子“有教无类”思想一脉相承，其超越之处在于打破了古代因政治造成的教育不平等，追求政治思想教育与人文修养教育并重，批判性地包容并蓄政治立场以外符合人发展需要的文化知识与教育思想。[④]

长征中，徐特立身体力行对战士进行革命教育，以身示范对群众进行红军政策教育，并积极开展文化教育和生活经验教育，为长征胜利和党的教育事业做出了杰出贡献。[⑤] 徐特立认为思想政治教育还应坚持实事求是、理论联系实际、言传与身教并重、发挥学生的自主性等原则。徐特立思想政治教育理论也启示我们，思想政治教育是教育的重要环节，要给予高度重视。思想政治教育不能流于形式，要努力提高思想政治教育效果。思想政治教育要与实践相结合，通过实践锻炼，使学生真正地把理论知识内化

① 张洪萍：《“子弟不教非我有”——徐特立早年普及教育思想及小学教育实践考察》，《特立学刊》2016 年第 1 期。

② 梁堂华：《徐特立民主办学思想及其对高校办学的启示》，《特立学刊》2016 年第 4 期。

③ 高毅哲：《徐特立：善走群众路线的教育家》，《中国教育报》2016 年 11 月 10 日。

④ 张洪萍：《基于乡村：徐特立的教师观研究》，《湖南第一师范学院学报》2016 年第 5 期。

⑤ 屈晓军：《徐特立在长征中的教育实践》，《特立学刊》2016 年第 6 期。

于心，外化于行。[①] 而徐特立在长期的革命和教育实践中，形成了敢于担责、善于担当、从不推诿的担当精神，这种精神是一种宝贵的教育资源，能够作为大学生责任感教育的生动教材。实践中，高校要将徐特立担当精神融入到马克思主义理论课课堂、大学生校园文化活动、社会实践教育活动中去，以进一步增强大学生社会责任感教育的针对性和实效性。[②]

在延安时期，徐特立完成了向无产阶级革命家和教育家的彻底转变，特别重视干部教育。他创办干部院校，致力于干部院校的教学工作和教学研究，在中国共产党的教育史上留下了光辉的一页。徐特立闪光的教育思想和教育理论，对推进延安时期的干部教育起到了不可替代的重要作用，对新时期发展干部教育同样具有积极的影响和借鉴意义。其一，干部教育要服务党的中心大局；其二，干部教育要坚持知行合一，理论联系实际；其三，干部教育要狠抓学风建设。[③]

还有论者归纳总结了著名教育家成仿吾的红色干部教育思想，即，第一，明确战时办学目的，为革命建设培养干部人才；第二，推行政治国防教育，重视干部的马列理论学习；第三，探索多样教学途径，创新干部的红色教育。例如，听取形势报告，树立正确的政治方向；创作革命歌曲，激发学员的爱国热情；开展政治活动，发扬密切联系群众的优良作风；进行革命行军，弘扬不怕牺牲百折不挠的精神；参加生产劳动，培养自力更生、艰苦奋斗的精神等。[④]

作为毛泽东思想的有机组成部分，毛泽东教育思想与其哲学、政治、经济、军事、文化思想一样，是一个独特而完整的科学思想体系。它以辩证唯物主义和历史唯物主义为哲学基础，在教育的总方针和原则、教育的手段和方法、教育改革、教师队伍建设、教学管理、中国共产党对教育事业的领导等方面，提出一系列观点和理论，在我国新民主主义和社会主义教育事业中发挥了重要指导作用。

从结构体系看，毛泽东教育思想可以概括为规定教育价值取向、分析

---

① 张佳慧：《论徐特立的思想政治教育理论及其启示》，《佳木斯职业学院学报 》2016 年第 4 期。

② 潘谊清：《徐特立担当精神在大学生责任感教育中的运用》，《中共山西省委党校学报》2016 年第 1 期。

③ 杨正社、潘民：《徐特立干部教育实践及启示研究》，《延安大学学报》（社会科学版）2016 年第 1 期。

④ 张凯丽：《革命战争时期成仿吾的红色干部教育思想及实践》，《延边党校学报》2016 年第 1 期。

教育现状、确定教育目的、揭示实现其目的的手段等部分。毛泽东教育思想提出并阐明了新民主主义和社会主义的教育原理，解决了坚持什么方向、培养什么样的人这一教育的根本问题，指明了适合中国国情的教育改革发展的道路，论证了教育内部的一系列关系问题，确立了党对教育事业的领导权，在多方面丰富和发展了马克思主义教育学说。[①] 有论者认为，毛泽东学校教育思想的理论来源主要有三个：一是中国传统文化，二是西方教育思想，三是马列主义教育思想。其实践来源则是因为早期求学任教的经历和革命实践的经验教训总结。其形成和发展，则可以分为萌芽阶段(1917—1927)、应用探索阶段（1927—1949)、制度化改造阶段（1949—1964)、实验性探索阶段（1964—1976)。毛泽东学校教育思想涉及内容广泛，以政治方向为核心，以社会实践为基础，以全面发展为方针，以改革创新为突破。[②] 毛泽东的教育公平思想为优秀教师支持农村中小学教育提供了启示，那就是要从全局高度重视农村教育、要开展更高层次的教育普及、要刚柔并济促进师资配置、要加强重点学校存废的调和、要把握农村特点支持农村教育。[③] 毛泽东丰富的教育思想，为后世留下了一笔宝贵的财富。尤其是他关于教育性质、教育价值、教育目的、教育原则（教劳结合）以及知识分子问题等重大教育理论问题的论述，具有鲜明的社会性、人民性、平等性、革命性和现实针对性，与历史上和同一时期教育家的有关论述有着显著的根本性差别，体现了他的整体主义、历史唯物主义、实践本体论以及强烈的民族主义情愫。[④]

我们党把干部教育视为党的干部政策的重要组成部分，党的干部工作中的一项经常的重要任务，在各个历史时期都采取具体措施，联系实际情况培养干部。毛泽东在长期的革命实践中，也形成了比较丰富的干部教育思想。他在主办第六届广州农讲所时期，培养造就了一批农民运动骨干，并初步形成了独特的农运干部教育思想。毛泽东在延安时期从理论上揭示出干部学风的本质，创立了干部学校教育和干部在职教育两大体系，确立了在各级各类干部学校教育中遵循“实事求是”的校风学风，在职干部学习教育中坚持“从中国革命的实际问题出发”的学风，同时坚持一般和特

① 黄渊基：《毛泽东教育思想探赜》，《中国社会科学报》2016 年 9 月 22 日。

② 刘宜民：《毛泽东学校教育思想及对当代素质教育的启示研究》，硕士学位论文，北京化工大学，2016 年。

③ 欧锦林：《毛泽东教育公平思想对优秀教师支持农村中小学教育的启示》，《中国教育技术装备》2016 年第 12 期。

④ 石中英：《重新思考毛泽东的教育思想遗产》，《北京大学教育评论》2016 年第 3 期。

殊兼顾，坚持走群众路线。[1] 抗日战争时期，毛泽东十分重视党员党性教育：开展延安整风运动，树立理论与实践相统一的马克思主义作风；加强马克思主义理论学习，坚定共产主义理想信念；向人民群众学习，甘当人民的小学生；积极投身抗日洪流，在革命实践中磨炼党性。[2] 在中华人民共和国成立初期，面对复杂的国内外环境，毛泽东对党员干部开展了富有成效的纪律作风教育，为后世积累了宝贵经验。其中包括以"高饶事件"为契机的政治纪律和政治规矩教育，以整风运动为载体的工作作风教育，以"三反"运动为介质的党风廉政教育。[3] 还有论者认为"思想政治教育与廉政制度建设的有机统一；理想信念教育与艰苦奋斗的优良传统的有机统一；外部教育与自我教育的有机统一"这三点是毛泽东廉政教育思想的主要内容。[4]

曾国藩的曾孙女曾宝荪女士是我国近现代著名教育家。她一生以教育为业，终身未婚。对于这样一位被容闳许为"清朝第一流人物"的传奇女性，学界也多有涉猎。有论者就系统整理和分析了曾宝荪的教育思想，认为"曾氏耕读文化世家的影响、内心深埋仁爱之心、特殊的时代背景、湖湘文化的影响和对中外教育的比较与审视"是她的教育思想的根源。石潇纯、阳骁以艺芳女校的办学历程为例论述了曾宝荪的办学实践，从道德教育观、生活教育观、女性教育观、文化教育观四个方面阐述了曾宝荪的教育观。寓爱国主义思想于教育和注重学生个人品性的修养是曾宝荪道德教育观的主要内容；寓教育于生活、注重学生个性化培养和重视学生身心教育是其生活教育观的主要内容；倡导女子自立、宣扬男女平等和女性教育启蒙是其女性教育观的主要内容；学校是了解西方文化的窗口、文化对比与社会振兴和文化整合与国民性提升则是其文化教育观的主要内容。曾宝荪教育思想适应了时代发展的要求，尤其是艺芳女校的成就诠释了其思想的创新，而人文素养是曾宝荪赋予艺芳女校的重要主题。曾宝荪的办学历程和教育思想启示我们，杰出教育家思想的形成必须建构在其实践之上；关爱学生，促进教育公平是教育的时代诉求；开拓进取，创新是民办学校

---

① 李春林：《毛泽东延安时期改造干部学风的思想及启示》，《思想政治教育研究》2016年第5期。

② 韩敏：《抗战时期毛泽东党性教育途径及其现实启示探析》，《西部理论》2016年第18期。

③ 王振：《论建国初期毛泽东的党员干部纪律作风教育》，《中共云南省委党校学报》2016年第1期。

④ 郑倩：《浅论毛泽东廉政教育思想及其指导意义》，《经济研究导刊》2016年第28期。

可持续发展的重要前提。[①] 有论者认为，纵观艺芳女校办学历程，无论其办学理念还是办学模式，在当时的女学界都是先进的。其教育观念的开放和兼容、六年一贯的办学体制和办学规模的控制对今天的基础教育仍有借鉴意义。[②]

三是关于社会教育思想的研究。

熊希龄为慈善教育、职业教育所做的贡献永远为世人所铭记。香山慈幼院是熊希龄的一个理想国。他秉持的是一种慈善观与教育观相结合的慈善教育思想，目标在于教养孤贫，使孤苦儿童与富家子弟同享教育之幸福，以培养孤贫儿童能够自食其力和成为健全国民为其特征。慈幼院的学生来自全国，熊希龄对他们进行德育、智育、体育、群育全面培育，意图是使他们成为“健全爱国之国民”。[③] 熊希龄是执着的教育救国论者，采用中西合璧的教育方式，推行新式教育。[④] 他还是近代中国倡导重视职业教育的第一人。其出发点一是出于爱国之心和发展社会经济之心；二是出于培养有一技之长的劳动者，以改变中国经济落后的面貌，所以主张“人才教育以注重实业为主”；三是香山慈幼院把职业教育作为学生谋生存、谋出路的一条途径。总之是要把学生培养成爱国的、有一定文化知识和技能的劳动者。为了办好职业教育，熊希龄和香山慈幼院还聘请了一批学有专长的教师主持教务或任教。[⑤] 他还创办了我国最早的陶瓷教育改革机构——湖南瓷业学堂，教授方式为聘请国内外专业人员公开授课，教授内容为专业系统化教育。[⑥]

红色教育是我国爱国主义教育的重要组成部分，湖南是一片红色热土，杰出的湖南人对于红色教育亦有诸多探索与实践。成仿吾是我国现代著名的文学家、革命家和教育家。有论者就对他的红色教育思想及实践进行了考察。作者从其思想的形成入手，分析了客观环境、革命实践和革命理论对成仿吾的性格以及思想的影响。指出成仿吾红色教育思想的核心内容有

---

① 王琳：《曾宝荪教育思想研究》，硕士学位论文，西华师范大学，2016 年。

② 石潇纯、阳骁：《论“艺芳模式”与曾宝荪的女子教育实践》，《湖南科技大学学报》（社会科学版）2016 年第 5 期。

③ 曾军良、周清华：《熊希龄：投身慈善教育的民国总理》，《北京晚报》2016 年 3 月 29 日。

④ 文炜：《熊希龄与香山慈幼院》，《炎黄春秋》2016 年第 5 期。

⑤ 高燕、赵光远：《人才教育以注重实业为主——熊希龄与香山慈幼院的职业教育》，《北京档案》2016 年第 2 期。

⑥ 邢鹏：《浅析熊希龄与杜重远的陶瓷教育改革主要内容及失败的主要原因》，《当代教育实践与教学研究》2016 年第 10 期。

三点：第一，始终以马克思主义教育理论为指导；第二，以思政教育为本弘扬爱国主义；第三，在理论结合实践的过程中，创新了红色教育形式，拓宽了教育教学的途径。最后，作者认为，成仿吾红色教育思想丰富了中国的红色教育理论，推动了中国社会主义社会的教育实践。其思想也启示我们：要始终坚持正确的政治方向、培养德才兼备的干部、以学生为主体坚持立德树人、关注教师发展、主动营造民主氛围提高学校的办学水平等。①

2016年，学术界关于湘学教育思想的研究，无论从研究角度的多样性，还是从材料应用的丰富性而言，都较前几年有了很大的提高，特别是对家风家庭教育的研究。研究者多从我国教育发展的现实背景下，着手对湘学教育思想的研究。还有一些成果更是从宏观研究转向微观研究，如对教学方法、学科教学等的研究。成绩应予肯定，但也存在不足之处。一是研究存在较多重复，多是对其特征和内容的研究，尤其是特征研究，重复性更大。二是对湘学教育思想的对比研究较少，对湘学教育思想的研究多是孤立的特征或者意义研究，纵向和横向的对比度低。在研究方法上，我们应该运用对比研究，纵向上对不同时期的湘学教育思想进行对比，横向上和国内外高等教育家的教育思想进行对比，这有利于我们把发展教育和现代背景相结合，和国际教育相接轨。三是大多数研究湘人的教育实践，忽视了其教育理论研究。因此，应增强对湘学教育理论研究，拓展研究内容，增加研究深度。四是研究手法单一。现在基本上是史实介绍加简单评价的方式，基本上是历史加启示的研究范式。在新的研究中如何突破这种范式，采用新的研究方法，把研究实质性地向前推进，这是湘学教育研究面临的问题。

① 张凯丽：《成仿吾的红色教育思想及实践研究》，硕士学位论文，浙江农林大学，2016年。

三　湘学文学与艺术研究

湘学文学与艺术源远流长，影响深远。自有文字记载以来，湘学文学与艺术就在祖国文化的瑰宝中留下了绚烂的印记。2016 年的湘学文学与艺术研究，涉及的内容较为广泛。从古代的民谣到现当代的儿童文学、女性文学及西方油画艺术等，其研究取得了丰硕的成果。

（一）文学研究

湘学文学是湘人文学艺术中最有影响的一部分。2016 年，湘学文学研究的范围非常广泛，既有关于对湖湘文学产生了重要影响力的历代文人的研究，又有对于湖南女性文学、儿童文学及官场小说、散文等多种文学的关注。

1. 关于屈原文学的研究

2016 年，学界对屈原的影响做了重点研究。2016 年 11 月 12 日至 13 日，由湖南大学、四川大学、西南民族大学联合主办，湖南大学中国语言文学学院承办的“巴蜀文化与湖湘文化高端论坛之 2016 海外汉学专题论坛”中，湖南大学郭建勋教授作了楚辞及屈原对江户时期日本著名儒学家林罗山诗赋所产生的深厚影响的专题报告，认为楚辞及屈原的文学作品不仅在中国产生了重要影响，而且对日本等周边国家有一定的影响力。①

屈原对湘学文学的影响是非常深远的。自屈原之后，湖南籍或在湖南

① 《“巴蜀文化与湖湘文化高端论坛之 2016 海外汉学专题论坛”综述》，《国际汉学》2016 年第 4 期。

生活的文人都不可避免地要受到屈原诗歌的影响。柳宗元非湖南人，但他在永州创作的一系列文学作品都与屈原《楚辞》《离骚》中的一些人物相关。吕国康认为，柳文可谓永州的“半部地方志”，他写的《舜庙祈晴文》《湘源二妃庙碑》等文，不仅是了解柳的思想，也是研究永州古代祭舜、祭二妃风俗的重要史料。[①] 谢模楷则在研究晚唐著名诗人李群玉时认为，其诗歌创作与楚辞有密切关系，“第一，其诗歌较多使用楚辞语言。第二，一些诗歌吟咏或借用楚辞故事。第三，其登山临水和怀人寄远诗包含楚地风物。第四，其抒情诗歌中的楚辞意蕴”[②]。

在屈原与毛泽东的比较研究中，众多学者认为屈原对毛泽东的诗词、思想等都产生了非常重要的影响。夏远生认为，毛泽东非常推崇屈原，对以屈原为代表的积极浪漫主义人品和诗品、人格和风格，给予了崇高的评价。毛泽东在纵论中华文学史时，认为《诗经》之后，“首屈一指”的诗人是屈原。从世界诗歌史而言，唯一把诗人的身世、抱负、情感、理想融化在文学作品当中，以诗人个体歌唱的形式，吐露自身情感的抒情诗，只有屈原的《离骚》。毛泽东作出的“骚体是有民主色彩的”，“对腐败的统治者投以批判的匕首”，“屈原高居上游”等历史评价，是对屈原以及《楚辞》其他作者的人民性和人文精神的崇高彰扬。屈原的积极浪漫主义诗歌，对毛泽东产生过巨大的影响。在中华民族诗歌史上，大量描绘自然美，而且善于把对自然美的描绘同对国家和人民命运的关切结合起来的第一人是屈原。他创造了中国古典诗歌的优良传统。毛泽东诗词继承了中华民族这个优良传统，而且特别善于把自然美与社会美融为一体，通过栩栩如生、呼之欲出的自然美形象，表现出深刻隽永的社会美内容，酣畅淋漓地抒发精神之美。[③] 邹标昌等人认为，毛泽东诗词直接受到《楚辞》的影响，接承《楚辞》《离骚》浪漫、奔放、瑰丽的艺术特点并发展之。[④] 文选德在强调屈原对毛泽东的影响时指出，楚文化奇瑰的文学对毛泽东的影响是更直接更深远更重要，以至于使毛泽东成为一位迄今为止尚无人可比的伟大诗人。[⑤] 罗付金则认为，具有政治家气质的诗人屈原和具有诗人气质的政治家毛泽东，二者的作品无论从主题、内容所表现出来的远大理想、执着追求，

① 吕国康：《柳宗元对永州的影响》，《湖南科技学院学报》2016 年第 6 期。

② 谢模楷：《论楚辞对李群玉诗歌创作的影响》，《文学与文化》2016 年第 3 期。

③ 夏远生：《“我们就是他生命长存的见证”——毛泽东十评屈原》，《湘潮》2016 年第 7 期。

④ 邹标昌、远声：《从屈原到毛泽东：伟大浪漫的理想情怀》，《湘潮》2016 年第 7 期。

⑤ 文选德：《关于屈原和毛泽东》，《湘潮》2016 年第 7 期。

还是立足于今的时间观、泯仙界人间之别的空间观，抑或其奇特的想象、多姿多彩的意象都有相似的特色或内在的关联。①

当然，湘学文学除了接受旧有文学的影响外，它也是在实践中不断前进的。唐诗、宋词、元曲等新文学形式的发展，不可避免地会给湘学文学带来新的冲击。如果说屈原楚辞中的浪漫给人以无限遐想，那么唐诗、宋词、元曲中的对于个人情感和生活的关注则给湖湘文学注入了新的生命力。

2. 关于陶澍、曾国藩、魏源、王闿运、毛泽东等人诗歌和影响的研究

何湘认为，陶澍以自己的人品、才华与声望在交往初吸引了朝鲜梅花诗社的注意，在交往后也让梅花诗社同人推崇之心历久未变。从情感交流角度看，陶澍与朝鲜梅花诗社京都同乐、海天同忆，共同培养了一份不限疆域与国度的深厚友情。从文化交流角度看，陶澍自觉传播与介绍本土文化，也热心引荐与推动异国文化文学的发展，积极促进了两国文人的友好文化交流。从文学发展角度看，无论是主动的诗文评点、赏鉴，还是被动地模拟诗风、诗韵；无论是单个的赠唱，还是群体的酬和，陶澍都在某种程度上引导了朝鲜梅花诗社的创作拟题，强化了其创作中的某些共同风格。而陶澍与朝鲜梅花诗社的交往韵事，演示的虽只是过往历史里文人交往剧中的平常剧目，却可视为我们明晰中朝两国文人交往细节的“经典剧”；同时它们也组成了一根侧面观察嘉道时期朝鲜诗坛风气的“记忆棒”，亦是一份阐释文坛中心人物与群体同人如何互动、影响的良好例证。②

汪雯雯对《十八家诗钞》的编纂成书过程进行了研究，认为《十八家诗钞》的编纂成书过程与曾国藩诗歌创作历程、诗歌阅读积累以及指导诸弟、子侄诗歌学习的主旨内容是一脉相承的。《十八家诗钞》选人与选诗集中体现了曾国藩卓越的选家识力和审美眼光，推进了十八家诗歌的经典化历程。《十八家诗钞》分体编录的体例，方便学诗者翻阅取则，以自身质性选择擅长的诗歌体式进行针对性的揣摩创作，为后学诗歌创作提供了取法典范和轨式路径。《十八家诗钞》在“气势”“情韵”“趣味”“识度”四种诗学范畴的基础上合并“机神”“趣味”为“机趣”，同时增设“工律”评

---

① 罗付金：《政治家气质的诗人与诗人气质的政治家——浅析毛泽东与屈原何其相似乃尔的几点缘由》，《湘潮》2016 年第 7 期。

② 何湘：《“海外播流芬”——陶澍与朝鲜梅花诗社》，《古典文学知识》2016 年第 1 期。

点诗歌，最终形成较为全面、富有层次的诗学批评维度，具有重要的诗学意义。①

唐飞凤在对魏源《诗比兴笺》的研究中认为，其《诗比兴笺》同样表现了一个深受传统文化影响的儒家学子的高尚人格。从这些笺诗中，读者可以感知：魏源语言上崇古尚雅，讲究引经据典；内容上追求诗史合一，体现关注现实的求真之美；当然，其最终的归宿与其经学思想一样，表现魏源忧国忧民、经世致用的实用之美。②

至于王闿运，不但有人关注了他自身对于诗词的理解，而且还涉及了与之相关的一些诗学人物和文体。朱洪举认为王闿运在论诗时多次提到“以词掩意”，这和他对“文”的认识有关。他强调“文”所具有的“隐”“曲”等方面的特征，认为“意”需要以“词”掩之，反对在诗中“露意”或者“意多于词”。王闿运的“以词掩意”观在某种程度上受到了常州今文学派治经路径的影响，另外也受到了王夫之诗学思想的影响。③ 秦帮兴则认为，王闿运与邓辅纶、邓绎等组成了所谓的湖湘派（又称“汉魏六朝派”），他们主张以古为师，充分肯定汉代诗歌的价值。湖湘派的创作严格地践行了他们的复古理论，构成了对当时圆熟风的反叛，可以认为湖湘派对汉代诗歌的标举并非是一味拟古，而是在当时具有革新意义的。他们的主张及创作成为汉代诗歌在古代文学史上的最后一声嗣响。在步趋各异的晚清诗坛上，湖湘派是一支不可或缺的重要力量。④

吕双伟则认为，晚清湖湘的骈文堪称崛起。虽然在数量上依旧不如江浙地区，但在清末的影响几可比肩而行。王闿运、王先谦、易顺鼎、皮锡瑞、阎镇珩等堪为代表。序、书、启、记、碑等各类骈体竞相绽放，内容丰富；反映湖湘自然风光、人事现象和人文景观的骈文也比前代增加，或重叙述言情，或重议论说理，扩大了湖湘文学内涵；形式上，骈散交融明显，魏晋骈散兼行之文得到推崇或践行。这种崛起，既是晚清湖湘政治、经济和文化发达，传统诗文走向兴盛的必然结果，也是乾嘉骈文在江南复兴之后向湖广延伸的自然结果。晚清湖湘诗文、辞赋等雅文学兴盛，戏曲、小说等俗文学依旧低迷的现状，又反映了此时湖湘文士的保守和对传统文

---

① 汪雯雯：《从选本形态论曾国藩〈十八家诗钞〉的诗学观念》，《湖南人文科技学院学报》2016 年第 2 期。

② 唐飞凤：《从〈诗比兴笺〉看魏源的人格之美》，《邵阳学院学报》2016 年第 3 期。

③ 朱洪举：《论王闿运的“以词掩意”观》，《郑州师范教育》2016 年第 2 期。

④ 秦帮兴：《论湖湘派对汉代诗歌的接受》，《中国韵文学刊》2016 年第 2 期。

风的坚持。①

关于毛泽东的诗词，前面在论述屈原的影响时有所提及，但除此之外，还有人认为毛泽东在求学阶段有六年时间浸润于桐城之学，其思想、文艺观念、审美趣味和创作风格等方面皆受到桐城派影响。他通过研读桐城诸家之作和具有桐城派气息的严复译著，接受了儒家思想和进化论，重视文以载道和艺术技巧，在欣赏和创作中推崇阳刚之美等。②

3. 关于其他诗人、诗词、散文、小说作品的研究

2016 年，湘学文学研究中，学界对与湘学有关的其他诗人的生活经历、诗词、散文小说等也有很多的关注。诗词研究方面，相对比较分散，主要是对明清以来诗词家的作品作了分析概述；散文方面，主要集中于谢宗玉、刘克邦、刘第红、彭晓玲等人的作品研究；小说方面，既有对湘学传统经典作家的研究，也有对当代作家及文学作品的关注。

一是诗词研究。

蒋书红在研究贯云石的湖湘印迹与湖湘情结时说，“贯云石是元代最著名的诗歌散曲家之一，他的前期创作活动集中于湖南永州，此后的足迹散布于湖南岳阳楼、汨罗、洞庭湖、武陵源等处。贯云石的湖湘经历，是贯云石短暂一生中极为重要的组成部分，因而也在他的生命历程及诗歌散曲等文学作品中，深深地打上了湖湘烙印，积生了浓重的湖湘情结”③。全华凌、彭晓凤在对王船山的咏史词进行研究时指出，船山词尤其是咏史词，是明末清初遗民文士生活际遇、思想情志的委婉写照，具有鲜明的时代特色，不失为了解社会舆论，洞悉文人心态的一个突破口，可于乱世初定之时为统治者安抚怀柔提供借鉴。船山词一扫明代空言心性的虚浮之风，所体现出来的社会价值也是不能忽视的。④

在对女性诗词创作的研究中，王细芝认为，明清以降，女性诗词创作更趋繁盛，闺阁作家群体更是以一种崭新的姿态傲立文坛。这其中，湖湘女作家群体佳作迭出，而《慈云阁合刻》《湘潭郭氏闺秀集》《湖南女士诗钞》等编著的刻印与传播，更加扩大了湖南女诗人的影响，形成了一个重

① 吕双伟：《晚清湖湘骈文的崛起》，《求索》2016 年第 2 期。

② 王达敏：《毛泽东与桐城派》，《安徽大学学报》2016 年第 6 期。

③ 蒋书红：《贯云石的湖湘印迹与湖湘情结——以其诗歌散曲为中心》，《中国韵文学刊》2016 年第 3 期。

④ 全华凌、彭晓凤：《王船山咏史词中的主题思想》，《南华大学学报》2016 年第 3 期。

要的女性文学核心区。湘潭闺阁群的创作自然无一例外是以近体诗作为她们创作的主要载体。根据近人陈翰仪《湘雅摭残》18 卷，集中收道光以来湖南女诗人有 52 家，当中最突出的就有湘潭郭氏、湘阴李氏、湘潭周氏、长沙杨氏、湘乡曾氏等。从艺术上来看，湘潭闺阁诗人群的创作还有一个相类似的特点：选材比较平凡琐细，语言相对清新自然。生活空间的闭塞决定了她们作品中的选材相对男性文人而言要更平凡和琐细，光从她们诗歌作品的题目来看，她们所抒写的内容多为发生在身边的细枝末节的小事以及由此而产生的感情波澜，缺乏深刻的社会意义，但又正是因为抒写的皆为身边亲身感受小事，作品里面所饱含的情感才更真实和亲切。此外，由于闺阁作家自身的特点，作品中的语言往往相对质朴自然，也因此少去了男性文人掉书袋式的艰涩难懂，显得更加灵动清澈。①

王岱，湖南湘潭人，明末清初文学家，是与王士祯（字子真，号阮亭，清初杰出诗人、文学家）齐名并世的三楚名儒，他创作出了大量优秀的诗词、散文和书画作品，系明清交替之际值得作为整体研究对象的作家之一。叶诗结合两朝交替的社会背景，通过讨论王岱其人其事其作品，呈现出了他的人生际遇，展示出了他的人格魅力，论述了他的诗词作品，点出了他在文学创作中的精华之处和特别之处，最后在艺术性和地域性等方面证明了他在中国文学史上，尤其是湘潭文学史上的特殊地位。②

郑学认为晚清民国诗人易顺鼎通过对诗歌语言的丰富探索，最大限度地变革了传统诗歌的外在语言形式，突破和发展了七古诗体。他以韩愈、卢仝为参照，依靠文体迁移，移植散文、辞赋中非诗的文体特征入诗，大量增入长句和四六句，建构出全新的音步节奏，具有流畅雄肆、痛快淋漓的美学特征。这次文体革新是由文学风格和语言形式的小幅变化积累而成的，其创新动力既来自诗坛代际交替过程中的集体选择，也来自易顺鼎本人强调创作主体个性的诗学观念和不安于正统意识的性格特征。王闿运、陈三立等师友对易顺鼎的探索过程影响较大③。

许菊芳研究《诵帚词集》时认为，这部词集不仅是研究刘永济词创作的重要依据，其在 20 世纪词坛上也有着重要意义。本着“以词纪史”的宗旨，刘永济不仅用词作真实记录了一代学人忧患深重的家国情怀，而且将

① 王细芝：《晚清湘潭闺阁诗人群研究初探》，《当代教育理论与实践》2016 年第 7 期。

② 叶诗：《湘潭王岱文学研究》，硕士学位论文，湘潭大学，2016 年。

③ 郑学：《晚清至民国初期的实验性书写——易顺鼎对七古文体的突破与革新》，《中南大学学报》2016 年第 2 期。

其一己之身世遭际中患难与共的夫妻至情、自我对人生志业追求的执着和坚守作了最本真的刻绘。正是对这些人间真情至感的书写，真实而完整地记录了一代学者型词人饱经沧桑而坚定不移的心路历程。故此，《诵帚词集》是一部经典的心灵文献，是一代学人身处乱世的悲歌，具有文学与文献的双重价值。[①]

至于其他湘籍诗人，李霞认为曾思艺的诗歌创作博采中外文学之长，丰富了学者之诗的内涵，形成了有别于“纯诗人”的创作风格。曾诗中西融合的特点主要体现在中西文学意象的活用、诗歌语言与形式的创新、中西诗学观念的融合。[②] 杨旭辉、朱光立则认为，朱湘诗歌中的死亡书写体现了诗人关于“死亡”的思考，可见“诗人之死”的文化意义。朱湘注重“狂欢化”和“自白式”书写，擅长以长篇叙事体来书写死亡。朱湘诗歌中多样化的死亡书写反映了其矛盾的心理，展现了朱湘诗歌创作的美学追求。[③] 范果认为张惠芬的诗作无论在题材遴选还是艺术追求上，大都与她对乡土的守望和生命体验有关。她的作品呈现出湖湘女性生命经验中对家乡的深情，对情感世界的探寻，在现实处境与诗意人生交融中的艺术探索。[④]

二是散文研究。

谢宗玉系文学湘军五少将之一，现为湖南省作家协会专业作家、省作协副主席，在中国散文界享誉盛名，与北方乡土散文大家刘亮程并称为“北刘南谢”。

2016 年，湖南省文艺评论家协会、湖南省散文学会专门主办了“谢宗玉散文创作研讨会”。本次会议主要对谢宗玉 16 年的散文创作历程和所取得的成就进行了研讨，与会者在比较视野中对谢宗玉的创作做出综合评价，肯定了他在散文、小说、思想随笔等多方面成绩，以及对于中国散文、中国文学的贡献。与会者认为，谢宗玉的散文是回望式写作，是写故乡和回忆，从他的作品中可以感受到一种回望中的文化哲思。《田垄上的婴儿》《村庄在南方之南》和《遍地药香》这三本书均体现了南方散文的特质：鲜活的细节、丰富的意象、流动的情绪。同时又具有湖湘地域特征，显示出了与其他南方省份散文的区别：源于巫楚文化的神秘感和湖湘文化的家国

① 许菊芳：《〈诵帚词集〉：现代学人心灵文献的历史书写》，《武陵学刊》2016 年第 4 期。

② 李霞：《中西融合的学者之诗——谈曾思艺的诗歌创作》，《广东开放大学学报》2016 年第 6 期。

③ 杨旭辉、朱光立：《论朱湘诗歌中的死亡书写》，《苏州科技学院学报》2016 年第 3 期。

④ 范果：《诗歌中的湖湘地域经验——以张惠芬的诗歌为例》，《安徽文学》2016 年第 2 期。

忧思。从谢宗玉的乡土散文中，可以触到一种真诚的隐痛，一种美丽的忧伤，一种彻骨的悲凉，一种超然的宁静与旷达。①

张建安在对刘克邦的散文进行研究时认为，他个人早年特殊的人生经历对其世界观的形成及散文创作有一定影响，他的散文努力追求本色表达与民间精神的契合，抒写平凡生活中人性的温润和诗意，表达了深刻的悲悯情怀，流溢出丰盈的哲学意味。其散文语言质朴，叙事生动，特别是作品中潜在“自我”形象，传达了人类的善良与美好，体现了当下社会所期盼的正能量。②

王婧苏用张力理论对湘籍作家刘第红在离乡经年后创作的一部回忆童年的散文集《芍药仙子》进行了研究。她说，该散文集充满着相互矛盾、相互否定、相互补充的张力。其中，虚幻与真实、狂欢与忧伤、先在与后在构成的既相互冲突又相互渗透的张力表现得最为突出。首先，作者常以寻常的语调叙述一些奇异的故事，使他的文本中充满着幻觉与真实相混、神话和现实互渗的景观。其次，童性世界的独特生活观感，常常在儿童的狂欢与忧伤的思想、情感的对立统一中得以呈现，显示的是对权威的挑战和权威对这种挑战的潜在压制的复杂意义。最后，外在的漂泊与迁徙得到的经验不断冲刷着童年世界曾经相信的一切，世界观在这种不断冲突中有对立，有融合，有疏离，有统一。正是得力于这三种张力的生成，刘第红的这部散文集在21世纪散文中表现出了极大的突破性和独特性意义。③

晏杰雄认为，彭晓玲的散文优雅从容中彰显着厚重和大气。她首先是一个女人，早期的她是一个温婉柔弱的青衣女子，以谦卑的姿态在尘世间寻求细水长流的诗意，写一些低语和吟咏的生活化感性化文字。她也是一个智者，一个俯瞰历史烟云见证岁月风尘的笔录者，站在湖湘文化的高度感怀刻写湖湘历史文化名人，敢写大的文化散文，且见解不凡。作为一个女子，彭晓玲的视角是纤细入微的，从故国家园和心灵感触出发，她将乡村的疼痛和呐喊付诸笔端，诗意的回味和追溯中流淌着脉脉忧伤。而作为一个非虚构写作者，彭晓玲的形象又是坚定挺拔的，她直面生活的真实，

① 杨玉双：《从乡土诗意回望到文化思想纵笔——“谢宗玉散文创作研讨会”综述》，《创作与评论》2016年第22期。

② 张建安：《平民化叙事的魅力——刘克邦散文创作论》，《湖南师范大学社会科学学报》2016年第5期。

③ 王婧苏：《童性世界与现实世界碰撞中的张力——张力理论视角下刘第红的〈芍药仙子〉》，《上饶师范学院学报》2016年第1期。

还原文字叩问苍穹的力量，引起人们对社会和生命的沉思。[①]

至于甘建华的中篇纪实散文《甲午夏日青海行》，则有作者认为，该书采用极具私密性质的日记体形式，向读者传达了血液中浓得化不开的“青海情结”和“柴达木情结”，是一次可贵的精神回望。[②] 其作品《柴达木文事》则是在文化高原上树碑，为无数慷慨高歌的柴达木人圆梦树碑。里面的很多记载都是之前未曾见诸任何媒介的珍贵史料，都是对柴达木文坛艺苑、先哲今贤最好的礼拜和纪念。[③]

三是小说研究。

湘学传统经典作家的研究方面，张堂锜通过对平江不肖生——向恺然《近代侠义英雄传》的研究认为，向恺然开启了和传统武侠传奇小说截然不同的新面貌，在中国文学新旧转型的过程中具有不可低估的意义。《近代侠义英雄传》以霍元甲为中心人物，以其“三打外国大力士”的爱国事迹为主轴，旁及王五、谭嗣同、秦鹤歧等一代武林义士、江湖奇人。小说中呈现出强种救国武学思想，对西方的批判，对东洋的仇视以及对自身文化、民族性的省思，使这部被称为“民国武侠小说中的扛鼎之作”具有时代价值与深刻寓意。[④]

汪璧辉在对沈从文的小说进行研究时说，沈从文乡土小说是中国现代乡土文学的典型。20 世纪 30 年代，沈从文的小说创作备受推崇，名扬海外，之后却因国内意识形态而几度沉浮。身为新文学之试水者，沈从文创造力超群，仅次于鲁迅而引发海外好奇与共鸣，成为中华人民共和国成立后西方了解神秘而古老中国的窗口。中国乡土文学要走向世界，必须树立民族自信，持宽容与理性心态，挖掘乡土文学的民族性与世界性意义。[⑤]

朱旭晨对谢冰莹的创作进行了研究，认为她年轻时爱国，中年时爱家爱学生，晚年又爱禅修。这种满满都是爱的博大襟怀正是谢冰莹生活与创作的不竭动力之泉。《女兵日记》和《一个女兵的自传》就奠定了谢冰莹在

---

① 晏杰雄：《以一孔空灵映现苍莽大地——彭晓玲访谈录》，《创作与评论》2016 年第 7 期。

② 胡用琼：《群贤毕至的高端相逢——甘建华中篇纪实散文〈甲午夏日青海行〉摭谈》，《衡阳通讯》2016 年第 3 期。

③ 黄国钦：《诗家秉笔柴达木——读甘建华新著〈柴达木文事〉》，《柴达木开发研究》2016 年第 4 期。

④ 张堂锜：《从〈近代侠义英雄传〉看平江不肖生的民族精神与文化反思》，《宜宾学院学报》2016 年第 1 期。

⑤ 汪璧辉：《沈从文乡土小说文学命运的嬗变——兼对乡土文学走向世界的反思》，《吉首大学学报》2016 年第 4 期。

中国现当代文学史上“女兵文学”祖母的稳固地位，并将现代中国的新女性推上了与世界同步前进的历史舞台。[①]

郭霞通过细读文体、实地走访考察对叶紫的小说进行相关研究后，认为叶紫的小说中至少包含以下五个方面的价值：农民精神的剖析、女性解放的探索、知识分子问题的探讨、军旅叙事、地方特色。[②]

四是当代作家及文学作品研究。

阎晶明指出，《己卯年雨雪》在一定程度上是一部令人惊异的书。作者为故事注入了人性内涵和情感世界的复杂性，使整部作品呈现出复杂性和饱满性，同时又能够做到自觉站在国家、民族立场上处理人物故事，这种自觉性始终保持着高度警觉，保证了主题走向没有流向历史观、战争观、人性观念偏颇和混乱的地步。这是一部不忘历史、铭记立场，表达人性、展现矛盾，有融合更有冲突，有纠缠更有决断的漫长的心理、情感和故事过程的表现，是融合了特定历史背景、特定地域风情，将所有这些描写自动提升到国家、民族、历史背景基础上的复杂表达。作品的小说性由此得到恰切体现，透露出作家创作初衷里所立下的强大的美学抱负，将小说引入到一个复杂的情境当中，让看似“非主流”的人物故事，体现出必须坚守的主流价值观。[③] 颜敏认为熊育群的抗战小说《己卯年雨雪》借抒写战争的伤痛召唤故乡精魂的归来，但小说中的故乡不再是《诗经》里托物起兴的实情实景，而是带有幻觉性质的建构，是特定历史文化的象征之物。在现代性语境里，作家通过打捞历史遗骸、重建文化记忆的方式寻回故乡，其叙述行为也成了民族招魂术的一部分。但熊育群在回归传统和保持普世意识间找到了平衡点，避免了陷入文化保守主义之圈，为后来者提供了可供借鉴的经验。[④]

滕艳、罗宗宇认为谭仲池的小说创作具有浓郁的湖湘文化情结，他的作品既大力彰显和弘扬湖湘地域文化的优秀品格，同时又站在时代的高度对湖湘地域文化进行了全方位、多角度的反思，展示出强烈的文化责任感，具有独特的文化魅力。《古商城梦影》中，作者怀着一种民族与时代的崇敬感，倾听先辈们从远处走来的脚步声，对洪江古商城的商业历史与文化进

① 朱旭晨：《谢冰莹创作与研究综述》，《燕山大学学报》2016 年第 4 期。

② 郭霞：《叶紫小说新解》，《湘南学院学报》2016 年第 6 期。

③ 阎晶明：《创作是“美学抱负”的实现过程——读熊育群长篇小说〈己卯年雨雪〉》，《南方文坛》2016 年第 6 期。

④ 颜敏：《在战争的雨雪中重构故乡——〈己卯年雨雪〉的一种解读》，《肇庆学院学报》2016 年第 4 期。

行了艺术还原。作品鲜明地展示出湘西洪江古商业的人文图谱、演进逻辑和前进的过程。这是一部充溢历史文化精神的小说，又是一部洋溢诗情画意的人文历史。长篇传记小说《雷锋》中，作者倾尽心力张扬雷锋崇高的人格，卓有成效地培植精神之花，竭尽全力地构建了湖湘的人文品格。他站在时代的高度重新发现、发展湖湘文化的价值和先进性，把文学作为文化传承的重要载体，来体现其鲜明的文化立场，这为他的小说提供了新的审美特质，使得谭仲池的小说表现出浓郁的地域文化特色。[①] 田文兵、黄思颖在对谭仲池的电影文学剧本进行研究时认为，在他的电影文学剧本中，可以发现，流淌在他作品字里行间的，便是那一份对于历史文化的深刻探寻，对于时代社会的热切关注，对于土地和生长在这片热土上的人民的深切关怀，以及对文学艺术尤其是电影艺术的探索精神。方图欢、晏杰雄对谭仲池的长篇小说《生命签证》进行了研究，认为该小说是历史纪实与艺术虚构完美融合，成功再现了被历史遗忘六十余载的“中国辛德勒”何凤山在抗战时期的善行义举和不朽灵魂；小说渗透着浓厚的中国传统美德和湖湘精神，结构独特，语言富有诗意，其表现出的人道主义精神和人性光芒，具有强烈的现实意义和教育意义。[②]

至于当代作家的其他小说作品，吴振尘认为湖南儿童文学作家邓湘子的长篇儿童小说《牛说话》延续了自身以往擅长的现实主义书写，又借鉴了魔幻现实主义的手法，其中对魔幻现实主义的自然运用、对生态文学的本土化设计、对农村农民的执着表现、对教育问题的忧思、对现代化背景下儿童家园破碎与疼痛的表达，都展现了作品的新风貌。[③]

龚峰认为廖静仁的长篇小说《白驹》上篇《回望白驹村》，围绕上山伐木和“赶野羊”纷至沓来的故事，让这部书染上了沧桑悲怆的底色。安化山区数不尽的神话传说、山歌、民谚与童谣的点缀，在作者长于散文描写抒情笔调的调和下，苍凉的基调又浅抑高扬，亢奋向上，有《楚辞》的斑驳错彩、郁勃悲壮，又有屈骚宋赋的汪洋恣肆、倜傥风流。下篇《烽火唐家观》写抗日战争的战火烧到了离唐家观不远的雪峰山，明德贸易商行与地下党湘中特委之间的合作。充满正能量的主题让“小我”在“大我”中

① 滕艳、罗宗宇：《根植于湖湘热土中的文化意识——评谭仲池的小说创作》，《湖南工业大学学报》2016 年第 3 期。

② 方图欢、晏杰雄：《人性光芒的历史回响——评谭仲池长篇小说〈生命签证〉》，《湖南工业大学学报》2016 年第 3 期。

③ 吴振尘：《〈牛说话〉：生态文学的魔幻现实主义新表达》，《文史博览》2016 年第 6 期。

得到升华，怀疑是甲憨宝点燃的一把“天火”，让象征旧家族的商行会馆付之一炬，而家乡则在这“凤凰涅槃”中得以巨变。“青山遮不住，毕竟东流去”，历史如资水滚滚向前。①

杨有楠在对郑小驴的小说文本世界进行研究时认为，他是如此之不同：一方面，对历史、现实的反思和关注使他的文学创作不再拘囿于个人的园地而表现出较之于同代作家的开阔气象；另一方面，对神秘书写的有意营构则使他的小说呈现出风格鲜明的叙述氛围。更重要的是，这两方面在很大程度上是互为关联的。也就是说，与其他将神秘书写做商业化、平面化处理的“80 后”作家不同，郑小驴笔下的神秘书写是基于内容表达的需要而生成的。②

陈娇华对李向东、王增如的《丁玲传》进行研究时认为，这是最得丁玲神韵的一部传记，它精准地概括了丁玲孤傲、倔强和反抗的精神个性，并把这一精神个性特征贯穿到对其革命经历、文学创作及文坛交往等方面的阐述中。一方面，它细致地梳理和阐述了丁玲及其创作与革命的关系，以体现其精神个性，也呈现了 20 世纪中国革命与文学之间的错综复杂关系；另一方面，通过对丁玲不同时期作品思想内蕴和人物精神的阐释，及对丁玲坚持不懈创作精神的发掘来体现其精神个性；同时，还从丁玲独特的精神个性角度及其所形成的对创作的执着精神和对革命的坚执信念等方面解读其与文坛的恩怨纠葛。而这些都是以一种质朴、平实和节制的写实风格呈现出来的，这样一来，看似普通平实的传记书写实则蕴含着一种内在精神气韵，真正做到了深情而不纵情，平实而不平淡。③

江涛对残雪前后期创作的小说进行比较研究后认为，残雪的写作绝对是一种“革命”，是对中国文学的暴力“革命”。这种“革命”不仅是在文学的外延系统中一反常规，不断地尝试着一次又一次的陌生化实验，更多的还是在内涵系统的深层结构里反复地探索和深入地思辨，从而完成一种灵魂自剖式写作。她总是试图去探索人的心灵世界，以变形的方式寻找精神的规律，从而在现实与超现实的混合与游走中完成了对人性的揭秘，在感性的幻想与欲念的释放中获得理性的哲思和超脱。④

---

① 龚峰：《悲怆与风流——评廖静仁长篇小说〈白驹〉》，《创作与评论》2016 年第 4 期。

② 杨有楠：《论郑小驴小说的神秘书写》，《百家评论》2016 年第 3 期。

③ 陈娇华：《“飞蛾扑火”者的精神雕像——评李向东、王增如的〈丁玲传〉》，《武陵学刊》2016 年第 4 期。

④ 江涛：《两个迷宫的诗学比较——残雪小说的前后期比较研究》，《文艺争鸣》2016 年第 9 期。

王跃文的小说也是2016年湘学文学研究的一个热点。晏杰雄认为，文学界时常把王跃文称作“官场小说第一人”，这是以市场眼光和通俗文学标准来衡量其作品，矮化和固化了对其文学价值的认识。王跃文的小说创作具有纯文学品格，作品底蕴厚重，充满张力，主要体现为三个向度：一是微观审视生命与人性；二是理性反思生存困境与存在意义；三是诗性叙事与诗意世界的建构。从创作本质看，王跃文是一个优秀的现实主义作家，具有纯文学立场，追求灵魂写作。[①] 刘思含、岳凯华则在对龙长吟的《治守之道：湖南当代政坛文学典论》进行研究后认为，这是一部力求为当代官场小说正名的理论力作。作者具有浓厚的湖湘乡土情怀，立足于湖南文坛的官场文学创作，引导世人公正、客观和科学地看待官场小说，继而探索当代政坛文学的价值诉求和意义所在，集中彰显和展示当代湖南政坛文学的创作影响和力量。[②]

五是湖南女性文学、儿童文学研究。

湖南女性文学方面，有学者认为，湖湘女性文学特指20世纪以来在湖湘文化熏陶下的湘籍女作家的文学创作。20世纪以来，湖湘女性文学是一条璀璨的文学星河，它的繁荣，与所处的特定的历史背景和时代背景中各个文化因素之间有着复杂的关系，它始终处于社会思潮和文化思潮的不断交流之中，正是在西方文化、湖湘文化、性别文化的交融与浸润中丰富自身，最终形成属于自己，同时也属于整个民族的独特个性。[③]

在湖南女性文学的群体中，最值得关注的是红色文学湘女作家群。有学者认为，湖南人文荟萃，女英辈出，造就了湖南女性新文化运动的先锋唐群英，曾国藩家族的新女性，激扬文字换新天的向警予，学贯中西的文学先驱陈衡哲，“从爱丁堡飞出的醴陵‘孔雀’”袁昌英，“幽灵塔”里的反抗女神白薇，蜚声中外的文学女兵谢冰莹，“纤笔一枝谁与似”的丁玲，革命青春的杰出讴歌者杨沫，展现波澜壮阔的历史风云的彭慧、陶承和老红军马忆湘；还有一代伟人毛泽东、刘少奇、任弼时、彭德怀、贺龙、陶铸等老一辈无产阶级革命家的女性后代如李敏、邵华、刘爱琴、任远志、彭梅魁、贺捷生、陶斯亮等，她们写出了大量怀念父辈的传记文学作品，是红色传记文学的经典。还有他们的夫人如毛泽东的夫人杨开慧、朱德的

① 晏杰雄：《论王跃文小说创作的纯文学品格》，《湘潭大学学报》2016年第5期。

② 刘思含、岳凯华：《政坛文学：审视当代文学的独特视角——读龙长吟〈治守之道：湖南当代政坛文学典论〉》，《武陵学刊》2016年第5期。

③ 王叶青：《论湖湘女性文学的三种文化资源》，《安徽文学》2016年第1期。

夫人伍若兰、刘少奇的夫人何宝珍等以她们年轻的生命谱写了中国革命的壮丽诗篇；王稼祥的夫人朱仲丽、陶铸的夫人曾志等用自己的亲身经历和笔墨筑就了一座座“革命历史博物馆”。这些红色文学湘女从不同时期、不同角度来抒写革命情怀。如此巨大的红色文学湘女作家群，在更开阔的视野上更高层次地表现了湖南女性文学的实力和在中国文学史上的重要地位，特别是她们对中国红色文学做出的重要贡献，对于日益崛起的中国而言，别具意义。[①]

湖南儿童文学方面，有学者认为，湖南儿童文学伴随着中国新文学的诞生、发展，历经百余年，在数代作家的不懈努力下，留下了许多闪光的名字和作品。湖南儿童文学作家立足本土，继承传统，锐意创新，正以其鲜明的特色和惊人的创造力成为中国儿童文学最具影响力的群体之一。湖南儿童文学，也以其浓郁的乡土气息、厚重的人文情怀、质朴的写作风格在中国儿童文学版图中为人所辨识。湖南儿童文学作家一直坚持写自己的生活，对生活开掘很深，同时从未忘记文学的使命——文学所应承担的塑造心灵的责任。邓湘子的《像风一样奔跑》和周静的《叮当响的花衣裳》，都通过描绘自己的童年生活，感动今天的孩子。农民作家宋庆莲的《米粒巴拉》更是从泥土里生长出来的童话精灵。湖南儿童文学作家大多出生在农村，或者成长在农村，作家们自己的童年记忆与乡村息息相关，他们或以自己的童年为参照，或者对自己童年生活直接书写，这种写作将艺术的目光延伸到了大自然的更为纵深的地带，表现了人类对真实自我的发现和对自我精神家园的追寻，在日渐现代化的今天，在人们的精神生活越来越物质化的当下，也具有特别的意义。[②] 李少白童谣是湖南童谣乃至中国童谣在当代的代表。“李少白童谣在捕捉童心童趣的新发现、童谣文体的新表达、创造湖湘历史新童谣等方面有新的艺术表现”，如一些新词汇和时政性的表达。[③]

2016 年的湘学文学研究，内容涉及古代湖湘文学至当代湖湘文学，既有古代人物文学思想的探讨，又有当代人物文学思想的分析，并从不同类别、不同视角分析了湘学文学思想。总体而言，侧重于个案文学思想研究，对阶段性或地域性特征的文学思想分析则相对薄弱。

---

① 朱小平：《红色文学湘女的革命情怀》，《湘潮》2016 年第 4 期。

② 汤素兰：《红土地，红辣椒——评“红辣椒儿童文学精品书系”》，《创作与评论》2016 年第 6 期。

③ 吴振尘：《湖湘新童谣——谈李少白童谣》，《创作与评论》2016 年第 18 期。

（二）音乐戏曲研究

湘学艺术作为湘学的重要组成部分，向来备受人们的关注。2016 年，湘学艺术的研究主要集中在湘籍人士创作的一些经典音乐、民歌、花鼓戏、湘剧上，虽谈不上硕果累累，但也是精品纷呈。

1. 湘学音乐研究

一是关于湖南音乐家的研究。

有学者认为，湖南近代音乐人物诸如张声阶、贺绿汀、吕骥、黎锦晖等，为湖湘文化发展做出了巨大贡献，为当代构建新型湖湘文化增添了新的文化成分，而且增添了一种新的文化精神。加强对湖南近代音乐人物的研究，在当下转型社会中具有重要的现实意义。① 这种认识得到了部分同人的认同和支持。马臻专门对著名古典文学研究专家刘永济先生撰词、著名音乐家黎锦晖先生谱曲的明德校歌进行了研究，认为该校歌的作词和谱曲不但给予学生自由思想和独立创造的能力，而且继承了湖湘学脉里那种融贯古今、学究天人的视野和抱负，有利于弘扬明德教育史上会通中西、独立创造的精神气概。②

二是对当代音乐家作品的研究。

对当代音乐家作品的关注，重点集中在对孟勇和邓东源的作品分析上。孙婵认为孟勇是一名声名鹊起但始终保有赤子之心的作曲家，简单纯净，坚韧有勇。一辈子都在以自然的清音作旋律，以生命的情感作乐章，乐此不疲，直指人心。他深植湖湘文化的灵气和深厚的历史底蕴，无论走得多远；他钟爱潇湘大地的钟灵毓秀与风俗民情，却又从不拘泥。出乎其外，入乎其中，取舍有度，自成方圆，将湖湘元素与时代风貌凝聚在交响乐中向人们娓娓道来。③ 李敬民从孟勇作曲的《湘江》和交响组曲《日出东山》入手，认为这两部交响乐作品，均体现出孟勇具有驾驭声音、宣泄情感的艺术创作能力。也正是这种能力，才使得他对艺术创

---

① 熊晓辉：《湖湘艺术人物研究——湖南近代（1840—1949）音乐人物研究》，《三峡论坛》2016 年第 4 期。

② 马臻：《“濂溪通书，船山思问”》，《书屋》2016 年第 9 期。

③ 孙婵：《音乐·湖湘·时代——孟勇访谈录》，《创作与评论》2016 年第 2 期。

作和艺术作品价值的认定有着自己独到的见解，从而影响到社会各界对其艺术作品的存在方式和存在价值的肯定。孟勇用他的音乐作品建构起思想、艺术和文化“三重结构模型”，并用这一模型揭示湖湘文化的独特魅力。[①] 至于邓东源，吴春福主要对邓东源担纲创作的大型交响声乐套曲《浏阳河颂》进行了分析，认为作为一部全新的声乐套曲，《浏阳河颂》无论在形式还是内容上都有不同程度的创新，较好地适应了内容表现的需要，收到了良好的艺术效果。从形式的角度来说，《浏阳河颂》大大拓展了声乐套曲中“声乐”的形式内涵：首先，从声乐唱法的选择来看，该作品除了传统的男女美声之外，还大量运用了民声和通俗唱法，使得作品在音色的调配上具有了更加广泛的空间。其次，从演唱形式来看，不仅有独唱、重唱、领唱与合唱，而且还有时代气息浓厚的通俗女声小合唱、纯净如天籁之声的童声小合唱以及独具特色的长沙弹词演唱。最后，从每首独立声乐作品的体裁风格来看，包括歌谣曲、山歌、号子、进行曲、圆舞曲、颂歌等类型，《浏阳河颂》正是这样一部“讲述家乡故事”的典范之作。[②]

三是湖南传统音乐研究。

人们普遍认为，湖南民歌历史悠久、题材广泛、内容丰富，生动地反映了湖南当地社会生活的各个方面，代表了不同时代湖南人民的艺术审美，在现代多元化的音乐中展现了独特的魅力，具有较高文化价值。[③] 湖南民歌主要涵盖几大类型：号子、山歌、田歌、灯歌、风俗歌、民间小调等，是地方文化与民族文化的精髓所在，是集融合与改造于一体的民族音乐文化。它将南北曲调、东西风格，杂糅一体，同时又继承湖南地区所特有的民歌风格，在旋法上更是汇聚南北音乐的跳进与级进，格调韵腔极富地方特色。[④]

至于一些传统的名曲方面，龙昱冰认为，李焕之先生在古曲《离骚》的基础上，深刻挖掘其内涵，把乐曲《离骚》加以扩充发展，展示了宽广丰富的表现力。由李赛君和王佑贵两位湘籍老师创作的《汨罗江上》，描写了在风景秀丽的汨罗江上纪念屈原赛龙舟的场景。在这首乐曲中采双手拍

① 李敬民：《心系三湘、情动四水——论孟勇交响乐作品〈湘江〉和〈日出东山〉的三重结构》，《创作与评论》2016 年第 2 期。

② 吴春福：《展潇湘风采奏时代新声评大型交响声乐套曲〈浏阳河颂〉》，《人民音乐》2016 年第 9 期。

③ 范夏菲：《谈湖南民歌的文化价值》，《歌海》2016 年第 6 期。

④ 刘东婷：《湖南民间音乐文化的保护与开发现状讨论》，《艺海》2016 年第 9 期。

击琴码和琴枕部位，随着拍击位置的变化，强弱起伏对比来营造赛龙舟“锣鼓喧天”“浪花飞溅”的激烈场景，整首作品具有浓厚的湖南民歌韵味，展现了端午节独特的文化韵味。古筝丰富的表现力让端午的场景精彩纷呈，而源远流长的历史故事、文化习俗让《汨罗江上》成为经典。而根据湖南民歌改编的古筝曲《浏阳河》，在演奏时采用了吟、揉、滑、按，以及双手交替，如流水般下行琶音等技巧，尤其在开头段落演奏中，下滑音技巧采用弯曲的下滑音，使其音质震动频率变长，表达了浏阳河畔恬静柔美的水乡文化，这也是典型湖南水乡习俗体系。整首作品反映了人民对家乡、对新生活的热爱，对人民领袖的深情爱戴，曲调清新优美，体现了湖湘子弟热情、直爽的精神风貌，果敢、奋进的性格特点。① 周友良、李林娇对《思情鬼歌》进行分析后认为，这是一首具有湖南醴陵地区原汁原味地方特色的民间歌曲，它的旋律、腔调、曲式都独树一帜，不仅为音乐创作者们在音乐创作素材的选取、音乐元素的选择上提供了一个视角，同时也为演唱者们提供了一些如何把握地方民歌的方法。②

湖南音乐方面，其中从整体上进行研究的成果主要有：《湖南民间音乐的特性和价值》一文勾勒了湖南花鼓戏、民歌、戏曲说唱、劳动号子、花灯、革命歌曲这六种民间音乐形式的整体特征。③ 《湖南民族音乐传承研究——以音乐创作为手段》一文对湖南民族音乐创作的基本现状进行调查，对音乐创作如何推动湖南民族音乐传承与发展的独特性与创新性进行深入调研，分析影响当前湖南民族音乐创作发展的主要问题和原因，提出以音乐创作为手段推动湖南民族音乐传承与创新发展的有针对性和前瞻性的对策建议。④

不仅如此，还有更多对民俗音乐的调查与研究。如瑶族音乐方面，《“认同的力量”／“逃避统治的‘艺术’”——湘、粤、桂过山瑶音乐“族性歌腔”的文化隐喻》一文通过调查发现，在湘、粤、桂交界处的过山瑶支系音乐中普遍具有“族性歌腔”的现象。如瑶族“还家愿”（歌娘唱）与婚俗仪式（“坐歌堂”）中的“纳发调”。“族性歌腔”不但是旋律声腔的共性特质，同时也是其区域音乐（音调）认同的彰显。它的形成与建构不

---

① 龙昱冰：《湖湘古筝曲目的文化体现》，《文艺评论》2016 年第 5 期。

② 周友良、李林娇：《湘音〈思情鬼歌〉分析与传承》，《湖北师范学院学报》2016 年第 2 期。

③ 康慧云：《湖南民间音乐的特性和价值》，《城市学刊》2016 年第 1 期。

④ 张晶：《湖南民族音乐传承研究——以音乐创作为手段》，《艺术评鉴》2016 年第 6 期。

但受到族群语言风格因素的影响，也与其族群的发展历史、民俗生活习惯、生存地理文化环境，以及周边族群文化的互动与交流密切相关。[①]《瑶族婚俗仪式音乐的调查研究——以湘、桂、滇瑶族为例》一文选取湘、桂、滇瑶族婚俗仪式音乐作为考察对象，针对其仪式与音乐的文化隐喻，以及多元文化语境中的传统与变迁问题进行思考。作者认为，第一，瑶族婚俗仪式音乐呈现出鲜明的道教色彩；第二，婚礼中的唢呐曲牌是瑶、汉文化互动、交流的产物；第三，地域与跨地域性的瑶族婚俗音乐呈现出某些同质化与差异性特点：处于滇瑶文化圈内的湘、桂瑶族婚俗仪式音乐有很多相同之处，且汉化较为严重，而跨区域之间的湘桂与滇瑶族婚俗仪式音乐相比，前两者的唢呐曲牌较为丰富，对歌环节较少（尤其是坐歌堂仪式基本消失），后者反之；第四，在现代化、城镇化、商业化等多重语境作用下，湘、桂、滇瑶族婚俗音乐均体现出本土化与现代性的二元建构特点。[②]《湘西傩戏音乐发展史考略》一文以湘西傩戏音乐的相关文献记载为基础，结合民俗学、文化地理学、民族音乐学等已有研究成果，通过对不同时期的相关史料进行考索，初步梳理并总结出湘西傩戏音乐发展的三个主要历史阶段及其基本特征，即从傩到傩戏的嬗变——明清以前见诸文献的湘西傩戏音乐；“娱神”亦“娱人”的《孟姜女》——明清时期进入官方视野的湘西傩戏音乐；从“涅槃”到“新生”——近代以来湘西傩戏音乐的发展。[③]《湖南清塘壮族自治乡壮歌音乐现状调查》一文关注该乡壮歌在长期的发展过程中，受到因民族迁移、融合和社会转型所带来的生活习性，民族文化变迁所带来的影响。发现生活娱乐的丰富、语言的变化和现代流行音乐的传入冲击着清塘壮歌的传承发展，加之地方政府对于民族文化的保护有所欠缺，壮歌淡出人们的生活，甚至濒临消失。[④]《靖州四十八寨赶歌场习俗调查——以岩湾歌场为样本》一文以靖州48个苗寨、侗寨赶歌场为调查对象，指出靖州四十八寨赶歌场习俗传承历史久远，传承谱系清晰，文化生态优越，表现形式独特，文化底蕴厚重，时空结构优化，组织方式稀有，运行秩序井然，参与人数众多，多元文化交融，民族团结融合，社会影响深远，是民族民间的音乐文化盛会，具有多层面的重要价值；其中

① 赵书峰：《“认同的力量”/“逃避统治的‘艺术’”——湘、粤、桂过山瑶音乐“族性歌腔”的文化隐喻》，《民族艺术研究》2016年第6期。

② 赵书峰：《瑶族婚俗仪式音乐的调查研究——以湘、桂、滇瑶族为例》，《民族艺术研究》2016年第3期。

③ 李虹：《湘西傩戏音乐发展史考略》，《艺海》2016年第1期。

④ 农伟培：《湖南清塘壮族自治乡壮歌音乐现状调查》，《歌海》2016年第6期。

民间歌谣的创、编、导、教、排、练、唱、演、赛等环节的家庭、村寨、歌场等传承方式，是民间音乐教育的典范；特别是该习俗跨区域、多民族、多语言、多腔调等突出的音乐文化特色，以及音乐文化自觉和音乐文化自信等，堪称中华民族民间音乐习俗的奇葩。[①] 关于丝弦的研究，有《湖南武冈丝弦的现状分析及发展思考》[②]《雪峰山东麓的丝弦音乐系统研究漫谈》[③]。

民俗民歌方面的研究，有《侗族民歌的社会功能及传承发展研究——以湖南绥宁侗族嫁歌为例》[④]《湖南城步苗族“风俗歌”探析》[⑤]《新化山歌简析》[⑥]《湘西苗寨山歌及其传承思考》[⑦]《澧水船工号子的音乐艺术与文化内涵研究》[⑧]《基于田野调查的澧水船工号子研究》[⑨] 等研究成果。

2. 湘学戏曲研究

2016 年，学者们重点对湘剧高腔《书香天下》《田汉与湘剧抗敌宣传队》等进行了研究。

伍益中认为，湖南艺术职业学院推出的湘剧高腔《书香天下》取材于非物质文化遗产江永女书，是湖南最具代表的地方剧种湘剧与最具神秘色彩的女性文化符号“江永女书”的两种非物质文化遗产的巧妙联姻。音乐上，既有瑶族民歌与乡土民俗风情的清纯，又有古老湘剧的高亢、古朴与柔美，并恰到好处地把湖南民间特有的音乐素材与湘剧高腔有机地结合起来，唱腔音乐的设计（包括演唱和伴奏）都原汁原味地呈现了湖南本土独特的风格；而且追求传统高腔与现代合唱艺术的交汇融合，追求传统打击乐的突破与充分运用，充分体现了传承与创新理念的张扬，达到了旋律优美、张弛有致、手法新颖，形成了一种浑然天成的高腔新韵。[⑩]

---

① 王文明、钮小静等：《靖州四十八寨赶歌场习俗调查——以岩湾歌场为样本》，《怀化学院学报》2016 年第 2 期。

② 刘大坚：《湖南武冈丝弦的现状分析及发展思考》，《艺术评鉴》2016 年第 3 期。

③ 张霞：《雪峰山东麓的丝弦音乐系统研究漫谈》，《黄河之声》2016 年第 1 期。

④ 关婷婷：《侗族民歌的社会功能及传承发展研究——以湖南绥宁侗族嫁歌为例》，《音乐时空》2016 年第 1 期。

⑤ 张弛：《湖南城步苗族“风俗歌”探析》，《艺术评鉴》2016 年第 7 期。

⑥ 陈福云：《新化山歌简析》，《艺海》2016 年第 9 期。

⑦ 邹新华：《湘西苗寨山歌及其传承思考》，《四川戏剧》2016 年第 5 期。

⑧ 凡春喜、谈海红：《澧水船工号子的音乐艺术与文化内涵研究》，《音乐创作》2016 年第 9 期。

⑨ 吴远华：《基于田野调查的澧水船工号子研究》，《音乐探索》2016 年第 3 期。

⑩ 伍益中：《〈书香天下〉——湘剧高腔的新标高》，《艺海》2016 年第 5 期。

湘剧《田汉与湘剧抗敌宣传队》以1940年田汉与欧阳予倩等创办《戏剧春秋》后，到桂林领导组建湘剧民间抗敌演出剧团为故事。殷婷认为，该剧妙就妙在独辟蹊径，虽写抗敌，却不正面描写抗敌，而只作为时代背景、剧情发展的大环境、着重点、发力点，却是从筹办、兴起、促进湘剧抗敌演出队时，那一件件“大事”“小事”“寻常事”中入手，紧扣“情义”二字不放，塑造了一个重情重义知心交心的剧坛盟主、梨园领袖、湘剧“田老大”的光辉形象。①

花鼓戏方面，有学者认为，花鼓戏是湖南地方戏曲的代表性剧种，具有浓郁的地方色彩，它的曲调轻快活泼、声韵优雅、语言夸张生动、表演朴实明快、风格诙谐幽默，受到了广大湖南人民的喜爱。花鼓戏的训练方法科学严谨，独具特色，在呼吸方法、歌唱共鸣、咬字吐字、表演等方面都对湘籍女歌唱家练就扎实的演唱基本功有着深远影响。②

戏曲晚会方面，有学者认为由湖南省京剧保护传承中心编排的创新京剧晚会《湘魂京韵》以湖湘文化为主题，将湖湘地域的艺术元素和文化精神融入传统京剧的舞台、道具和服饰设计中，给观众带来了别具一格的视听感受，体现了传统民间艺术的文化传承与创新，也彰显了京剧这一艺术瑰宝经久不衰的独特魅力。③

表演艺术方面，殷婷认为，湘剧表演艺术家曾金贵先生的艺术创作团队，在戏曲领域取得了一系列骄人的成绩，有力地提升了民族文化的自信心，开创了对老艺术家系统性研讨的先河，促进了非遗传承工作落到实处，扩大了戏曲年轻观众的培养。④ 黄葶对歌舞剧《边城》里主角翠翠的扮演者杨霞进行了专访，认为杨霞就与翠翠相遇在文字间、舞台里，至今22年。翠翠给了杨霞追问生命意义的动力，杨霞也赋予了翠翠真实生命的氧气。⑤何骏则对电视剧《最后一战》中的主角张怀滨进行了分析，认为该剧虽改编自《解放军报》文化部副主任曾凡华大校的同名小说以及怀化市作协名誉主席谢伯恩的同名剧本，但知名导演与编剧刘晓波在进行深度创作时，

① 殷婷：《复兴梦戏剧魂——评湘剧〈田汉与湘剧抗敌宣传队〉》，《艺海》2016年第8期。

② 罗莎：《湖南花鼓戏演唱基础对提高湘籍女歌唱家演唱能力的作用》，《艺海》2016年第12期。

③ 肖宇强：《京剧舞美设计中湖湘文化元素——创新京剧晚会〈湘魂京韵〉探析》，《西北美术》2016年第1期。

④ 殷婷：《桑榆未晚霞满天——记湘剧表演艺术家曾金贵先生从艺七十周年系列活动》，《艺海》2016年第11期。

⑤ 黄葶：《大自然的女儿“翠翠”》，《创作与评论》2016年第18期。

与曾凡华等调查史料、还原历史真实，使得故事和人物丰满，使得湘西游侠精神中的顽强、重情义明事理、敢爱敢恨以及广泛的民族认同感在主人公张怀滨身上得到了集中体现。[①]

戏曲理论家的研究方面，有学者重点关注了羊春秋。赵义山认为，羊春秋是20世纪后期我国曲坛大家。他不仅以《散曲通论》等理论著作嘉惠学林，还为当代散曲等旧体文学的创作树立了光辉的典范。“十年浩劫”之后，他用散曲书写愤郁，讨伐邪恶，彰显正义，继承中国古代诗歌的骚雅传统，发扬元曲的讽世精神，延续着散曲文学的艺术命脉，取得可与元、明一流曲家比肩的艺术成就。特别是他将散曲文学的讽世传统与屈原的入世精神相结合，由此改变散曲文学以牢骚与隐逸为主的传统主题，对当代散曲创作的复苏，具有导夫先路的重要意义。[②]

民间戏剧是原生态的民俗之一，学术界对湖南民间戏剧的研究多集中在各地方的地域剧种方面，如辰河高腔、傩戏等。21世纪以来，辰河高腔一直是中国地方文化与民族音乐研究中的一个热点，有关它的研究大多包含在戏曲源流、戏曲音乐特征、曲牌、剧本收集与整理以及民族文化旅游开发等方面问题的研究中。《“书写”与“口传”：辰河高腔口述传播的镜像》一文从对辰河高腔口述传播的新角度出发，通过对高腔内容、形式、文本、语境、传承人的观察，透析到辰河高腔的历史镜像，指出辰河高腔艺人的口述传承，是在一定尺度上把握曲牌，根据唱词的长短规律来自由改变旋律曲调，既可保持唱腔唱词结构的一致性，又能够随着演唱程式变化细节，这是辰河高腔口头传承的特点所在。[③]《口述的力量——论辰河高腔文本的生成》一文指出口述是促进辰河高腔文本形成的内生力量。民间艺人运用特定的表演程式，以“条纲”为基础，在舞台上即兴发挥，编演新戏，其中的保留剧目通过口传心授成为口述作品。辰河戏文本经历了从口述到书面、从提纲戏到定本戏的演化路径，传世剧本呈现鲜明的口头文学特征。新中国成立后，基于口述而编撰整理的戏曲文本是艺人集体记忆的结果，剧目的发掘有不少值得反思之处。[④]

---

① 何骏：《湘西游侠精神的彰显——浅析电视剧〈最后一战〉中的张怀滨》，《艺海》2016年第12期。

② 赵义山：《幽愤之歌吟，时代之骚雅——论羊春秋的散曲创作》，《文艺研究》2016年第8期。

③ 熊晓辉：《“书写”与“口传”：辰河高腔口述传播的镜像》，《文化与传播》2016年第2期。

④ 郑劭荣、胡丽春：《口述的力量——论辰河高腔文本的生成》，《戏剧文学》2016年第3期。

傩戏方面，“打三星”是湖南省梅山地区（主要是安化县）民间的一种吹打乐和说唱结合重祭祀的准戏曲形式。《湘中梅山地区“打三星”考论》一文认为，这一介于巫傩戏和地花鼓戏之间的准戏曲是一种神仙戏表演，有丰富的唱腔曲牌、对白、故事情节、伴奏、审美和简单扮演等戏剧要素，但缺少舞美、故事矛盾冲突、场景和无固定角色扮演等戏剧元素。其演“神戏”和晚上演出的特点是来自巫傩戏的重要证据；描述每一位神仙下架坛场都需要唱“降云调”，此曲直接取自本地傩堂戏；有文场伴奏、丰富的曲牌和特定的审美是在巫傩戏基础上的升华，因此它是一种比巫傩戏年轻，但比准戏曲地花鼓古老的一种准戏剧状态，有着较强的欣赏和重要的科研价值。[①]《“三女”傩戏与社会性别研究》一文通过对湘西凤凰县禾库村还傩愿仪式中“三女戏”的田野调查，探讨了女性在历史上曾经的生活面貌和发展变迁历程，再现了人类历史社会文化根源，透视出苗族社会分工的模塑以及她们生活中的地位和作用，折射出苗族社会的本初形态。[②]《口述史视野中的新晃侗族傩戏研究》一文以新晃侗族傩戏为对象，取口述史的研究视角，深入实地访谈整理新晃侗族傩戏传承人、相关见证者的口述内容，结合相关文献记载，试图在时代的变迁中，梳理新晃侗族傩戏的历史轨迹、演剧形态、舞台形象，并为它在新时代的激流中继续存活提出建议。[③]《湘西土家族傩戏音乐特征及美学价值》一文通过分析湘西傩戏音乐的现状，进而论述湘西土家族傩戏音乐艺术的美学价值和艺术魅力。

2016 年对湘学音乐戏曲的研究，包括湖湘音乐文化、戏曲文化、湘学音乐与戏曲人物的相关思想、成就及其影响研究等，对地方音乐戏曲的研究成果也非常丰富。本年度研究较为薄弱之处，是对湖湘文艺总体特征、影响的分析。

（三）书画研究

书法艺术、绘画艺术是中国文化的象征。湘学文化作为中华文化的重要组成部分，也涌现了众多的名家。2016 年，湘学的书画研究，不仅关注了湘学书画艺术的整体发展，而且重点对怀素、齐白石、曾国藩、谭延闿、

① 李翔：《湘中梅山地区“打三星”考论》，《中国戏曲学院学报》2016 年第 2 期。
② 乐之乐：《“三女”傩戏与社会性别研究》，《文史博览（理论）》2016 年第 3 期。
③ 池瑾璟：《口述史视野中的新晃侗族傩戏研究》，《音乐探索》2016 年第 4 期。

沈从文等的书画进行了分析。

在湘学书画的整体印象方面，有学者认为，湘人书画表现出只有湖湘文化才有的霸王之气。出入于碑帖之间，崇尚气势的雄伟腴美，字形端正，行笔硬朗，骨壮气雄，外方内圆，有一股强自按捺的英雄气鼓荡字里行间，表现出湘人勇于任事、敢于担当、独立苍茫、舍我其谁的气概。① 而晏晓斐则将其概括为——刚正、翔实、气雄、文霸。②

关于湘学书画的发展，李蒲星认为，晚清前漫长的古代社会，湖南一直处于中国历史与文明的偏僻、边缘状态，与之对应的则是湖南中国画的萎靡不彰。晚清开始，积聚着独特精神能量的湖南人迸发出开天辟地泣鬼神的伟力，偏僻边缘的湖湘文化焕发出照耀中国近代历史发展方向的耀眼光芒。从光芒万丈的近代湖湘文化到作为文化象征符号的湖南中国画，其间自有文明生发的逻辑。直到历史进入中华人民共和国期间，湖南中国画才逐渐走出低迷不显的古代状态。张一尊、邵一萍、杨应修、钟增亚、徐照海、王憨山、欧阳笃才、曾晓浒、莫立唐、易图境等前辈画家不仅奠定了水墨潇湘的现代基础，更是试图赋予水墨画独特的湖湘文化精神。③

关于怀素的书法，李燕认为，之所以有这般独特的发展，重要原因是他善于从生活中、从自然界中汲取养分，领悟内涵，从而成就了一笔独特的狂草。用现代观点来说，他这一段不同寻常的路程就是从普及到提高的过程，由基本功到发展、形成个人风格的过程。在提高、发展这个环节中，怀素十分重要的一点就是对夏云的观察和领悟，从而受到启示，并把这种启示付诸书法实践。④

对曾国藩的书法，彭育龙认为曾国藩是湖湘文化传承者的典型代表，其书法艺术刚柔相济、雄浑劲美。曾国藩的书法艺术特点不仅反映了其艺术精神，这种精神与湖湘文化精神既是一脉相承的，更是对湖湘文化精神的传承和发扬光大；同时，从他的书学思想中也足见其对艺术性、继承性与创新性之间辩证关系的思辨。⑤

至于谭延闿书法，王彧浓认为，宋、元、明、清以来，谭延闿是写颜体楷书的第一大家。其书风，经历过几番精进。弱冠时，他学赵孟頫、刘

---

① 李历松：《湖湘有脉 笔墨为魂——解读湖南名人书法墨迹》，《收藏家》2016 年第 5 期。

② 晏晓斐：《刚正翔实气雄文霸——晚清湘籍名家书法散论》，《中国书画》2016 年第 7 期。

③ 李蒲星：《丹青水墨两相宜传承新创一理牵》，《创作与评论》2016 年第 5 期。

④ 李燕：《由怀素观云想起》，《人民之声》2016 年第 3 期。

⑤ 彭育龙：《曾国藩书法艺术影响下湖湘文化体系建构的创新与发展》，《大众文艺》2016 年第 8 期。

墉。后来师法颜真卿行楷尺牍，兼学杨肇、翁同龢。而立之年后，他专习颜真卿，并参考钱沣笔法。他以颜真卿《麻姑仙坛记》为日课，平生得220通。1929年4月，谭延闿在上海养病期间，就临了203通。除精学颜鲁公外，他还泛学百家，兼涉篆隶。40岁后，他于古法帖无所不临，此后书风大变。在书法创作时，谭延闿释放真性情和火热的能量，保持真我。其书法锋藏力透、气格雄健、骨力雄厚、气象浑穆，纯为其生命的向度而绝无馆阁习气。①

沈从文在人们的印象中，主要是在散文和小说方面有很高的造诣。但郭茜认为，沈从文先生是20世纪一位特立独行的湖湘文化名人。他是一位作家，作品真挚细腻，有着浓郁的湖湘文化情怀；他更是一位文人书家，一生酷爱书法，尤擅章草和行楷，用翰墨丹青书写着对乡土的痴情和沉醉。他的书法人生、书学思想都是中国文学与书法文化不可或缺的组成部分。沈从文以为书法的要点是真实地欣赏字的美，至20世纪70年代已经自成一派。沈氏章草化古为用，别出心裁，用笔灵动秀致，笔笔有锋芒，获得了很高的评价。他的书法将细腻的人文情怀融入到了书法的创作中，追求的是一种“人书合一”的精神。②

湘学书画的个人研究方面，地位最为“显耀”的莫过于湘籍著名书画家齐白石。有学者在分析了齐白石与湖湘书画发展相互关系的基础上认为，湖湘文化滋养着齐白石，齐白石丰富了湖湘文化内蕴，并影响着中国文化的发展。齐白石将自己的艺术还原于民间，并影响着湖湘学子。从春秋战国的楚文化到长沙西汉古墓帛画文化，从宋代周敦颐、张栻、朱熹理学兴于湘到清代以曾国藩为首的湘军，湖湘文化孕育了众多流芳千古的学者杰人和书画艺术家。齐白石作为湖湘文化的杰出代表，委实起到了承前启后、引领一代艺术的作用。无论是湖湘地道的地域艺术家，还是移居湖湘的艺术家，无不在齐白石艺术思想的影响下进行修正、完善，继续接力着敢为人先、创新发展湖湘学派的道路。③ 对于齐白石的创作，丁威德认为齐白石的花鸟画充满了童趣，这种童趣是构建在农人之情与文人之情上的。即使在从农人生活蜕变至艺术生活，成为艺术家的过程之中，在艺术创作之中，从艺术的输入到艺术家自身对其的感受、加工处理，再到每一张作品的输

① 王彧浓：《春——论民国四大书法家谭延闿之楷书》，《美与时代》2016年第4期。
② 郭茜：《地域文化・文学・书法——沈从文文学与书法》，《赤峰学院学报》2016年第3期。
③ 王志坚：《故乡如此好天恩——湖湘文化与齐白石》，《艺海》2016年第1期。

出，总是少不了这颗赤子之心的渲染与自然的同化。[①] 而在齐白石作品的分析上，张涛认为其《松鹰图》表面看来也许只是寻常笔墨，但是深究其主题内涵、题跋内容，再结合齐白石之心性气质、国立北平艺专其时氛围等因素综合审视，可以推测，背后其实暗含着齐白石更为深沉隐晦如自我肯定、彰显自信之心，孤傲高洁及傲世独立、充满斗志的创作动机与心理诉求。[②]

湖南民间美术的研究成果主要集中在年画、傩面具、扎纸等方面。滩头年画是湖南省唯一的手工木版水印年画，产地在湖南省宝庆（现为邵阳）隆回滩头镇。具体来说，《滩头年画的历史演变与发展路径研究》一文在文献资料研究和实地考察访谈的基础上，梳理出了滩头年画300多年发展变迁的历史脉络，构建了滩头年画发展演变历程简图，进一步分析了影响滩头年画快速发展和衰落的因素，认为促进滩头年画快速发展的因素有丰富的自然资源、完备的产业链和独特的文化与审美需求；导致滩头年画衰落的原因有政治文化影响、传统供给与市场需求变化的矛盾等，从重新定位、面向消费者体验和定制、嵌入式发展等方面提出了滩头年画的发展路径。[③]《文化人类学视野下的湘西傩面具源流考》一文从文化人类学的视野对湘西土家族、苗族傩面具世俗性生产造型、交感巫术神人兽造型、傩祭仪式的人格神造型以及世俗化戏剧人物角色扮演造型等方面的研究，全面展现了傩面具在其社会历史发展过程中造型对象与造型观念的产生、传承与流变过程，以及决定其传承与流变的文化人类学缘由。作者认为湘西土家族、苗族先民的“傩面具”造型，是由其原始先民狩猎生计假形假面的生产性经验造型，进一步发展为狩猎巫术的“神人兽”造型，直到农耕生计下的傩祭仪式人格神造型，最后发展到世俗性的戏剧人物角色造型，面具也一步步由宗教走向艺术。[④]《湘西凤凰纸扎艺术及其文化内涵研究》一文探讨了湘西纸扎艺术产生的背景、湘西纸扎的种类、特色以及文化内涵。[⑤]《论梅山剪纸的造型特征》一文认为梅山剪纸因其产生土壤、文化背景、创作工具，以及受到传统艺术形式等多方面的综合影响，逐渐形成了高度凝练、

① 丁威德：《浅谈齐白石的童趣——以花鸟画为论述对象》，《美与时代》2016年第1期。

② 张涛：《冠盖满京华，斯人独憔悴——齐白石〈松鹰图〉研究》，《美术学报》2016年第1期。

③ 吴志军、陈青阳：《滩头年画的历史演变与发展路径研究》，《包装工程》2016年第18期。

④ 罗云、钟璞：《文化人类学视野下的湘西傩面具源流考》，《民族艺术研究》2016年第4期。

⑤ 陈冠汝：《湘西凤凰纸扎艺术及其文化内涵研究》，《大众文艺》2016年第16期。

平面造型、强调故事性、粗犷淳朴等造型特征。①

湘学艺术博大精深，时人对于湘学艺术的探讨也是异彩纷呈，精品迭现。湘学书法美学和书法技巧等，都值得我们进一步挖掘。“字以画为上，画以字为高”，湘学的文学和艺术交相辉映，共同造就了湘学文学艺术的繁荣兴盛。不过，长期以来，关于湖湘重要书法人物的研究一直存在薄弱之处。例如，对晚清著名书法家何绍基的生平业绩、诗文、书法艺术等的研究，都需要进一步深入、拓展。

① 莫丹华：《论梅山剪纸的造型特征》，《艺术教育》2016 年第 6 期。

四　湘学宗教与民俗研究

宗教与民俗，二者交互影响，是湘学重要内容之一。对湖湘宗教和民俗文化的研究，有助于加深对湘学思想文化的了解，有助于推动湖南文化事业的发展，并有助于加强湖南社会管理。2016 年，关于湘学宗教与民俗研究的成果有相关论文 100 多篇，涉及宗教研究的各个方面，并从各个视角对湖湘各地民俗文化作了分析，探讨发展及影响。

（一）宗教研究

湖南自古以来就是一个极富信仰的区域，因此，宗教是湘学中非常重要的一部分。2016 年，有关湖南省宗教研究的成果主要集中在宗教信仰、宗教仪式、宗教与文学艺术等方面。

1. 宗教信仰研究

在湖南流传的宗教除制度性宗教佛教、道教、伊斯兰教、基督教外，还有一些少数民族的原始宗教。

制度性宗教方面，《“佛化革命，革命佛化”：唐生智与北伐前后的湖南政教关系》一文阐述了“佛门将军”唐生智投身国民革命后湖南政教的历史变迁过程，指出他的佛教信仰从私领域进入公领域，全面参与到这一过程中，深刻地影响到时局的发展。其时，唐生智组织、利用佛化会，推行所谓“佛化的革命”和“革命的佛化”，试图对三民主义与佛教教义兼收并蓄。从积极意义上讲，这在一定程度上激发了僧人群体参与国民革命的热情。但是，随着北伐的推进，三民主义的独尊地位由国民党内波及社会，工农革命运动在事实上也对佛教利益产生了巨大冲击。在此背景下，唐生智的政教主张及其实践无以为继，不仅事与愿违，而且其后授人以柄。[①]《宋代湖南诗僧地域、宗派分布与存诗类型分析》一文通过数量统计与分析，从籍贯、寓寺、宗派、存诗等方面描述了宋代湖南诗僧的基本态势。就地域分布而言，宋代湖南诗僧中寓湘诗僧远多于湘籍诗僧，且大多集中寓寺于潭州的长沙与衡山，籍贯与寓寺分布都极不平衡；在宗派方面，几乎所有可考诗僧皆为禅僧，且绝大多数属于临济宗；在诗歌类型方面，所存诗歌以佛门偈颂为主，真正的"文人诗"很有限，推衍至全宋，表明宋代诗僧虽有"士大夫化"倾向，但总体来说仍不离僧徒本位。[②]《乡村的历史与建构——以醴南盐山寺十姓为例》一文以盐山寺的十姓乡村为研究对象，探讨了一个湖南乡村的社会结构及其建构过程。作者指出，盐山寺十姓所组成的乡村社会，既有代表血缘关系的宗族组织，又有可以代表地缘组织的"寺庙"、里甲与里社，还有"大障铺"等代表简易市场的"市店"。它们之间互相影响，共同作用于乡村社会。宗族组织可以传达国家儒家意识形态；而寺庙、里社既满足了乡村村民的信仰需求，又调节、融合了乡村社会的各种矛盾；里甲制则使盐山寺十姓这一联合体得以组成与延续。在乡村社会的构建过程中，既有国家行政与观念方面的渗透，又有地方乡民根据自身的要求，主动吸取国家话语以获得正统性与合法性的地位。[③]

南岳是湖南地区香火最为兴旺的宗教圣地，学界关注较多。《抗战时期南岳佛道救难协会研究》一文通过考察民国时期佛教期刊文献中的相关史料并结合当事人的回忆，分析了南岳佛道救难协会成立前后的一些易被研究者忽略的问题，包括南岳佛道救难协会成立之前的状态、南岳佛道救难协会与国共两党的战时宗教政策的关系、南岳佛道救难协会的两个下属机构的运作状况等方面。作者指出南岳佛学讲习所与华严研究社是佛道救难协会成立的班底，抗战期间活跃在湖南的佛教救国团体组织除了"南岳佛道救难协会"之外，还有"南岳佛教青年服务团""南岳佛教流动工作团""湖南佛教抗敌后援会"。这几个组织之间互相交错、重叠。协会所创办的

① 张文涛：《"佛化革命，革命佛化"：唐生智与北伐前后的湖南政教关系》，《武陵学刊》2016 年第 1 期。

② 彭敏：《宋代湖南诗僧地域、宗派分布与存诗类型分析》，《湖南大学学报》（社会科学版）2016 年第 3 期。

③ 李红、胡彬彬：《乡村的历史与建构——以醴南盐山寺十姓为例》，《湖南师范大学社会科学学报》2016 年第 5 期。

佛教进步刊物《狮子吼》月刊为抗日宣传做出了自身的贡献。[①]《宗教和谐的南岳启示》一文认为南岳佛道教和谐相处的现象是中国宗教和谐文化景观的缩影，而这种文化景观的形成，又与中华文化和而不同、两端一致的特质密切相连。在南北朝期间，儒、释、道之间曾经历一个从争斗到会通融合的过程，这一融合过程在南岳天台宗僧人如慧思等人中有明显的反映。南方禅宗在湖南和南岳佛教中具有重要地位，而在南方禅宗的理论建设与修持实践上均做出重大贡献的希迁对道家道教思想的吸收，为南岳佛道教的和谐共存奠定了坚实的理论基础。作者指出，中华文化包容思想以及南岳佛道教和谐相处的历史文化景观在当代具有重要的启示意义。它启示人们，对待他者的态度不应当是冲突或排斥，而应当是对话与包容；不应将自身的文化视为中心或高人一等，从而对那些与自己信仰和观点不同的人视为异类而仇之、斥之或击之、灭之，而应当承认各个族群、各个国家及其文化皆有其独特价值，应当相互尊重，取长补短。[②]

道教方面，《民间道教的礼仪传承与实践——以湖南湘乡丧礼为例》一文以湖南湘乡丧礼的民间道教礼仪为例，展现当代民间礼仪实践的基本模式，并探讨其生成的社会文化背景。作者通过田野调查发现，湘乡丧礼中道士一般会举行以下仪式：开坛仪式、具文申奏、荡秽、开辟五方、请光、殓棺、解结、朝参十殿、受生寄库、破血湖、请水、报庙、关灯闯狱、拜桥绕道、化屋焚笼，根据主家的具体情况会有所增减、合并。这些仪式都有固定的科仪文本，不同班派的道士使用的科仪文本大同小异，但具体操作却会因传承和举行丧礼的地点有所差别。湘乡不同的道教班派丧礼有所不同，科仪文本无大异，但其中的音乐、道士间的配合，还有一些程序都有变化。因为各自口传心授的知识有所不同，同一班派的道士，背景知识一样，在学习和具体的仪式实践过程中不断配合，形成一定的默契和规范，从而达成行动的一致。作者指出，民间道教丧礼传承与实践有以下几个特点：融合多元表演的仪式；完整翔实的文本体系；与儒、佛的融合。[③]

伊斯兰教方面，湖南桃源枫树维吾尔族回族乡近年来成为学界关注的焦点。《社会学功能主义视角下清真寺的社会功能——以湖南桃源枫树维回乡清真寺为例》一文从社会学的功能主义角度来分析当地清真寺的社会功

① 李湖江：《抗战时期南岳佛道救难协会研究》，《宗教学研究》2016 年第 2 期。

② 吕锡琛：《宗教和谐的南岳启示》，《中国宗教》2016 年第 5 期。

③ 龙晓添、萧放：《民间道教的礼仪传承与实践——以湖南湘乡丧礼为例》，《宗教学研究》2016 年第 2 期。

能，发现当地清真寺具有适应功能、目标获取功能、整合功能和模式维持功能，而这些功能的发挥主要是由于清真寺作为民族关键符号的特殊地位。历史和现实的因素共同形塑了清真寺的重要地位，其不断调节着维吾尔族人的日常社会生活。[①]《论开发到用民族关键符号促进民族团结进步创建——以湖南桃源县枫树维吾尔族回族乡为例》一文，就如何开发利用民族关键符号，促进民族团结进步问题，展开基于田野的实证研究。作者指出，民族关键符号是民族文化符号中的核心表征、重要载体，它具有独到的社会文化功能，能集中展现民族形象、体认民族识别、强化民族认同、影响民族关系。科学合理地开发民族关键符号，对推进民族团结进步事业的发展，能发挥积极重要的作用。[②]《旅游情境下的文化符号与民族认同——以湖南枫树维吾尔族回族乡为例》一文以湖南维吾尔族历史境遇为切入点，以枫树乡民族旅游实践为例，探索民族文化符号的再生产，游客凝视对民族文化抉择的影响，旅游情境下民族认同的变化以及对民族关系的消解。[③]

关于基督教的研究，主要涉及近代湖南教会之传教、信义会在湘传教、近代湖南的反洋教叙事与湖南士绅的洋教观三个方面，分别从整体、个案及湘人对基督教的态度展开研究。

罗华根据民国时期的报纸，从政治和文化两方面初步探讨了近代湖南教会传教的困境因素，即位于教会背后的帝国主义侵略以及中西文化的碰撞。但近代湖南的教会并不是停滞不前的，它在自身的努力以及士民对新的精神文化需求的现实背景下，逐步发展壮大，从省市一直延伸到县村。[④]

刘洋对信义会在湘传教事业进行了较全面的研究。他指出，信义会是基督教新教的一支，而北欧三国信义会则是指挪威信义会、芬兰信义会和瑞华信义会。此三国信义会先后在 20 世纪初来到中国，并进入华中腹地——湖南进行传教活动。尽管湖南 19 世纪中期仍封闭排外，但随着 20 世纪初中国及湖南传教环境的变化，以及各基督教差会试图在华拓展新的传教地的需要，湖南成了这三个信义会差会的选择。1902—1937 年，信义会

① 兰垂洪、肖文艳：《社会学功能主义视角下清真寺的社会功能——以湖南桃源枫树维回乡清真寺为例》，《宜春学院学报》2016 年第 11 期。

② 撒露莎、田敏：《论开发到用民族关键符号促进民族团结进步创建——以湖南桃源县枫树维吾尔族回族乡为例》，《青海民族研究》2016 年第 4 期。

③ 黄丽、钱隆：《旅游情境下的文化符号与民族认同——以湖南枫树维吾尔族回族乡为例》，《三峡论坛》2016 年第 6 期。

④ 罗华：《近代湖南教会之传教》，《安徽文学》2016 年第 7 期。

在湘传教经历了一个发展变化历程，即起步与开拓时期（1902—1911）、快速发展时期（1912—1922）、发展与受挫时期（1923—1927）、恢复发展与本色化时期（1928—1937）。在此过程中，信义会创办了世俗性事业，如教育事业、医疗事业、慈善事业等。在创办各项世俗性事业的过程中，信义会与湖南地方的关系几经变化。而且，信义会对近代湖南教育、医疗等事业产生了重要影响，进而影响了湖南区域社会变迁。①

余求根、罗爱华以湖南为例，以湖南士绅的基督教言说如反教揭帖、章奏、日记、书信等为基本材料，从思想史的角度解读反洋教叙事背后隐藏的文化焦虑和精神诉求，解析了湖南民众尤其是湖南士绅的西教观。作者认为，近代湖南的对外观念无比纠结，一方面以排外著称，另一方面产生了一大批站在对外开放最前沿的洋务官员。在处理涉教事务方面亦是如此。一方面，视基督徒为奇异的、邪恶的异端，必欲驱之而后快；另一方面，从现实的政治、外交形势出发，为保和局，竭力包容，乃至采取归化的文化策略，对基督教的教理给予合理化的解释。此种情形反映出来的不仅是湖南士绅阶层的分裂，也是近代湖南士绅文化的调整和新变。②

天主教方面，《湖南天主教教区历史沿革述略》一文在阐述早期教区演变的基础上，对湖南各教区的创立与发展进行了全面梳理。③ 原始宗教方面，湖南是一个多民族的省份，其中土家族、苗族、侗族、瑶族、壮族人数较多，在这些少数民族聚居区，存在一些独特的宗教信仰。如中国西南少数民族梅山教具有多元信仰的特质，受儒、释、道三教的浸润影响，在西南少数民族的长期传播中，形成南岭走廊以梅山教信仰为特征的宗教文化圈。《梅山教文化圈与南岭走廊多元宗教研究》一文认为，西南少数民族梅山教文化圈的形成，与南岭走廊的族群迁徙和文化传播有关，现在梅山教的经书与仪式，主要在南岭走廊地区各族群中得以传承，这就是南岭走廊民族及其社会文化自我保存的结果。在中华民族多元一体的政治格局之下，中原的儒、释、道三教客观上向西南少数民族地区渗透影响的历史大势，决定了民间傩坛对大传统儒释道文化的接纳与汲取。南岭走廊多元族群的文化生态，是梅山教得以长期传承的根本原因。④ 《腊尔山苗族祭坛

① 刘洋：《信义会在湘传教事业研究（1902—1937）》，硕士学位论文，湖南师范大学，2016年。

② 余求根、罗爱华：《近代湖南的反洋教叙事与湖南士绅的洋教观》，《文史博览（理论）》2016年第12期。

③ 尚海丽：《湖南天主教教区历史沿革述略》，《中国天主教》2016年第6期。

④ 张泽洪：《梅山教文化圈与南岭走廊多元宗教研究》，《宗教学研究》2016年第3期。

“垌”的空间分布及文化内涵探讨》一文则从宗教地理角度对“垌”的空间分布及其社会影响加以考察。作者指出，腊尔山苗族祭坛“垌”的数量多，空间分布密集度高，以村为单位遍及腊尔山苗区。围绕祭坛“垌”，腊尔山苗族形成了一系列的祭祀文化现象，其相关的仪式过程、组织体系、功能特征十分鲜明，并衍生出一系列有关“垌”的神灵观、神性观、神迹观。祭坛“垌”是腊尔山苗族自然信仰与祖先信仰相结合的原始宗教承载形式，披着山神崇拜的外衣，实质上是祖先崇拜的隐蔽形式。①

位于湖南省江永县兰溪瑶族乡勾蓝瑶大兴村的水龙祠，是一座对称式四方院落结构的宗教建筑。其建筑右边走廊以及大殿的三面墙壁上，现存有五幅明代壁画。这是我国瑶族地区目前所见唯一一处大型古代建筑壁画遗存，也是我国南方地区地面建筑中目前所见的年代最早、保存最好、面积最大、规模最盛、题材与内容最为丰富和独特的壁画，具有重要的历史文化价值和民族与民间宗教艺术价值。学界对该壁画展开了相关研究。《湖南江永水龙祠壁画的发现报告》一文在阐述壁画发现经过、壁画载体材料与绘制年代、题材及内容的基础上，指出水龙祠壁画反映的是瑶族宗教与巫教祭祀程式仪轨的一部分。②《湖南江永勾蓝瑶寨水龙祠壁画释读》一文论述了壁画主要题材与内容、水龙祠壁画与“勾蓝瑶”的历史背景，指出壁画本质仍旧属于宗教绘画范畴，画面所呈现的场景与瑶族宗教信仰关联紧密，且富有浓厚的巫傩文化背景。作者认为瑶族的宗教绘画完全是自成体系的，保留了有关军傩的最好物证。③

2. 宗教仪式研究

宗教仪式是信徒履行宗教信仰所必需的仪式，具有特定象征意义的、按照一定程序和规范组合起来的一系列宗教行为。其是宗教观念与宗教情感外化的、经过组织化（甚至制度化）的表现形式。其主要类型有巫术、禁忌、禳解、献祭、礼拜、祈祷等。各种宗教都规定有不同目的和不同规模程序的规范性宗教仪式。

《仪式中的社会性别建构——以湘西苗族“还傩愿”为例》一文通过描述湘西苗族传统的“还傩愿”仪式过程，观照神话传说和现实生活叙说两

① 陆群、蒋欢宜：《腊尔山苗族祭坛“垌”的空间分布及文化内涵探讨》，《宗教学研究》2016 年第 3 期。

② 刘灿姣、林伟：《湖南江永水龙祠壁画的发现报告》，《世界宗教研究》2016 年第 4 期。

③ 胡彬彬、吴灿：《湖南江永勾蓝瑶寨水龙祠壁画释读》，《世界宗教研究》2016 年第 4 期。

个层面，借用琼·斯科特的社会性别理论，阐释湘西地区苗族特有的社会性别表象，认为湘西苗族地区的还傩愿仪式已构建起一套对自然、人生、社会相对完整，与特色地域文化相结合，亦巫亦傩的原始古朴模式。它们世代沿袭，其间蕴含着深刻的社会性别内涵，至今仍发挥着保存和传播民族传统文化、强化民族意识、文化娱乐等多方面的社会功能。还傩愿的称谓、特有的女性教派、仪式过程、祭品分配以及傩戏艺术中均渗透出早期人类社会女性的明确社会职能，反映出湘西地区苗族女性在社会中的权威意识、角色意识、分工意识、平衡协调意识和主导模式地位，折射出湘西地区苗族早期社会以女性为中心的原始记录和母系社会（即母权社会）的伦理道德、政治制度、山川风物、思维定式及民俗文化，为研究湘西苗族的社会性别提供了有力的线索和佐证依据，对巴楚巫文化的研究有着一定的启示意义和促进作用。①

《湖南湘西苗族傩文化研究——“还傩愿”仪式调查研究》一文对湖南省凤凰县禾库镇龙角村还傩愿仪式进行调查研究，并介绍了湘西苗族地区还傩愿的仪式主题和信仰体系。作者认为基于时代背景、社会环境、区域传统、户主经济条件、巴岱从业经验及能力等原因，各时各地的还傩愿仪式科目有繁有简、不尽相同。《民国时期湘西苗族调查实录（1—8卷）还傩愿卷》《湘西苗族实地调查报告》等专著都对湘西苗族地区的各类还傩愿进行过调查研究，呈现出不同的仪式风貌，但各类还傩愿的仪式宗旨始终指向酬神还愿，通过“请神—娱神—送神”的仪式思路串联起傩戏、傩歌、傩舞、傩面具、剪纸工艺、器乐演奏等丰富多彩的文化事象。②

《土家族梯玛丧葬仪式研究——以龙山县坡脚乡为例》一文从土家梯玛丧葬仪式的生存环境及现状、仪式过程、仪式音乐等方面来探究现代梯玛丧葬仪式中梯玛社会功能的改变。③

3. 宗教与文学艺术研究

在宗教自身漫长的历史发展中，宗教艺术也随之而发展，在表现形态上显示出不同的面貌，是宗教观念、宗教情感、宗教精神、宗教仪式与艺

① 乐之乐：《仪式中的社会性别建构——以湘西苗族“还傩愿”为例》，《湖北民族学院学报》（哲学社会科学版）2016年第5期。

② 翁建敏、石力：《湖南湘西苗族傩文化研究——“还傩愿”仪式调查研究》，《文化学刊》2016年第12期。

③ 李薇、李青：《土家族梯玛丧葬仪式研究——以龙山县坡脚乡为例》，《黄河之声》2016年第15期。

术形式的结合。湖南宗教在历史发展中，与独特的地理文化环境相适应，形成了一些独特的艺术。如《南岳道教“早晚课”仪式中音乐的运用与形态》一文以2013年以来南岳地区全真派道教“早晚课”仪式音乐为研究对象，对仪式所用音乐“南岳韵”进行了记谱与分析。作者指出南岳道教“早晚课”仪式音乐是存在于湖南南岳地区的道教音乐中的一种，仪式采用的是全真派的科本仪范，在总体结构上与全国其他地方的全真宫观有着共同的特征，但是在仪式项目的选择上，由于各地宫观取舍不同，所以存在细微差别。在音乐方面，南岳课诵仪式所用音乐被当地道人称为“南岳韵”，该韵是通行全国的全真“十方韵”体系下，带有地方特色的“地方韵”。音域较为低沉、节奏紧凑、旋律丰富，带有南方委婉温润的特征，相较于“十方韵”更加适合南岳独特的坤道文化。①《清早期造物特征——论岣嵝峰佛教石刻艺术》一文运用社会伦理、宗法、美学的规律，分析视觉感官语言与文脉传承，提炼了清初期造物艺术特征。通过对岣嵝石刻艺术与宗教、民俗文化及当时人们对宗教精神的期望和需求作一番探讨，阐述造型、图像本身存在的意义。②《湖南鸮形铜卣的艺术形式及文化内涵》一文认为娄底市双峰县出土的商代青铜酒器鸮形铜卣是商代中晚期祭祀礼器，其通过对称的处理手法烘托出凝重高古的宗教气息，运用写意的方法简练概括地塑造了“神鸟”形象，采取适形的视觉语言勾勒出和谐统一的装饰纹样。商代“尊神尚鬼”的宗教思想使鸮鸟成为“吉祥之鸟”，西周民神并重的思想意识却使之变成了“不祥之鸟”，使鸮鸟形象在青铜器上由盛而衰。鸮形图像的兴衰反映了宗教信仰变化致使审美观念变化的规律，同时也反映了统治者的意志。③《梅山宗教文化对湖南新化方言词汇的影响》一文从宗教性的民俗词和日常用语两个方面考察梅山宗教中的道教、巫教、佛教和儒教对新化当地方言词汇的影响。梅山宗教文化对新化方言词汇的影响在于：宗教事物的产生必然衍生出与之有关的词汇，这些词汇又随着时间演变，产生了新的词汇意义，为人们的表情达意提供了方便，即文化会影响语言的产生、变化。④

少数民族宗教与艺术方面，《苗族宗教仪式音乐形态中的道德观——以

---

① 袁野璐：《南岳道教“早晚课”仪式中音乐的运用与形态》，《歌海》2016年第4期。

② 刘东立：《清早期造物特征——论岣嵝峰佛教石刻艺术》，《衡阳师范学院学报》2016年第2期。

③ 吴卫、周少卓：《湖南鸮形铜卣的艺术形式及文化内涵》，《包装学报》2016年第2期。

④ 杨敏慧：《梅山宗教文化对湖南新化方言词汇的影响》，《广西职业技术学院学报》2016年第2期。

湘西龙鼻嘴村为例》一文通过分析苗族宗教仪式中的音乐形态，从中探寻苗族宗教仪式中所蕴含的道德观。作者通过调查发现龙鼻嘴村的原始宗教信仰主要以“巴岱扎”为主，人们可以看到苗族宗教仪式音乐形态中的人伦道德观从对父母尽孝、婆媳相处以及兄弟姐妹相处之道中体现出来。在苗族宗教仪式音乐形态中的自然道德观并不是以保护生态环境为目的，而是用于社会生产、生活的需求。作者认为苗族宗教仪式音乐形态中的道德观有几个基本特征：苗族道德与宗教的紧密粘连性；苗族宗教仪式音乐形态中道德蕴含内容的广泛性；苗族宗教仪式音乐形态中道德规约的朴素性。[①]《侗族萨岁文化生态问题刍议——以湖南通道坪坦侗寨“萨岁安殿仪式”田野考察》一文通过对仪式相应程序的阐述，指出萨岁信仰与崇拜所衍生的心理特征、思维方法、行为规范、审美情趣和伦理道德，形成了侗民族特有的萨岁文化。萨岁文化属于侗族文化的子系统文化，是一动态的生命体，具有局部之于整体的结构价值，同时又是一个单独次级文化主体，依其文化生态而赓续。作者指出，萨岁崇拜与侗族族群世俗生活紧密关联，由民间自发生成与组织传承，并未形成系统的宗教理论和信条，主要依靠萨岁至高无上的创世神、祖先神、英雄神、保护神的综合性神能力量，获得普遍信仰和崇拜。[②]《湘西南地区梅山峒民“炭花舞”的宗教观念及社会价值》一文认为炭花舞具有浓厚的巫文化色彩，巫文化作为梅山地区一种原始教义、主神崇拜，深深地扎根于梅山地区的每个角落。梅山峒民通过炭花舞这种浓厚的巫文化宗教舞蹈祈求神的力量护佑，从而达到风调雨顺的功效。炭花舞作为一种巫文化宗教性舞蹈，从“神灵观”“神性观”“神人观”三个方面表达了古梅山峒民淳朴的宗教观念以及世界观、价值观。[③]

辰河高腔是流行于沅水中下游流域的一个地方戏，具有浓郁的乡土气息。据考证，辰河高腔是由明末清初的江西弋阳腔演变发展而来，至今仍然存活于湖南沅水流域。沅水中下游一带古称“辰州”，属“五溪蛮地”，生活在这里的人们信巫崇鬼，辰河高腔在这里找到了适合繁殖的土壤，经过民间艺人的口头传唱，他们把音乐、祭祀、民俗融为一体，形成了具有独特风格的表演艺术。《辰河高腔的行当与表演技巧》一文指出，最初的辰

① 林春菲：《苗族宗教仪式音乐形态中的道德观——以湘西龙鼻嘴村为例》，《民族论坛》2016 年第 3 期。

② 廖君湘：《侗族萨岁文化生态问题刍议——以湖南通道坪坦侗寨“萨岁安殿仪式”田野考察》，《吉首大学学报》（社会科学版）2016 年第 1 期。

③ 李曾辉：《湘西南地区梅山峒民“炭花舞”的宗教观念及社会价值》，《贵州民族研究》2016 年第 2 期。

河高腔行当分为生、旦、净、丑、外、副、末、贴 8 个角色，到了清末民国初年之后变为生、旦、净、丑 4 个行当，其中生角又分为正生、老生、红生、小生，旦角可分为正旦、小旦、摇旦、老旦等。辰河高腔有着特殊的表演技巧，如甩发、喷火、老背少、耍獠牙、打八彩、打钢叉、金蝉脱壳、打三官堂、罗汉演武等。作者认为，辰河高腔是一部结合民间武术、民间杂技、民间音乐、民间宗教以及佛、道、傩等祭祀仪式的大型仪式剧，它不断吸收当地民间艺术精华，使该戏曲形式至今还保留着民间仪式风格的原始艺术形态，也使其具有较高的艺术价值。①

2016 年，学界对湘学宗教的研究，涉及面较广，对不同种类的宗教、宗教信仰、宗教仪式、宗教艺术等都有论述。但鉴于社会形势的复杂，有关湖南地方湘学宗教信仰的总体状况、影响等的研究有待加强。

（二）民俗研究

民俗作为一种社会文化现象，具体而深刻地反映了社会的物质生产水平、生活方式和思想意识、精神心理状况。湖南作为多民族聚居的省份，其独特而丰富的民俗资源向来引人注目。2016 年，学术界从物质民俗、社会民俗、信仰民俗以及民俗资源保护开发等层面开展了充分的研究。

1. 物质民俗研究

物质民俗主要包括物质生产民俗和物质生活民俗。物质生产民俗是一个国家、民族的特定地区社会群体中的大众，在一定生态环境中所创造、享用和传承的物质文化事像。它包括农业民俗，狩猎、游牧和渔业民俗，工匠民俗，商业和交通民俗等，贯穿人类生产实践活动的全过程。② 湖南物质生产方式多种多样，2016 年学界主要围绕农耕文化和交通民俗展开研究。

农耕文化内涵丰富，是人类通过较长历史时期的实践摸索和总结出的耕作方式、耕作技术、耕作知识以及相应的农业景观等共同构成的整体。湖南省紫鹊界梯田拥有距今 2000 多年的垦殖历史，成为中国南方稻作梯田

① 熊晓辉：《辰河高腔的行当与表演技巧》，《贵州工程应用技术学院学报》2016 年第 5 期。

② 钟敬文：《民俗学概论》，上海文艺出版社 1998 年版。

文化的重要代表。胡最等学者深入石丰村、金龙村、正龙村和龙普村4个核心梯田分布村落进行了入户访谈，结合相关资料与图片，综合分析并整理得到了紫鹊界梯田分布地区的传统饮食、习俗、节庆、信仰、方言、谚语、婚嫁、丧葬、传统技艺和其他相关的典型非物质文化遗产分布情况等研究数据资料，在此基础上形成了《紫鹊界稻作梯田的传统文化特征研究》一文，从发展演变、载体、文化信仰和与生产活动的关联特征等角度深入解析了紫鹊界传统文化的特色。第一，紫鹊界的传统文化具有典型的以水稻种植为主、山地渔猎为辅的特色，这是形成饮食、习俗等其他传统文化的前提。第二，紫鹊界传统文化的形成既与古梅山文化的长期发展演化有着密切的关系，又受到该地自然环境条件的制约。第三，紫鹊界的传统文化是在多民族融合的历史过程中发展起来的，具有丰富的文化多样性。研究发现，紫鹊界梯田发展演化的驱动因素有优越的自然条件、突出的人地矛盾、水稻种植和山地渔猎相结合的生产方式、多民族共同垦殖的历史等。①

交通民俗方面，学界重点关注了万里茶道。万里茶道是纵跨中、蒙、俄三国的国际茶业贸易运输的文化线路，国内途经福建、江西、湖南、湖北、山西、河南、河北、内蒙古八省区。习近平总书记称之为连通中俄两国的“世纪动脉”，它不仅是历史上的经贸交流通道，还是一条民族交融与文明传承之路。2014年中国与俄罗斯正式启动联合申报世界文化遗产的工作。湖南段是万里茶道的主要货源地和起始段之一，也是全段遗产价值不可或缺的重要部分。万里茶道湖南段开始于19世纪中叶，终止于20世纪初。但是湖南与蒙古国、俄罗斯的茶叶贸易历史起始于20世纪初，到20世纪50年代才终止。按照交流道路的地理空间属性，万里茶道湖南段文化线路遗产由古梅山区域陆路段、资江水路段、洞庭湖区域段和临湘市境内段四个部分构成。《万里茶道湖南段文化线路遗产结构初探》一文在探讨其遗产价值特征的基础上，从时间和空间两个维度分析了万里茶道湖南段的文化线路遗产结构。作者指出万里茶道的尺度大、距离长，遗产环境复杂，遗产受保护程度差异大，加上线路周边的城市与农村风貌正在急剧变化，遗产损毁较为严重，很多遗址已经无迹可寻。作者呼吁有必要以中俄万里茶道申报世界文化遗产为契机，全面调研万里茶道文化线路遗产，详细分

① 胡最、刘沛林等：《紫鹊界稻作梯田的传统文化特征研究》，《资源开发与市场》2016年第12期。

析其价值与结构，为下一步的遗产登录评估和可持续保护利用工作打好基础。[①]

物质生活民俗是以满足人们的需要为目的，包括饮食、服饰、居住、建筑及器用等方面的民俗。“民以食为天”，饮食是人类生活中平常而又重要的事情，湖南饮食文化历史悠久，内容丰富，特别是少数民族地区的饮食民俗引人注目，但是少数民族饮食文化在对外传播过程中遇到了困难，尤其在介绍侗族饮食民俗特点的时候，翻译过程中出现的词汇空缺、语义对应不一致、文化对应缺失的文化缺省现象。《民俗文化翻译中的缺省与补偿——武陵山片区侗族饮食民俗翻译的个案研究》一文针对这一现象，在总结侗族饮食民俗特点的基础上，指出译者应采取适当的方法进行补偿，给读者连贯的作品，在满足读者感知新鲜文化的同时，尽量做到忠实原文，准确地传达原文的文化信息，实现跨文化交流的目的。[②] 服饰方面，有关瑶族服饰的研究较多，《浅析江华瑶族服饰图案纹样构成形式》一文从构成形式入手，探讨了江华瑶族在制造民族服饰的图案纹样时的构思与基本法则。[③]《盘瓠传说对花瑶服饰形态的影响》一文认为花瑶服饰在漫长的历史征程中经历了时代的交替、地域的变迁与自然环境的考验，在不断传承、融合与发展中形成了既保留瑶族盘瓠文化精神特征，又具有族群个性面貌的服饰形态，是以龙犬为图腾崇拜的盘瓠文化的活化石。[④]《基于人体工学的永州瑶族服装及文化变迁研究》一文则从人体工学角度审视外观形制以下人—服装—环境三者之间的内在联系，进行人体与服装数据的采集、记录，以及构造学的研究，并指出在穿着者体型、着装环境、服装形制都已发生极大变化的背景下，传统瑶族服装失去了赖以生存的土壤。[⑤] 此外还有苗族服饰，《凤凰苗族祭祀服饰区域分类研究》一文结合当地的地理环境、人口分布、民间信仰等各种因素，立足诸多审美因素，借鉴地理学中的“综合分区法”对“湘西苗族祭祀服饰”进行区划研究，指出其区域可分为“禾库—腊尔山型”“山江型”和“茶田型”三类。[⑥]

---

① 李博、韩诗洁、黄梓茜：《万里茶道湖南段文化线路遗产结构初探》，《湖南社会科学》2016 年第 4 期。

② 杨玲玲：《民俗文化翻译中的缺省与补偿——武陵山片区侗族饮食民俗翻译的个案研究》，《民族论坛》2016 年第 2 期。

③ 唐慧妮：《浅析江华瑶族服饰图案纹样构成形式》，《艺术中国》2016 年第 9 期。

④ 刘怡果：《盘瓠传说对花瑶服饰形态的影响》，《艺海》2016 年第 5 期。

⑤ 刘亚平：《基于人体工学的永州瑶族服装及文化变迁研究》，《民族论坛》2016 年第 2 期。

⑥ 易子晴：《凤凰苗族祭祀服饰区域分类研究》，《艺术生活》2016 年第 2 期。

民居建筑方面，学界关注少数民族的民居建筑及其背后的历史与文化，其中又以土家族为主。《土家族吊脚楼视觉解析——基于莱斯特六种分析视角理论》一文以保罗 · H. 莱斯特的六种分析视角理论方法为依据，结合视觉表征研究的相关理论，对土家族“吊脚楼”这一民俗文化事象，从理性的角度展开多层面的视觉解析与阐释，从而揭示其视觉物像中深藏的奥秘。作者认为吊脚楼这种半干栏式建筑之所以在土家族地区有如此悠久的历史，与当地“八山一水一分田”这样的地理条件有关，也体现了土家族吊脚楼追求与大自然和谐、统一的自然美。①《由湘西捞车河村的民居建筑看土家族的人情伦理》一文以土家族特色民居建筑为研究对象，将该村建筑分为公共建筑与私有民宅。前者的代表是冲天楼和摆手堂，冲天楼是土家族建筑营造法式的集大成者，摆手堂融祭祖、娱乐于一体，是公众参与度最高的建筑；私有民宅是普通家庭日常生活空间，上梁等建筑礼仪体现了朴实、融洽的乡土人际关系。捞车河村以建筑为载体传承建筑工艺，以建筑为情感纽带增强使用人群的民族认同感与民族自豪感。村民依据自然地形与气候特征建成的民居建筑充分考虑生产生活需求，承载着土家族的人情伦理与生存智慧。②《湘西传统土家吊脚楼的特色及其可持续发展研究》一文以湘西传统土家族民居代表吊脚楼为研究基础，从地理、气候、生活模式和适宜技术等方面探究了传统土家族吊脚楼的成因和基本类型，阐述了土家族吊脚楼具有可持续发展的内在因素，具有实用价值、科学价值、绿色节能价值。③ 侗族民居方面，《侗寨鼓楼装饰艺术探析》关注侗寨特有的鼓楼建筑，认为它吸收了中国古建筑的特色，又融合了自己民族的审美与文化。④ 侗寨鼓楼表现出来的“杉树”“神龙”“鱼窝”和“仙鹤”等象征符号，隐含了侗族自身深层的文化积淀；其装饰题材雅俗兼陈，装饰用色淡雅与瑰丽并存，充满了浓郁的民族性和地域性。《论湘西侗族传统建筑风格及其保护》一文从湘西侗族建筑文化遗产的形成和发展出发，论述了该建筑形态的营造特色及相关特征：在造型上，湘西侗族的传统民居是较为典型的干栏式建筑，人们以木桩为底，上部架设横梁构成浮空的基座，屋顶

---

① 商世民：《土家族吊脚楼视觉解析——基于莱斯特六种分析视角理论》，《中南民族大学学报》(人文社会科学版) 2016 年第 2 期。

② 胡显斌、刘俊：《由湘西捞车河村的民居建筑看土家族的人情伦理》，《装饰》2016 年第 3 期。

③ 陈越华：《湘西传统土家吊脚楼的特色及其可持续发展研究》，《山西农经》2016 年第 10 期。

④ 张赛娟、蒋卫平：《侗寨鼓楼装饰艺术探析》，《贵州民族研究》2016 年第 4 期。

主要有双重檐悬山式和单檐悬山式两种，以满足通风和防潮的需求；在布局上，侗族的传统民居表现出“凹”形的状态，其方块内包含堂屋“卧房”火铺屋和厨房等区域；在建筑材料上，石材和杉木的搭配是湘西传统建筑在选材上的主要特点，松木、竹、干草、泥土和石灰等材料也较为常见。作者结合当下侗族建筑保护中出现的问题和困境，对其在未来的保护和发展提出了建议。① 苗族民居方面，《艺术人类学视野下的吊脚楼建筑景观研究》一文分析了苗族吊脚楼建筑历史、建造仪式、景观空间演变、建筑装饰艺术等方面，解析了其文化深层结构。作者指出苗寨吊脚楼建筑景观体现的物质文化形态是湘西苗家人千百年来在生产、生活中，利用自然、改造自然过程中塑造的人文物质景观，反映了苗家人的传统生态智慧、审美观以及宗教信仰，其“集体记忆认同”是苗族乡土文化传承的载体和民族文化传播的媒介。吊脚楼建筑景观在器用层面上彰显“物美”，体现了它与生命之美的对话，用苗家人最熟悉的本土材料和“集体欢腾”表达自我，表达生活，表达心理，表达价值。②

器用民俗方面，少数民族织物引起了越来越多学者的关注和重视，如侗族织锦是中国少数民族织锦中保存最完整且工艺最精湛的技艺之一，是侗族文化表现的重要载体，有着多重的社会功能和现实意义。通道侗锦历史悠久，以其独特的编织工艺、独具魅力的花纹图案、丰富深刻的文化内涵而著称，是中国民族织锦技艺中的奇葩。2008 年，通道侗锦入选第二批国家级非物质文化遗产名录。在此背景下，《湖南通道侗族织锦技艺调查》一文通过田野调查，并结合已有文献，对其基本类型、制作工序等进行了系统梳理和总结，以进一步增进学界对通道侗锦的技术、艺术与文化价值的认知，为其传承与保护提供可能的借鉴。③《侗锦图案中的民族文化内涵》一文通过实地考察，对搜集的侗锦图案加以整理归纳，结合侗民族文化习惯和心理特征等，解读侗锦图案所蕴含的哲学思想、图腾崇拜、民族文化内涵等，论述“天人合一”的思想概念在侗锦艺术中的显现，研究侗锦图案的民族文化价值。④《侗族织锦色彩语言研究——以湖南通道地区侗锦为例》一文则引入了 NCS 标准化色彩体系，以科学的色彩分析手段分析侗族

① 蒋卫平：《论湘西侗族传统建筑风格及其保护》，《艺术百家》2016 年第 3 期。

② 杨军林：《艺术人类学视野下的吊脚楼建筑景观研究》，《吉首大学学报》（社会科学版）2016 年第 6 期。

③ 章梅芳、姜凯云、刘兵：《湖南通道侗族织锦技艺调查》，《北京科技大学学报》（社会科学版）2016 年第 6 期。

④ 宋倩倩、陈晓玲：《侗锦图案中的民族文化内涵》，《湖南工程学院学报》2016 年第 3 期。

织锦背后的色彩呈现，指出这种素雅、质朴的色彩系统由侗锦织造工艺决定，也是侗族人自然生态观念、宗教图腾信仰的反映。通道地区的侗锦色彩，既带有侗族族群审美心理的共同属性，又由于地处多民族杂居区，具备鲜明的自身特点。[①] 此外，《湘西竹编艺术的美学价值探析》一文探寻了湘西竹编工艺异彩纷呈的文化寓意，指出竹编具有造型多样的应用价值和不拘一格的装饰价值。[②]《略论唐代长沙窑彩绘莲花纹饰的艺术特征和历史文化因素》一文阐述了唐代长沙窑莲花纹饰的艺术特征，唐代长沙窑的莲花纹饰亦展现出世俗野逸化的面貌，在选取花草类等生活化题材并对其反复描绘，减弱了莲花纹的宗教色彩。在一定程度上，长沙窑莲花纹饰与宫廷院体工笔花鸟画形成两种互补的艺术形态。昭示了莲花等自然物象作为自在之物的存在意义，表达了对自然和日常生活的关切，减弱了其他象征意味的寄寓，被赋予了作为独立装饰语汇的独立性和自足性，获得了广阔而无拘束的发展空间。产生了中国绘画史上写意花鸟的以莲花为主题的大量装饰纹饰，其影响至今犹深。[③]《汝城与桂阳古祠堂漆艺比较研究》一文比较了汝城和桂阳两地在漆艺装饰形式、题材、色彩、工艺以及文化内涵上的异同，认为移民的寻根思想，儒道释的浸染，经济文化的交流，地域文化的影响，功能的取向等多重因素导致“存同求异”的特质。[④]

2. 社会民俗研究

社会民俗包括社会组织与制度民俗，指人们在特定条件下所结成的社会关系的惯制。它规范着从个人到家庭、家族、乡里、民族、国家乃至国际社会在交往、结合过程中使用并传承的集体行为方式，主要包括社会组织民俗、社会制度民俗（习惯法、人生仪礼等)、岁时节日民俗以及民间娱乐民俗。

社会组织民俗存在于人们社会生活中约定俗成的集体文化行为，它以血缘、地缘或社缘关系为基础，由家庭、村落或社区共同的民俗事象和民俗事件做纽带，调整群体活动和个人与社会群体、自然界之间的关系平衡。“摆手堂”作为“摆手舞”展演的物质空间，是土家族民族文化中重要的部

① 杨建蓉:《侗族织锦色彩语言研究——以湖南通道地区侗锦为例》,《装饰》2016 年第 9 期。

② 叶芳羽:《湘西竹编艺术的美学价值探析》,《传承》2016 年第 4 期。

③ 刘泓艺:《略论唐代长沙窑彩绘莲花纹饰的艺术特征和历史文化因素》,《陶瓷科学与艺术》2016 年第 6 期。

④ 邓莉文:《汝城与桂阳古祠堂漆艺比较研究》,《装饰》2016 年第 1 期。

分。《土家族“摆手堂”的空间记忆建构》一文认为摆手堂从建筑结构、神堂里的实物摆设、民间故事的讲述以及周边的村寨生活空间几个方面共同构成了整个摆手舞赖以存在的文化空间，土家民众的文化记忆也在这个空间下形成并稳固下来，摆手堂也由此被建构成一个记忆空间。①《湘西双凤村摆手堂变迁与土家族的群体活动》一文通过对湘西双凤村摆手堂及舍巴活动的田野调查发现，土家族摆手堂是土家族社会日常生活中一个重要的综合性场所，兼具多种社会功能和文化功能。它承载着土家人的宗教信仰、风俗民情及人生观，因此它具有区别于其他建筑的特殊属性。摆手堂确实兼具祭祀祖先的功能，但它与象征着绝对庄严与肃穆的宗祠不同，因为它还有宗祠所不具备的娱乐休闲性。摆手堂本身具有戏场不具备的神圣性和严肃性。它所容纳的活动虽然具有一定的表演性和观看性，但其本质具有民族传统宗教诉求的神圣和带有祭祀文化的内涵，具备了土家族有别于其他民族物质性和非物质性文化的气质特征。基于此，摆手堂也就成了民众凝聚宗教意念、抒发民族情感的神圣场所，成了本族区别其他民族的特有标志。②《象征、符号与权力——基于马颈坳镇烧龙仪式的田野考察》一文则对湘西马颈坳镇烧龙仪式象征符号表象层面与意义内涵的不同呈现进行了全面深入的考察，并洞悉其差异呈现背后的不同力量及内在原因，总结出造成这一分歧的根本原因是他者与主体之间缺乏良性的交流与理解，二元力量未达到平衡，从而使族群传统文化变得模糊和不稳定。③

民族习惯法是指根据民族地区社会组织的权威自然形成（约定），用于调整民族地区的社会关系，有习惯性和强制性特点的行为规则总和。所谓“三里不同风，五里不同俗”，纠纷的解决很大程度上依赖于运用当地民俗或约定来调解。《民族习惯法在解决少数环境纠纷中的适用——以湘西少数民族民间调解为例》一文研究因环境污染、生态破坏等行为造成公私财产损失、人身损害以及环境功能下降而发生在民事法律关系主体之间的民事纠纷，指出民族习惯法在民间调解中较之其他纠纷解决方式的优势，主要体现在减轻纠纷当事人诉累、弥补环境纠纷仲裁缺陷和有利于真正解决纠纷。④

人生礼仪是指人在一生中几个重要环节上所经过的具有一定仪式的行

① 彭书跃：《土家族“摆手堂”的空间记忆建构》，《民族论坛》2016年第7期。

② 刘俊：《湘西双凤村摆手堂变迁与土家族的群体活动》，《装饰》2016年第7期。

③ 杨帆：《象征、符号与权力——基于马颈坳镇烧龙仪式的田野考察》，《装饰》2016年第8期。

④ 刘英、李思颖：《民族习惯法在解决少数环境纠纷中的适用——以湘西少数民族民间调解为例》，《法制博览》2016年第3期。

为过程，主要包括诞生礼、成年礼、婚礼和葬礼。此外还有祝寿以及庆生仪式等。它是社会民俗事项中重要的组成部分之一，也是将个体生命加以社会化的程序规范和阶段性标志。《凤凰T村苗族婚俗调查》一文从相识方式、初年订婚、婚前准备、嫁娶仪式及婚姻习俗五个方面来探讨苗族婚俗，在探究古时婚俗与现如今婚俗的不同之处后，发现苗族的婚礼仪式与婚礼习俗都在随着时代的变迁而发生重大改变，但不论如何改变，苗族婚俗所具有的传统总是凝聚在每个苗族人的心中，民族习俗认同的观念深刻地影响着苗族的婚俗变迁。①《论湘西土家族丧葬习俗的文化蕴涵》一文认为丧葬习俗是湘西土家族传统文化中不可或缺的重要内容，其所反映的文化通过一系列丧葬仪式活动体现出来（丧葬习俗是人们应对死亡的思想观念）传统理念以及复杂的个人、群众的心理状态而成的一种传统文化积淀。这一独特的世代传承的丧葬习俗背后，体现了土家族的睦族友邻、敬生礼亡、神贵祖崇等社会文化意义。②

岁时节日民俗方面，《商业效益正推动传统民俗活动向现代转型——第三只眼观察浦市龙舟节》一文注意到了浦市龙舟节的变化，认为传统民俗活动的内在推动力正经历着一场变革，这种顺应时代的现代转型又恰好维系与增强着传统民俗活动的生命力。湖南省衡阳县渣江地区的春社习俗，延续至今，是南方地区特别是湘南地区中华民族传统习俗的活化石。如今当地民间依然保留着每年农历立春后第五个戊日开始长达一个多月的春社活动③。《上古遗风：传统民俗——湖南省衡阳县渣江春社历史及发展》④《湖南省衡阳县渣江春社的形态及流变》⑤ 以春社为研究对象，从渣江春社的历史渊源及社会环境、渣江春社与庙会的历史关系、渣江春社的基本情况及特点等几个方面探讨了渣江春社的历史价值。

少数民族岁时节日民俗方面，《文化空间的艺术表达——湘西古丈县太平村土家族“跳马”的田野调查（上）》一文对流行于古丈县太平村的“跳马”活动开展田野调查，认为太平村“跳马”将土家族古老歌舞和巫傩祭祀相结合，并融合了部分汉族和苗族文化基因，经历了漫长的社会发展

---

① 向海霞：《凤凰T村苗族婚俗调查》，《民族论坛》2016年第3期。

② 瞿宏州：《论湘西土家族丧葬习俗的文化蕴涵》，《民族论坛》2016年第6期。

③ 何强：《商业效益正推动传统民俗活动向现代转型——第三只眼观察浦市龙舟节》，《民族论坛》2016年第6期。

④ 董俊：《上古遗风：传统民俗——湖南省衡阳县渣江春社历史及发展》，《南华大学学报》（社会科学版）2016年第6期。

⑤ 董俊：《湖南省衡阳县渣江春社的形态及流变》，《遗产与保护研究》2016年第4期。

逐渐形成。[①] 此外，还有对湘南汝城元宵传统活动“香火龙”的研究。[②]

民间游戏娱乐属于社会民俗的重要内容之一，它是一种以消遣休闲、调剂身心为主要目的而又有一定模式的民俗活动，包括民间游戏、民间竞技以及民间杂艺三大类。

学界对湖南民间游戏娱乐的研究主要集中在民间竞技方面，其中有从整体上研究湖南民俗体育的成果，如《湖湘地区民俗体育的分布及其特征的研究》一文对湖湘地区民俗体育进行挖掘、整理和分析，归纳其分布和特征，指出湖湘民俗体育是在湖南特定的地理环境下形成与发展的，湘南、湘北、湘中、湘西民俗体育文化都有着不同的表现形式；在湖湘特殊的地理环境、历史背景、独特的生产劳动方式、远古的民俗遗风以及少数民族的影响下，各民俗体育文化有着其独特的内涵。[③]《湘西苗族节日体育变迁的文化人类学反思》一文对湘西苗族节日体育的起源、变迁进行研究，利用文化人类学理论对节日体育变迁进行反思。[④] 更多关于民俗体育的研究体现在一些具体项目上，如《古村落传统节日民俗体育的特征和价值——以板梁古村元宵节“倒灯”为个案的研究》一文运用文献资料调研、田野调查、口述历史等研究方法，以湖南省永兴县板梁古村元宵节“倒灯”为田野个案。通过描述板梁“倒灯”的活动流程，捕捉其文化特征，并对“倒灯”的价值与功能进行阐释。研究表明，板梁古村“倒灯”习俗是当地元宵节的重要活动，其古朴的原生态特征和活态体育人文遗产特点深受当地群众的喜爱；板梁“倒灯”习俗是民间体育传承的载体，“倒灯”仪式在村落社会中具有文化教育和乡土社会安全阀的多元价值。[⑤]《少众传统体育运动项目文化探究——湖南西部地区龙潭镇“舞蚕灯”文化》一文探讨了龙潭舞蚕灯这一典型传统民族地方特色艺术活动的起源、组织形式，指出蚕灯的造型和组织形式极具特色，是龙潭人对龙图腾和神蚕崇拜最形象的体现，寄希望于借助舞蚕灯这种特殊的文化符号让抽象的繁衍情结和生命意

---

① 陈奥琳、陈廷亮：《文化空间的艺术表达——湘西古丈县太平村土家族“跳马”的田野调查（上）》，《三峡论坛》2016 年第 5 期。

② 胡翔飞：《湘南汝城“香火龙”艺术研究》，《艺术科技》2016 年第 8 期。

③ 陈凌、胡建忠、刘晴：《湖湘地区民俗体育的分布及其特征的研究》，《当代体育科技》2016 年第 28 期。

④ 周雪华、周春晖、谭镜江：《湘西苗族节日体育变迁的文化人类学反思》，《大众体育》2016 年第 2 期。

⑤ 邱海洪、胡蓉：《古村落传统节日民俗体育的特征和价值——以板梁古村元宵节“倒灯”为个案的研究》，《军事体育学报》2016 年第 4 期。

识得以物化，升华了对美的艺术追求。[①]《湖南麻阳苗族传统体育项目的发展现状与反思》一文对麻阳县民族传统体育项目发展的现状进行调查走访，发现该地区苗族体育的发展现状不容乐观，存在着历史、地理、人文、社会等诸多限制因素，在此基础上引起反思并提出因地制宜开展体育旅游、与现代体育相结合、培养新形势下人才队伍等相关对策。[②]《苗族节庆体育文化的现代流变——以花垣赶秋习俗为例》一文则以赶秋体育文化为个案，在田野调查的基础上，对苗族赶秋体育文化的现代流变进行了分析。作者指出苗族节庆体育文化的流变，国家发挥着至关重要的作用。呈现出传统与现代因素在一个文化体中碰撞、吸收、共同形塑的文化样式。[③]

《沅陵传统龙舟竞渡的发展》一文对沅陵传统龙舟竞渡的起源、发展历程进行研究，认为沅陵传统龙舟竞渡源于纪念始祖盘瓠；经过自在自发时期、萧条与禁止时期、恢复调整时期、加快发展时期四个时期的变迁，沅陵传统龙舟竞渡由“本土”祭祀性体育活动演变成与国际接轨的民俗传统体育项目。[④]《汨罗传统龙舟竞渡的渊源探析》一文从“龙头凤尾”船式追溯信仰源头，由祭屈的共同心理情感及行动探析“竞渡”之源。[⑤]

3. 精神民俗研究

精神民俗是指在物质文化与制度文化基础上形成的有关意识形态方面的民俗。它主要包括民间信仰、民间巫术、民间哲学伦理观念以及民间艺术等。学术界对湖南的精神民俗进行了较充分的探讨，主要集中在民俗信仰与民间艺术方面。

民俗信仰又称民间信仰，是在长期的历史发展过程中，民众自发产生的一套神灵崇拜观念、行为习惯和相应的仪式制度。作为流传于中国民间的一种信仰心理和信仰行为，民间信仰有着广泛的群众基础，是一种分散的、非系统的民间信仰形式，它因地域不同而有不同的信仰对象。

对于湖南的民间信仰研究成果，多散见于关于各地地方性崇拜与信仰

---

① 李奕霖：《少众传统体育运动项目文化探究——湖南西部地区龙潭镇“舞蚕灯”文化》，《当代体育科技》2016年第9期。

② 杨旭东：《湖南麻阳苗族传统体育项目的发展现状与反思》，《湖北体育科技》2016年第7期。

③ 周平、张波、熊少波：《苗族节庆体育文化的现代流变——以花垣赶秋习俗为例》，《湖北体育科技》2016年第12期。

④ 杨俊、杜红政：《沅陵传统龙舟竞渡的发展》，《湖北体育科技》2016年第11期。

⑤ 张徽徽：《汨罗传统龙舟竞渡的渊源探析》，《开封教育学院学报》2016年第2期。

之中。这些成果又主要集中在对傩信仰方面。如《论武陵山区傩坛的组织形态》一文研究了傩坛的两种组织形态——祖师坛与傩坛班。祖师坛是信仰层面的组织形态，体现着坛门的师承关系，以及掌坛师在当地傩坛网络结构中的位置。傩坛班则是掌坛师实际活动时的组织形态，其成员可以全部来自同一祖师坛，也可以来自不同的祖师坛。但即使是傩坛班成员来自不同的祖师坛，在其活动时也必须以其中一个祖师坛为首。无论是祖师坛还是傩坛班，在傩坛的传承中都发挥着重要作用。[①]《民间历史文化记忆中的湘西用坪还傩愿》一文通过对湘西用坪当地民众对中华人民共和国成立前的用坪传统民间还傩愿的记忆的调查，从具体的仪式活动、相关传说、优秀传承人等方面予以描述或分析。[②]《临武县油湾村人的傩神信仰和民俗傩戏》一文阐述了临武县油湾村傩信仰的原因、特点，认为油湾村现存民间的傩信仰体系基本保持了地域性、自发性、民间性、分散性自然宗教及其多教合一、多神崇拜相关信仰习俗等传统文化基因。油湾村傩神信仰往往根据族人和福主（傩神信士）自己的主观感受祈求（傩愿）对崇拜神灵进行选择、转换和创造。在举行傩祭时，将道教、儒教、佛教和祖先以及地方神灵全部转化为傩神进行祭拜。油湾村的傩作为一种驱赶巫术和假面具相结合的原始祭祀，已逐渐发展为包括傩祭、傩仪、傩舞、傩技、傩歌和傩戏于一体的比较系统的傩文化体系。油湾村傩神信仰拥有一套完整的表演程式，整套程式主要由许傩愿、还傩愿和闭傩坛三部分组成，包括路桥祭（跳傩神）、傩戏等大小几十道程序，每道程序又分若干环节，表演地点多变，程式复杂，场面神秘。[③]《侗族萨文化功能研究》一文认为侗族萨文化起到了构建民族身份、宣告权利取得、进行秩序维护、增强集体凝聚、调节消费走向、维系文化传承的作用。[④]

其他地方信仰方面，《南岳圣帝信仰与衡岳地域社会——以民国以前时段为中心》一文通过对南岳朝圣的研究，揭示出古代社会中国家与衡岳地域社会在政治、经济、文化和社会生活中的互动关系。作者认为政治上，国家通过乡绅、香会会长、族长等人将国家权力渗透到衡岳乡村社会中，达到整合社会和维持正常社会秩序的目的；经济上，促成了南岳镇的兴起

① 许钢伟：《论武陵山区傩坛的组织形态》，《世界宗教文化》2016 年第 5 期。

② 刘兴禄、刘鹤：《民间历史文化记忆中的湘西用坪还傩愿》，《原生态民族文化学刊》2016 年第 3 期。

③ 周作明：《临武县油湾村人的傩神信仰和民俗傩戏》，《艺海》2016 年第 9 期。

④ 姜莉芳：《侗族萨文化功能研究》，《怀化学院学报》2016 年第 10 期。

和商业与服务业的持续繁荣；在思想文化和精神生活上，南岳朝圣活动不仅是衡岳地方社会人们日常精神生活中一个重要的组成部分，而且还反复传达着国家所倡导的社会价值观，彰显了社会教化功能。①

《花山女神信仰的复苏与变迁——湖南江永县花山庙的人类学考察报告》一文通过田野调查发现，花山庙重建与民众的社会记忆和信仰需求有关，作为延续性的文化，当地关于姑婆传说、花山庙的记忆、祭祀活动一直在民间按照它的内在逻辑脉络传承发展，影响着人们的生活。花山庙遗址具有的“真实的”和“确实存在的”空间特征和神圣的象征意义，并凭借民众的感知、记忆来传承和延续，这成为花山庙重建的重要因素。作为地方性的民间信仰，花山庙的宗教资源匮乏单一，也未能承担起“女书”文化活态传承发展之平台的功能，可持续发展的前景堪忧。作者指出只有通过“女书”文化和女神信仰的互构，才能实现两者的可持续发展。②

《族群生存策略：瑶族盘王信仰的功能研究》一文探讨了瑶族盘王信仰的历史渊源，认为以盘王信仰为中心的民俗文化，以各种形式与内容贯穿到了瑶族人民的社会生活中。作者指出“盘王信仰”一直以来长盛不衰，是由其功能所决定的，它是瑶族在长期的社会历史发展中所选择的调适人与自然、人与社会关系的一种生存策略。③

《“各族皆有家神”——以湘潭阳塘龙王信仰与周氏宗族建构为中心》一文认为该地的龙王信仰，作为周氏宗族的家神信仰，与宗族建构密切相关，其发展变化的背后具有深刻的地域社会文化脉络。龙王信仰在周氏族人记忆中是明初周氏始迁祖从江西带来的，由周氏族人轮流奉祀，是周氏宗族早期建构的重要文化符号。雍正初年，周氏宗族编修族谱、修建宗祠、举行祭祖仪式，宗族制度自此成为占有经济资源、展示历史渊源和社会地位的主要方式。晚清以降，周氏宗族通过经管老龙神庙愈益体现其在地域社会文化中的中心地位。④

民间巫术方面，《苗族“椎牛祀”的文化特征》一文认为苗族“椎牛祀”的文化特征是由苗族传统文化的特性来决定的，在苗族传统文化的形成过程

---

① 刘国武：《南岳圣帝信仰与衡岳地域社会——以民国以前时段为中心》，《衡阳师范学院学报》2016 年第 4 期。

② 伦玉敏：《花山女神信仰的复苏与变迁——湖南江永县花山庙的人类学考察报告》，《地方文化研究》2016 年第 3 期。

③ 罗晓琴：《族群生存策略：瑶族盘王信仰的功能研究》，《民族论坛》2016 年第 6 期。

④ 陈瑶：《“各族皆有家神”——以湘潭阳塘龙王信仰与周氏宗族建构为中心》，《安徽史学》2016 年第 1 期。

中，“椎牛祀”具有很强的继承性。苗族“椎牛祀”的文化特征主要表现为苗族“椎牛祀”是苗族人崇鬼祭天的体现、苗族“椎牛祀”是苗族人跨越文明的体现、苗族“椎牛祀”是苗族人传播傩文化的体现、苗族“椎牛祀”是苗族人娱神娱人的体现等几个方面，它反映了苗族传统文化所形成的特定的自然条件和社会历史条件，而且具有原始宗教和民俗传统为中心的社会准则。[①]

民间哲学伦理观念方面，《对生命神性的敬畏与遵从：武陵山区苗族的生命伦理》一文通过田野调查，发现在现时态的武陵山苗族村落社会中，人们仍常用神判的方式解决国家法律所无法触及的纠纷问题。之所以这种古老制度仍在苗族村落社会活态运作，是因为神判得以运作的基础是人们对神性的遵从与“敬畏”，即人们对神灵存在敬畏之心，深信神意不可冒犯。事实上，这既是苗族生命伦理最重要的信仰基础，也是苗族生命伦理的重要内涵。[②]《湘西苗族巴岱信仰中的模式数字“三”辨析——基于〈民国时期湘西苗族调查实录〉》一文通过对民国调查实录中祭祀神辞及相关仪轨数字“三”的分析，指出数字“三”表现出特指和泛指两种形式，且数量较多，可称为模式数字。该模式数字源于湘西苗族先民对宇宙空间的认知。一方面，湘西苗族数字文化中的“三”具有一定的人类思维共性；另一方面，作为抽象思维活动的成果，数字使用的稳定性较强，可指代的具象内容丰富，在不同民族文化必然浸染不同的特征属性，体现了特有的民族思维。湘西苗族巴岱信仰中三层的宇宙空间和神灵世界就具有明显的民族特色和地域特征，是湘西苗族生活环境与历史生计的记录。[③]

4. 湖南民俗保护开发研究

湖南丰富多彩的民俗文化资源作为重要的非物质文化遗产已引起了社会各界的高度关注，如何在保护中合理开发、有效传承这些优秀的民俗文化，成为一个重要的学术和现实问题。

武陵山区地域广阔，是我国中西部贫困地区少数民族的聚居地，具有丰富的非物质文化遗产，学界对该区域予以了重点关注。《多样的非物质农业文化遗产对武陵山区乡村旅游的发展探究》一文梳理了武陵山区的农业

---

① 熊晓晖：《苗族“椎牛祀”的文化特征》，《重庆三峡学院学报》2016 年第 1 期。

② 麻勇恒、范生姣：《对生命神性的敬畏与遵从：武陵山区苗族的生命伦理》，《铜仁学院学报》2016 年第 2 期。

③ 焦丽锋、徐刚：《湘西苗族巴岱信仰中的模式数字“三”辨析——基于〈民国时期湘西苗族调查实录〉》，《贵州大学学报》（社会科学版）2016 年第 1 期。

文化遗产，认为武陵山区农业文化中一些农业生态景观、传统的农耕文化、独具地方特色的劳动技艺、少数民族农业民俗等都对非农村游客具有强烈的吸引力。通过科学布局，协调各方利益，清晰定位、“求异存同”，实现“一区（县）一色”，以提高山区各区县的竞争力。[①]《场域—资本视域下非物质文化遗产代表性传承人遴选实践反思——以宝庆竹刻和花瑶挑花为例》一文通过两项民间手工艺代表性传承人遴选实践分析，呈现非物质文化遗产保护与传承场域中资本竞争与运作的文化逻辑，为提升传承影响力和有效性提供来自田野的反思性经验。[②]《旅游开发中民俗文化的保护与利用研究——以湖南通道侗族自治县为例》一文发现侗文化传承出现断层、民俗文化旅游开发和传承发展的良性运营机制尚未形成等因素的限制，提出保护与利用的对策。[③]《湘西地区土家族传统体育资源创意开发及其成效研究》一文对湘西地区土家族传统体育文化资源创意开发现状、产品形态、文化市场及开发策略进行探究，使其符合现代人类社会发展需求及大众审美。[④]《湘西凤凰非物质文化遗产的开发与保护》一文针对目前保护和开发凤凰民俗文化最突出的原真性差、口传艺术弱化、管理不科学及缺乏提炼创新问题，采用科学的方法、合理的开发手段、创新的模式，并和现代文化、科技相结合，才可以实现最佳的保护和传承效果。[⑤]《湖南省非物质文化遗产——梅山剪纸传承与发展途径的思考》一文认为梅山剪纸要获得可持续的继承和发展，必须融入现代艺术体系，适应时代的发展。[⑥]此外，学界还对武陵山片区的竹编[⑦]、隆回的农民画[⑧]、凤凰的苗歌[⑨]、芷江孽龙[⑩]等非遗

① 陈灿、黄璜等：《多样的非物质农业文化遗产对武陵山区乡村旅游的发展探究》，《遗产保护与研究》2016 年第 2 期。

② 谢菲：《场域—资本视域下非物质文化遗产代表性传承人遴选实践反思——以宝庆竹刻和花瑶挑花为例》，《三峡论坛》2016 年第 6 期。

③ 林榆堤、李灿：《旅游开发中民俗文化的保护与利用研究——以湖南通道侗族自治县为例》，《旅游市场》2016 年第 5 期。

④ 李菊花、胡泽湘、胡龙：《湘西地区土家族传统体育资源创意开发及其成效研究》，《四川体育科学》2016 年第 2 期。

⑤ 宾阳：《湘西凤凰非物质文化遗产的开发与保护》，《湖南工业大学学报》（社会科学版）2016 年第 3 期。

⑥ 莫丹华：《湖南省非物质文化遗产——梅山剪纸传承与发展途径的思考》，《大众文艺》2016 年第 8 期。

⑦ 张应军、李柏山：《武陵山片区竹编文化传承研究》，《怀化学院学报》2016 年第 2 期。

⑧ 张冰钰、曾强：《隆回农民画的艺术特征及其传承保护探究》，《美术广角》2016 年第 2 期。

⑨ 谭文：《谈婚礼中的苗歌及其保护——以湘西凤凰县千工坪乡田冲村为例》，《歌海》2016 年第 4 期。

⑩ 陈保学、王美杰：《芷江孽龙的时代价值与传承探讨》，《怀化学院学报》2016 年第 10 期。

项目开展了研究。

少数民族传统村落凝结着本民族文化和历史记忆，是民族的宝贵遗产，也是村民的精神家园，学界对此予以了充分关注，如《湘西传统聚落文化景观定量评价与区划》以湘西29个历史文化名村名镇或传统村镇为研究对象，分析了传统聚落文化景观特征，构建了物质性文化景观和非物质文化景观相似性的指标体系，基于实地调查数据，制定了指标数据量化策略，应用层次聚类分析方法对文化景观进行了相似性聚类，并利用GIS空间分析技术对聚类结果进行了分区。结果显示，北部为土家族聚落景观区，中部和西南部为苗族聚落景观区，多民族混合型聚落景观区在研究区中西部、中部和东南部呈条带状分布；土家族文化景观区的标志特征为吊脚楼；苗族文化景观区以宗族血缘为纽带，建筑以干栏建筑为主，其非物质文化景观以鼓舞和柳巾舞为典型特征；混合景观区主要表现为汉族传统文化特征。①

除了上述重点区域与领域，还有从其他视角进行研究的成果，如《文化空间视角下的湖南区域表演类非物质文化遗产保护与传承》一文审视了湖南传统音乐、舞蹈、戏剧、曲艺等文化形式的象征意义、内在价值、外在符号与历史记忆，在整体保护、生产观念和传承需求上下功夫，有效实现了保护与传承。②《基于湖南民间美术非遗保护视野的电子书籍设计探索》一文认为依靠传统心口相传的保护措施已经无法保证这些项目的生命力。所以，利用电子书籍这一便捷而直观的数字技术进行开发保护，一方面是对电子书籍设计的推陈出新，设计出更加有艺术气息、更有吸引力的电子书籍；另一方面是对湖南民间美术非遗的展示和传播，扩大读者群体，增强影响力，更有力地推动湖南民间美术非遗的开发保护。③《通过旅游推进傩文化的保护与利用——以湖南临武傩为例》一文以湖南临武傩为例，论证利用傩戏进行旅游开发的可行性，进而提出建议。④《湘剧传承的现状分析与路径探讨》一文分析了湘剧存在的现状，发现制约湘剧发展的因素，

① 郑文武、邓运员等：《湘西传统聚落文化景观定量评价与区划》，《人文地理》2016年第2期。

② 刘坚平、袁绍成：《文化空间视角下的湖南区域表演类非物质文化遗产保护与传承》，《艺海》2016年第12期。

③ 袁悦：《基于湖南民间美术非遗保护视野的电子书籍设计探索》，《艺术评论》2016年第3期。

④ 周作明：《通过旅游推进傩文化的保护与利用——以湖南临武傩为例》，《艺海》2016年第1期。

探讨湘剧传承发展的路径。[①]

2016年，学术界对湖湘物质民俗、社会民俗、信仰民俗以及民俗资源保护开发等层面进行了研究，涉及的民俗文化内容比较广泛。但对湖湘民俗文化发展脉络的研究较为薄弱，湖湘民俗文化的发展历程、特征及影响等有待进一步挖掘。

① 龙丽萍:《湘剧传承的现状分析与路径探讨》,《艺海》2016年第8期。

五　湘学史志文献研究

2016年，湘学在湖南地方史、湖南地方志和湖南文献研究方面的成果，继续获得较大丰收，据笔者不完全统计，出版专著近30部，相关研究文章130余篇。其中，湖南地方史著作着力于专题研究，包括学术专著、纪念文集与通俗著作等共11部，共计20本；发表学术论文28篇（不含人物、文献及党史类论文）。湖南地方志的整理与研究方面，出版专著3部（其中2部系旧志整理，1部系新志修订），发表论文3篇。

（一）湖南地方史研究

湖南历史悠久，在漫长的历史进程中不断发展进步，对中国社会产生了重要影响。2016年有关湖南地方史的研究成果涉及对湖南历史文化、源流、区域史及断代史的研究，对某一时期如民国时期湖南政治、经济、军事、文化的微观研究成果也较多。

1. 古代湖南史研究

2016年，古代湖南史方面的研究成果主要涉及新石器时代祭祀，长沙春秋扬越来源，长沙郡起源，长沙、宁乡、邵阳、武冈、攸县地名源流，宋代湖南茶业和社仓，清初湘西地区农业结构等问题。

曲新楠在《湖南新石器时代祭祀遗存概述》一文中，以时间为序，对湖南地区新石器时代主要考古学文化——彭头山文化、高庙文化、汤家岗文化、大溪文化的祭祀遗存进行了梳理；对照科林·伦福儒和保罗·巴恩在《考古学理论、方法与实践》一书中提出的“分辨祭拜”的标准，一处祭祀遗存并不能涵盖伦福儒等提出的所有标准，在湖南地区新石器时代遗址中表现得尤为明显，只能通过遗物本身特点，结合出土背景来进行分析。[①]

喻立新在《长沙春秋扬越来源探究》中认为，长沙春秋时的扬越是一个古老的民族，原本生活在江汉平原及今赣西北—赣北（鄱阳湖以西）。两周之际，今赣西北—赣北的扬越人进入长沙，建立政治实体虎方。春秋中晚期，虎方国政治中心设在今宁乡黄材一带。公元前491年，扬越族所建立的虎方因楚昭王南征而灭亡。虎方国虽亡，但扬越族未灭，直到战国中期，湘水中上游的扬越人才被楚国征服。春秋时期，长沙地区的主要生活族群是扬越人，故长沙古称“扬越之地”。[②]

“南洞庭”即洞庭湖南部，在今益阳市管辖范围内。《先秦南洞庭——南洞庭湖古遗址发掘报告集》借用这一特定地域名称，以叙述南洞庭湖形成之前这一带地下埋葬的部分先秦文化遗存，所收报告包括洞庭湖南部新湖遗址、蔡家园遗址、大通湖遗址、玉竹垉遗址、石咀头遗址、漉湖遗址、泞湖遗址、铁铺岭遗址8处先秦古遗址发掘简报，分别对各遗址的地理环境、地层堆积、文化遗存进行了较详细的描述和较深入的分析，并给出了相应的结论。这些遗址及其遗存的时代经历汤家岗文化、大溪文化、屈家岭文化、石家河文化和商周时期，其间没有大的缺环，改变了之前对洞庭湖南部历史文化面貌的认识，是研究洞庭湖南部古代历史文化的重要资料。另有《南洞庭湖史前遗址环境考古学研究的收获和初步思考》《洞庭湖南部古遗址动物清单》《益阳南洞庭湖两处古遗址水稻鉴定报告》三篇研究报告，对遗址的环境、动物、水稻等问题进行了研究，给出了相应的结论。[③]

《钟相草坪大起义研究》是学术界首次出版研究洞庭湖区传奇人物钟相的长篇专著。据史料记载，鼎州武陵人钟相是南宋时期占据洞庭湖一带的农民起义军首领。陈致远、周星林两位教授从细微处入手，在查阅大量历史文献和地方志书的基础上，开展扎实的田野调查，搞清了钟相大起义的来龙去脉。他们用多方考证的史料，重现了800多年前钟相、杨幺农民起义发生的原因、时间、辗转确切地址及人物在其过程中的表现、结果，并深入分析探讨了这场农民革命失败的原因以及思想的局限性和进步性。[④]

一些作者对湖南地名源流展开了研究。

---

① 曲新楠：《湖南新石器时代祭祀遗存概述》，《文史博览（理论）》2016年第10期。

② 喻立新：《长沙春秋扬越来源探究》，《长沙大学学报》2016年第4期。

③ 盛定国主编：《先秦南洞庭——南洞庭湖古遗址发掘报告集》，科学出版社2016年版。

④ 陈致远、周星林：《钟相草坪大起义研究》，吉林大学出版社2016年版。

张超凡在《长沙郡起源初探》中指出，里耶秦简出土以后，长沙郡作为秦朝初年三十六郡之一的传统观点被否定，认为长沙郡极有可能是由长沙王吴芮设置。长沙郡出现的前提是该地区在政区划分上发生重大变化，即由洞庭、苍梧二郡演变为长沙一郡；吴芮在楚汉战争之际占领了该地区，有条件进行这一政区变更；长沙之名来源于古越语，而吴芮的势力集团正是越人集团。也就是说，秦汉之际，湖南地区行政区划发生过重大变化，吴芮在受封为长沙王之前，实际控制了长沙郡所辖的地区，在调整所辖区域的行政区划时，用了古越语的词语来命名这个新郡——长沙郡。[①]

彭雪开近年致力于湖南地名源流研究，相继发表了一系列考证文章，2016 年除发表对长沙源流考证文章外，还对宁乡、邵阳、武冈、攸县源流进行了考证。通过对长沙地名的源流进行考证，他认为，长沙在上古时为三苗国地，后为越人所居，得名“沙”。西周初得名长沙，为扬越部落方国名。行政区划历有长沙、湘、临湘、抚睦之称。隋文帝开皇九年（589），改临湘县为长沙县，为长沙县名之始，县、郡皆同城而治。[②] 关于宁乡源流，彭雪开在文中先是以较大篇幅对宁乡炭河里文化遗址的社会组织属性进行了分析说明，认为从所发掘现有文物及公布的材料看，难以推定为政治实体或方国，或方国类的政治实体，当是原居中原且善于制造青铜器的戈族一支，因不堪殷人压迫，在殷商末期逃藏于南方，进入黄材盆地，筑城隐藏族居，专以制造青铜器为业，后与当地土著一起创造了南方青铜器文化中心。接着说明三国吴置新阳县前，今宁乡县境属益阳县；吴太平二年（257），析益阳置新阳县，因县治处沩水北岸，又为新置县，故名新阳；晋改吴新为新康，当与晋武帝司马炎立新朝治新政有关；隋时新康县入益阳县，唐时又析置新康县；北宋设置宁乡，与新化、安化、善化同为祈愿地名，当与宋初“以文治国”密切相关。后县治两迁，终设玉潭镇。[③] 关于邵阳源流，他认为白公胜作乱失败后，其族人一支逃藏今湖南邵阳市邵水流域，以楚昭王嫡亲为荣，极有可能将养育他们族裔的河流取名“昭”，族人后裔于战国初择居在今昭水与资水（古名益水）交汇处山陵之上，聚落为城邑，故得名昭陵；昭陵置县约在楚悼王“吴起变法”时，属楚苍梧郡，秦汉属长沙郡；昭阳系东汉初长沙剌王子封侯于此，因侯城位于“昭”水之北，故得名昭阳；邵陵，三国时吴主孙皓分零陵立邵陵郡，为避晋文帝

① 张超凡：《长沙郡起源初探》，《长沙大学学报》2016 年第 1 期。
② 彭雪开：《长沙地名源流考》，《长沙大学学报》2016 年第 6 期。
③ 彭雪开：《宁乡地名源流考》，《长沙大学学报》2016 年第 4 期。

司马昭之讳，于吴宝鼎元年（266）改昭阳县为邵阳县，治原址，邵阳之名，始载于国史、地方志、地名志；五代晋天福（936—944）中，为避庙讳，改邵州为敏州，邵阳县为敏政县，治原址；宝庆，以年号名，南宋理宗赵昀曾任过邵州防御使，继承皇位后，“诏邵州潜藩可升为宝庆府”，以为纪念。宝庆，为喜庆之词，意为宋理宗赵昀登上帝位，举国庆贺，故谓之宝庆；民国置宝庆县，后复改邵阳县，县治、州府治，多治于今邵阳市区；中华人民共和国成立后，移邵阳县治塘渡口，终属邵阳市。[①] 关于武冈源流，他认为是在西汉文帝六年（前174）置县，县治今武冈市新东乡七里桥，并对武冈、都梁、武刚、武强、武攸、武冈州称谓分别进行了考证；三国吴之后，县名数改，区划数更，县域随改，县治随区划而迁；北宋初复名武冈，县治迁入今址，成古城不易。[②] 他据《奏谳书》中《狱簿》中有攸令赴攸县“初视事”，苍梧郡攸县利乡发生叛乱，“新黔首”“所取荆新地”，以及其他内容考证，认为攸县秦始置，时间为秦始皇二十六年。[③]

关于清初湘西地区农业结构的研究，学界尚未专门涉及，陈明、柴福珍先后发表了两篇同一主题的论文。在《清代改土归流后湘西地区农业结构的演变》一文中，主要探讨了改土归流后湘西地区种植业、畜牧业、林业、渔业、副业等农业内部不同部门的构成及其比例关系，认为改土归流后湘西地区农业结构出现了新的格局，人口增长是农业结构演变的主要原因。[④] 在《清初湘西地区农业结构探析》一文中，对清初湘西地区农业结构中的种植业、副业、畜牧业、渔业、林业等各农业生产部门分别进行了阐述，认为清初影响湘西地区农业结构形成的因素包括移民开发、涉农政策、民族政策、兵祸天灾等，其中民族政策是主因。[⑤]

有学者对湖南手工业史做了研究。《湖南手工业史》以中华人民共和国成立前湖南地区手工业发展变迁为研究对象，采用通史体例，依石器时代、先楚时代、楚国时期、秦汉时期、三国两晋南北朝时期、隋唐五代时期、宋元时期、明代、清代、民国时期的历史时序，首次对历代湖南地区的手工业成就进行了全面系统梳理，清晰地勾勒出了湖南手工业发展进步的概貌与脉络。这是第一部系统研究、梳理湖南地区手工业史的行业通史，对

① 彭雪开：《邵阳地名源流考》，《邵阳学院学报》2016 年第 1 期。

② 彭雪开：《武冈地名源流考》，《邵阳学院学报》（社会科学版）2016 年第 3 期。

③ 彭雪开：《秦置攸县及时间考》，《湖南工业大学学报》（社会科学版）2016 年第 4 期。

④ 陈明、柴福珍：《清代改土归流后湘西地区农业结构的演变》，《古今农业》2016 年第 2 期。

⑤ 陈明、柴福珍：《清初湘西地区农业结构探析》，《怀化学院学报》2016 年第 7 期。

于深化湖南经济史的研究，丰富和充实中国经济史学，并从中得到有益的启示，均有裨益。当然，关于手工业具体的实践活动、各门类之间的相互促进关系、对农业商贸与城市兴起的影响等问题，限于体例，本书未作进一步的细化和深入，只能留等将来弥补。[①]

学者周方、高彭露指出，在宋代，茶树是湖南地区栽培最广泛的经济作物，几乎所有州县都栽种了茶树，而且茶叶产量居于全国前列。当时湖南地区的茶叶品种众多，名品荟萃。在产茶地区中，湖南的茶叶收购价格与出售价格均比较高，亦可从一个侧面反映湖南茶叶品质之优良。湖南省所产之茶，小部分在当地消化，绝大部分转向中级集散市场榷货务，最终销往集中在以汴京为中心的北方地区、周边民族地区。宋代湖南地区的茶业经济能得到较大发展，得益于湖南优良的自然条件、悠久的茶树种植历史、农业的发展与人口的持续增长。[②] 社仓作为一种民办仓储，对救荒备荒起到了重要作用。何书林、王江燕认为，湖南社仓与朱熹创办五夫社仓并进一步将其推广至全国的背景有关，其产生的原因包括南宋时期湖南地区自然灾害尤其是水旱灾害的频繁发生，饥荒和地方动乱亦随之发生这一现实因素，以及思想文化上的因素即湖南地区真德秀等理学家和湖湘学派思想的影响。岁久法坏，在后期，社仓因为管理不当或仓官侵移等原因，出现了一些弊端，以至于有些社仓被其他地方仓储所代替，但在饥馑之年它对湖南地区甚至南宋政权的社会秩序的稳定，都起到了重要作用。[③]

《湖南文化史》以湖南地域文化的发展演变为研究对象，采用通史体例，上起原始社会，下讫清代末年和辛亥革命前，对湖南地域文化发生、发展、演变的全过程进行了系统梳理，涵盖文学艺术、教育与人才、科技工艺、经学理学、史学地学、哲学与社会思潮、宗教信仰与风俗习惯诸多领域的成就。该书重点阐述以汉民族为主要载体的中华传统文化，同时尽可能发掘和介绍土家、苗、瑶、侗等湖南各土著少数民族的文化；除了全面记述历代文化阶层在各文化领域的成就和建树之外，还着力搜集、记述民间和社会大众的各类文化事项和在文化领域的创作与承传，诸如民间口头文学与民间工艺、民间信仰崇拜、生活习俗与民族风情等内容，在书中均占有相当的篇幅。作者还在书中对学术界过去一些存在谬误的观点进行了厘清，如认为“潇湘”非湖南地域性简称而是古代对湘江的一种美誉。

① 王国宇：《湖南手工业史》，湖南人民出版社 2016 年版。
② 周方、高彭露：《宋代湖南地区的茶业经济研究》，《中国农史》2016 年第 4 期。
③ 何书林、王江燕：《南宋时期湖南路之社仓》，《文山学院学报》2016 年第 5 期。

这是第一部由学者个体独立完成的关于湖南文化史研究的通史著作，其意义正如该书序言作者刘建武先生所说：不仅有益于湖南文化本身的研究，也有助于学术界在此基础上开展对湖南地方史其他方面的研究，是值得研究湘学和湖南地方史学者重视的一部力作。①

2. 近代湖南史研究

2016 年，近代湖南史方面的研究，涉及军事史的论文十余篇、经济史 2 篇、政治史 4 篇、教育史 3 篇、社会史 4 篇、基督教史 3 篇。关于近代湖南军事史的研究，主要涉及湘军及辛亥时期军事问题；关于近代湖南经济史的研究，主要涉及民国时期湖南木材贸易和常德近现代航运业问题；关于近代湖南政治史的研究，主要涉及外国驻长领事、清末资政院湖南公债案、民初湖南县乡议会之教育经费议案、抗战爆发前后的湘西革屯运动等问题；关于民国时期湖南政治社会治理的研究，主要集中在对汤芗铭、赵恒惕、谭延闿等人治湘时的湖南政治、社会、经济的研究；关于教育问题的研究，主要涉及清末新政初期湖南改制书院兴办学堂的章程、医学传教与湖南近代护理教育的发展和湖南近代教育与社会生活的变迁三个问题；关于社会史的研究，主要涉及太平天国时期的湖南乡村社会、长沙抢米风潮、1924 年湖南水灾、湘西匪患等问题。此外，还有关于湖南区域史或学校史志研究的成果。

一是近代湖南军事史研究。

第一，关于湘军的研究。湘军在与晚清的各地农民起义军作战中迅速成长，使晚清一度出现了“中兴”的局面。“中兴将相十九湖湘”，湘军将领及其幕僚成为当时中国政治、军事舞台的主角。湘军的建制、管理，湘军将领的军事思想等，都是学界长期以来热衷探讨的话题。

刘继元分析了“湘军”概念的演变。湘军定义的演变，大致经过三个阶段。第一，指代曾国藩以湘乡勇为基础创立的新军，湘军（或湘勇）中的湘是湘乡的简称。第二，经过《湘军志》的书写，湘军定义扩大为出身湘中以曾国藩所创营制中的将领，招募湘中官勇成立的新军的总称。第三，经过《湘军记》的书写，湘军成了以曾国藩为领袖的湖南籍军官率领的军队的统称。湘军影响的扩大导致了“湘”影响的扩大。“三湘”释义的新解及清中叶“楚南总名为湘矣”的认识使“湘”所指的地域扩大到湖南全省，

① 伍新福：《湖南文化史》，岳麓书社 2016 年版。

这也为湘军含义的扩大奠定了良好的文化基础。二者相辅相成，使得“湘省”这一称呼自太平天国运动以降逐渐取代“楚省”。①

徐松荣分析了湘军的战略原则与战术特色。湘军是晚清咸丰同治年间，在湖南团练武装的基础上组建的一支军队。它由江忠源发其端，曾国藩总其成，胡林翼、左宗棠壮其大，发展成为清朝平乱的重要武装力量。湘军历经国内平乱战争二十年（咸丰初年至光绪初年），以曾国藩、胡林翼、左宗棠为统帅，将战争理论与实战相结合，鉴古而不泥于古，效人而不拘于人，提出并实施了一套比较完善的战略与战术及其独特的战法。它具有统筹全局、谋定后战、以静制动、正奇互用、攻势作战等九个方面的战略原则，以及分清主次与集中兵力、水陆相依与水师战法、扎营自固、讲求阵法等七个方面的战术特色。湘军战争正处在冷热兵器交替的时代，也处在中西方军事文化交流、西方新式武器军备引进和晚清军制改革的初期，其战略战术开始打上新时代的烙印。湘军能够打败和消灭太平军、捻军、少数民族义军，以及收复新疆，既与其比较完善成熟的军制、营制、统兵与指挥体制分不开，也与其比较完善的战略战术及其独特的战法分不开。②

雷乐街分析了湘军饷需指定的变革。曾国藩通过自办捐输、自抽厘金，为湘军提供了相对稳定的饷需供给保障。自募勇丁与自筹饷需为湘军一步步壮大，脱颖而出，最终成为战胜太平军的主力奠定了基础。在战时，清中央政府无力及时、足额地保障前线军队饷需的供给。得到筹饷权与责的地方督抚在开发新的税源的同时，也设立了一系列临时性的管理机构。湘军饷需的最大税源——厘金，自出现之日起，地方便掌握了厘金税目、税率、局卡的设置以及人员任命等权力。临时设立的厘金、粮台等机构，在战时紧急情况下，部分地取代了原属藩司的权力，并且只对地方督抚而非中央户部负责。战时，在财政体制中，上述一系列体制外的因素，与同为体制外的湘军紧密地结合在一起。咸丰十年，湘军统帅曾国藩就任两江总督，以及左宗棠、李续宜、严树森、沈葆桢分别担任浙江、安徽、湖北、江西诸省巡抚，一时形成了以曾国藩为首的湘系将领掌控东南各省权力的局面。战时推行的一系列政策，此时也开始制度化、固定化。③

姜涛在《解读湘军后勤制度领先之处》中分析，湘军从建立至同治元

① 刘继元：《“湘军”概念的演变——以〈湘军志〉〈湘军记〉为中心》，《船山学刊》2016年第1期。

② 徐松荣：《湘军的战略原则与战术特色》，《湖南第一师范学院学报》2016年第4期。

③ 雷乐街：《晚清湘军饷需制度变革研究》，硕士学位论文，安徽大学，2016年。

年共12年，兵员有12万之众，所用军需银不到3000万两；绿营在咸丰二年以前的两年中，兵员仅9.7万人，军需银开支却达2510万两。湘军人数虽少，但是战斗意志比较高，尤其擅长打硬仗。曾国荃统率的吉字营湘军，先后经历吉安、安庆、天京等战役，便是其中的代表。姜涛认为湘军这种擅长打硬仗的本领和湘军的粮台、厚饷、长夫等后勤制度有很大关系。一是粮台制度。1854年，曾国藩专门设置统一办理饷需军械事务的机构——粮台。湘军粮台共分八所：文案所、内银钱所、外银钱所、军械所、火器所、侦探所、发审所、采编所。粮台设总理事务一员，总揽大权，各所则分派委员若干人负责。曾国藩在筹饷过程中，还不时针对实际情况进行改革，设立了前敌、后路粮台和转运局，使粮台各部职责更加分明，提高了工作效率，从而形成较为系统的粮台后勤保障体制，为湘军后勤做出了很大成绩。湘军水师除了日常的军事任务外，另一个重要任务就是保证湘军粮台的正常运转。湘军粮台筹集到的物资，都可以通过湘军水师快速、安全地运往目的地。二是湘军的“厚饷”制度。曾国藩制定湘军饷章，除突出营官饷银待遇外，再就是使勇丁的饷银从优，并且力求实效。勇丁之优饷，对湖南贫苦山农确有很大吸引力，保证了湘军的兵源。三是湘军的长夫制度。绿营军制规定绿营兵除进行训练、战事外，还要承担各种繁重差役。平时缺乏训练，战时后勤保障不济。针对这一弊病，同时为提高湘军士兵战时行动速度，1854年，曾国藩首创长夫制，即在军营中专门设置后勤人员承担军中杂务。长夫制的建立，不仅使湘军摆脱了绿营差役的羁绊，提高了战斗力，而且避免了战时随便抓夫拉差，扰害百姓，缓解了对立情绪。①

宋胜瑞在《长江水师巡防制度研究》中指出，长江水师巡防制度源于湘军水师旧制，并具体分析了这一巡防制度。长江水师是由曾国藩编练的湘军水勇改建而来。1862年，清廷批准设立长江水师提督，并于战后改编湘军水师为经制长江水师。1864年5月，长江水师提督正式设立。随着第一任长江水师提督黄翼升的莅任，长江水师的创立工作全面展开。1868年，长江水师衙署、汛地等筹建任务彻底完成。1869年，长江水师正式归标，成为清廷的经制水师。长江水师成立后，水师的营制规章除兵饷的支配权及官员兵弁的任命权，由湘军将领的手中转移到清朝中央政府外，其他一切规章制度仍沿用了湘军水师的旧制。长江水师的布防采取了划分各营辖

① 姜涛：《解读湘军后勤制度领先之处》，《经济研究参考》2016年第45期。

区的办法。首先，长江水师同沿江五省其他绿营水师界定各自的管辖范围。其次，又在长江水师的管辖范围内划分22营辖区，“以专责成”。最后，在各营管理范围内设置一个个汛地。长江水师哨与哨之防地衔接，营与营之防区衔接，镇与镇管辖江面衔接，最后长江水师与沿江绿营水师接防，使长江上自荆州，下至江苏江阴几千里江面，严密布防。长江水师的这种布防虽然有效地稽查了沿江盗匪、盐枭等不法之徒，但也使长江水师化整为零，大大削弱了水师的战斗力。长江水师的巡防制度，承袭了清朝前期的巡江会哨之制。到长江水师后期，为应对长江一带的动荡局势，清廷又设立江南巡缉队和长江舰队协助长江水师完成巡防任务。长江水师巡防制度的建立及水师兵弁的实力巡缉，起到了严查盗匪，稳定沿江秩序的效果。①

尹广明分析了霆军的裁撤过程及原因。湘军集团中，鲍超的霆军是湘系军事集团中的精锐之一，在镇压太平天国运动过程中发挥了重要作用。太平天国灭亡后，该军奉诏参与围剿东捻军，并挽救淮系铭军于覆亡之中。但鲍超、刘铭传二人间的矛盾却在击败东捻主力后骤然激化，湘、淮集团间矛盾表面化。霆军仅在被有效地控制时才能用于作战，此时使湘系和朝廷同时受益，且朝廷受益更大。鲍超率军，霆军尚有价值；鲍超去职，朝廷最终无法找到可以控制霆军的合适人选，霆军就无法用于作战，此时对湘系和朝廷都会产生负面影响。根据逆向归纳法，鲍超去职后无法控制霆军，最优选择就是裁撤霆军。因湘、淮系浓厚的各将各私其军的特点，将领间的私人恩怨演变为派系之争，清廷则利用这种矛盾，削弱湘系军事势力。霆军的最终结局说明，当大规模农民运动被渐次镇压下去之后，清政府对封疆大吏势力坐大高度警惕，其政策重点已从军事问题转移到如何稳定刚刚重建的统治秩序上来。②

第二，关于湖湘志士、湖南新军的研究。湖湘志士在辛亥革命中发挥了重要作用。湖南新军是湖南光复的重要力量，也是援助武昌起义的重要力量。翁敏分析了湖南新军在辛亥革命中的积极作用和消极作用。至武昌起义爆发前，全国各地相继练成规模不等的新军，湘省只编成一混成协，即第二十五混成协。但在辛亥革命中，这支新军成为光复省城长沙的主要力量，也是援鄂湘军的主力军，为维护革命胜利果实和扩大革命影响发挥了巨大作用。武昌起义爆发后，新军与湖南革命志士密谋举事，光复长

① 宋胜瑞：《长江水师巡防制度研究》，硕士学位论文，河北师范大学，2016年。

② 尹广明：《霆军裁撤始末探析》，《中南大学学报》（社会科学版）2016年第1期。

沙。湖南独立之初，又积极投身于援鄂大业，对巩固武汉革命大本营、争取各省响应革命做出了很大的贡献。不过，湖南新军也不免沦为权力争斗的工具，卷入长沙事变之中，饱受舆论指摘。在整个辛亥革命期间，湖南新军可以说起到了生力军的作用，相当程度上推动了湘省乃至全国革命运动的发展。但共和甫定后，湘省新军骄扬跋扈的行径，引起湖南政界和普通民众的强烈不满，因此，湖南新军在一定程度上也阻碍了革命的发展。①

二是近代湖南经济史研究。

湖南是我国主要木材产地之一，由于城市的发展和近代工业的兴建对木材的需求量激增，促使湖南木材贸易兴盛，造就了民国中期湖南木材贸易的黄金时代。何梦竹、李莉两位学者对民国时期湖南木材造林方式、种类产量分布、砍伐运输方式等生产经营情况，山客、水客、木行、木号等木商类别，地方小市场、城市市场、区域市场、跨区域中心市场4个层次的木材市场情况，进行了较为详尽的介绍；对民国时期湖南木材贸易的影响进行了分析，认为在促使各木材产地形成中小城市，使洪江、沅陵、零陵等四水流域重要的木材集散地从小镇发展成为重要商埠的同时，也严重破坏了湖南生态系统，加剧了水土流失，使水旱灾害频发。单纯追求经济效益木材利用，直接导致了森林蓄积量的锐减，阻碍了湖南近代林业产业的进一步发展，只有对森林资源进行科学合理的规划，兼顾社会、经济、生态效益，才能最终实现林业的可持续发展。②

沅水之尾、洞庭之西的常德，依水而生，航运业是其城市兴起和发展的重要动力。杨宇丹对19世纪末至20世纪中期常德近现代航运业兴衰历程进行了研究，分四个时期描述了其历史状况：1897年至1929年，在近代化、地理位置和传统商贸地位作用下，常德近现代航运业兴起；1929年至1943年，商贸繁荣，战争客观上使得其战略地位上升，常德航运业发展；1943年至1945年，日军入侵，常德航运业紧缩；1945年至1949年，复原运输下常德航运业非正常发展，内战爆发后又急速衰落。关于常德近现代航运兴衰的原因，该文认为是区位与资源优势、社会变革、战争影响等因素相互作用的结果。③

① 翁敏：《湖南新军与辛亥革命》，《忻州师范学院学报》2016年第3期。

② 何梦竹、李莉：《民国时期湖南木材贸易初探》，《北京林业大学学报》（社会科学版）2016年第1期。

③ 杨宇丹：《常德近现代航运业兴衰历程》，《怀化学院学报》2016年第1期。

三是近代湖南政治史研究。

20世纪初，清政府在列强的胁迫下，开放长沙为通商口岸。各国为进一步攫取在湘特殊权益和条约特权，相继在长沙开设使馆，日本是其中重要一员。翁敏对日本在长沙领事制度的兴废进行了考察，指出：长沙开埠通商之初，日本率先设立领署和下属的警察署，并将其升格；抗战前日本在长沙构筑了相对完备的领事制度体系，搜集有关湘省经济、政治等各种情报；“九一八”事变发生后，日本在华领事机构依旧运作着，其在华领事由主要处理商民事务的使馆工作人员演化为彻彻底底的间谍人员，在日本军国主义侵华过程中扮演着重要角色。1937年8月领事馆关闭，但长沙日本领事一职直到中日双方正式宣战之后才被裁撤。①

清末各省举办新政，导致地方财政亏空，湖南财政几至“无米可炊”的地步，新任湖南巡抚杨文鼎在开源节流均归无效之后，决定发行120万两地方公债，以解决窘迫的财政赤字。但却因事先未发送谘议局讨论，引发议员的抵制，双方僵持不下，最终将这一公债案从地方推至中央，并发展为弹劾军机大臣事件。学者唐靖认为，按照清末宪政改革的体系，于地方设立谘议局作为地方自治和省议会的筹备机关，中央则设立资政院作为将来上下议院的基础。在实际运作中，湖南谘议局第二届年会期间围绕巡抚杨文鼎不经局议而擅自发行公债的议案屡起冲突，直至以闭会停议作抵制。双方相持不下，最后不得不提交资政院进行调解核议，遂因此酿成资政院第一次常年会期间诸多议案中轰动一时的湖南公债案，其间行政与立法权的矛盾积累，又致使该案成为稍后资政院弹劾军机大臣的直接原因。②

县乡议会是民国初年中国政治民主化、法制化追求在基层社会的具体深化。由于教育之于国家、国民的重要性与湖南省地方教育发展经费筹措存在的困境，教育经费是湖南县乡议会讨论的核心，提出大量与教育经费相关的议案，以图重振教育。当时县乡议会所提的筹措、整理教育经费措施主要包括充分利用现有经费，拓宽经费来源，鼓励群众集资、私人办学，并积极监督政府对教育的财政拨款等。议案是议会运作的中心，王洪铭、何际亮两位学者以教育经费议案分析为基础，探究了地方议会的运作实态，认为县乡议会在一定程度上曾实实在在地存在和运行过，使得千百年来一直高高在上的地方官第一次受到民众的间接监督。总体来看，地方议会推

① 翁敏：《近代日本驻长沙领事制度述论》，《唐山师范学院学报》2016年第3期。

② 唐靖：《清末资政院湖南公债案探析》，《湖南社会科学》2016年第3期。

动了当地基础教育的发展，同时在历史上发挥了一定的作用。但这些议案有的尚有缺陷，有的未能落实，在行使制定本地的制度、法规、监督行政机关的各种公务活动等权利方面十分有限，说明作为从西方移植过来的民主制度，需要深厚的民主基础和相当的客观条件，完全照搬是行不通的。[①]

张传跃对抗战爆发前后的湘西革屯运动进行了探讨与分析，认为其历史根源是清代遗留的“屯政”之弊病，现实背景则是何键主湘后为削弱陈渠珍在湘西的割据势力，所采取的一系列措施引发的连锁反应。何键对于湘西苗民的革屯诉求处理不当，使得运动从和平请愿发展到武装抗屯，虽然在省军镇压下暂时平息，但是抗战爆发后省军调拨前线，武装革屯运动再次风起云涌，加之陈渠珍趁机在幕后多方运作“倒何”，使得湘西局势更加复杂。何键下台后张治中主湘，通过谈判方式与革屯武装达成了“废屯升科”与“整编抗日”两项协定，并重新起用陈渠珍等一系列措施，方使湘西局势稳定。[②]

四是民国时期湖南政治社会治理研究。

范莎莎分析了汤芗铭治湘时，湖南的政治、社会状况，改变了以往人们对汤芗铭“汤屠夫”印象的局限性认识。1913 年 10 月，汤芗铭被袁世凯任命为湖南都督兼民政长，开始了两年零九个月的督湘。1913 年的湖南，依然动荡不安，“二次革命”中的部分革命党人已离开湖南，但仍有多数革命党人在湖南活动，筹备起事，制造暗杀事件，湘西、湘南仍有大股匪徒盘踞。汤芗铭来到湖南后，严格执行袁世凯的命令，“本治乱用重典之旨，为正本清源之图”，对“二次革命”中的革命党人严厉缉捕，残酷镇压，大批革命党人受到毒害。汤芗铭肃清了革命党人的同时，也使湖南弥漫在恐怖氛围之中，民众反汤事件层出。此外，汤芗铭政府大幅裁撤湖南军队，以北军替代，加强了军事控制，却引发了郴州兵变。汤芗铭在湖南的两年多，恰逢湖南经济发展的最佳时机，第一次世界大战的爆发使民族资本主义获得一丝喘息之机，政府的有效管理为经济发展提供了良好环境，湖南工矿业取得尤为骄人的成绩。在社会治理上，汤芗铭政府积极组织地方团防，严缉盗匪，禁赌禁烟，革除社会陋习，发扬社会文明风气。在教育上，汤芗铭政府继续推广国民教育，小学校发展迅速，为教育的普及做出了贡

① 王洪铭、何际亮：《1912—1913 年湖南县乡议会之教育经费议案研究》，《齐齐哈尔大学学报》（哲学社会科学版）2016 年第 4 期。

② 张传跃：《抗战爆发前后之湘西革屯运动探析》，《民族论坛》2016 年第 2 期。

献，然而经费的不足使得中学校及高等学校等发展缓慢，部分学校倒闭。[①]

骆建辉在《赵恒惕“联省自治”与政局变动研究（1920—1926）》一文中探讨了赵恒惕“联省自治”对政局变动的影响。20世纪20年代联省自治思潮在全国兴起，受到一批学者、知识分子和民众的追捧。地处南北要冲的湖南在驱张成功后，为了跳出南北争端，宣布“湘省自治”。经过一番政局变动后，赵恒惕开始主湘，进一步推行“联省自治”：在省内推行以省宪法为中心的“省自治”，开展了制定、实施、修改省宪法等活动；在省外开展“联省”活动，试图召开联省会议，制定联省宪法，组织联省自治政府。随着南北形势的不断变化，南北各方势力的政治军事实力不断发生改变，这对湖南政局变动和赵恒惕“联省自治”活动产生了重大影响。特别是援鄂战争、谭赵战争、赵唐冲突，背后都有南北各方势力的影子，使得湖南内部“联省自治”的力量不断分化、衰落，湖南“自治”最终走向末路。文章主要围绕赵恒惕“联省自治”的各种政治活动及其与政局变动的关系展开。全文叙述了赵恒惕的家庭背景、成长经历以及上台主政湖南的经过；介绍了“联省自治”思潮的兴起和谭延闿开启“湘省自治”的经过，并分析了赵恒惕“联省自治”的思想主张和论述了赵恒惕参与“省自治”活动以及“联省”的举措；分析了援鄂战争、谭赵战争、赵唐冲突的经过，并论述了这些战争、冲突对政局变动和湖南“联省自治”的影响；还从政局变动的角度对赵恒惕“联省自治”进行评价。[②]

张美兰探讨了薛岳主湘时的政治、经济政策及影响。薛岳在抗日战争中，先后指挥参与了十多次重大战役，被誉为抗战中歼敌最多的将领。身为军事长官的薛岳在抗日战争时期还以湖南省政府主席的身份兼主湘政长达六年之久。张美兰认为，薛岳主湘期间，从政治、经济、军事、文化、社会等方面采取了符合战时湖南实际的各项措施，稳定了湖南战局，保障了战时各项事业的顺利进行，为湖南抗战后方基地的巩固以及战时湖南社会的发展奠定了基础。总体而言，薛岳主湘期间完成了湖南省政府所承担的抗战战略任务，有力地支援了全国的抗战。同时薛岳主湘政策又是以国民政府意志为转移的，随着抗战转入相持阶段，国民政府采取了消极抗日、积极反共的策略。薛岳政府虽坚持抗日，但也执行了国民政府积极反共的

---

① 范莎莎：《汤芗铭政府与民初湖南社会（1913—1916）》，硕士学位论文，湖南师范大学，2016年。

② 骆建辉：《赵恒惕“联省自治”与政局变动研究（1920—1926）》，硕士学位论文，湖南师范大学，2016年。

政策，破坏了抗日民族统一战线。[①]

雷春成探讨了民国初年湘乡县的议会政治。清末，内忧外患日甚一日，为救亡图存，国人开始向西方学习，我国的民主宪政思潮由此萌生。1911年辛亥革命后，封建专制伴随清朝而覆灭，中华民国建立，中国迎来民主宪政发展的历史机遇，全国上下政治一新，纷纷推行民主宪政，建立议会机关，湘乡县议会由此诞生。县议会有立法权，可通过议案议决县内应兴应革事项、财政税收、政府预决算等，还可依法对县内官员监督、弹劾，是一个真正意义上的权力机关。县议会议员由民众依法选举产生，代民参政议政，为民请命亦属当仁不让。因此，县议会在正常运作和履行其职权的过程中，势必要处理好与民众、县知事的关系。一方面，为民服务是其机构性质决定的，也只有维护了民众利益，处理好了与民众的关系，才能进一步获得民众支持。另一方面，县议会与县知事可以相互监督、相互制约，县议会的议案只有通过县知事才能由理想变成现实，县知事只有通过县议会才能合法施展其政治抱负，因此，二者关系十分微妙。县议会诞生后，议员们积极参政议政，以图利用这个合法平台造福乡梓。县议会在促进湘乡经济建设、民生改善、教育发展和社会风俗改良等多方面付出了诸多努力，较为全面地推进了湘乡县近代化进程。1912—1913年的湘乡县议会是近代中国由封建走向民主共和的产物[②]。

五是教育问题研究。

谢丰、周小喜认为，在清末新政初期湖南改书院兴学堂的过程中，为了使各地兴学育才有章可循，订立办学章程成为亟待解决的首要问题。1902年年初，湖南巡抚俞廉三通过考察比较东西各国学堂制度以及山东学堂章程，制定并推行了《开办大学堂章程》及《开办蒙养小中学堂章程》，全省迅速形成有序的学堂体系。随后，清政府先后颁布的《钦定学堂章程》与《奏定学堂章程》又成为湖南办学的新标准，先后得到了省府的大力推行。俞廉三不仅重视办学章程的制定，也以各种方式督促地方严格按章程办学，从而使得新政初期湖南书院改制的数量和速度都明显领先于其他各省。清末新政之初，湖南启动教育改革和应对困难的路径是切实而具体可行的；湖南兴学成效的取得与俞廉三等人注重章程的制定与推行，严格督促地方

---

① 张美兰：《薛岳主湘与抗战时期湖南社会（1939—1945）》，硕士学位论文，湖南师范大学，2016年。

② 雷春成：《民国初年（1912—1913年）湖南湘乡县议会研究》，硕士学位论文，湖南科技大学，2016年。

实施章程有着直接的关系。①

谭凤林探讨了医学传教与湖南近代护理教育问题，认为医学传教运动与教会医疗事业的迅速扩展催生了湖南近代护理职业教育；湖南近代护理教育经历了萌芽与初步发展（1898—1911 年）、快速大发展（1912—1937 年）和战时的艰难生存（1938—1949 年）三个阶段。医学传教的根本目的是通过医疗和教育活动传播福音，但经历非基督教运动和北伐战争的冲击后，这一功能相对减弱，行医和教育的世俗化功能得到增强，其带入湖南的护理教育事业，奠定了湖南现代护理教育的基础，促进了湖南公共卫生事业的发展，促进了湖南偏远湘西山区护理教育的发展，对湖南近代社会产生了积极的影响。②

孙少柳对湖南近代教育与社会生活的变迁问题进行了探讨，指出社会生活的变迁是政治、经济、教育文化、自然等多种因素共同影响的结果。在近代湖南社会生活的变迁过程中，教育的近代化发挥了关键作用。具体来说，其作用体现在三个方面：一是启发求变心理，扭转湖南人封闭守旧的消极心态；二是推动革旧布新，鼓励人们抛弃封建陋习，接受西方近代生活文明；三是普及知识，使教育惠及社会大众，转变传统社会形态。此三种作用在湖南近代史的不同阶段有不同的表现③。

六是社会史研究。

王继平认为，因社会的流动而造成社会的动荡，因湘军的兴起而造成士绅阶层的崛起和绅权的勃兴，使太平天国时期的湖南乡村社会既成为太平军进军南京的兵源扩大之地，又使其成为湘军的粮饷和兵源后方，并对晚清湖南乡村社会产生了重要影响。太平天国前夕湖南乡村社会持续向下流动的趋势，造成社会的急剧分化，使得经历了蓑衣渡惨败后的太平军，在湖南乡村获得了积极的响应，部队迅速扩大，土营、水营相继建立，并顺利向南京进军；太平军北上离湘后，曾国藩加紧对湖南乡村社会的控制，又使湖南成了镇压太平天国的兵源、饷源基地；嗣后，湖南乡村社会开始了重建，湘军将领归乡后大肆购买土地，宗族势力恢复，团练保甲建立，湖南乡村社会得以在传统轨迹上运行。④

① 谢丰、周小喜：《清末新政初期湖南改制书院兴办学堂的章程问题》，《大学教育科学》2016 年第 1 期。

② 谭凤林：《医学传教与湖南近代护理教育的发展》，《职大学报》2016 年第 3 期。

③ 孙少柳：《突破与引领：湖南近代教育与社会生活的变迁》，《文史博览（理论）》2016 年第 1 期。

④ 王继平：《太平天国时期的湖南乡村社会》，《求索》2016 年第 3 期。

阳信生、饶怀民对发生在长沙的抢米风潮肇因进行了探析，认为1910年爆发的长沙抢米风潮，具有社会参与广泛、声势浩大、影响深远等特点，在湖南近代史乃至中国近代史上都具有重要的地位和影响。审视长沙抢米风潮的缘起及发展演进的历史，米危机虽然是长沙抢米风潮直接的导火索，但却是当时各种复杂矛盾的集中体现，会党、新军士兵、革命党人与清政府的矛盾，地方绅士等社会精英与清政府的矛盾，民众与清政府的矛盾，地方绅民与西方列强之间的矛盾，清政府（特别是地方政府）内部矛盾等交织于其中，是当时地方政治危机和清王朝统治危机的集中爆发。他们指出长沙抢米风潮的影响在于，使湖南地方当局受到致命一击，元气大伤；同时，也极大地削弱了清王朝统治的合法性基础，封建统治秩序无法照旧维持下去。长沙抢米风潮平息后，旧的政治矛盾和社会矛盾难以克服，新的矛盾和危机不断涌现，地方政治危机和社会危机不断加深。而后，立宪派人士、新军、民众等群体的抗争姿态更加坚决，与革命派、会党等革命力量的共识和共同行动不断增多，地方社会的独立化革命化进程大大加快。①

李鹏对1924年湖南地区发生的严重水灾进行了研究，在文章中描述了此次水灾的严重情况，分析了水灾在人口损失、财物损失、交通中断、匪患激增等方面所带来的严重影响，介绍了水灾发生后以华洋筹赈会和义赈会为首的赈灾机构以及湖南省当局所采取的应对措施，对当代治理洞庭湖区以及整个中国水患灾害具有借鉴意义。②

湘西是近代以来具有代表性的匪患重灾区，20世纪初期至今，这方面的研究取得了很多有意义的成果。彭夏欢对此进行了综述，认为从现阶段来看，不论是中国土匪史研究还是湘西土匪研究，都集中在土匪成因、形象特征、关系和影响四个方面。湘西土匪的形成，除了经济和社会局势两大方面，还有复杂而偏远的地理环境、特有的传统积累和民族性格、落后的文化教育等独特的区域性因素。随着学术界对土匪研究的不断深入，不同类型土匪穷凶极恶，又具备有效管理和运用智谋能力的两面性特质也逐渐受到重视。土匪这一社会群体与军阀、会党、流民、革命、民众、地方士绅以及土匪与土匪关系有着这样或那样的联系，在严峻的生存环境下，往往通过转化角色来寻求各种势力之间的平衡。另外，对剿匪及土匪影响

① 阳信生、饶怀民：《长沙抢米风潮爆发的肇因探析》，《文史博览（理论）》2016年第12期。

② 李鹏：《1924年湖南水灾及其社会影响》，《文史博览（理论）》2016年第11期。

研究也进行了介绍，并整理和总结了近代以来湘西土匪问题研究成果，可对区域性土匪史的研究起到补充作用。①

七是湖南区域史、学校史志研究。

2016年，湘学研究成果的重要体现之一为通俗类著作较为丰富。较长一段时间以来，各市、县大都比较重视本地区历史文化资源的挖掘整理与研究，其中一个重要表现是地方历史文化丛书的推出。《品读长沙》为长沙市委宣传部和长沙晚报报业集团联合出品的系列丛书，包括《秀美山水》《岁月留痕》《历史风云》《风流人物》《民间艺术》《湘楚风俗》《特色街镇》《知名品牌》《都市文化》《美食休闲》共10册。编撰团队历时近两年，通过文献排梳、实地走访的方式，深入发掘长沙历史文化中特色鲜明、历史厚重、品位高雅、广受欢迎的亮色，充分展示长沙翻天覆地的巨大变化，呈现出一幅绵亘数千年，涵盖历史文化、科学技术、人文环境、商贸旅游等的宏阔画卷，是一部全景式、立体化、多角度展示长沙风貌的百科全书，是长沙精神文明建设的丰硕成果。②

《古邑风云》系宁乡历史文化丛书首卷，全书以综合性事件为线索，史实和故事交叉融合，并尽可能采用最新考古研究成果，分古代篇、近代篇、当代篇三部分，篇下再设若干条目。另有《宁乡历史大事年表》《宁乡历代县令简况》《历届宁乡县委、县人大、县政府、县政协领导成员名录》附录于后。该书是迄今较详尽反映宁乡历史轮廓的通俗读本，是展示、宣传、提升宁乡形象的重要载体。③

《长沙百年名校》将长沙至2016年已有百年及其以上办学历史的学校，按大学、师范、中学、小学、职校、特殊学校的顺序，分别对其作了较全面详细的介绍。每一所学校的介绍分综合概述和附录两部分，附录多从某一专门角度对综合概述作补充，主要为回忆录、档案原件、研究专题等。所录学校有湖南大学、湘雅医学院、第一师范、长沙师范、稻田师范、广益学校、湖南省立一中、长郡中学、明德中学、周南女中、雅礼中学、兑泽中学、广雅中学、行素中学、大麓中学、福湘女中、妙高峰中学、艺芳女中、明宪女中、岳云中学、楚怡学校、修业学校、幼幼学校、五美学校、影珠（衡粹）女校、开物农校、长沙瞽女院、湖南盲哑学校等。④

---

① 彭夏欢：《近代以来湘西土匪研究述评》，《传承》2016年第11期。

② 张湘涛：《品读长沙》，湖南人民出版社2016年版。

③ 黄沃若、龚再蓉：《古邑风云》，中国文史出版社2016年版。

④ 陈先枢编撰，张湘涛主编：《长沙百年名校》，国防科学技术大学出版社2016年版。

2016 年，有关湖南地方史的研究成果涉及较广，如对湖南历史文化、源流、区域史及断代史的研究，对某一时期如民国时期湖南政治、经济、军事、文化的微观研究，都有较丰富的成果。其中，主要集中在区域史研究方面，对湖南断代史、专题史的研究有待加强。

（二）湖南地方志整理与研究

国有史，方有志。志书是按一定体例，全面记载某一时期、某一地域的自然、社会、政治、经济、文化等方面情况或特定事项的书籍文献，包括方志和年鉴，是我国的一项悠久优良的历史传统，湖南亦不外此。因资料收集原因，本书所说地方志未包括年鉴在内。2016 年，湖南地方志的整理与研究主要有如下成果。

周圣楷编纂的《楚宝》，是秦汉以来由湖南人撰写且唯一传到今天的有关楚地历史地理的著作。既非传记，又非舆图，在地志之中别为一例。所记内容以楚地人物传略为主，山水名胜为辅，并大多加以评论与考证；起讫时间，上起远古，下至明代；所记范围，秦以前以楚国为界，秦汉以后大致沿袭古代三楚分布的长江中下游地区，至明代则以湖广即今湖南、湖北为界；全书共 45 卷，包括大臣、名臣、大将、名将、知谋、谏诤、文苑、良史、命使、典故、真儒、诸子、孝友、忠义、独行、真隐、列女、方伎、异人、宦迹、迁寓、山水、名祀、列仙、名释、祖灯等。清道光年间重刻时，著名学者邓显鹤为原书纠讹补缺，作《考异》《增辑》附于原书各卷之末。《楚宝》取材广博，规模宏大，是迄今最完备的一部楚志全书。湖湘文库曾影印出版，此次点校整理即以之为底本。①《楚宝》所引书目有百数十种，考证详审，对两湖地区历史的研究具有极为重要的价值，历来为学界所重视，此次点校整理出版，对楚地历史地理研究极有助益。

《嘉庆长沙县志》，系长沙档案丛书长沙旧志选刊之一种。首一卷收入清康熙七年创修县志以来，历修志书序文与编纂人员名单，以及嘉庆二十二年续修县志的条约、凡例等，从而保存了《长沙县志》起始沿革的宝贵

---

① （明）周圣楷编纂，（清）邓显鹤增辑，廖承良、杨云峰等点校：《楚宝》（上、下），岳麓书社 2016 年版。

史料。其二十八卷计为星野、沿革表、疆域、山川、津梁、水利、公署、赋役、积贮、学校、典礼、秩祀、兵防、风土、职官、名宦、政迹、选举、人物、列女、耆寿、流寓、古迹、寺观、仙释、祥异、艺文、拾遗，内容丰富全面，整齐严谨，其中星野、山川、公署、学校、典礼、秩祀配图百余幅。该志中不少重要内容，后出的同治《长沙县志》未能保留下来。因此，《嘉庆长沙县志》是迄今为止时间较早、保存最为完整、内容丰富且具有较高史料价值的一部长沙县志，丰富了古代长沙历史研究的材料，将对长沙地方史的研究起到一定的推动作用。①

《洞庭湖志》以洞庭湖水域自然实体为中心，以湖泊水体为主要记述对象，分为自然、水利、经济、人文社会四大部类，包括水域范围的地质构造、湖泊演变、堤垸洲滩、水文、资源、水利建设、防汛抢险、农业、渔业和水产、林业、水上交通、生态、人口、神话、名胜、地名、民俗、血吸虫防治、诗文、湖区边界勘定与调整、洞庭湖研究等内容。自然、水利为记述重点，经济次之，人文社会又次之。志中配有能直观形象反映湖泊主体、湖区社会事物和经济发展的地图、照片若干。新编《洞庭湖志》在继承道光《洞庭湖志》的传统基础上，突出了作为自然实体志的新特色。洞庭湖居中国“五大淡水湖”第二位，号称“海内第一巨浸”，在民间则被视为鱼米之乡、“母亲湖”，自古既是事关国计民生的重要粮食生产基地，又担负着长江中下游地区特别是中游地区防洪保安的重要使命，今天仍在继续承担前述使命，同时也面临水域变小的危机，生态和环境也遭到破坏等问题。新《洞庭湖志》的编纂出版，为政府部门研究、治理和开发洞庭湖提供了翔实的资料和可资借鉴的历史经验。②

2016 年湖南地方志的整理与研究，除以上 3 部专著外，尚有 4 篇论文，其中一篇直接对地方志展开研究，另三篇立足于湖南地方志进行相关问题的探究。

民国《汝城县志》是在内政部颁布《修志事例概要》并通咨各县收集新旧志书的背景下纂修而成的，王文远先生从汝城概况及《汝城县志》撰写源流、纂修背景、编纂者和纂修特点四个方面对其进行了研究。该志纂修的直接动力是民国政府对方志编修的督促，清代及民国方志学的发展为其提供了理论基础，旧志已无法满足呈送上级、反映一方实情的需要是主

① 陈先枢、梁小进点校整理：《嘉庆长沙县志》，湖南人民出版社 2016 年版。

② 李跃龙主编：《洞庭湖志》（修订本），湖南人民出版社 2016 年版。

要原因；在考察编纂者的情况，文章从修志观念、篇目设置、内容价值、图表等方面对该志的纂修特点进行了分析。作者认为，其在体例和内容上既有因袭，也有裁汰；既有调整，亦有增益，可以从个案管窥20世纪30年代初期的修志面貌。①

明清时期，湖南省频遭寒潮侵袭，冰冻雪灾之害尤为突出，严重影响了湘民的日常生活。王浩以明清时期湖南各府县地方志为主要资料，分别对明清两朝湖南省的冰冻雪灾分布、影响及其社会应对进行了探讨。作者发现明清时期湖南几乎全省遭受风雪之害，其中尤以湘北、湘西南为最；冰冻雪灾带来的灾难往往使寒冬中的贫民手足无措，文章分别分析了冰冻雪灾之下的湘民生计问题，对死神降临的贫苦人、期盼与绝望的耕田人、便捷与危险的旅途者、急切等待的摆渡人、生计断绝的捕鱼者等各类湘民生计进行了梳理。另外还介绍了在赈济过程中扮演着重要角色的地方士绅，但其救济力量单薄、措施简单、效果微不足道。②

周英姿的文章在介绍了《巴陵县志》体例，分析了该志之《人物志》编纂特点，列举了列传中以学术思想见长和以政绩见长的典型人物后，对其人文精神进行了分析。同时，建议通过推动阅读地方志等优秀传统文化书籍，促进全民阅读；建立地方历史文化教育基地，将历史文化人物精神外化出来；建立旅游文化基地，将地方历史文化人物精神传播出去等途径，发掘历史人物之人文精神，培育当代人精神品质。③

周方高、宋惠聪在查阅《永乐大典》本《湖南方志》的过程中，发现其中20余篇《全宋文》未辑录的宋文，2篇有残缺的宋文，如《永乐大典》卷五七六九《湘阴县古罗志》中就有11篇宋文未被曾枣庄、刘琳等主编之《全宋文》辑录，由于篇幅的关系，对此卷中的宋文作者将另撰专文进行考证。这些宋人文章，或对湖南地方史的研究，或对研究这些作者的政治思想，或对日后《全宋文补编》的编纂均有重要的参考价值。文章对《永乐大典》本《湖南方志》（除卷五七六九《湘阴县古罗志》外）中所见之11篇宋文，分别加以标点整理，对《全宋文》未著录的作者则补撰小传。它们是赵岍的《皇帝本命集福殿碑》、王暨的《州学重修武斋记》、卢

① 王文远：《民国〈汝城县志〉述要》，《湘南学院学报》2016年第4期。

② 王浩：《明清时期湖南冰冻雪灾研究——以地方志为中心的考察》，《佳木斯大学社会科学学报》2016年第3期。

③ 周英姿：《清光绪辛卯〈巴陵县志〉之人文精神及其当代启示》，《湖南科技学院学报》2016年第2期。

康时的《宝庆府慈幼局记》、陈缜的《改建学外门记》、佚名《别解封桩库牙契钱牒》、佚名《重建省仓记》、卢仲隽的《修复城池记》、张声道的《十里壶记》、黄诰的《临湘县君子堂记》、刘坦的《得初心堂记》、赵师恕的《止戈堂记》，其中两篇作者失考，卢康时残文补全一篇。[①]

（三）湖南文献整理与研究

文献是记录、积累、传播和继承知识的最有效手段，是人类社会活动中获取情报的最基本、最主要来源，也是交流传播情报的最基本手段。《文献著录总则》将其定义为“记录有知识的一切载体”，本书所说文献即指此，包括书籍、期刊等出版以及石刻碑刻等。文献是科学研究的基础，科学研究离不开文献的整理与研究，历史研究更是如此。据笔者不完全统计，2016 年涉及湖南文献整理与研究的文章近 100 篇，著作 3 部，成果堪称丰富。其中，关于湖南文献史研究的论文有 2 篇，一为对先秦至民国时期的湖南文献历史的概要性叙述，一为对清中叶自邓显鹤编刊《船山遗书》《沅湘耆旧集》等书以来学界和出版界编纂、整理、传播湖湘先贤著述和地方文献情况的梳理；关于综合性文献研究的论文共 6 篇，涉及宋、清两朝“榜告”、《四库全书》中之湘人著述、订补《清人诗文集总目提要》湖南籍作家以及《船山学报》《大公报》《湖南文献汇编》等；关于湘籍名人著述文献研究的论文共计 63 篇，涉及周敦颐、王夫之、魏源、曾国藩、左宗棠、郭嵩焘、谭嗣同、王先谦、王闿运、杨开慧、毛泽东、刘少奇、匡互生 13 位的著述文献；碑刻与石刻文献研究论文 8 篇，其中与月岩、幽岩石刻有关的论文 6 篇，与碑刻有关的论文 2 篇；谱牒类文献研究论文 5 篇，大型历史丛书 1 套；文献整理辑佚与考订方面，主要有叶启勋、杨树达、王啸苏等人文献经整理后发表于期刊，易顺鼎、杨昌济 2 位著述文献的重编成辑；湘人佚文佚著的发现，则有曾国藩佚文佚著各 1 件，王闿运佚诗 2 首，叶德辉读书志 14 则，谭嗣同集失收信函 1 通，黄兴集未刊信札 3 件，蔡锷集外电报 9 通，程千帆集外文 1 件；考订湘人著述文献的研究论文 2 篇，一为针对谭嗣同文献，一为针对谭人凤文献。

---

① 周方高、宋惠聪：《〈全宋文〉拾补十一则——以〈永乐大典〉本〈湖南方志〉为中心》，《信阳师范学院学报》（哲学社会科学版）2016 年第 2 期。

1. 文献史研究

2016年湖南文献史研究方面的论文有两篇，即寻霖的《湖南文献史概述》和徐雁的《“上不负先贤，下泽惠来学”——从〈沅湘耆旧集〉到〈湖南文献撷珍〉》。

寻霖对自先秦至民国时期的湖南文献史作了概要性的梳理，按历史发展阶段分别叙述了各个时期湖南文献的主要成就，提出了湖南文献分期观点，并认为文献的多寡与湖南人才波峰相联系。与其他地区相比，湖南经学有着汉宋兼采、今古文并治的鲜明地域特色；湖南文献呈现出由以往单纯对旧史的整理，或对旧典章制度的考证，转变为对中国当代政治制度、民族区域历史地理及国外历史地理研究的经世特征；自然科学著述也有所发展；还编纂了一些地方艺文总集如《沅湘耆旧集》《湖南文征》等；西学的传入缓慢而曲折；晚清一些新的文献类型开始出现，如《湘学报》《湘报》等。民国时期的著述涉及现代社会科学、自然科学的各个方面，而湖南人在各个领域都产生了一些重要人物与著述，湖南人的著述以及湖南产生的文献数量又超过了以往历代湖南文献的总量。①

徐雁的《“上不负先贤，下泽惠来学”——从〈沅湘耆旧集〉到〈湖南文献撷珍〉》一文，通过梳理清中叶自邓显鹤编刊《船山遗书》《沅湘耆旧集》等书以来，湖南日渐形成的编纂、整理、传播湖湘先贤著述和地方文献的优秀学术传统，对《湖湘文库》《湖南文献撷珍》的知识内涵和阅读价值进行了评介和阐发。②

2. 综合性文献研究

此处视报纸期刊或汇编文献为综合性文献。2016年，学者对湖南综合性文献的研究论文共6篇，即殷思佳、李鼎楚的《从宋、清两朝“榜告”看湖湘学派对湖南司法的影响》，王晓天的《四库全书中之湘人著述概说》(上、下)，朱则杰的《〈清人诗文集总目提要〉订补——以吴登鸿等五位湖南籍作家为中心》，朱迪光的《民国时期〈船山学报〉办刊宗旨发覆》，万琼华、石临风的《“五四”前湖南知识男性对“节妇烈女”的再现——以湖南〈大公报〉(1915—1919)为中心》，江山的《民国〈湖南文献汇编〉学

---

① 寻霖:《湖南文献史概述》,《图书馆》2016年第2期。

② 徐雁:《“上不负先贤，下泽惠来学”——从〈沅湘耆旧集〉到〈湖南文献撷珍〉》,《文献研究》2016年第6期。

术价值述论》。研究所涉及的文献为宋清两朝“榜告”、《四库全书》中的湘人著述、清代湘籍诗人著述以及《船山学报》《湖南大公报》和《湖南文献汇编》等，兹将各文研究的侧重点与主要观点，作一择要介绍。

殷思佳、李鼎楚两位学者关注到了宋、清两朝的湖南地方“榜告”问题，认为这些涉及大量相关司法事务内容的榜告，立基于具体的个案审判与指导，是中国传统权力体制中地方行政署理司法的表现，体现了湖湘官员一定程度上的地方造法权，即对中央颁布法律在适用、实施上的细化与变通，在很大程度上能反映地方司法的情况。并从四个方面进行了分析：第一，规范“诉审”，整饬刁讼，化弊清讼。一是订立“诉审良规”以约束滥惹词讼，如南宋朱熹在潭州（长沙）当知州时，所颁《约束榜》文47条中，关于诉审程序即达15条之多，具体而详细地规定了起诉条件、状纸格式、程序限制、审断时限、上诉越诉及变通等内容，在诉讼程序上“定章建制”，注重整体。二是强调个案治理，整饬刁讼，如清偏沅巡抚赵申乔屡颁《禁刁讼示》《禁衿监告许示》《禁佐贰擅理民词示》《禁健讼扰民示》等各类榜告，定向整治当地各种刁讼，讲求重点。在治理模式上，适时变通，符合“经世致用”的湖湘思想之精髓。第二，惩治刑讯残酷滥用，以仁恤民。作者认为湖湘理学思想中，有“恤刑安民”的呼吁，而湖南地方官，多有整饬刑讯之言论和举措。如南宋真德秀知潭州（长沙）颁《谕俗榜文》《潭州谕同官咨目》；清偏沅巡抚周召南颁惩禁残酷刑讯檄文，违者飞章参处；湖湘地方“榜告”中又多有针对具体细节严惩滥用刑讯的举措，如颁《条革八款勒石永禁示》《严饬各役示》等都有对使用讯具的严格规定。第三，防治诬告，惩禁讼师，以纯良风俗。有清一代，惩禁诬告及匿告的规定在湖南“榜告”中体现得更细化与严厉。典型的有湖南按察使涂宗瀛所颁布的《严禁地师煽惑谋占诬控各弊示》、湖广总督郭秀所颁的《条革八款勒石永禁示》中的“诬盗之宜严饬”条、湖南永州知府张修府颁行的《严禁诬良示》和《颁给代书条约示》中的“禁诬告”条，等等。清代湖南地方官员各类惩禁讼师的“榜告”，典型的有《禁讼师示》《条革八款勒石永禁示》《禁刁讼示》《劝诫书吏示》等。第四，察吏安民，严规严治书役行为。为禁书役婪索造害，以除民累，湖南历任官员频颁榜告，如清巡抚恽世临、赵申乔，知府张修府、王望如等，分别颁《禁革书役积弊示》《劝戒书吏示》《严饬各役示》《饬缴差票示》《颁给代书条约示》《悬锣察弊事》等。湖湘地方榜告体现有两处亮点，一是注重技巧细节上的智慧，如专设木柜而由长官亲启收状的巧妙，这一反饱儒之士动辄宏经大义的教化风格；二是敢行非常态的极端重惩，如对屡教不改的婪索书役“即拿杖毙”，这有异于常是“温情脉脉”的儒者之为。深究其因，湖湘学派中“熔炼多家”的思想风范和“敢为人先”的精神品质，应是对此大有影响。①

清乾隆年间，朝廷历时10年，编纂完成了堪称中国历史上规模最大的一部百科式丛书《四库全书》，汇集了至乾隆以前的历代重要著作，成为后世学人了解和研究先秦至清代前期两千多年中国学术、思想、历史、文化的最重要的文献宝库。在《四库全书》中，也汇集了历史上湖南学者的大量著述，对于湘学的发展和传播产生了相当深远的影响和作用。王晓天按经、史、子、集的分类顺序，分别将《四库全书》中所收湘人著述及存目书籍一一加以介绍并作考订。其中介绍经部所收湘人著述9种，存目书29部；史部所收湘人著述11种，存目书32部；子部所收湘人著述9种，存目书26部；集部所收湘人著述24种，存目书34部。不但介绍作者之湘人身份、简历，而且扼要介绍其著作之主要内容，而间有考证，以补昔日之未逮，冀有助于湘学之研究。②

在清代诗歌（包括散文）的文献学研究领域，近年相继出版了《清人别集总目》和《清人诗文集总目提要》两种巨著，各著录清代作家近两万人，难免疏忽、缺漏乃至错误。朱则杰取吴登鸿、张礼、聂铣敏、凌兴凤、雷飞鹏五位湖南籍作家，仍旧按照《提要》著录的先后立目排序，依次考述所缺或误生卒年与相关著述情况；有些同时涉及《清人别集总目》的问题，也附此一并予以指出。③

朱迪光对船山学社主办的学术杂志《船山学报》两个不同阶段的办刊宗旨进行了研究。他认为，前期宗旨是通过宣传船山学术思想崇尚传统文化又反对西化以新天下，这代表着在中国重要的转型时期部分知识分子的忧虑与努力；20世纪30年代初恢复出版的《船山学报》，虽然声称继续船山学社民国六年以前的学报办理，但实际上是以尊船山为号召，重在提倡尊孔读经。④

万琼华、石临风利用1915年至1919年湖南《大公报》所刊载歌颂“节妇烈女”的诗歌评论资料进行研究后指出，“五四”前的湖南《大公

① 殷思佳、李鼎楚：《从宋、清两朝“榜告”看湖湘学派对湖南司法的影响》，《湖南科技大学学报》（社会科学版）2016年第6期。

② 王晓天：《四库全书中之湘人著述概说》（上、下），《湘学研究》2016年第1、2期。

③ 朱则杰：《〈清人诗文集总目提要〉订补——以吴登鸿等五位湖南籍作家为中心》，《衡阳师范学院学报》2016年第2期。

④ 朱迪光：《民国时期〈船山学报〉办刊宗旨发覆》，《船山学刊》2016年第2期。

报》率先标举并践履“反对帝制，拥护共和”的理念，其进步性不言而喻。但在1915年至1919年为数不少的湖南知识男性歌颂“节妇烈女”的诗歌评论中，除娴熟地运用历史典故，以情动人的手法外，还着力美化“节妇烈女”的外貌与性情，赋予“节妇烈女”事迹以神秘色彩。作者指出，此举在呼应官方“褒扬贞节烈妇”主流话语的同时，背离了时代风潮，给时人留下了观念陈腐的印记。通过对相关文本的解读后，作者认为它实际上承载了多重意蕴：一是“节妇烈女”成为知识男性进行道德教化的载体；二是“节妇烈女”故事渗透着知识男性的主体性身份焦虑与道德性焦虑；三是“因果报应”成为知识男性规训女性的修辞手法之一，将“节妇烈女”作为挽救人心世风的手段。因此，以传播民主、科学为己任的《大公报》，在“五四”前未能跳脱传统性别伦理的羁绊，反借“因果报应”的陈词滥调作为规训女性的手段，从而汇入褒扬“节妇烈女”的合奏中，成为剥夺女性生命权、扼杀其精神自由的合谋者，直至五四运动后才从迷梦中惊醒。①

江山对民国《湖南文献汇编》的学术价值进行了探讨。《湖南文献汇编》由湖南文献委员会编纂、印行，刊登先哲遗著和时贤著述，第一辑共刊发129篇文章，第二辑收文158篇。作者首述成书情况，然后重点对两辑内容及学术价值进行述论。《湖南文献汇编》第一辑编排体例分为论说类、记叙类、人物类、艺文类、杂纂类、附录6类；所选内容则有与地理、铁路等有关的文字，结合湖南实际情况以及修志过程中存在的问题探讨方志理论的文章，先贤遗著及反映湖南文化在中国独特地位的文章等。作者认为，无论体例的编排还是内容的选择，均有别于传统的地方文献书籍的编纂，给人一种耳目一新的感觉。第二辑所汇纂的内容均与湖南省志有关，体例也依省志来编排，然所收录的著述在史料上、学术上乃至对于实际的文献工作都有很高的价值。近年来，随着学术研究的深入，《湖南文献汇编》的相关文献越来越多地被作为研究的史料加以利用，对于湖南乃至中国的文化、学术的发展具有重要的价值。作者认为爱乡爱国因素是民国时期学人竞相重视地方文献事业的主要原因，对于湖南乃至中国的学术研究具有典型意义，在当今仍具有重要的价值。②

① 万琼华、石临风：《“五四”前湖南知识男性对“节妇烈女”的再现——以湖南〈大公报〉（1915—1919）为中心》，《云梦学刊》2016年第2期。

② 江山：《民国〈湖南文献汇编〉学术价值述论》，《河南科技学院学报》2016年第5期。

3. 湖湘名人著述文献研究

一是周敦颐著述文献研究。

湖南永州道县人周敦颐，字茂叔，世称濂溪先生，是北宋著名哲学家，学术界公认的宋明理学开山鼻祖。按中国传统习惯，2016 年是周子千年虚诞，学界研究自然会聚焦于他，其中对其著述文献的研究论文有 3 篇。

朱熹尊推周敦颐《太极图说》，以理学立场对《太极图说》进行了全面诠释及发展。事实上，周敦颐《太极图说》不仅对宋明理学，同时也对我国古代的心理学思想的发展做出了不可磨灭的贡献。陈坤、李佳两位学者着重对《太极图说》中的理学心理学思想进行了研究，认为周敦颐论述了“心性义理”“气一元论”的“性命合一”心理发生观点，他关于“形生神发”“神发知矣”的体现形神关系的心理思想和实践，关于“孔颜乐处”的人格理想与精神境界追求，关于“主静无欲”“五性感知”的道德心理修养方法和关于“因循心理”的教育心理观论述，都闪耀着心理学思想的光辉。深入研究周敦颐《太极图说》的理学心理学思想，对于发掘我国宋明理学时期心理学宝贵思想遗产，继承、弘扬中国优秀传统文化，具有极为重要的意义。①

《通书》是周敦颐对其《太极图说》的进一步展开，其关注的重点为“立人极”，即如何通过修养与教化来体认天道，成为圣贤。王雪霏着重对《通书》中的“无欲”思想进行了初步探讨，认为在修养论方面，周敦颐基于孟子“寡欲”的修养论，将“寡欲”推演至“无欲”，提出了自己“无欲”的修养论。②

周敦颐理学思想影响中国社会近千年之久，文教被于四海，远播朝鲜、越南、日本、琉球，有所谓“同文同伦”“文明五国”之称。周敦颐的思想光芒如一盏明灯，照亮了整个东亚世界。陈弘、张京华、周欣三位学者撰文从日本所藏周敦颐著作的中国古代刊刻本，日本编注、训点的周敦颐著作，日本刊印周敦颐著作的单行本三个方面，对周敦颐著作在古代日本的传播作了详细梳理。③

---

① 陈坤、李佳：《周敦颐〈太极图说〉的理学心理学思想述略》，《黑龙江社会科学》2016 年第 5 期。

② 王雪霏：《周敦颐〈通书〉“无欲”思想初探》，《太原城市职业技术学院学报》2016 年第 12 期。

③ 陈弘、张京华、周欣：《周敦颐著作在日本的传播》，《图书馆》2016 年第 9 期。

二是王夫之著述文献研究。

王夫之是明末清初的思想巨人，其著述丰厚。2016 年，笔者所见学界研究王夫之著述文献的论文有 6 篇，主要集中在其经部类的《周易外传》《庄子解》和史部类的《读通鉴论》《宋论》四种著述。

《周易外传》是王夫之第一部经学类的著作，学术界以往有关王夫之易哲学的研究已经有相当多的成果。2016 年度有两篇关于《周易外传》的论文，一篇从经学诠释体式入手进行研究，分析《周易外传》的诠释体式与风格，进而以道论与知能论为中心，探索王夫之以“外传”的形式对《周易》这本古老的经学文本所作的创造性诠释。作者认为，王夫之通过“外传”的经学诠释体式，阐发了深刻而富有诸多新义的哲学思想，其中“道论”与“知能论”思想最为系统而深刻。其“道论”中“阴阳与道为体”“盈天地皆器，道者器之道”“圣人依人建极”“圣人之治”乃述器、制器而非“治道”等命题，与其“知能论”中“夫人者，合知、能而载之一心也。故曰‘天人之合用’，人合天地之用也”的思想，既基本上奠定了王夫之的唯气论的思想路线与带有近代新人文主义性质的肯定人的主体性的思想品格，也让他与宋明理学中的程朱理学一系初步划清了界限。其中，后期的哲学思想基本上是在《周易外传》一书基础上充实、发展起来的。[①] 另一篇则从贞天地、立人极、通天人三个方面对王夫之《周易外传》中的圣人观进行了阐释，认为三者既是对圣人的内在规定，也是一种客观叙述；既是圣人成就自身的工夫，也是其所达至的境界；既是“本体上说工夫”，也是“工夫上说本体”。“贞天地”可分为“择阴阳之粹精”和“肖阴阳之德”两个方面，其内涵是贞守天地之正理、贞固天地之正气，其途径是效法天地的易简之道。“立人极”体现在圣人的德性才能和法象治器、制礼作乐等作为中。二者体现了“本天论人”和“以人合天”的思维方式和诠释向度，其理论基础在于“通天人”。在阐释中，王夫之综合了先儒关于“圣”的“通天”“德性”“才能”“纯于天理”“境界”等方面的含义，突出了圣人养民佑民和治理社会的“作为”，是对明代中晚期重内圣、轻外王思潮的一种理论补正。[②]

梅珍生以王夫之的《庄子解》为中心，对庄子的自由与逍遥进行了论述。认为在中国道家思想中，自由意味着个体将生命当作无功利的游戏，

① 吴根友：《〈周易外传〉的诠释体式及其诠释的创造性》，《学术月刊》2016 年第 8 期。

② 周广友：《王夫之〈周易外传〉中的圣人观释要》，《中国哲学史》2016 年第 1 期。

“游”就是生命的本质。尽管每个个体的自主性会对他者产生制约，但个体之间是“不足以相役，不足以相君”的。道家“自由”的“原点”就是要合于“天钧”与“道”。有已、私智、语言等是自由与逍遥的限制因素。道家要求个体超越于“心知之灵”；依从各自的条件同“各如其分”，各“凝其神”；超越一切功利的关系，“以无用用无用”，最终与道相合，休乎天钧。①

关于王夫之史部类著作《读通鉴论》，刘荣着重对其中蕴含着丰富的君道政治思想进行了研究，认为三代圣王之道是为船山心目中理想的君道典范，包括取天下以道、扶进人才、能安敢言者和从容调御几个方面。三代以下君主之治道当效法三代之王道，并因时损益和斟酌，君主之政治品格、知人之哲、用人之道、纳谏之道、辱大臣为辱国及立嫡与豫教并行等是为君主理政之道，即为君之道。王道在本质内容上仍然属于君道；并指出王夫之重视为君之道的原因有二，一来在于他仍未走出“圣君贤相”之政治理想；二来是为将来社会提供治道之借鉴，“述往以为来者师也”。② 宋雪玲认为王夫之在《读通鉴论》中品评历史人物时，体现着他对君子理想人格的多重期许，并将船山先生对君子人格的这种期许概括为修身、处世以及救世匡时三个主要方面。船山先生作为传统知识分子，用今天的眼光来看，难免有历史的和自身的种种局限，但是他那种对知识分子经世致用的现实期许，对现实社会深沉的关怀、忧虑与同情，以及独立的具有批判性的理性思考精神，理应代代传承。当今知识分子也应传承古人“为人弘道”的精神传统，把个人的学术追求与国家和民族的发展紧密联系起来，深切地关怀社会现实，为人民立德立言，肩负起为人民述学立论、建言献策的使命。③ 王夫之在《宋论》中对抗元英雄文天祥进行了批判，认为其轻信女主，出使元营，忠诚得过了头。学者熊锐认为王夫之的文氏批判，展现了遗民史家独特的历史与文化背景，由于未全面考虑实情，这种批判有诸多不当之处。王夫之的两部史论著作是中国史学史上的经典，但王夫之在评判文氏时与其主张之治史原则却有所出入。史学评论需具备“了解之同情”的态度，不宜苛求。④

① 梅珍生：《论庄子的自由与逍遥——以王夫之的〈庄子解〉为中心》，《船山学刊》2016年第5期。

② 刘荣：《王夫之〈读通鉴论〉中的为君之道》，《湖北社会科学》2016年第11期。

③ 宋雪玲：《王夫之对君子理想人格的多重期许——以〈读通鉴论〉唐前史评为例》，《船山学刊》2016年第6期。

④ 熊锐：《王夫之〈宋论〉中对文天祥的批判》，《中国典籍与文化》2016年第3期。

三是魏源著述文献研究。

魏源是近代湖南由传统向近代转型的第一人，是学界长期关注和研究的重点对象，研究其著述文献是魏源研究的重要组成部分。据不完全统计，2016 年关于魏源著述研究的论文共 4 篇，其中研究《海国图志》者 3 篇，研究其史学著作者 1 篇。

由于魏源所著《海国图志》在近代中国所具有的里程碑意义，成为研究者重点关注的对象实在情理之中。3 篇关于《海国图志》的研究文章，分别围绕该书版本比较、在英语世界首次译介和该书重要意义展开。

夏冰在《〈海国图志〉的三个版本考论》一文中，对魏源编著《海国图志》五十卷本（道光二十二年）、六十卷本（道光二十七年）和百卷本（咸丰二年）各自的辑撰、修订增补扩充情况及其承续关系进行了考察和论述。作者认为，《海国图志》五十卷本所辑资料，在《四洲志》基础上所增加的资料主要有历代史志和类书、元明以来华人岛志和海外闻见录材料、外国著作及近日夷图夷语，以及魏源亲笔所撰的居于全书之首的《筹海篇》和书中所录《圣武记》有关章节以及他大量的专题考证文章，是一个经魏源精心编撰得很完整的版本。《海国图志》六十卷本则是对五十卷本的增补修订，一是从卷三至卷四十三有 48 次辑录《万国地理全图集》的文字，而辑自其他书籍的仅卷七补谢清高《海录》、国史馆《郭世勋传》和卷三十九补《美理哥图志略》等少许文字；二是附录的资料大为扩充。至于结构的调整，主要是将原卷三十二中属大西洋欧罗巴洲的《普鲁社国记》和《普鲁社国沿革》等，调到卷三十八，改归北洋。《海国图志》最后修订扩充文献资料的主要来源为《地理备考》《外国史略》《地球图说》《瀛环志略》四书，此外增补的附录资料很多。另一个显著的特点是魏源用自己在广州、香港买到的地图册，增加了一些新图，换去了部分旧图。《海国图志》三个版本之间不是简单的补辑，而是初版、修订扩充、再修订扩充的关系。①

满丹南、李海军等学者对《海国图志》在英语世界首次译介情况进行了研究。该文指出，《海国图志》50 卷刊行后，第一位将《海国图志》译介到英语世界的是德国传教士郭实腊，他于 1847 年在中国近代影响最大的英文期刊《中国丛报》（*Chinese Repository*）第 16 卷发表关于《海国图志》的书评文章“Review of the Hai Kwoh Tu Chi”，首次将《海国图志》译介到

① 夏冰：《〈海国图志〉的三个版本考论》，《邵阳学院学报》2016 年第 3 期。

英语世界。郭实腊的译介文章，主要采用介绍加评论的方式，共有 26 段。在细读文本的基础上，本文作者分别对各段文字的主要内容作了简要介绍后，重点指出了译介中出现的误读问题及所产生的负面影响。例如，将作者误作林则徐，并称林则徐为战争的祸害者，污蔑林则徐卑鄙、残酷等，导致英语世界读者对林则徐产生了负面的印象，这些不利言论传入国内后，使林则徐的处境更为险恶；地名（如佛朗机误为西班牙等)、语句的误读让读者特别是学术研究者对《海国图志》的内容产生认识和理解上的偏差，进而得出与事实不符的错误结论。作者同时认为，郭实腊向英语世界译介《海国图志》的首创功绩不能抹杀，正是他的译介文章为西方国家研究中国士大夫的思想提供了材料，进而促进了中西方在历史、地理等领域的沟通与交流。①

王晓华主要探讨了魏源《海国图志》对走向深蓝的启蒙意义。首先对《四洲志》与《海国图志》的关系进行了探讨，然后说明相比《四洲志》，《海国图志》主要增加了有关介绍海洋知识和外国先进武器的内容。在此基础上，重点探讨了《海国图志》在五个方面的意义：第一，批驳了御敌于国门之外的错误观点，提出了扬长避短的御敌之策，对以后的中国在对付外敌侵略方面有十分重要的意义；第二，用外国人介绍外国的资料编撰而成，更具有准确性和真实性，标志着近代史学走向一个新的转折点；第三，新海洋知识的介绍，对于日后中国认识世界，乃至走向海洋，走向深蓝有着极其重要的意义；第四，此书出版后传入日本，对日本维新运动的发展起过一定的作用；第五，《海国图志》的问世，宣告我国闭关自守时代的结束和中国觉醒、走向认识世界的历史时代的开始，开辟了近代中国向西方学习的时代新风气。文章最后指出，《海国图志》全书充满了强烈的爱国热忱，触及了深刻的社会实际，反映出时代的呼声，魏源的“经世致用”及“师夷长技”的爱国思想，即使在中国走向深蓝的今天，仍对我们有一定的启迪和鼓舞作用。②

魏源不仅是当时走在时代前列的思想家，也是卓有成就的史学家，研究魏源史学著作的论文则为刘泱泱的《魏源及其史学著作》一文。文章对魏源所撰除《海国图志》以外的其他几部史学著作，如《圣武记》《道光洋

① 满丹南、李海军等：《〈海国图志〉在英语世界首次译介研究》，《武陵学刊》2016 年第 5 期。

② 王晓华：《走向深蓝的启蒙——魏源〈海国图志〉的意义》，《邵阳学院学报》（社会科学版）2016 年第 2 期。

艘征抚记》《元史新编》《明代食兵二政录》等书的写作意图、体例、成书经过、版本流变及主要内容，均进行了简要介绍，对其史学价值，作者分别给出了自己的看法。[①]

四是曾国藩著述文献研究。

董丛林在《“杨萧三谕”与〈讨粤匪檄〉比较论》一文中，研究了“杨萧三谕”和《讨粤匪檄》的“显异”背后的“隐同”之处。太平天国起义挥军北进途中，以东王杨秀清、西王萧朝贵的名义，发布《奉天诛妖救世安民谕》《奉天讨胡檄布四方谕》《救一切上帝子女中国人民谕》，是太平天国宣示其反清号召、进行社会动员的重要文告，本书作者称之为“杨萧三谕”。曾国藩练成湘军“建旗东征”伊始，也发布了一道名为《讨粤匪檄》的文告，既是平定太平天国的社会动员，也是其自我“亮相”。通过对二者的对比分析，作者认为，在对清朝态度的宣示方面，“杨萧三谕”表现出对清朝激言指斥、誓予推翻的态度，而曾檄对清朝的肯定和维护着墨无多，调门不高，颇有几分暧昧。在文化方面所持基调，前者坚持“夷夏之辨”（以“胡虏”指斥清朝，当属传统意义上的“夷夏之辨”范畴），同时更显以“洋”统华；后者瞄准并紧紧针对太平天国宗教，以“粤匪窃外夷之绪，崇天主之教”为论旨来大做文章，从而构成该文告的最核心内容。这样既可见其政治上的截然对立，也可见其文化上“显异”的背后，又有“夷夏之辨”基点理据上的“隐同”之处，更可进而体察双方策略立意上的高下反差，不失为制约其成败得失的重要因素。[②]

牟哥在《解读〈曾国藩家书〉中蕴藏的伦理文化》一文中对《曾国藩家书》中蕴藏的伦理文化进行了解读。文章从政治、经济、文化三个方面分析了《曾国藩家书》所蕴藏的伦理文化产生的背景；并认为其伦理文化主要来源于对传统儒道伦理思想的扬弃、对传统家训的改造、对曾氏家风的秉承、对自己人生的经验四个方面；其伦理文化的主要内容则包括孝悌伦理教育思想、治学伦理教育思想、勤俭持家伦理教育思想。总之，《曾国藩家书》中蕴藏着深厚的家教伦理思想，是中国传统文化的瑰宝，虽然经过漫长的历史变迁，但曾国藩尊老爱亲、为学谦虚、尚勤崇俭、戒奢戒惰的思想不但没有磨灭，反而在构建和谐社会的关键时期更加熠熠夺目。[③]

---

① 刘泱泱：《魏源及其史学著作》，《邵阳学院学报》（社会科学版）2016 年第 4 期。

② 董丛林：《“杨萧三谕”与〈讨粤匪檄〉比较论》，《河北学刊》2016 年第 3 期。

③ 牟哥：《解读〈曾国藩家书〉中蕴藏的伦理文化》，《牡丹江教育学院学报》2016 年第 4 期。

五是左宗棠著述文献研究。

2016 年，关于左宗棠著述文献的研究论文，笔者所见有 3 篇，其中期刊论文 2 篇，学位论文 1 篇，涉及左宗棠档案编纂、禁烟公文和左宗棠家书等。

曹宇、赵彦昌指出，左宗棠档案的编纂工作从其逝世便已展开。左宗棠档案编纂成果丰富，包括全集类、专题类和增补类成果；成果编纂体例按类编排，档案收录范围广、信息含量大，格式规范严谨，辅文翔实，标题鲜明准确，呈现出对原版的沿袭和更正、地域性、历时性的特点。①

《左宗棠全集》中有关禁烟的公文，共计 60 余篇，这些禁烟公文从同治六年（1867）一直延续到光绪八年（1882），内容涉及禁烟告谕、烟情分析、禁烟方法、奖惩措施等。张翔云从左宗棠于清同治八年（1869）撰写并刊印的《禁种罂粟四字谕》切入，认为该告示深刻揭露了外国列强的狡诈阴谋，细致地剖析了严峻的禁烟形势，详细地列举了吸烟带来的恶果并最终提出禁种罂粟的要求，饱含了左宗棠对于西北现状的忧思以及全面禁烟的决心，可以称作是左宗棠全面禁烟的开端；文章同时指出，左宗棠在西北地区所采取的禁烟措施具有釜底抽薪、杜绝烟源，严查狠抓、赏罚分明，劝导植棉，宣传戒烟等方面的特色。②

《左宗棠家书》是左宗棠在清咸丰二年（1852）到清光绪九年（1883）这三十多年里写给家人信件的汇编。盛健所撰硕士学位论文在对左氏家书进行研究后认为，这些家书所涉内容十分广泛，是左宗棠一生主要事迹和修身齐家、治学为政之道的生动体现。既具有一般仕宦世家教导后辈承袭祖业的传统性，又带有动荡年岁求生存图发展的时代性。作者认为，通过《左宗棠家书》，可以进一步深入了解左宗棠本人思想内涵的变化轨迹与思想体系的形成过程。从《左宗棠家书》反映的主体思想来看，左宗棠一生恪守程朱理学，倡导经世致用之学，教育后辈子孙要崇俭广惠，守寒素家风。因此，《左宗棠家书》不仅是名臣修身治国的一面镜子，也是治家教子的好教材；不仅为后人教子持家、修身为政提供了有益的借鉴，而且对研究左宗棠的思想也具有重要价值。③

六是郭嵩焘著述文献研究。

2016 年，学界关于郭嵩焘著述文献的研究论文有 5 篇，其中涉及其单

① 曹宇、赵彦昌：《左宗棠档案编纂研究》，《档案学研究》2016 年第 4 期。

② 张翔云：《从〈禁种罂粟四字谕〉看左宗棠禁烟》，《兰台世界》2016 年第 13 期。

③ 盛健：《〈左宗棠家书〉思想研究》，硕士学位论文，青岛大学，2016 年。

篇奏疏研究的论文 1 篇，涉及其学术著作研究的论文 4 篇（含学位论文 1 篇）。学术著作研究论文，涉及的郭氏著作以经部类为主，如《大学质疑》《中庸质疑》《近思录》《周易异同商》与《书经集传异同商》等。

王大千对郭嵩焘奏疏中的《条议海防事宜》进行了深入研究。文章认为，郭嵩焘于 1875 年上书清同治皇帝，以其独到的见解，通过自己的《条议海防事宜》之奏，借海防策略表达了自己对于治理国家的主张。其因地、因时、因人三策是《条议海防事宜》中最具代表性的三条策略，虽然明言是为“海防”而作，但实际上体现了郭嵩焘从宏观角度深刻剖析时局的深刻见解，因而连郭嵩焘自己也认为“舍此三者，盖亦别无制胜之术，求速之方”。“急通官商之情、通筹公私之利、兼顾水陆之防、先明本末之序”四条则是郭嵩焘思想理论的升华，其中“兼顾水陆之防”之计是最具郭嵩焘海防思想代表性的条陈，实际上还点明了学习西人之法的主要目的，也足以说明郭嵩焘是一个具有深谋远虑的洋务派；“先明本末之序”之条则体现了郭嵩焘的政教为本、军事为末的思想。郭嵩焘借海防言国事，认为办理洋务不该只是以仿造西方先进器械为主，而应该注重学习西方的先进思想制度和民本教育，其理念之先进远远超过了当时的大部分洋务派成员，甚至对于之后的维新变法的理念也产生了影响。①

闵娟娟在其《郭嵩焘的〈大学〉〈中庸〉研究》学位论文中认为，郭嵩焘的三部质疑著作，《礼记》及《大学》《中庸》研究专著，是清中期以后出现《大学》《中庸》复归于《礼记》思潮的影响下写成的。郭嵩焘的《大学》《中庸》研究建立在对郑玄、孔颖达、朱熹的吸收和批评的基础上。他采用郑注古本的《大学》结构，批评朱熹《大学章句》中的《大学》结构；《中庸》结构则接近朱熹，又按照自己的理解重新划分了《中庸》的上下卷。这表明郭嵩焘有选择性地吸收郑玄、孔颖达、朱熹等人的理论成果，力图建构自身的理论体系。义理方面，郭嵩焘也对郑玄、孔颖达、朱熹的理论做了新的诠释。比如，《大学》的“明德”“新民”“止于至善”三纲领、絜矩之道和理财用人之道三方面，《中庸》的“中和”“知仁勇”以及作为理学核心概念的“诚”，他有较为系统的论述，具有较大的理论价值。文章最后指出，郭嵩焘的《大学》《中庸》研究，呈现出不拘门户、汉宋兼采，承继湖湘、兼容并包，关注时事、经世致用三大特色。②

---

① 王大千：《郭嵩焘的〈条议海防事宜〉奏疏》，《洛阳师范学院学报》2016 年第 9 期。

② 闵娟娟：《郭嵩焘的〈大学〉〈中庸〉研究》，硕士学位论文，湖南大学，2016 年。

严佐之在《清郭嵩焘注〈近思录〉及其“宗朱”之学》一文中指出，新编《郭嵩焘全集》失收、辽宁省图书馆藏清末抄本郭嵩焘注《近思录》四册一函，系郭氏佚著，当为海内孤本。该文对其版本进行了较详细的介绍，并对该版本中的四款郭氏题识进行了考辨后，认为确系清末名臣郭嵩焘的散佚之著；又据已知信息，推测此郭嵩焘“前后四次加注”的“郭注《近思录》”，实际上是其在同治七年（1868）冬月至光绪十年（1884）春三月期间四度研读江永《近思录集注》的随笔札记。然后，作者着重从学术思想层面对文献价值进行考察，围绕从朱子《近思录》“逐篇纲目”看郭注的“宗朱”思想，从郭注的“会疑”“善疑”看郭氏“宗朱”而不“佞朱”的思想，从郭注的“鞭辟入里着己”“研考人事得失”看郭氏的为学功夫三个问题展开讨论，结论是郭嵩焘虽致力考据训诂，兼采汉宋诸说，而究其根本，仍持“宗朱”立场。尝谓“朱子‘道问学’之功，孔门之正轨”，而称陆、王之学为“用释氏之言”“本释氏之说”者。然郭氏“宗朱”而不“佞朱”，“会疑”“善疑”与“鞭辟入里着己”，是郭注一以贯之的学术特色。[①]

郭嵩焘是晚清著名学者，其学问广博，著述颇丰。然而学界对郭氏经学著述不太重视，相关研究甚少。李鹏连统计已知的郭嵩焘的经学专著主要有11种，分别对其礼学著述4种、易学著述3种和其他经学著述4种进行了综合性考述，并认为郭氏治经，调和汉宋，敢于质疑，提出新见。[②]

刘德州在《〈周易异同商〉〈书经集传异同商〉作者献疑》一文中对有学者认为《周易异同商》与《书经集传异同商》二书之作者是郭嵩焘的看法提出了质疑。作者通过与郭氏所著书进行比较，发现了诸多观点的不同，认为在现今没有一条有力证据证明郭氏曾作此二书的情况下，郭氏著书之说值得怀疑。通过梳理相关文献，作者认为湖南儒生黄鹤更可能是此二书的作者，其证据有四：一是黄氏《五经》皆有《异同商》，今有《四书异同商》一书流传于世，与其喜欢以“异同商”来名书的特征相符；二是郭氏日记明言黄鹤之子曾携其父所撰《尚书经集传异同商》（应即《书经集传异同商》）相示，此书或就此留置郭府后又流出，后人误以为此书为郭氏所作；三是二书与黄鹤传世之《四书异同商》体例完全一致，以采择前人之说为主，如有异说则标以“存异”，如有疑问则标以“存疑”，但亦不甚严格，间或以“按”“愚按”的形式表明己见；四是二书与《四书异同商》

① 严佐之：《清郭嵩焘注〈近思录〉及其“宗朱”之学》，《历史文献研究》2016年第1期。

② 李鹏连：《郭嵩焘经学著述考略》，《湘学研究》2016年第2期。

均喜引“御案”（即清代钦定诸义疏）。①

七是谭嗣同著述文献研究。

谭嗣同是清末维新派极具影响和符号性的人物，今人整理其著作为《谭嗣同全集》，其中的《仁学》是谭嗣同一生中最为重要的著作，杂糅儒、释、道、墨各家和西方近代自然科学、社会政治经济学说，形成了独特的哲学体系，号称最难准确理解和把握。也正因为如此，引起了学人对它的研究兴趣。2016 年所见学界关于谭嗣同《仁学》研究的论文有 3 篇，其中 2 篇为期刊论文，即姚彬彬所撰《谭嗣同〈仁学〉中的佛教术语释例》、张晓林的《谭嗣同对儒家“天道—人伦”秩序的重塑——基督教对谭嗣同〈仁学〉“天”概念的建构意义》；1 篇为硕士学位论文，即唐春玉的《谭嗣同〈仁学〉思想研究》。

中国传统儒、道“天”概念或为自然之天、人格之天，或为义理之天。张晓林在其论文中重点对谭嗣同所受基督教之“天”（上帝）及神伦观念的影响问题进行了研究，认为谭嗣同改造了传统“天”概念，将其作为阐发《仁学》平等观的形上根据；并效法基督教“神道—人伦”理路，提出“天统”“称天”说，批判封建专制政治和传统纲常名教，以平等理念重塑儒家“天道—人伦”秩序。② 谭嗣同是中国近代史上伟大的哲学家和思想家，他结合中西方学问，建构了自己独特的《仁学》体系。唐春玉在其学位论文中认为，谭嗣同在《仁学》中用“以太”“仁”“心力”三个范畴廓清了他的思想面貌；借鉴西方的“以太”一词和中国哲学“仁”一词相配，构成了他“以太—仁—通—平等”的哲学体系。哲学理论指导政治实践，他从“仁—通—平等”的哲学理论出发，提出了“冲决网罗”的时代口号。谭嗣同的《仁学》里有九种网罗，其中包括君主之网罗和名教之网罗。借此，他对君主专制制度和以三纲五常为内容的名教进行了激烈的批判。谭嗣同“冲决网罗”的社会政治思想对当时的思想界产生了巨大的影响，它启迪了后起的革命事业，开启了“五四运动”的先河。③

八是王先谦著述文献研究。

2016 年，学界关于王先谦著述文献研究的论文，笔者所见有 2 篇，涉

---

① 刘德州：《〈周易异同商〉〈书经集传异同商〉作者献疑》，《中国典籍与文化》2016 年第 1 期。

② 张晓林：《谭嗣同对儒家“天道—人伦”秩序的重塑——基督教对谭嗣同〈仁学〉“天”概念的建构意义》，《甘肃社会科学》2016 年第 4 期。

③ 唐春玉：《谭嗣同〈仁学〉思想研究》，硕士学位论文，河北大学，2016 年。

及研究对象一为《诗三家义集疏》，主要指出了该书所存在的三大不足；一为《骈文类纂》，着重肯定了王先谦在文学批评方面的建树。

王先谦的《诗三家义集疏》是研究汉代三家《诗》学的集大成之作，具有很高的学术价值。但吕冠南认为该书有三个方面不足：一是过高地估计了汉代经师对于“师法”和“家法”的坚守程度；二是将忽略学术研究而重在推演《诗》义的教化类著作视为辑录三家《诗》经文的根据；三是混淆了文学与学术类著作的本质差别。这三重困境贯穿全书始终，降低了书中不少结论的可靠性。[①] 在清代骈文学发展、建构的过程中，骈文选本扮演了重要的角色，而在清代众多的骈文选本中，光绪间王先谦编辑的《骈文类纂》堪称集大成之作。路海洋认为，该书在体例上取法前修而自成一格，并首次对战国以迄清代的骈文创作进行了系统的总结。同时，该选本在批判地吸收前人理论成果的基础上，对骈文文体的源流与特征进行了梳理、辨正；又经由圈点、评述的方式，大体区分了所选作品的层次，实现了编选者为当代及后世骈文创作提供范本、指示门径的目的；另外还通过对历代作家作品的选择、排列，基本构建起了一部中国古代骈文发展史。应当说，王先谦《骈文类纂》的文学批评建树，构成了清代骈文学发展的重要一环，充实了清代骈文学的内涵，其历史贡献不容忽视。[②]

九是王闿运著述文献研究。

王闿运在文学、经学、史学方面的著述颇丰，是一位多方面均有成就、在近代有很大影响的学者，因而成为学界研究的一个重要对象。2016 年关于其著述文献的研究论文，所见有《王闿运〈楚辞释〉研究》《论王闿运〈楚辞释〉的政治化阐释及其影响》2 篇。

王闿运所撰之《楚辞释》是清代最有代表性的《楚辞》研究著作之一，在清代乃至整个中国楚辞学史上具有重要的地位，郭建勋、罗璐的研究论文对此颇为着力。罗璐的硕士学位论文对《楚辞释》的研究，一方面在于全面梳理和总结《楚辞释》产生的时代背景、成书时间、版本、注释体例和选目特色；另一方面在于重点深入文本内容，探讨王闿运的楚辞思想，从而突出王闿运楚辞研究的显著特色及在楚辞学史上的价值和影响。王闿运的楚辞思想与其文学创作思想有内在的统一性。[③] 王闿运的楚辞研究主要

---

① 吕冠南：《王先谦〈诗三家义集疏〉的三重困境》，《北京社会科学》2016 年第 6 期。

② 路海洋：《王先谦〈骈文类纂〉的文学批评建树》，《苏州大学学报》（哲学社会科学版）2016 年第 6 期。

③ 罗璐：《王闿运〈楚辞释〉研究》，硕士学位论文，湖南大学，2016 年。

集中在《楚辞释》一书中。郭建勋、罗璐在介绍《楚辞释》成书、选目与体例后认为，王闿运《楚辞释》着重从时世政治的角度解读《楚辞》，围绕屈原“兴楚返王”的愿望、“荐列众贤”的举措和所谓“款秦误国”的罪名三个重要政治节点展开。这种政治化阐释的背后有其纵横思想的主导和深刻的政治寄寓，并在客观上打上了求新尚奇的烙印，对其弟子廖平的楚辞研究产生了深远影响，在楚辞学史上掀起了一股尚奇疑古之风，并推动了楚辞研究朝求新求变的方向发展。①

十是杨开慧著述文献研究。

杨开慧刊于1921年6月在长沙出版的《福湘杂志》上的三篇短文《致某公书》《随感录》《先父事略》，李忠泽以“新发现的杨开慧三篇短文浅析”为题于2015年在《船山学刊》第3期予以公布。这是迄今为止所发现的杨开慧生前公开发表的唯一论著。王兴国据此进行了研究，从三个方面论述了其史料价值和思想价值：其一，它提供了有关杨昌济生平的一些细节，如少年善属对、与其哥嫂的亲密关系、准确地说明了其归国时间、为赴法勤工俭学学生筹款操劳致死等。其二，杨昌济父女致章士钊的信，说明了杨章两家世交的亲密，也反映了他们之间政治观点的不尽相同，杨氏父女多一些知识分子的清高，而章氏则更多一些政治家的历练。其三，杨开慧在当时十分重视个性解放，她认为个性解放是人天性的要求，压抑个性是旧制度和风习之过，自我实现是人生的最高目的。②

十一是毛泽东著述文献研究。

毛泽东文献研究是学术界长期关注的重点，也是研究的热点，笔者检索到的论文竟达25篇之多。总的来说，对毛泽东中华人民共和国成立前文献的研究成果远远多于对毛泽东中华人民共和国成立后文献的研究成果。

研究毛泽东中华人民共和国成立前文献的论文有19篇，它们是杨德勇的《毛泽东〈沁园春·长沙〉研究新得》（《党的文献》2016年第3期），曹春荣的《“郁闷”之时难掩革命信念与豪情——〈菩萨蛮·大柏地〉中蕴含的历史细节》（《党的文献》2016年第6期），朱亚坤的《传统、现实与策略：毛泽东有关雇农阶级归属判断再认识——基于对毛泽东1925—1939年间有关文本的扩展解读》（《人文杂志》2016年第9期），徐浩然的《基

---

① 郭建勋、罗璐：《论王闿运〈楚辞释〉的政治化阐释及其影响》，《湖南科技大学学报》（社会科学版）2016年第1期。

② 王兴国：《研究杨昌济父女生平思想的珍贵文献——读新发现的杨开慧三篇短文》，《船山学刊》2016年第3期。

层政权建设的历史经验——1933 年毛泽东〈才溪乡调查〉的思想蕴含》[《科学社会主义（双月刊)》2016 年第6 期]，谢庐明、汪建生的《毛泽东〈寻乌调查〉中的农村圩市与社会变迁：1930—2016》（《赣南师范大学学报》2016 年第5 期)，赵平的《坚持实事求是注重调查研究——再读〈反对本本主义〉有感》（《中共乐山市委党校学报》2016 年第3 期)，沈金霞的《坚持文艺党性和人民性的统一——重读毛泽东〈在延安文艺座谈会上的讲话〉》[《湖南科技大学学报》（社会科学版）2016 年第1 期]，刘毅强的《〈实践论〉〈矛盾论〉的新解及价值》（《毛泽东思想研究》2016 年第1 期)，孙芮晨、杨小刚的《毛泽东语言表达方式对马克思主义理论宣传的当代启示——重读〈实践论〉〈矛盾论〉》（《延边党校学报》2016 年第2 期)，房列明的《集体智慧的总结提升——论毛泽东〈论持久战〉的历史形成》(《山东青年政治学院学报》2016 年第1 期)，陈龙、陈立文的《〈论持久战〉的军事实践智慧要论》[《湖南科技大学学报》（社会科学版）2016 年第2 期]，房列明的《毛泽东〈论持久战〉的理论创新》（《衡阳师范学院学报》2016 年第4 期)，唐正芒、周玉文的《质疑与释疑：关于〈论持久战〉影响力之辩论》[《湖南科技大学学报》（社会科学版）2016 年第5 期]，李永春、岳梅的《毛泽东〈论持久战〉抄袭说驳议》(《毛泽东研究》2016 年第5 期)，韩步江的《毛泽东实践哲学思想的解读与反思——以〈论持久战〉为文本个案分析基点》[《湖南科技大学学报》（社会科学版）2016 年第1 期]，王立胜、聂家华的《论毛泽东的政治动员和政治参与思想——以〈论持久战〉为中心的思考》[《山东农业大学学报》（社会科学版）2016 年第1 期]，仲伟通的《论毛泽东文化观的四重意蕴——重读〈新民主主义论〉》[《湖南科技大学学报》(社会科学版）2016 年第4 期]，王毅的《民国知识界言说中的〈新民主主义论〉》（《党的文献》2016 年第3 期)，周震的《毛泽东与“三风”的整顿——关于〈改造我们的学习〉等3 篇报告的探讨》（《湘学研究》2016 年第2 期)，涉及《寻乌调查》《才溪乡调查》《反对本本主义》《论持久战》《实践论》《矛盾论》《改造我们的学习》《整顿党的作风》《反对党八股》《在延安文艺座谈会上的讲话》《新民主主义论》等文献的研究。

研究毛泽东中华人民共和国成立后文献的论文有 6 篇，有倪德刚的《再读毛泽东〈关于健全党委制〉与〈党委会的工作方法〉》（《毛泽东研究》2016 年第3 期)，邵佳的《毛泽东〈党委会的工作方法〉的当代价值——基于党委领导班子建设视角》（《福州党校学报》2016 年第2 期)，刘旮峰的《毛泽东社会主义商品生产思想的当代反思——以〈毛泽东读社会主义政治经济学批注和谈话〉为中心的考察》（《当代经济研究》2016 年第 3 期），刘彦伯的《毛泽东〈论十大关系〉的当代价值》（《党政干部学刊》2016 年第 4 期），顾海良的《中国特色社会主义政治经济学的始创及理论结晶——毛泽东〈论十大关系〉和〈关于正确处理人民内部矛盾的问题〉研究》（《毛泽东研究》2016 年第 5 期），周静爽的《协调发展理念视角下对〈论十大关系〉的解读》（《党史博采》2016 年第 5 期），涉及《关于健全党委制》与《党委会的工作方法》《论十大关系》《关于正确处理人民内部矛盾的问题》《毛泽东读社会主义政治经济学批注和谈话》等文献的研究。

由上可知，关于毛泽东文献的研究，成果颇丰，限于篇幅，我们在此不一一赘述，仅就有关《论持久战》一文的研究情况作简要介绍，因为其研究论文在 2016 年度达 7 篇之多，可以说是毛泽东文献研究中的热点之热点。

针对近几年有些论者提出的《论持久战》抄袭说，李永春、岳梅撰文认为，对《论持久战》与蒋百里《国防论》《陈诚将军持久抗战论》的内容和体系稍作比较，就可知抄袭之说是难以成立的。从思想发展来看，毛泽东早在 1935 年就萌发了持久战的理论，经过长期对抗日战争的理论思考，在 1938 年发表了著名的《论持久战》，其中对敌我双方的特点，抗日战争的正确路线、方针、政策和人民战争的战略战术的论述，把战争问题上升到战争哲学和军事辩证法的高度，所体现的理论水平非时人可企及，亦非蒋百里《国防论》《陈诚将军持久抗战论》可比肩。因此《论持久战》抄袭说是根本不可能成立的。[①] 房列明则通过对毛泽东《论持久战》形成过程的考察后认为，它既是集体智慧特别是中国共产党集体智慧的总结提升，又是毛泽东个人智慧的结晶。在该书问世之前，既有国统区的持久抗战思想，也有共产党人的持久抗战思想，而毛泽东的《论持久战》分为 120 个子目，回答了 21 个问题，批判了亡国论、速胜论，揭示了抗日战争是持久的，最后胜利是中国的必然规律，提出了中国抗日统一战线的完成、国际抗日统一战线的完成、日本国内人民和日本殖民地人民的革命运动的兴起是中国人民能够战胜并且最终消灭日本帝国主义的三个条件，并科学地规定了中国人民夺取抗日战争伟大胜利的一系列正确的方针、原则、战略战

---

① 李永春、岳梅：《毛泽东〈论持久战〉抄袭说驳议》，《毛泽东研究》2016 年第 5 期。

术，抗日战争的进程和最后胜利，完全证明了毛泽东持久战思想的正确性。毛泽东在《论持久战》中所阐明的战争指导原则和战略战术对于指导未来高技术条件下的人民战争，仍有着重大的现实意义。[①] 他还认为《论持久战》具有理论创新性，并对毛泽东对《孙子兵法》的传承与创新、对克劳塞维茨《战争论》的传承与创新、对人民战争思想的发展和对国民党持久抗战理论的超越四个方面进行了论述。[②] 唐正芒、周玉文针对近年来有学者以蒋介石在各种场合的3次言论和白崇禧的2次口述回忆为证据，提出“白崇禧、蒋介石等持久消耗战略”不可能受毛泽东《论持久战》的影响。这一结论及其证据明显不能自圆其说，白崇禧发表的持久战文章、南岳军事会议、南岳游击干部训练班、程思远的《政坛回忆》等相关材料却能相互印证，证实毛泽东的《论持久战》一直被认为对共产党、对国民党及其最高层，乃至对外国政要均有巨大影响力的观点仍然是正确的。[③] 王立胜、聂家华以《论持久战》为中心，讨论了毛泽东的政治动员和政治参与思想，认为《论持久战》既是一部军事和哲学论著，也是一部政治学论著。在《论持久战》中，毛泽东比较系统地论述了政治动员与政治参与的意义、主体、客体、目的和方式方法，阐述了政治动员和政治参与的实践艺术，揭示了政治动员和政治参与的深厚哲学根据——马克思主义唯物史观，为我们党领导中国革命而进行政治动员提供了科学的理论指导和一整套有效的政治动员内容和方法。[④]

另有两位学者撰文，分别从实践哲学的高度对《论持久战》进行了研究。韩步江以《论持久战》为文本个案分析基点，解读与反思毛泽东的实践哲学思想。[⑤] 陈龙、陈立文认为，《论持久战》是毛泽东军事实践智慧的重要体现，具体表现为以追求永久和平为价值取向，以争取主动、夺利弊害为运思焦点，表现为冷静理性的运思态度、任智巧夺的运思特点和辩证的运思方式等五个方面，不仅有道德层面的价值追求，而且有技术层面的

---

① 房列明：《集体智慧的总结提升——论毛泽东〈论持久战〉的历史形成》，《山东青年政治学院学报》2016 年第 1 期。

② 房列明：《毛泽东〈论持久战〉的理论创新》，《衡阳师范学院学报》2016 年第 4 期。

③ 唐正芒、周玉文：《质疑与释疑：关于〈论持久战〉影响力之辩论》，《湖南科技大学学报》(社会科学版) 2016 年第 5 期。

④ 王立胜、聂家华：《论毛泽东的政治动员和政治参与思想——以〈论持久战〉为中心的思考》，《山东农业大学学报》(社会科学版) 2016 年第 1 期。

⑤ 韩步江：《毛泽东实践哲学思想的解读与反思——以〈论持久战〉为文本个案分析基点》，《湖南科技大学学报》(社会科学版) 2016 年第 1 期。

方法策略。[①]

十二是刘少奇著述文献研究。

刘少奇的《论共产党员的修养》，作为马克思主义政党建设史上的一部经典著作，影响广泛而深远，在当前从严管党治吏以及开展“两学一做”活动的情况下，成为2016年学界关于刘少奇文献研究的重点，所见关于其研究的论文有5篇，分别从版本流传、历史贡献、现实意义等方面展开。

在传世的众多版本中，经笔者整理、修改、审订后出版的单行本有三，即1939年11月延安新华书店第一版，1949年8月北平解放社修订第一版，1962年9月人民出版社修订第二版。在校勘三个版本的基础上，王玉强撰文梳理了《论共产党员的修养》的演变情况：第一版和第一、二次修订的原因、过程，以及修订的主要内容包括结构调整、字数增减、重要增删、史实订正、引文变动，以此反映思想认识的深化和重要提法的变化等。[②] 文建龙、朱霞重点阐述了刘少奇的《论共产党员的修养》在中国革命和中国建设历史上有着重要贡献。第一，它为中国共产党党员的成长提供了深刻而系统的思想道德修养理论。第二，它丰富和发展了毛泽东“着重从思想上建党”的理论。第三，在延安整风运动中，它从思想上、政治上、组织上对巩固中国共产党发挥了重要作用。第四，它影响教育了几代中国共产党人，并且这种影响还将持续下去。[③] 其他三篇论文则着重于对其现实意义的论述。杜春艳认为，《论共产党员的修养》是党的建设方面享誉中外的一篇经典著作。它首创共产党员的修养理论，谱写思想建党的新篇章；它开拓新视野，推动马克思主义中国化的历史进程；它将共产党员的修养与我国传统文化相结合，赋予我国传统文化新内涵；它着力于加强党性修养，不断提高共产党员自身建设；等等。这一切对于发扬党的优良作风，提高党的执政能力建设，具有重大的现实意义。[④] 世界观、人生观、价值观教育，是共产党人的立党之基。郑俊艺撰文指出，刘少奇通过《论共产党员的修养》一书的广泛传播，号召广大党员树立马克思主义的“三观”，把好思想的“开关”，通过党性修养改造主观世界，坚定新民主主义革命必将胜

---

① 陈龙、陈立文：《〈论持久战〉的军事实践智慧要论》，《湖南科技大学学报》（社会科学版）2016年第2期。

② 王玉强：《〈论共产党员的修养〉校勘和研究》，《党的文献》2016年第1期。

③ 文建龙、朱霞：《〈论共产党员的修养〉的历史贡献》，《西安政治学院学报》2016年第2期。

④ 杜春艳：《〈论共产党员的修养〉的现实意义》，《党史文苑》2016年第6期。

利的理想信念，为思想建党奠定了宝贵的理论基础。[①] 赵静指出，刘少奇同志是一名优秀的马克思主义理论家，曾提出了一系列有关党建方面的见解和看法，对我们党的发展和进步有着非常深远的影响。其中，最具有代表性的是《论共产党员的修养》，它是在抗战时期创作出来的，详细论述了党性修养的重要性、修养的内容以及具体的修养方法和途径，是对毛泽东党建思想的补充和扩展，是共产党员进行自我学习和提高的必备教材。在全球化不断深化的21世纪，党员同志又将面临新的机遇和挑战，因此，重温《论共产党员的修养》可以帮助党员同志保持先进性和纯洁性，从而更好地开展新时期的工作。[②]

此外，还有匡互生著述文献研究。匡互生为新文化运动健将、现代著名教育家，世人认为其一生“立功”远胜“立言”，故学界对其著述情况一向较少关注。尧育飞通过匡互生笔名线索，系统梳理其著述情况，表列文章20篇，附《祭父文》及书信手札共75件，这些著述的规模近10万字，其传世作品数量远超过去学界的一般认知。并列论其著述四大特色，即对于教育、天文学、社会问题、立达学园建设的关注和兴趣。尧育飞认为，为保存文献计，有必要整理出一部资料翔实可靠的《匡互生文集》，可按教育、散文和书札三个部分进行区分，加以编撰，并附录其生前好友的纪念文章，以便于研究者使用，并为湖湘文化留下一份可贵的精神遗产。[③]

4. 碑刻与石刻文献研究

碑刻、石刻文献是我国浩瀚文献的组成部分，所涉内容广泛，真实性强，产生时间、地点可考，具有重要的文史研究价值。历史上，湖南这方面的文献亦不少，现今保存古代碑刻多的当属永州地区。2016年，学者们在已有研究成果的基础上，继续推进其研究，获得新的进展，所见有关研究论文共8篇，兹略述于下。

濂溪故里西有月岩，古称穿岩，又称太极岩。相传周敦颐曾读书于此，自南宋以后，历代文人刻石题咏不绝，今存摩崖石刻共63幅，2012年“濂溪故里古建筑群（含月岩摩崖石刻）”被批准为国家级文物保护单位。以此

① 郑俊艺：《〈论共产党员的修养〉要求党员把好思想“开关”》，《胜利油田党校学报》2016年第4期。

② 赵静：《刘少奇与〈论共产党员的修养〉》，《戏剧之家》2016年第20期。

③ 尧育飞：《匡互生著述考——兼论其文集的整理》，《邵阳学院学报》（社会科学版）2016年第6期。

为契机，近年学者对其研究力度加大，2016 年研究这些石刻的论文有 6 篇。李花蕾对现存 7 人 8 幅民国石刻即民国十三年甲子欧阳纪璆《重修月岩记》、民国十五年丙寅高炳垓《重修月岩小引》、民国二十六年丁丑刘膺古“道在其中”榜书、民国二十六年丁丑张之觉“豁然贯通”榜书、民国二十七年戊寅魏籽耘“浑然太极”与“月岩”榜书、民国三十三年甲申刘濂滨“风月长新”榜书并诗刻、民国三十六年丁亥周仁术“理学渊源”榜书等的作者生平、题刻内容，分别进行了考述。[①] 郭佳鹏通过对比相关文献资料，对徐爱（明人，王阳明早期弟子）在月岩摩崖石刻上的三首诗《游月岩说诸峰峦奇之》《月岩》《濂溪》一一加以考释，比较版本，并分析诗句，可以看出，深受王阳明影响的徐爱，对周敦颐思想及其地位是表示肯定与推崇的。[②] 唐司妮根据新近在湖南永州道县月岩发现的“如月之中”榜书石刻，这一国内现存的胡直（江西泰和人，官至福建按察使，王阳明再传弟子，江右王门学派的代表人物之一）唯一的手迹，对胡直在湖南的行迹进行了考证和梳理。[③] 明代道州知州韩子祁的“先天道体”榜书，是濂溪故里月岩最高、尺寸最大并且处于最显眼位置的一方石刻。易子薇论述了“先天道体”的哲学义理和明代浙西韩子祁的生平履历、为官政绩和著作诗文。并认为尚待从石刻本身蕴藏着书法价值、文学价值、哲学价值等方面进行研究。[④]

湖南江华李挺祖为南宋著名的书刻家。陈安民以近于月岩发现南宋刘锡作、李挺祖书摩崖石刻诗为切入点，钩稽相关方志史料，探讨李挺祖书刻与“掌御书臣”之间的文化背景，并从文本撰作角度分析《九疑山碑》是否为蔡邕所撰，及各种著录之间的差异和历史原因，进而探讨李挺祖与南宋文士之间的交游，在方志文献的基础上作搜集整理，以补史传之阙略。[⑤]

2016 年，湖湘石刻研究亦有所拓展，主要表现在对幽岩摩崖石刻的研究上。幽岩位于湖南永州东安县紫溪镇车脚村，是一个天然构造的岩洞，内分为九段，谓之九洞。幽岩摩崖石刻创始于北宋。自北宋以来，游人题记甚众，但有许多都没能保存下来。旷黄忠根据实地考察的结果，撰文对目前幽岩尚存留的一批石刻进行了介绍，主要有明永州府推官施仁嘉靖乙

① 李花蕾：《民国月岩石刻考述》，《湖南科技学院学报》2016 年第 7 期。
② 郭佳鹏：《徐爱月岩诗刻考略》，《湖南科技学院学报》2016 年第 9 期。
③ 唐司妮：《胡直湖南行迹考》，《湘学研究》2016 年第 2 期。
④ 易子薇：《月岩韩子祁“先天道体”榜书石刻》，《湘学研究》2016 年第 2 期。
⑤ 陈安民：《“掌御书臣”——李挺祖书刻事迹考略》，《湘学研究》2016 年第 2 期。

卯年题《题幽岩诗》一首，刻成石碑立于第一洞右侧；第一洞内还有《游幽岩记》残碑一块，成碑时间与《题幽岩诗》相隔不久；幽岩第五洞内石壁上有北宋元丰元年邑令毕孟阳等题名，周围还有许多毛笔写的墨迹。[①]

2016 年关于湖湘碑刻文献研究的论文有 2 篇。一是对老埠头渡口处所存石碑的研究。永州老埠头为潇湘千年古渡，是古代湘粤往来的交通要道，也是湖南境内尤其是永州府与宝庆府的交通枢纽，在永州境内更是潇水上下游地区往来的必经之地。今湘江两岸老埠头渡口处保存下来的石碑共 11 方（湘江西岸 6 方，湘江东岸 5 方），其中清乾隆时期碑 4 方、嘉庆时期碑 3 方、道光时期碑 1 方、民国时期碑 3 方；碑名或有或无；立碑时间有明确记载的，最早为乾隆十五年（1750），最晚为民国十七年（1928）。周艳华将所寻获各碑，按立碑时间先后，著录碑文并作标点。这些碑文记载了老埠头成为义渡之后的运行情况及埠岸码头的修砌情况，对渡口的历史沿革也有追述，系首次系统整理，是研究潇湘水路古代交通、潇湘流域古代文化的重要文献，尤其是清朝乾隆至民国一段，有重要学术意义。[②]

二是对拙岩石刻的研究。《永禁江坡》《永禁水源》二碑，是截至目前所见拙岩石刻所在地永州零陵猴滩沈家仅有的可移动古石碑。前者在村外田间，靠近拙岩处，立于光绪二年（1876）；后者在村外田间，靠近湘水上游处，建于民国二十二年（1933）。张京华在对二碑进行抄录、点校、笺注碑文后，分别对二碑进行了初步探讨。在考察了永禁江坡碑立碑人家世后，作者指出，清代康熙和道光年间的两次大洪水是沈氏一族对江坡和沙洲提出保护的直接原因，而更深层的原因是保护江坡、沙洲会直接促动着家族人才兴旺的观念，虽然族人合约不具备真正的法律效用，但又确实有效，是古代宗族、村民自治的一种优良形态，由此获得一种良好的基层秩序。在考察永禁水源石碑立碑人家世后，作者认为其作用是合理利用池塘水源以灌溉农田，其合族立碑合约的方式与保护江坡与沙洲完全相同，并且前后承接。即在文本措辞、修辞上也都与光绪碑文相似，同时既有沿袭着旧日传统之处，也有体现自己时代特点的地方。这种举族订立公约的行为，是为了合族的共同利益，对江坡、沙洲、水源的保护又是一种合理而有效的古代宗族、村民自治。[③]

---

① 旷黄忠：《湖南幽岩石刻初探》，《湘学研究》2016 年第 2 期。

② 周艳华：《基于碑刻文献的潇湘古渡——永州老埠头研究》，《湖南科技学院学报》2016 年第 1 期。

③ 张京华：《〈永禁江坡〉〈永禁水源〉二碑初探》，《湖南科技学院学报》2016 年第 4 期。

5. 谱牒类文献研究

谱牒是一种记录家族始源、繁衍与昭穆等资料的文献，是正史、方志、档案、碑铭、传记等原始文献之外的另一种珍贵参考资料，学界对其史料价值早有肯定。湖南这方面的文献亦有大量保存，对其研究利用亦取得不少成果。2016 年，学界在已有研究成果的基础上，又有新创获，所见有关研究论文共 6 篇，大型历史丛书 1 套，兹略述于后。

周远成在研究三国大将周瑜后裔在湘情况时，从周氏谱中旧序发现的一篇作者为杨万里的《泥田旧序》，不见于当代收载诗文序跋题记等最全的《杨万里集笺校》，当系杨万里佚文。此文清光绪《泥田周氏五修族谱》和民国《衡山湘潭周氏五修族谱》均有收录。作者认为《泥田旧序》在周氏族谱中流传有序，应出自杨氏之手，并对此佚文在两谱中的差异进行了对比研究。据其内容来看，此序是杨氏为自己的学生加上亲戚、邻里关系修谱之请而撰写的。杨氏曾任职永州零陵县丞，此序有助于进一步了解杨万里与湖南的关系。①

王日根、叶再兴以《唐氏族谱》等八份湖南族谱为基本资料，研究明清时期湘中、湘南地区家族人口增长的整体趋势及差异性。研究表明，明清时期湘中、湘南地区与长江下游地区的家族人口增长率存在着某种一致性，在 1% 左右波动，且其长期升降趋势与我们对明清社会变迁的认识颇为吻合；自然灾害、战乱和社会经济的发展变化是家族人口变动的重要动因，天灾人祸造成人口短期的剧烈波动，而社会经济变迁则型塑了人口变迁的长期轨迹；家族基因、家族发展模式及其所面对的外部环境共同造就了家族间人口发展的差异性。②

饶怀民分析了黄兴故居纪念馆珍藏的《家谱》，共 30 卷，近 100 万字，由举人黄沄、黄锡焘主编，另有编校 31 人，其中黄兴之父黄炳崑亦为编校之一。《家谱》对黄姓的由来、黄氏先祖的搬迁轨迹以及黄兴世系进行了详细记述，其中特别是《家谱》卷一至卷五所列《世表》、卷六至卷二十二所列《世编》以及卷二十八所载《训典志》和卷三十所列《载籍志》等颇具史料价值。《家谱》“共锓 160 部”之多，作为编校之一的黄兴父亲黄炳崑

① 周远成：《〈周氏五修族谱〉泥田旧序——宋杨万里佚文一篇》，《衡阳师范学院学报》2016 年第 2 期。

② 王日根、叶再兴：《明清湖南家族人口增长的趋势及差异——以族谱资料为中心的考察》，《南方人口》2016 年第 5 期。

收藏《家谱》则是确定无疑的。《家谱》修纂于1892年，黄兴已有18岁，而且黄兴当年还参加过善化县举行的县考，说明他当时已具有相当高的文化素养，作为勤奋好学的青年，黄兴对其父亲亲自参与编校的《家谱》先睹为快自然是情理之中的事。文章在精心研究《经铿黄氏家谱》的基础上，从经铿黄氏遗训对黄兴品格特质形成的影响进行了具体分析，强调做人要首重道德、忠于家国、开拓进取、务实苦干、谦恭待人。这对于黄兴雄健豪迈、刚毅恢宏、笃实无我、忠诚担当、宽厚谦逊品格特质的形成产生了极其重要的影响。应当承认，黄兴品格特质的形成原因固然与深刻的民族危机刺激、湖湘文化的熏陶以及他本人参加革命斗争实践有关；但与经铿黄氏遗训包括家训、家规、家范、教子经等对他的影响是分不开的。经铿黄氏各代良好的家风使黄兴及其后裔受益无穷。①

零陵《魏氏宗谱》为民国十四年（1925）木板刻本，保持完整，记录了零陵、道县、宁远三地魏氏的源流分支详情。敖炼撰文具体介绍了《魏氏宗谱》的版本形态、内容，魏氏源流及宗谱成谱关键人物，宗谱中文章部分作者及宗谱的研究价值。② 并从民国十四年木版刻本零陵《魏氏宗谱》中，选录了《藕塘别墅记》《树德堂记》《茹古芬室记》《茹古芬室铭》《高贤村文魁公祠堂图记》等文6篇，加以标点整理，另外加以推介。同时，还附有文魁公祠堂图、高贤村村落图、江源村宅图三幅。③

2016年，湖南谱牒文献方面的研究成果，最突出者当属陈器之主持编写《双峰春秋》这一大型地方历史文献的完成。《双峰春秋》各篇均以人为核心，突出历史的主体，完整展示了双峰县126个姓氏上千个分支的源流、人口繁衍以及文化传承、教育发展、历代贤达等方面的情况，综合性地向世人集中展示出来。其中最具特色的《姓氏》篇达两巨卷，先是分别追述各姓的历史，有各姓源流考证，有各房支综合情况、人口发展、杰出人物介绍；然后综合检索全县姓氏的状况，分为《姓氏简表》《人口调查简表》《人物简表》《名文简表》四项，统计全县各个家庭的历史与现实状况，二者有分有合，相得益彰。这是双峰族谱编修文化的集大成之作，将全县能收集到的520部姓氏族谱的精华全部编入；更是全国族谱编修文化的创新之作，汇一县所有姓氏为总族谱，前无古人，在构思上、体例上、篇幅上均

① 饶怀民：《经铿黄氏遗训对黄兴品格特质形成的影响》，《湖南师范大学社会科学学报》2016年第3期。

② 敖炼：《永州〈魏氏宗谱〉的学术价值》，《湖南科技学院学报》2016年第9期。

③ 敖炼：《永州〈魏氏族谱〉选录》，《湖南科技学院学报》2016年第9期。

开历史之先河。在保存乡邦文献，挖掘双峰历史人文、抢救地域文化遗产方面，用力之勤，贡献之巨，尚无人能出其右。

双峰及湘中地区的族谱资料甚为丰富，《双峰春秋》一书已将收集到的520部姓氏族谱的精华全部编入，但仍有遗漏和新发现。胡卫平检索《大塘朱氏四修族谱》后，发现该谱有若干颇具史料价值的文献，将其中10位民国要人（孙科、孔祥熙、林森、戴传贤、居正、白崇禧、吴敬恒、于右任、朱费隐、程潜）的题词、曾国藩之兄弟为朱尧阶父朱玉声所写挽联、湘军后裔黄埔军校第一捐躯者《朱烈士一鹏家传》《王考府君行述》等整理后，分期刊出，[①] 为学人利用族谱资料研究大塘朱氏提供了便利。

6. 文献整理辑佚与考订

一是湘人文献整理。

2016年，湘人文献整理方面的成果，主要有叶启勋、易顺鼎、杨昌济、杨树达、王啸苏等人文献，经整理后发表于期刊，或重新编辑成册。

叶启勋是湖南现代著名藏书家，《长沙叶定侯家藏书纪略》系其著作之一种，全书两万余字，详细记录其家所藏18部古籍即《韵补》《重续千字文》《旧唐书》《古史》《两汉纪》（含前汉纪、后汉纪）、《宣和书谱》《宝刻丛编》《猗觉寮杂记》《广川书跋》《春渚纪闻》《须溪先生点评简斋诗集》《自堂存稿》《石门集》《古廉李先生集》《东里诗集》《牡丹百咏集》《鹤溪文稿》《才调集》的基本情况。长期以来，是书面目究竟如何，湖南学界并不特别清楚。尧育飞从北京大学图书馆古籍部抄录并加以整理，但限于篇幅，省略了与《䌷书录》中文字相同的部分，并肯定了此书四个方面的学术价值：第一，保存了叶德辉、黄丕烈等人的珍贵题跋，另有部分未收录《拾经楼䌷书录》中的叶启勋题跋。第二，抄录极为详细，最大限度地记录了古籍的本来面目，其中不少内容更是后刊刻《䌷书录》和《华鄂堂读书小识》所不曾收录的。第三，清楚地展示了《䌷书录》在成书过程中叶启勋对题跋的修改痕迹。第四，叶氏兄弟对自己藏书精品的首次集中著录。[②]

王啸苏（1883—1960），长沙人。治经史，工诗文。清华大学研究院毕业后任大学教授，中华人民共和国成立后为湖南省文史研究馆馆员。其著

---

① 胡卫平：《〈大塘朱氏四修族谱〉史料拾菁》，《曾国藩研究》2016年第1、2期。

② 尧育飞：《傅增湘旧藏〈长沙叶定侯家藏书纪略〉》，《湘学研究》2016年第1辑。

作甚多，但整理出版甚少。吕芳文、周亚平对王啸苏《感逝集》和《偶存》两种稿本加以整理后，于2016年在《湖南科技学院学报》第1、2、3、4期和第7、8、9、11期刊出。《感逝集》为作者感伤故人所作，所吟咏者有王啸苏平生中的长辈、族人、师友计59篇、6人，师友如王先谦、梁启超、叶德辉、杨昌济、郑家溉、皮锡瑞、吴嘉瑞等，多为一时名流，各诗之后附有小传及作者交往始末，为湖湘学人谈学论艺提供了弥足珍贵的原始资料。《偶存》分为诗词、书札、随笔、杂记、藏牍等类，其中有《先考行述》《先妣事略》《萱堂余录》《先兄事述》等家世文献，有传记、行述、墓志铭，对余子昭、周咏恂、周象衡、道济、李瑞生、杨昌济诸人的交往始末、生平事迹、治学著述等均有述及，是有关湖湘文化名人的重要传记资料。

2016年关于湖湘名人著述的整理，除以上发表在期刊上的成果外，另有《易顺鼎辑》和《杨昌济辑》的编辑出版。

湖南龙阳（今汉寿）人易顺鼎是清末民初著名诗人，留下上万首诗词，被称为中国最后一代士大夫。丁仕原、孔强编校的《易顺鼎辑》是湖南省文史馆湘学研究中心所编湘学研究丛书之一种，于2016年10月由民主与建设出版社出版。全书以湖南人民出版社2010年所出湖湘文库本《易顺鼎诗文集》（王飙、陈松清点校）为蓝本，分诗、词曲、赋与骈文三部分，按时间顺序编辑。按湘学研究丛书的要求，书前有前言，书后有著者年表。两位编者在前言中称，易顺鼎以诗人知名，诗作很多，本辑以诗为主，电文、奏疏、小说等一概不选。在内容选择上，强调知名人物、重大事件、重点地名及诗人生活特点，如为湘学开山的周敦颐、京剧大师梅兰芳，以及辛亥后剪发等。易顺鼎才气横溢，所作诗动辄几十首，多至一题50多首，一首诗数百言乃至数千言，因此，从篇幅来说，则长短兼顾。辑校中改正了一些明显的错误，同时删除了所有和诗。易顺鼎的作品是传统国学的结晶，为湘学的重要构成部分。21世纪初以来，易顺鼎作品的结集有《琴志楼诗集》《易顺鼎诗文集》两部，均为多卷本，对学界而言功德无量，但对一般的读者而言则过于庞大，《易顺鼎辑》的出版则有助于更多的普通读者了解易顺鼎及其文学成就。[①]

杨昌济是民初学贯中西的学者，王兴国编校的《杨昌济辑》按内容分为哲学、伦理学、教育学、心理学、诗文及日记六个部分。每部分的文

① 丁仕原、孔强编校：《易顺鼎辑》，民主与建设出版社2016年版。

字，按发表时间先后排列。前面四种按学科分类的文章中，那些标题专业性很强的文章是一目了然的，有些文章的内容涉及多个学科，亦排入此类，是为了突出这方面的内容。具体来说，哲学类收有《劝学篇》《宗教论》《哲学上各种理论之略述》《告学生》4 种，伦理类收有《论语类钞》《余改良社会之意见》《改良家族制度札记》《治生篇》《各种伦理主义之略述及概评》《西洋伦理史之摘录》6 种，教育类收有《记湖南遵旨设立商务局宜先振兴农工商之学》《教育泛论》《记英国教育之情形》《教育与政治》《教育上当注意之点》《余归国后对于教育之所感》《教育学讲义》《讲堂训谕》《致教育总长范源濂书》《论湖南创设省立大学之必要》10 种，心理学收有《心理学讲义》1 种。这些文章体现了理论与实际相结合的鲜明特点，或系统地介绍某一学科的基本内容，或结合中国的实际进行分析发挥。杨昌济善作诗，但保存下来的不多，除 1891 年至 1895 年日记摘抄中保存有几首外，本辑将所搜集到的两首，连同两篇传记收入诗文部分。杨昌济日记主要收有《达化斋日记》（1891 年至 1895 年日记选抄）、《达化斋日记》（1898 年前后日记选）、《静观室札记》（1914 年日记选抄）、《达化斋日记》（《时事新报·学灯》副刊发表之日记原本），记录了杨昌济的生平行迹、师友交游以及政治、哲学、伦理等方面的许多可贵的观点。《杨昌济辑》系以湖南教育出版社 2008 年版湖湘文库本《杨昌济集》（一）为底本。与底本相较，《杨昌济辑》有三点不同：一是增补了《教育泛论》《泖泊淀郊行偶作——寄陈师曾》两篇佚文；二是改底本按论文和著作发表时间顺序排列为按哲学、伦理学、教育学、心理学、诗文、日记等内容排列；三是改正了底本中的一些文字差错，对一些题注和注释进行了增删和修订。[①]

此外，又有两种报刊文献选编，一为《长沙烽火岁月——老报刊中的长沙抗战》，一为《老报刊中的长沙》。

《长沙烽火岁月——老报刊中的长沙抗战》系从抗日战争时期中国旧报刊中选录出来的关于长沙抗战的史料汇编。全书将选录的 115 篇文章依次按年代编排，其中包括 1946 年、1947 年的文章 12 篇，是关于抗战的回忆与战后重建，虽在抗战结束之后，但与之关系紧密。每年都确定了一个中心主题，依次为抗日救亡运动之兴起、救亡高潮与文夕大火、第一次长沙会战、长沙战场相持的一年、第二次长沙会战、欢庆第三次战之胜利、长沙

① 王兴国编校：《杨昌济辑》，民主与建设出版社 2016 年版。

经济之复苏、长沙沦陷前后、日军无条件投降、长沙抗战之回忆、废墟上的重建。另附录有《长沙火劫词》《灾民的话》《长沙会战三部曲》。按图文对应原则，选配了200余幅图片。多年来，关于长沙抗战的研究从未停止，编辑出版过多种书籍，本书则从当年的报刊中选取与抗战有关的新闻、报道、特写、散文、诗歌、社评、官文等，按年辑录成册，构成了一部别样的长沙抗战史，让后人更清楚、更真实地走近历史，接近真相，珍爱和平。[①]

《老报刊中的长沙》将从民国时期的旧报刊中选录出来的共120篇文章，按现代汉语通行规则，予以标点分段，按名胜古迹、工商市井、文化教育、社会新闻、名流过往五章编排，并按照图文对应原则，选配了200余幅图片，构成了一幅近代长沙社会生活的历史长卷，反映了长沙由传统社会向近现代社会过渡的过程，为民国长沙社会史的研究提供了最原始、最真实的资料。[②]

二是湘人文献辑补。

由于时代久远，或著者不习惯于留存，以及其他种种原因，名人文献漏收失收比较常见，这种情况在湘籍名人文献亦复常有，得看是否有机会发现和后人是否有心予以辑补。2016年，学界发现的湘人佚文佚著如下。

关于曾国藩佚文和佚著，有两大发现。一是若干年前，王晓天在文化市场偶然购得旧籍《利试文格》，发现其中的《何谓也子曰不然》系曾国藩的一篇佚文。在进行整理校点并考证后，作者认定此文是曾国藩于清道光十三年癸巳（1833）参加湘乡县试的应试之文，当为曾国藩现存最早之文，对于探讨曾国藩早年的经历，研究其早年思想的形成和发展，有着颇为重要的意义。[③] 二是《武备辑要》，共分为六卷，卷一为城守方略，卷二为城守申令，卷三为城守设施，卷四为城守清野，卷五为制胜要策，卷六为行军要策，郭嵩焘、曾纪泽整理曾国藩著作时不见著录。胡卫平通过对写作背景、《言于首》序言及所表达的军事思想考察后认为，《武备辑要》系在直隶总督任上的曾国藩为执行慈禧太后所提练兵问题而作，很可能是由接

---

① 张湘涛主编，陈先枢、杨里昂、彭国荣辑录整理：《长沙烽火岁月——老报刊中的长沙抗战》，国防科技大学出版社2016年版。

② 张湘涛主编，陈先枢、杨里昂、彭国荣辑录整理：《老报刊中的长沙》，国防科技大学出版社2016年版。

③ 王晓天：《曾国藩早年湘乡县试佚文的发现与考析——〈何谓也子曰不然〉当为曾国藩现存最早之文》，《湖南社会科学》2016年第6期。

任直隶总督李鸿章刊印。[①]

王闿运是清末民初诗文名家，其诗文作品多收入《湘绮楼诗文集》中，但难免有若干漏失。尧育飞从1938年4月20日出版的《南强》旬刊第1卷第5期“艺苑”栏目中，发现有统题作“湘绮楼未刊诗”材料一则，经比对后发现，其中《和芝耘兵备食瓜诗》二首未见收于《湘绮楼诗文集》，当为佚诗；另《花药寺僧斋荐大行太皇后感赋》《和芝耘兵备雨中牡丹原韵》各2首可作《湘绮楼诗文集》之校正材料，并为研究王闿运诗文流传情况提供新的线索。考释这则材料，还有助于提醒研究者关注与王闿运晚年关系密切的谭启瑞。此外，关于王闿运对慈禧的态度，以往学界争议不小，这则佚诗材料有助于澄清其中的一些误解。[②]

关于叶德辉《郎园读书志》，沈畅为之订补14则。《郎园读书志》为清末目录版本学名著，更是学习、研究古典文献学必须参考的著作，在目录版本学上具有较高的地位，备受学界重视。但由于叶德辉参考版本数量有限、有时考证不够严谨，故在著录、引证、论断等方面存在若干错误及疏漏。为了避免以讹传讹，通过参考各家藏品、引用相关文献为之补充订正尤为重要。[③]

关于谭嗣同佚文，则发现有《谭嗣同全集》失收之信函一通。汤锐撰文称，孔夫子旧书网一书店出现了谭嗣同书信一则。经专家鉴定，此信为谭嗣同真迹。此信不见于《谭嗣同全集》等文献，属首次发现。谭嗣同真迹在民间罕见，故此信弥足珍贵。将此信释文，并对收信人陈长櫺的生平及其与谭嗣同的交往略作考证。[④]

关于黄兴佚文，程仁桃、杨健整理注释了黄兴致张继未刊信札三通，1909年11月的信说明了同盟会第二次倒孙风潮始末，并促请张继支持孙中山；在1915年6月的信中，黄兴强烈表达了对中华革命党及陈其美的不满，态度之激烈为已公开文献所未见；最后一封信写于1916年9月，为黄兴托张继向海军总长程壁光推荐同乡李震华。[⑤]

关于蔡锷佚文，邓江祁发现有九篇电报稿，起自1911年11月4日，止于1912年2月29日，分别为《致谭延闿电》《致许德芬电》《与李根源等

---

① 胡卫平：《曾国藩的军事专著〈武备辑要〉初考》，《曾国藩研究》2016年第4期。
② 尧育飞：《新发现王闿运佚诗材料考释》，《湖南人文科技学院学报》2016年第2期。
③ 沈畅：《〈郎园读书志〉订补十四则》，《图书馆建设》2016年第4期。
④ 汤锐：《新发现的谭嗣同书简》，《船山学刊》2016年第2期。
⑤ 程仁桃、杨健：《黄兴致张继未刊信札三通考释》，《文献》2016年第2期。

复陈云龙电》《致各省都督电》《复谭延闿电》《致陈其美电》《致陈其美谭延闿陆荣廷等电》《致陈其美电》《致袁世凯及各省都督电》，除一件出自《长沙日报》外，其余均出自《申报》，对弥补《蔡锷集》之缺佚和进一步了解蔡锷在此时期的活动与思想，具有一定的文献与史料价值。①

程千帆在回忆中提到，曾将在有恒斋读私塾时的读书笔记中有关《礼记》一部分整理出来发表过，但因记不清发表时间和杂志名称，故河北教育出版社 2000 年出版《程千帆全集》时未予收入。姜庆刚在南京大学图书馆所藏《社会研究丛刊》（金陵大学，1936 年 6 月）中发现载有《读小戴记随笔》一文，即程千帆回忆中所说关于《礼记》的文章，在整理失收佚作的基础上，结合相关文献资料，对先生治学经历等情况作了简要考释。②

三是湘人著述文献考订。

后人在整理前人文献的过程中，难免出现或多或少的误失，需要加以辨析订正。笔者所见 2016 年这方面的文章主要有两篇，一为针对谭嗣同文献，一为针对谭人凤文献。

王夏刚著《谭嗣同与晚清社会》之第五章有《谭嗣同书札编年》，夏剑钦据史实和相关文献对其中致刘淞芙书札十四通中之十一通的编年进行了辨析订正。作者认为，二人初相识时，谭致刘书札四通之先后秩序，当以《致刘淞芙》十二通之一谭答谢刘来书并馈赠诗篇和礼品为第一封信；第二封当是《报刘淞芙书》一；第三封当为《报刘淞芙书》二；第四封当为《致刘淞芙》十二通之二。《编年》中《致刘淞芙》十二通之二、之四、之五，误为 1894 年所作，当分别为 1895 年 2 月 11 日、1896 年 2 月 6 日、1894 年冬或 1895 年年初所作。《编年》中《致刘淞芙》十二通之八、之九、之十二，更精确的时间当分别为阴历四月（阳历 5 月）、九月二十一日（10 月 27 日）、光绪二十二年（1896）十二月初九日。这种辨析订正，有利于拓展和深入对谭嗣同的文献研究。③

石芳勤所编之《谭人凤集》收录了谭人凤 260 多篇文电，但其中有不少遗漏和错误。邓江祁撰《〈谭人凤集〉勘误》一文，根据有关史料，对其中 46 篇文电的时间进行了勘误，兹据此列表 5－1④。

---

① 邓江祁：《蔡锷辛亥佚文九篇》，《文史拾遗》2016 年第 3 期。

② 姜庆刚：《程千帆早期佚作一则》，《湘学研究》2016 年第 1 辑。

③ 夏剑钦：《谭嗣同致刘淞芙书札编年辨证》，《船山学刊》2016 年第 6 期。

④ 邓江祁：《〈谭人凤集〉勘误》，《邵阳学院学报》2016 年第 3 期。

表 5－1　　46 篇文电的时间勘误

文章名	《谭人凤集》误	本文正
为组织中部同盟会和广州起义事与湖北党人的谈话	1911 年 6 月	1911 年 2 月下旬
与宋教仁致吴玉章书	1911 年 7 月 9 日	1911 年 9 月 1 日
挽焦达峰陈作新联	1911 年 11 月	1911 年 11 月 16 日
各省代表慰勉武汉各界文	1911 年 11 月底	1911 年 12 月 2 日
为借债事致袁世凯等电	1912 年 5 月 30 日	1912 年 5 月 29 日
请予各省自行筹款以救危亡电	1912 年 6 月 1 日	1912 年 5 月 31 日
声明未列名提倡国民捐电	1912 年 6 月 8 日	1912 年 5 月 23 日
为湖南会馆殴杀事咨请沪督陈英士文	1912 年 6 月 10 日	1912 年 6 月 9 日
敬告驻沪之军界同乡	1912 年 6 月 12 日	1912 年 6 月 6 日
粤汉路事说帖	1912 年 7 月初	1912 年 6 月
敬告各团体及当道文	1912 年 7 月 9 日	1912 年 7 月初
请将社团改进会发起意见书呈请内务部认可函	1912 年 10 月 9 日	1912 年 10 月初
复警政司原拟条件书	1912 年 10 月 10 日	1912 年 10 月初
为李根源等组织欧事研究会事致黄兴函	1914 年 8 月以后	1914 年 8 月 18 日
为彻底解决国是问题致蔡锷函	1916 年 6 月 6 日袁世凯死前	1916 年 4 月下旬
留别鲁父老书	1916 年 8 月 4 日	1916 年 7 月下旬
唐继星阙麟书二先生追悼会启事	1916 年 10 月 25 日	1916 年 10 月 23 日
为公债事致北京财政部总长陈锦涛函	1916 年 11 月 19 日	1916 年 12 月下旬
为改葬黄兴于湖南事致赵恒惕等电	1916 年 12 月 7 日	1916 年 12 月 6 日
为反对参加欧战事致西南各省电	1917 年 2 月 5 日	1917 年 3 月 5 日
为反对对德宣战事致段祺瑞电	1917 年 2 月 6 日	1917 年 3 月 6 日
为反对对德宣战事致丙辰俱乐部电	1917 年 2 月 6 日	1917 年 3 月 6 日
关于张行义冒名之启事	1917 年 7 月 26 日	1917 年 7 月 23 日
致张开儒勉其率军北上函	1917 年	1917 年 11 月下旬
勉黎天才努力护法函	1917 年 11 月 20 日左右	1917 年 12 月 20 日左右
致章炳麟述坚持护法意见函	1917 年	1917 年 12 月下旬
致唐继尧勉其坚持护法函	1917 年	1917 年 12 月下旬
致熊克武勉其坚持护法函	1917 年	1917 年 12 月下旬
致冯玉祥勉其热心护法电	1918 年	1918 年 2 月中下旬

续表

<table>
<tr><th>文章名</th><th>《谭人凤集》误</th><th>本文正</th></tr>
<tr><td>为助冯玉祥复董育华函</td><td>1918 年</td><td>1918 年 2 月中下旬</td></tr>
<tr><td>为程潜与陈嘉佑冲突事致谭浩明函</td><td>1918 年</td><td>1917 年 12 月</td></tr>
<tr><td>致金永炎述湘鄂护法形势函</td><td>1918 年</td><td>1917 年 12 月</td></tr>
<tr><td>为湘军攻守问题致赵恒惕刘建藩林修梅函</td><td>1918 年</td><td>1917 年 12 月</td></tr>
<tr><td>为湘鄂军情致张镕川函</td><td>1918 年</td><td>1917 年 12 月</td></tr>
<tr><td>勉岳阳同志努力护法函</td><td>1918 年</td><td rowspan="8">1918 年 2 月至 3 月中旬之间</td></tr>
<tr><td>致曾搏九述待南军接近武汉函</td><td>1918 年</td></tr>
<tr><td>为湘事慰张守庚函</td><td>1918 年</td></tr>
<tr><td>为北军势蹙分致仇鳌陈宏斋李莼生林特生函</td><td>1918 年</td></tr>
<tr><td>为派李茂煊前往联络事致邹价人函</td><td>1918 年</td></tr>
<tr><td>致程潜质其请和函</td><td>1918 年</td></tr>
<tr><td>为反对议和致赵恒惕刘建藩林修梅函</td><td>1918 年</td></tr>
<tr><td>为反对议和致杨伯笙函</td><td>1918 年</td></tr>
<tr><td>劝谭浩明进攻武汉函</td><td>1917 年 11 月 24—27 日之间</td><td rowspan="3">1918 年 2 月至 3 月中旬之间</td></tr>
<tr><td>致谭浩明请坚持护法函</td><td>1917 年</td></tr>
<tr><td>致谭浩明质其按兵议和函</td><td>1918 年 1 月 6 日</td></tr>
<tr><td>宋钝初夫人方氏讣告</td><td>1919 年 2 月 6 日</td><td>1919 年 1 月 27 日</td></tr>
</table>

总体而言，2016 年有关湖南文献的研究，涉及的内容广而全面，对重要文献、重要湖湘历史人物的文献著作的相关研究都比较深入。但对湖南文献历史发展脉络及阶段性特征、影响等的研究相对薄弱，有待进一步加强。

六　湘学年度热点人物研究

自古以来，湖湘大地人才辈出，对湖南经济社会的发展产生了重要作用。而近代以来人才群体的涌现，更是推动了中国社会的发展变化。重要湘学人物历来是中国学界研究的重要内容。湘学年度热点人物的选取，主要依人物诞辰纪念周年或逝世纪念周年及学界对该人物的关注度。2016 年对湘学人物研究成果更显突出的，主要是毛泽东、贺龙、王闿运、蔡锷等人。

（一）毛泽东研究

毛泽东研究一直是中国史学界研究的热点。2016 年是毛泽东逝世 40 周年，有关毛泽东的研究成果更为丰硕。这些成果涉及毛泽东生平事迹、毛泽东思想及其影响等，其中，对毛泽东政治思想、外交思想、军事思想、经济社会思想等方面的研究成果尤为丰富。[①]

1. 毛泽东政治思想研究

湘学研究中，有关毛泽东的研究成果历来是最为丰硕的。2016 年，关于毛泽东政治思想的研究成果，一方面主要是探讨青年毛泽东的政治思想，另一方面是探讨毛泽东新民主主义革命时期的政治思想。

青年毛泽东研究是学界长期以来关注度较高的视角。尹芳探讨了青年毛泽东政治思想的转变过程。毛泽东青年时期的政治思想是毛泽东思想理论体系的思想基础和铺垫。特别是 1913 年到 1920 年，是毛泽东求学和刚毕

① 关于毛泽东研究，前文分类述评中也有所涉及。特此说明。

业后开展社会工作的时期，是他开展各种救国实践运动的过程，更重要的是，这是他从开始吸收世界先进政治文化思想，并一步步抛弃资产阶级民主改良主义，转变成无产阶级专政马克思主义的过程。以毛泽东进入湖南第一师范时抱有资产阶级民主改良主义思想为起点，以毛泽东全面赞同马克思主义政治主张为终点，从观察和剖析这一时间段内的转变历程，为丰富当代政治理论研究和推动现实政治工作做出了重要贡献。这个时期的时代背景风云激荡，中国社会经历了从封建王朝统治到中华民国成立再到北洋军阀割据的变迁，各种民主思想在中国开展了一次次的爱国救国民主运动。在这样的背景下，毛泽东在多方面的内外因素的推动之下，通过读书学习和社会实践，一步步地实现了他的政治思想转变，经历了资产阶级民主改良主义，再到激进民主主义，并初步成为马克思主义者，直至最后成为一名坚定的马克思主义者。青年毛泽东政治思想的转变进程，说明毛泽东选择马克思主义是中国社会现实下的必然选择，全过程中也贯彻了理论结合实践的方法论，通过毛泽东对自我思想客观辩证地持续改造，在追求中华民族复兴的精神驱动下，才得以实现。这证实了毛泽东和中国革命走上马克思主义道路的必然性，对于无产阶级革命和毛泽东思想的形成也有多方面的作用，且做了很多前期实践支持和理论贡献。①

崔桂梁探讨了民主革命时期毛泽东的政治伦理思想。民主革命时期毛泽东的政治伦理思想是毛泽东思想非常重要的组成部分，是这一时期毛泽东对中华民族前途和命运进行积极思考的产物，也是马克思主义中国化的理论成果之一。民主革命时期毛泽东的伦理观是从唯心主义的伦理观逐渐转变到唯物主义的伦理观的。民主革命时期毛泽东的政治伦理思想，以人的全面自由发展和广大人民群众的根本利益为目标，以现实主义为出发点，以建立符合人民利益的社会制度作为伦理秩序的核心，对中国社会的发展方向进行了深入和理性的思考，形成了具有丰富内容的理论框架。民主革命时期毛泽东政治伦理思想的理论实质是实事求是，其基本精神追求是为人民服务和集体主义。这也是毛泽东思想形成所必备的理论基础。民主革命时期毛泽东政治伦理思想是中国优秀传统文化、西方先进文化与马克思主义相结合而形成的理论精华。毛泽东立足于实际，运用马克思主义的观点和方法来分析中国的具体国情，逐步确立了共产主义的政治伦理观并运用于革命实践当中，这也成为中国共产党人进行革命斗争和现代化建设的

① 尹芳：《青年毛泽东政治思想的转变进程》，硕士学位论文，湘潭大学，2016 年。

理论依据。深入研究和探讨民主革命时期毛泽东政治伦理思想具有重要的理论和现实意义①。

吕永川分析了抗日战争时期毛泽东思想政治教育理论。毛泽东思想政治教育理论成熟于抗日战争时期，并开始走向系统化和理论化。为了发动全国人民积极抗日，争取抗日战争的胜利，毛泽东高度重视思想政治教育的地位和作用，并提出要不断加强对党员群众的思想政治教育。毛泽东根据抗日战争新形势、新特点提出了一系列有关思想政治教育理论的新内容、新方法和新原则，对领导和教育全党全军、宣传和动员广大群众、团结和争取一切力量，起了巨大作用。不仅促进了抗日战争的最后胜利，也为我们今天的思想政治教育提供了可资借鉴的历史经验。抗日战争时期，毛泽东思想政治教育理论可以概括为以下三个方面：第一，毛泽东思想政治教育理论的主要内容始终围绕抗战这一中心任务来开展，并不断加强对干部、知识分子的思想政治教育。第二，关于思想政治教育理论的基本原则，毛泽东提出了必须坚持理论联系实际，思想政治教育与物质利益相结合，“官兵一致、军民一致、瓦解敌军”以及独立自主等原则。第三，毛泽东思想政治教育理论的主要方法包括实事求是地进行调查研究、不断地开展批评与自我批评、运用典型进行教育、走群众路线、创办学校等。毛泽东在抗日战争时期开展的思想政治教育工作取得了丰硕的成果，不仅加强了党的自身建设，巩固和发展了抗日民族统一战线，实现了全民族抗战，为取得抗日战争的最后胜利奠定了基础，而且建立起了一整套具有鲜明特色的理论、方法和原则，从而继承和发展了马克思列宁主义，丰富了中国共产党思想政治教育工作的理论，同时也造就了一大批德才兼备的优秀人才和革命干部。毛泽东思想政治教育理论的实施，提高了革命队伍的政治素质，为党的思想政治教育理论的发展方向奠定了基础，是中国化马克思主义的重要理论成果。因此，深入学习和研究抗日战争时期毛泽东思想政治教育理论的历史，对于在新时期开展思想政治教育工作有着重要的理论意义和实践意义。②

薛方圆探讨了毛泽东民主革命时期的民主政治思想。众所周知，毛泽东在新民主主义革命时期就已经开始探索中国未来的政治发展道路，并在实践中逐步形成了系统的民主政治理论，成为毛泽东整个思想理论体系中

---

① 崔桂梁：《民主革命时期毛泽东政治伦理思想研究》，硕士学位论文，青岛大学，2016 年。

② 吕永川：《抗日战争时期毛泽东思想政治教育理论研究》，硕士学位论文，聊城大学，2016 年。

的重要组成部分，整理和发掘毛泽东在民主革命时期的民主政治思想便是一个比较复杂而有意义的过程。首先，从理论源流的角度来看，毛泽东民主政治思想既是对中国传统封建政治思想优秀成分的吸收，又有西方近代资产阶级的民主成分，同时马克思主义的政治理论也是其思想的重要来源。其次，毛泽东思想并不是仅仅停留于理论的阐述，而是付诸了我国新民主主义革命和社会主义建设时期的民主政治实践，在实践中经受检验了毛泽东民主政治思想，使得我们能够根据实践来总结其优缺点。最后，我国现在仍然以毛泽东思想作为指导思想，研究毛泽东的民主政治思想，反思其优缺点，对于加强中国现阶段的民主法制建设仍然具有重要意义。① 谢金辉探讨了革命时期毛泽东党内政治生活思想。党的第一代领导核心毛泽东在中国革命时期，着眼于党的团结统一，把开展党内政治生活作为党的建设的重要理念和举措，提出了一系列关于党内政治生活的思想观点，成为毛泽东建党思想的有机组成部分。正是在此基础上，思想建党成了中国共产党的独特优势和鲜明特征。其主要观点有：党性教育是党内政治生活的出发点，制度规范是党内政治生活的基础，正确批评是党内政治生活的有力武器，学习马克思主义是党内政治生活的应有之义，民主集中制是党内政治生活的领导方式，引领和参与是党内政治生活的组织保障，等等。这些观点至今仍启示我们要不忘初心、继续前进，严肃认真地开展好党内政治生活，与时俱进建设一个强大的马克思主义执政党。②

谭丽洁分析了毛泽东诗词中的政治审美思想。毛泽东创作了大量源于革命和建设实践的诗词作品，以诗言志：首先，以诗词抒发自身崇高的政治理想，和人民群众向往政治民主的价值诉求；其次，以诗词记述中国人民20世纪以来革命与建设的伟大历程，反映了重大历史事件；最后，以诗词表达对于马克思主义的思考，蕴含着丰富的马克思主义思想。因此毛泽东诗词是研究毛泽东思想的一个重要切入点。立足于马克思主义政治哲学和马克思主义美学，结合社会主义政治建设的实际，以及学界关于政治审美思想研究的成果，综合运用理论考察与文献相结合、比较分析法、多学科综合性研究的方法对毛泽东诗词中的政治审美思想做出具体探讨，系统地阐述毛泽东政治审美思想的主要内容，深入挖掘毛泽东的政治审美思想与毛泽东思想的紧密联系。对于加强毛泽东诗词的整体性把握，深化研究

---

① 薛方圆：《毛泽东民主革命时期的民主政治思想刍议》，《唐山学院学报》2016年第4期。

② 谢金辉：《革命时期毛泽东党内政治生活思想初探》，《学习与实践》2016年第12期。

毛泽东思想，探索马克思主义中国化、大众化的丰富路径以及为社会主义的政治建设提供理论借鉴。作者在分析毛泽东诗词中的政治审美思想的历史特点的基础上，结合当今社会发展从理论和实践两个角度进行当代价值解读，具体来说即有利于毛泽东思想的深化研究，创新了马克思主义中国化、大众化的话语体系，是推进当代中国特色社会政治建设的重要理论借鉴。从新民主主义革命到社会主义的建设时期，毛泽东思想的发展变化与现实实践的演进不断互动，每一首诗词背后都有毛泽东对于国家、民族命运的思考。[①]

2. 毛泽东军事思想研究

毛泽东军事思想是我军的建军之魂、立军之本、制胜之道，是我国国防和军队建设的根本指导思想。2016 年，有学者研究了毛泽东与传统军事文化的关系。时贤分析了毛泽东军事思想对《老子》兵学思想的汲取。《老子》不仅蕴含深厚的哲学思想、深刻的人生哲理，还包含丰富的兵学思想，对其后军事家的影响不容忽视。毛泽东军事思想汲取了《老子》等优秀古典文化的精髓，同时在革命战争实践中加以升华和发展，找到了中国革命战争的出路，也丰富了马克思主义理论内涵。《论持久战》是毛泽东军事理论的代表作，它是在抗日战争爆发 10 个月后写成的，不但正确总结了抗战以来的经验教训，为抗日战争指明了胜利的道路，而且完美地体现了毛泽东军事思想的合理内核，是标志毛泽东军事思想系统形成理论体系的关键之作。毛泽东在《论持久战》中对战争的“起源”“性质”“军事战术思想”以及“人的主体能动性的发挥”等问题进行了经典论述，毛泽东的这些论述与《老子》中“以奇用兵”等军事思想具有内在一致性。毛泽东对《老子》军事思想的继承和发展包括：以弱胜强的军事战略指导思想，“后发制人”的基本战略方针，“以奇用兵”的战术，关于战争中人的主体能动性的发挥。从严格意义上说，《老子》虽然不算一部兵书，但其中的军事思想对后世军事家们的影响是不容忽视的。毛泽东军事思想汲取了《老子》等优秀古典文化的精髓，同时在革命战争实践中加以升华和发展，找到了中国革命战争的出路，也丰富了马克思主义。[②]

刘飞认为，毛泽东的军事思想既是马克思主义与中国革命战争的具体

① 谭丽洁：《毛泽东诗词中的政治审美思想研究》，硕士学位论文，广西师范大学，2016 年。

② 时贤：《浅析毛泽东军事思想对〈老子〉兵学思想的汲取》，《天中学刊》2016 年第 6 期。

实践相结合的产物，也受到我国古代军事思想的滋养。毛泽东出生于湖南湘潭，深受湖湘军事文化的集大成者——王船山军事思想的影响。如将毛泽东的若干军事思想与王船山进行比较，可发现毛泽东先打分散和孤立之敌，后打集中和强大之敌与王船山“攻瑕破坚”的思想；毛泽东关于集中兵力的军事原则与王船山所论述的明确主攻方向；毛泽东歼灭敌人有生力量与王船山“全军为上”的思想；毛泽东不打无准备之战与王船山“难与易”的思想；毛泽东游击战与王船山论述的农民战争游击战术的思想等方面，均有着相通或相同性。毛泽东军事思想中的本土因素，说明毛泽东乃传承优秀中国传统文化，实现马克思主义和中国实际“完整的、统一的、深入的”结合的典范。毛泽东军事思想实现了我国历史遗产和革命理论的完美结合，不仅对于打赢现代化战争具有诸多重要启示，也为当今我党在新形势下坚持“融汇中西、贯通古今”的原则，丰富和发展中国特色社会主义理论体系提供了宝贵的借鉴。[①] 田铭钊分析了毛泽东军事思想对习近平强军目标思想的影响。强军目标是习近平对我党 80 多年建军治军成功经验进行的总结，是习近平军队建设理论的核心内容，是新形势下加快推进国防和军队现代化的科学指南。参与军队建设是习近平强军目标思想形成的实践基础，坚持党指挥枪是其灵魂，能打胜仗是其核心，作风优良是其基础，习近平强军目标思想与毛泽东军事思想一脉相承。[②]

李鹏飞分析了毛泽东军事思想的理论基础和主要内容。他指出，毛泽东军事思想是我军的立军之魂、强军之本、治军之道，是我国国防和军队建设的根本指导思想。毛泽东把马克思主义的普遍原理同中国革命战争的具体实际相结合，形成了具有中国特色的无产阶级战争观和方法论。毛泽东军事思想是中国革命武装斗争历史经验的总结，汲取了古今中外军事思想的精华，是中国共产党集体智慧的结晶，是毛泽东思想的重要组成部分。[③]

宋淳桐分析了毛泽东军事辩证法的“军事主体”问题。毛泽东军事辩证法在毛泽东军事思想中占有非常重要的地位，是其观察研究军事问题的正确方法、观点和立场。军事主体理论是其中的重要内容，经过长时间的研究与探索，毛泽东在人民军队中实行“三结合”体制，军事主体的斗争

---

① 刘飞：《毛泽东与王船山军事思想的相通之处》，硕士学位论文，新疆师范大学，2016 年。

② 田铭钊：《论习近平强军目标思想与毛泽东军事思想的历史继承性》，《传承》2016 年第 9 期。

③ 李鹏飞：《浅析毛泽东军事思想的理论基础和主要内容》，《世纪桥》2016 年第 10 期。

方式为人民战争。毛泽东在具体分析了中国国情之后，认为革命主体与军事主体是完全一致的，中国人民是中国革命的主体，也是中国军事运动的军事主体，并且提出了军事主体的组织方式和斗争方式，即人民军队和人民战争。毛泽东在人民军队中实行“三结合”体制，即主力兵团和地方兵团相结合，正规军和游击队、民兵相结合，武装群众和非武装群众相结合，并且提出要把以农民为主要成分的革命军队建设成为一支无产阶级性质的新型人民军队，关键是要加强军队的政治建设。毛泽东指出军事主体的斗争方式是人民战争。①

宋淳桐还探讨了毛泽东军事思想中“战争主动权”问题。毛泽东充分运用唯物辩证法研究军事运动和军事问题，通过几十年的军事实践活动，总结出了具有重要指导意义的理论和观点，形成了体系完备、内容充实的军事思想体系。“力争主动，力避被动”是毛泽东军事思想中重要的军事原则。②

龙佳妮、孙海林探讨了青年毛泽东的军事思想价值观。青年毛泽东军事思想价值观是毛泽东思想价值观的重要组成部分，是毛泽东军事思想形成发展的坚实基础。文章着重论证了青年毛泽东军事思想的直接源流、萌发形成、战略价值以及青年毛泽东对古今中外军事思想的运用发展。③

杨奎松分析了毛泽东应对西安事变的策略。1939 年 12 月前后，国共之间爆发了抗战期间第一次军事冲突，史称“晋西事变”。事变前，中共在山西与阎锡山不仅合作抗日，而且在事实上共同领导着山西范围内的民众抗日组织牺盟会及其新军（即决死队）。事变发生，眼看牺盟会、决死队及其相关地区严重受损，中共高层内部一度对如何应对产生意见分歧。毛泽东在反复权衡利弊得失后，坚信划界而治最为有利，故力劝军事领导人朱德、彭德怀等接受了蒋介石提出的划界办法，最终使事变得以平息，并且首次在山西获得了军政和地方控制的实权。从事变的结果来看，中共和阎锡山都相信自己一方遭受了损失，蒋介石的中央军因之获益，一战区卫立煌乘势控制了晋东南大部地区。但在毛泽东看来，能够取得在牺盟会和决死队的控制权问题上与晋阎一分为二，特别是能够与阎、蒋在山西分界而治，

① 宋淳桐：《对毛泽东军事辩证法“军事主体”问题的研究》，《传承》2016 年第 5 期。

② 宋淳桐：《对毛泽东军事思想“战争主动权”问题的研究》，《传承》2016 年第 6 期。

③ 龙佳妮、孙海林：《青年毛泽东军事思想价值观研究》，《文史博览（理论）》2016 年第 10 期。

从而取得军政地方控制的合法权力，无论如何都是一大收获。[①] 王朋超分析了抗战时期毛泽东的军事思想。他指出，中国共产党在领导新民主主义革命的实践中，毛泽东军事思想一直是指导中国人民革命战争的科学体系。在中国人民反抗日本帝国主义侵略的正义战争中，毛泽东军事思想得以成熟和完善，为中华民族反对外族侵略提供了强大的理论武器。抗日战争时期是毛泽东军事思想发展的关键时期。抗战时期毛泽东军事思想的主要内容集中表现在以下几个方面：确立了马克思主义的战争观，确立了以游击战为主的战略转变，确立了抗日御辱的持久战战略，确立了人民战争的伟大军事思想。成熟于抗战时期的毛泽东军事思想，是指导人民军队建设的理论指南，是人民军队克敌制胜的法宝。[②]

李赟分析了毛泽东在长征中的军事思想。因为毛泽东的正确指挥和毛泽东军事思想在红军中指导地位的确立，保证了长征的最后胜利。经过长征军事实践的检验，毛泽东军事思想也得到了进一步发展：实事求是原则在军事指导中重新确立，灵活机动战略战术思想进一步发展，党指挥枪原则进一步加强，战略转移思想进一步丰富发展。[③] 夏远生探讨了毛泽东对红军长征胜利的三大历史贡献。毛泽东对长征胜利发挥着决定性作用，其历史贡献主要有三个方面：一是从通道到遵义，毛泽东力挽狂澜，实现了党和红军伟大的战略转折；二是运筹帷幄、用兵如神，毛泽东军事思想和战略战术的高超运用，创造了世界战史奇观；三是长征精神成为中国革命胜利的强大动力和宝贵财富。[④] 张箭宇指出，红军长征中的四渡赤水战役在军事上挽救保存了党和红军的核心骨干力量，开启了毛泽东军事思想战无不胜的先河，为夺取万里长征伟大胜利、夺取抗日战争和解放战争伟大胜利、建设社会主义新中国、实现中华民族伟大复兴奠定了坚实基础。[⑤] 毛泽东民兵思想经过大革命时期、土地革命时期、抗日战争时期、解放战争时期的发展，在新中国成立后得到完善。贺全胜指出，毛泽东总结中国革命和社会主义建设的成功经验，提出“兵民是胜利之本”“大办民兵师”和民兵工作“三落实”的方略，加强民兵工作和民兵制度建设，创立了正规军、地方军、民兵三结合的中国特色人民武装力量体制，使中国民兵发展壮大，

① 杨奎松：《晋西事变与毛泽东的应对策略》，《史学月刊》2016 年第 1 期。

② 王朋超：《抗战时期毛泽东军事思想研究》，《才智》2016 年第 6 期。

③ 李赟：《毛泽东军事思想在长征中的发展》，《党史文苑》2016 年第 18 期。

④ 夏远生：《毛泽东对红军长征胜利的三大历史贡献》，《毛泽东研究》2016 年第 3 期。

⑤ 张箭宇：《四渡赤水战役在中国革命中的历史地位再思考》，《上海党史与党建》2016 年第 10 期。

为革命和建设做出了重大贡献。毛泽东民兵思想是毛泽东军事思想的重要组成部分。传承和创新发展毛泽东民兵思想，对于加强新形势下民兵工作和预备役制度建设，维护国家安全和祖国统一，为社会主义现代化建设和改革开放提供安全有序的国内外环境，仍然具有重大理论和现实意义。[①] 赵福超指出，毛泽东在遵义会议前后的军事建议是：第一，第五次反围剿一开始，毛泽东就建议放弃黎川，诱敌深入建宁、泰宁一带，集中红军主力在运动中消灭敌人。第二，"福建事变"之时，毛泽东建议红军主力应该突进到以浙江为中心的苏浙皖赣地区去，将战略防御转变为战略进攻，威胁敌之根本重地，向广大无堡垒地区寻求作战。第三，第五次反围剿进行一年时，红军在内线作战取得胜利的可能性已经不存在了。毛泽东主张立即改取战略进攻的方针，以主力向湖南中部挺进，调动江西敌人至湖南而消灭之。第四，通道会议时，敌人在北区湘西的道路上布置了 20 万大军的天罗地网，毛泽东极力说服博古等主要领导人，建议放弃与二、六军团会合的原定计划，改向敌人力量薄弱的贵州前进。第五，在苟坝出席中共中央负责人会议，讨论进攻打鼓新场的计划，毛泽东建议，不能打固守之敌，不能啃硬的，应在运动中消灭敌人。[②]

仝鑫探讨了中华人民共和国成立前毛泽东的军事哲学思想。毛泽东是一位伟大的无产阶级军事家，他的军事思想来源于中国的传统文化、马克思主义基本原理和国外的军事理论。中国传统文化对毛泽东的军事思想影响很大，他无论是指挥打仗，还是写军事著作，常常是引经据典，运用自如。中国传统兵家智慧让毛泽东发挥得淋漓尽致，更难得的是毛泽东作为一个受中国传统文化影响很深的人，他能批判地继承和发展中国传统文化，能把马克思主义基本原理同中国传统文化相结合，并成功地实践于中国的革命之中，从而把马克思主义中国化。在战争观方面，毛泽东扬弃了中国古代的唯心主义、封建迷信的战争观，他全面地对战争观做了唯物的阐述。例如，他把战争的根源归结到阶级的出现，战争的本质是政治的继续。在方法论方面和战略战术方面，毛泽东汲取了大量中国古代兵家智慧，并运用唯物辩证法的思想阐述了大量的军事思想，我们大概可以用几个词来概括：客观、认识、实践、规律、能动、辩证、人民、防御等。总之，毛泽东军事哲学思想成功地指导了中国革命军事斗争，它是我们中华民族宝贵

① 贺全胜：《论毛泽东民兵思想的发展与内涵》，《党的文献》2016 年第 5 期。

② 赵福超：《毛泽东在遵义会议前后的军事建议》，《吉首大学学报》（社会科学版）2016 年第 S2 期。

的财富，研究毛泽东军事哲学对未来的战争指挥也具有重大的意义。[①]

3. **毛泽东外交思想研究**

毛泽东是新中国对外方针的主要奠基者。他始终关注着世界风云的变幻，并根据国际战略格局的变化及时调整中国的对外政策。

刘常辉分析了抗战时期毛泽东的外交思想。抗战时期毛泽东外交思想的主要内容是以调整反帝目标为基础推动国际反法西斯统一战线的建立；积极争取外援；团结国际友人以宣传抗日主张；争取国际舆论支持以冲破国民党封锁。其外交思想的特点主要是科学性、独立自主性、全面性以及灵活性。[②] 黄庆、张萍分析了毛泽东的周边外交思想。20 世纪五六十年代，毛泽东对如何处理周边国家关系进行了积极探索：求同存异，与周边国家和平共处；耐心释疑解惑，传递睦邻友好诚意；倡导和平谈判，解决历史遗留问题；坚持正义事业，支持邻国民族解放运动，倡导平等原则，与周边国家建立外交关系；提供无私援助，与邻国共同发展。其周边外交实践的特点主要表现在相互尊重的理念、和平协商的方式、互利合作的形式、包容谅解的态度等方面。毛泽东的周边外交实践不仅开创了中国周边和平外交的新局面，而且明确了中国周边外交的发展方向，为中国睦邻友好的周边外交工作奠定了基础，为中国的安全、发展和社会主义建设创造了良好的条件。[③]

刘洋探讨了毛泽东的国际政治理论。毛泽东的国际政治理论是毛泽东在他所处的20 世纪大半个世纪中和特定的国际背景中，领导中国人民争取民族独立、建设强大国家的伟大实践中的理论结晶，包含了毛泽东对国际政治问题的基本观点和基本理念，为中国制定国际战略、对外策略提供了理论依据，并在中国的外交实践中得到了检验、发展和完善。毛泽东国际政治理论的基本体系是：对20 世纪帝国主义战争与无产阶级革命时代性质以及革命、战争、和平时代主题的判断是毛泽东国际政治理论的逻辑起点；对国家利益的维护和追求是毛泽东国际政治理论的基础；对国际政治力量动态变化的分析和把握是毛泽东国际政治理论的核心内容；对国际政治战

---

① 仝鑫：《建国前毛泽东军事和军事哲学思想研究》，硕士学位论文，黑龙江大学，2016 年。

② 刘常辉：《抗战时期毛泽东外交思想研究》，硕士学位论文，辽宁大学，2016 年。

③ 黄庆、张萍：《20 世纪五六十年代毛泽东周边外交思想与实践》，《中州学刊》2016 年第4 期。

略的制定和调整是毛泽东国际政治理论的落脚点。[①] 秦程节分析了毛泽东的对外援助思想与实践。他指出，毛泽东对外援助思想的形成和发展有深刻的战略考虑。毛泽东认为，已经获得革命胜利的人民，应该援助正在争取解放的人民的斗争。同时，在复杂的国际背景下，他希望通过对外援助团结亚非拉国家，壮大世界和平力量，并争取对新中国的支持，维护国家战略安全。关于对外援助应遵循的原则，毛泽东强调，应尊重受援国主权，不干涉别国内政，平等互利，“绝不可有傲慢的大国主义的态度”，而受援国也要以“自力更生为主，争取外援为辅”。在毛泽东对外援助思想的指导下，新中国开展了长期的包括军事、经济、技术和人员等方面的对外援助事业，有力地推动了受援国的独立和发展，也拓展了新中国外交发展的空间，塑造了新中国良好的国际形象，展示了我国优秀传统文化的精神和智慧。[②] 许冲分析了毛泽东对“斯科比事件”的判断。1944 年年底至 1945 年年初，发生了英军指使和协助希腊反动政府军进攻希腊共产党领导的军队、干涉希腊内政的“斯科比事件”。加上同期美国对华政策特别是对中共政策的重大调整，以及中国抗战局势和中国国内政治走向等因素，促使毛泽东在中共七大上作出“对中国的斯科比估计得严重些好”的判断。为了应对可能在中国发生的“斯科比事件”，毛泽东强调坚持“老子主义”“晋文公主义”和“孔夫子主义”三条原则，并采取了对美发出警告、报刊揭露批判、暂时中止对美合作、自力更生巩固实力等具体措施。毛泽东还要求全党做好充分的思想准备，采取有理、有利、有节的斗争方针。抗战胜利后，毛泽东又告诫全党，“斯科比”危险的可能性尚未过去。这个防患于未然的警告，不仅在一定程度上影响到七大以后中共对美政策，乃至新中国外交政策的走向，而且对今天应对国际关系领域的霸权主义、强权政治和新干涉主义仍有警示意义。[③]

4. 毛泽东经济思想研究

一是关于毛泽东经济建设总体思想的研究。

毛泽东抗战时期的根据地经济建设思想是其新民主主义经济理论的重要组成部分。有论者认为，毛泽东抗日根据地经济建设的思想主要表现在以下四个方面：“发展经济，保障供给”经济建设总方针的提出及“公私兼

---

① 刘洋：《毛泽东国际政治理论研究》，博士学位论文，东北师范大学，2016 年。

② 秦程节：《毛泽东对外援助思想与实践》，《党的文献》2016 年第 6 期。

③ 许冲：《毛泽东如何论析“斯科比事件”》，《党的文献》2016 年第 3 期。

顾”“减租减息”政策和大生产运动的开展，建立完善的财政制度和倡导节约精兵简政，注重组织群众和发展合作社经济。[①] 有论者对林伯渠在苏区和边区时的经济思想进行了论述，认为林伯渠领导苏区和陕甘宁边区的人民进行了艰苦卓绝的经济建设，使根据地的经济得到了较大的发展。其发展经济的思想对于现在的经济建设仍有很大的启示意义。林伯渠提出的发展农业生产力的思想在当时的情况下，保证了党、政府、军队最基本的生存条件。积极发展工业，奠定了边区的工业基础，推动了抗日战争走向胜利。其提倡商业自由的思想在当时党内领导中也是不多见的，财政上逐步摆脱了传统思想的束缚，建立了一套切实可行的财政制度，财政政策逐步完善，经济的发展也使根据地的社会形态和经济结构发生了变化。[②]

中华人民共和国成立前夕，毛泽东提出了一系列关于革命胜利后如何进行经济建设的战略构想，其基本内容是：在革命中建设、以工业为重心、限制资本主义经济。这些构想就其基本原则而言，与抗日战争时期毛泽东的设想一致，但其政治指向性已由新民主主义转向社会主义。这种变化直接影响到中华人民共和国成立后新民主主义的历史命运。[③] 郭宏彬对中华人民共和国成立后毛泽东经济思想的四次转折进行了考察，认为第一次转折：提前结束新民主主义经济建设并提出过渡时期总方针；第二次转折：经济发展的视角转向农村并提出农业合作化的经济方针；第三次转折：错误估计经济形势，提出社会主义建设总路线；第四次转折：“大跃进”后的全面调整以及“文化大革命”。作者对这四次转折的原因进行了分析，而其影响，符合中国国情的，符合生产实际的，符合客观规律的，就对中华人民共和国经济建设起到了正面影响，推动了新中国社会主义建设；反之，如果脱离了中国客观实际，经济建设必然要遭受打击。[④] 1958 年 11 月第一次郑州会议至 1959 年庐山会议前夕，在纠正已经察觉的“左”倾错误的过程中，中共中央和毛泽东就如何搞好具有中国特色的社会主义经济建设提出了若干重要理论观点：经济建设的指导理论必须是中国马克思主义，以切实维护人民群众利益作为经济建设的出发点和落脚点，以稳步推进经济体制改革和处理好计划规律与价值规律关系、充分发展商品生产为经济建设

① 居斌斌：《抗战时期毛泽东根据地经济建设思想研究》，《决策与信息》2016 年第 10 期。

② 陶耘：《林伯渠经济思想的实践与作用》，《文教资料》2016 年第 24 期。

③ 欧阳军喜：《新中国成立前夕毛泽东关于经济建设的战略构想及其影响》，《高校马克思主义理论研究》2016 年第 2 期。

④ 郭宏彬：《建国后毛泽东经济思想的四次转折》，硕士学位论文，贵州师范大学，2016 年。

提供动力，必须坚持综合平衡、协调发展的建设方针和实事求是的工作方法等。这些思想有效地指导了国民经济调整工作，也为新的历史时期中国特色社会主义经济建设提供了宝贵经验和理论准备。[①] 而在1962—1965年，围绕如何调整和搞好国民经济，在全面深入贯彻落实“调整、巩固、充实、提高”政策的过程中，毛泽东和中央领导集体对中国特色社会主义经济建设道路进行了先行探索，就社会主义经济建设的出发点：立足国情；战略目标和步骤：现代化两步走；根本任务：发展生产力；基本方针：坚持综合平衡；动力：改革经济体制；手段：发展商品经济6个方面提出了若干重要观点，为中国特色社会主义经济建设道路的开创提供了理论和物质准备，也为新常态下中国经济建设提供了重要启迪。[②] 李佳齐对毛泽东社会主义经济建设思想进行了比较系统、全面的整理与分析，从马克思主义关于经济建设的理论、苏联的社会主义经济建设理论与实践及中华人民共和国成立前后中国革命和建设时期的关于经济建设的理论与实践等几个方面论述了毛泽东社会主义经济建设思想形成的理论与现实依据。并在此基础上，阐述了毛泽东社会主义经济建设思想形成的基本过程，论述了毛泽东社会主义经济建设思想的主要内容，包括：社会主义经济建设的目的是改善人民的生活水平，实现国家繁荣富强，建立社会主义基本制度、实行按劳分配原则单一的公有制经济制度、遵循统筹兼顾，勤俭建国，自力更生等经济建设方针及走社会主义工业化道路，发展商品经济等经济建设的途径与措施。毛泽东社会主义经济建设思想丰富和发展了马克思主义经济建设理论，为中国特色社会主义建设理论的形成奠定了基础，也为中国特色社会主义奠定了物质基础。作者指出，毛泽东社会主义经济建设思想也存在一些不足，如未能把社会主义经济建设的正确思想贯穿始终，社会主义经济制度形式过于单一，未能始终遵循经济发展的客观规律，过于注重生产关系的变革。[③] 寿思华系统论述了毛泽东中华人民共和经济发展战略思想。作者认为，中华人民共和国成立后，毛泽东对坚定走社会主义道路、建立巩固的社会主义制度充满自信。毛泽东始终坚定地把社会主义、共产主义作为中华人民共和国前行的目标，作为中国共产党引导、带领全中国人民努力奋

---

① 刘正妙：《毛泽东社会主义经济建设思想述论——以1958年第一次郑州会议至1959年庐山会议前夕的“纠左”为中心的考察》，《河海大学学报》（哲学社会科学版）2016年第4期。

② 刘正妙：《1962—1965年毛泽东和中央领导集体对中国特色社会主义经济建设道路的先行探索》，《思想理论教育导刊》2016年第8期。

③ 李佳齐：《毛泽东社会主义经济建设思想研究》，硕士学位论文，东北林业大学，2016年。

斗的政治方向，鼓励全党和全国人民要对中国社会主义有绝对的信心。毛泽东就是要把中国引到马克思主义、社会主义、共产主义。作者还从四个方面论述了毛泽东关于新中国坚定走社会主义道路的战略思想：明确的目标、清晰的思路、协调的布局、显著的效果。这些思想均着眼于在中国建立一种好的制度，充分调动人民群众的积极性、主动性、创造性和各方面积极因素为社会主义服务，建设社会主义强国，让中国人民享受平等、民主、自由、充足、健康、美满的新生活。① 寿思华还认为，对社会主义充满信心，对公有制充满信心，毛泽东是坚定不移的典范。中华人民共和国成立伊始，毛泽东就要求全党干部读马克思主义的书，目的就是要以党的干部队伍为基础力量，特别是以党的中高层干部为主导力量，能以马克思主义理论作指导，带领全国人民，走上社会主义康庄大道，把中国建设成为一个独立、自由、民主、统一和富强的社会主义新中国。建设发展社会主义新中国的过程，要始终贯穿一条公有制的主线。公有制是社会主义共产主义的立足点，也是发挥社会主义优越性的前提条件。公有制应当成为中国发展的主导力量，成为人民当家作主、生活蒸蒸日上的依托。坚持走社会主义道路，就是要高高举起公有制旗帜。② 毛泽东对在中国建立社会主义制度有高度的自信，他始终认为，社会主义制度比旧时代的社会制度要优胜得多。只有社会主义能够救中国，只有社会主义才能真正发展好中国。强调建设和发展新中国，必须深刻认识和充分发挥社会主义制度的优越性。寿思华认为，毛泽东关于正确认识和充分发挥社会主义优越性的战略思想主要有：（1）社会主义是人心所向的根本制度；（2）社会主义十分有利于促进生产力大发展；（3）社会主义让人民福利大大提高；（4）社会主义使社会和谐和稳定。③

二是关于毛泽东商品经济思想的研究。

商品经济的充分发展，是社会经济发展的不可逾越的阶段，是实现中国经济现代化的必要条件。毛泽东对社会主义商品经济理论的认识和在新中国社会主义经济建设实践的经验是十分宝贵的。毛泽东对于商品生产本身所具备的社会性质进行了具体的分析，并提出了“社会主义商品生产”

① 寿思华：《中国经济发展一定要坚定社会主义政治方向——论毛泽东新中国经济发展战略思想之一》，《改革与战略》2016 年第 3 期。

② 寿思华：《中国社会主义经济发展必须坚持公有制为基础——论毛泽东新中国经济发展战略思想之二》，《改革与战略》2016 年第 5 期。

③ 寿思华：《中国经济发展要充分发挥社会主义优越性——论毛泽东新中国经济发展战略思想之三》，《改革与战略》2016 年第 7 期。

这一理论。他还认为我国的商品生产十分落后，这样一来就需要有一个进行大力发展商品生产的缓冲阶段。毛泽东对于斯大林所提出的生产资料商品外壳论进行了突破性的发展，提出了商品中存在一部分的生产资料，这为大工业的发展提供了一定的理论基础。而且，毛泽东将社会主义商品经济和社会主义计划有机地结合到了一起，进而提出在发展的过程中要有计划地进行各项商品生产和流通活动。毛泽东认为在社会主义制度下商品生产是极其有用的有力工具，应该充分利用它为社会主义建设服务。最后，毛泽东提出了商品生产存在的前提条件是社会主义公有制的两种形式，而社会生产力决定了这两种形式的存亡。他还从不同方面论述了大力发展商品生产和商品交换的重要意义：第一，商品生产是人类社会生产发展史上一个不可逾越的阶段；第二，社会主义国家必须要大力发展商品生产；第三，大力发展商品生产可以更好地满足人民群众的需要；第四，要重视价值规律在社会主义商品经济中的作用。毛泽东在社会主义经济建设过程中对社会主义商品经济的探索，既有突破性的进展，取得了很大成绩，又有认识不到位的地方，存在一定的历史局限性。①

社会主义经济中的商品、价值问题，贯穿于我国经济建设的始终。毛泽东在读《苏联社会主义经济问题》及《政治经济学教科书》的过程中，结合我国当时的基本国情，对上述重大问题展开了艰辛探索。毛泽东围绕社会主义商品生产的性质、存在的原因、商品生产的前途命运，以及价值规律的作用等基本经济问题，提出了不少真知灼见，一定程度上突破了自斯大林以来所形成的传统观念。毛泽东在读书过程中提出的系列创新观点，丰富并发展了马克思主义政治经济学的基本原理，既对当时我国经济调整产生了积极影响，也对改革开放后我国社会主义市场经济理论的创立奠定了坚实基础。②

社会主义改造基本完成后，毛泽东还对发展社会主义市场作用进行了两次积极探索。第一次是从满足人民需要出发探讨了市场的作用，但由于加快改变中国经济落后面貌的现实需要，中断了这次探讨。第二次则是从使人民富裕，生产力发展的高度，对发展社会主义市场作用进行了多方面探讨，萌生了发展社会主义市场体制，利用市场机制的想法，但由于他对市场消极因素认识上的片面性，使他的探索不断地反复和摇摆，逐步向

① 朱民强：《毛泽东社会主义商品经济思想研究》，《人民论坛》2016 年第 3 期。

② 钱路波：《毛泽东社会主义商品生产思想研究——以〈毛泽东读社会主义政治经济学批注和谈话〉为中心的考察》，《南京航空航天大学学报》（社会科学版）2016 年第 3 期。

“左”的思想发展。毛泽东对市场作用的探索为改革开放后建立社会主义市场经济体制提供了理论参考。[①]

实现工业化是近代中国无数仁人志士的愿望和理想。有论者认为，在新民主主义革命时期，毛泽东不仅阐述了国家工业化的意义，而且在实现国家工业化的道路上进行了探索。毛泽东工业化思想的理论来源是孙中山的工业化思想和苏联社会主义工业化建设的经验。通过对这些思想的深入研究，最终形成了新民主主义革命时期毛泽东的工业化思想，主要包括发展工业化的重要性、实现工业化需要具备的条件、知识分子和中共党员在工业化发展中的作用以及发展工业化的基本思路。作者认为，毛泽东工业化思想继承了马列主义的工业化思想，并为马列主义同中国国情相结合奠定了基础，为中华人民共和国成立后的经济战略调整和可持续发展方面提供了基本经验，为中国特色社会主义工业化的实现以及改革开放国策的提出提供了重要的借鉴意义。[②] 随着中华人民共和国的成立，毛泽东在深入分析苏联工业化道路以及联系我国实际的基础上，对我国的工业化路线发展进行了诸多的实践，并最终形成了毛泽东社会主义工业化思想。有论者认为，毛泽东社会主义工业化思想是在严峻的国内外环境下形成的。而在其构思上，一是工业化的发展道路：以重工业为主，重、轻、农同时并举；实现工业化的标准：建立独立完整的工业体系；实现工业化的途径：高度重视知识分子的作用与科学技术的应用；工业化的管理体制：“两参一改三结合”的制度。作者认为，毛泽东社会主义工业化思想有力地推动了十一届三中全会前中国的经济发展，并为工业发展奠定了基础。同时，也为邓小平理论的形成提供了重要的支持。[③]

张纯、李佳齐认为，中华人民共和国成立以后，以毛泽东为代表的中国共产党人为了改变中国贫穷落后的状况，使中国尽快由落后的农业国转变为先进的工业国，进行工业化建设。毛泽东总结各国经济建设的经验教训，坚定地选择社会主义工业化道路并为此进行了艰辛的探索，形成了有中国特色的社会主义工业化道路。工业化道路的实质是在社会主义经济建设中如何处理重工业、农业、轻工业三者的关系。毛泽东的探索奠定了中国工业化的初步基础，开辟了有中国特色的社会主义的先河，体现出科学

① 高辰颖：《毛泽东对社会主义制度下市场作用的探索》，《毛泽东思想研究》2016 年第 2 期。

② 尤海锋：《新民主主义革命时期毛泽东工业化思想研究》，硕士学位论文，沈阳工业大学，2016 年。

③ 尤海锋：《对毛泽东社会主义工业化思想的探究》，《法制博览》2016 年第 2 期。

发展的理念。[1] 毛泽东还主张城乡协调发展，其思想内容主要体现在统筹城乡经济发展，实现城乡互助；坚持农业基础地位，实现农业集体化；维护农民利益，提高农村社会事业水平，以及实现农业科学化和机械化等。[2]

三是关于毛泽东绿色生态发展思想的研究。

绿色是生命的象征，大自然的底色。今天，绿色更代表了美好生活的希望，人民群众的期盼。绿色发展是一种人与自然和谐的可持续发展理念，旨在突出经济社会与资源环境的协调发展和人的全面发展。绿色发展思想是我国在推进全面小康社会进程中经济发展与生态环境保护之间矛盾日益凸显时应运而生的新思想和新论断。学界认为，尽管毛泽东囿于历史条件没有提出绿色发展的概念，但是他在领导中国革命和建设实践中对经济发展和生态环境保护之间的关系进行了深入的理论思考和实践探索。其中蕴含的“尊重自然规律、增产节约、绿化祖国、统筹兼顾”的绿色发展思想，首开中国共产党人绿色发展思想之先河，对于我国全面建成小康社会，实现中华民族永续发展具有重要指导意义。[3]

沈琳从形成条件、主要内容、思想传承、现代启示等方面论述了毛泽东绿色发展思想，认为中国传统文化是毛泽东绿色发展思想形成的历史渊源，马克思恩格斯生态观是理论基础，现实基础则是长期的战乱造成环境承载力超负荷、自然灾害频发加剧人与自然的对立和粗放型经济增长造成环境污染严重。毛泽东绿色发展思想的主要内容包括：属意自然：解决天人矛盾的初步探索；增产节约：绿色经济思想的质朴形态；大地园林化：美化生态环境的具体构想；群众路线：以人为本的思想蕴含；统筹兼顾、绿色发展的方法泉源。[4] 胡为雄通过解读《毛泽东论林业》考察了毛泽东的绿色经济思想。他认为，毛泽东的绿色经济思想在《毛泽东论林业》一书中得到了较充分的体现。通观《毛泽东论林业》可以看出，毛泽东不仅是一个红色理想主义者——要在中国最终实现共产主义，而且也是一个绿色理想主义者——要在中国大地实现园林化。这两者都是为了人民安居乐业、生活幸福。在《毛泽东论林业》中有很多重要的思想或论点需要深入挖掘、

---

① 张纯、李佳齐：《毛泽东社会主义工业化道路探索及当代价值》，《佳木斯大学社会科学学报》2016 年第 2 期。

② 马冀群、沈万根：《毛泽东城乡协调发展思想与当代城乡发展一体化》，《延边党校学报》2016 年第 1 期。

③ 刘海霞、马立志：《毛泽东绿色发展思想探析》，《南京航空航天大学学报》（社会科学版）2016 年第 2 期。

④ 沈琳：《毛泽东的绿色发展思想及其时代价值》，硕士学位论文，合肥工业大学，2016 年。

领悟，这对我们当今时代的经济与社会发展仍有指导意义。有论者认为，毛泽东思想中关于促进我国农业产业化进程、兴修水利加强社会经济效益和生态效益、根据我国的人口发展以及社会协调发展而提出的计划生育政策、对于卫生运动的发展以及人与自然和谐共处等各项内容蕴含丰富的生态经济思想内涵。为我国生态建设理论的不断完善提供了经验借鉴，为实践提供了非常重要的理论基础，也为后续建立具有中国特色社会主义生态文明以及“五位一体”的中国特色社会主义事业的进一步推进具有良好的指导作用和现实意义。[①] 谢景海将毛泽东社会发展理论与生态马克思主义进行了比较分析，认为毛泽东社会主义理论和生态马克思主义理论都是对马克思主义社会发展理论的重要发展，都对未来美好社会进行了不懈探索和伟大设想。毛泽东的社会发展理论更加注重群众的力量，注重群众的组织形式和精神改造；而生态社会主义理论更加注重精英阶层和先进分子的带领作用，强调和平的组织形式和精神改造。[②]

有论者认为，毛泽东在领导社会主义建设中虽然有过失误，但从总体上说，他坚持唯物史观的基本原理，重视社会生产力的发展，并取得了在我国建立起独立的比较完整的工业体系和国民经济体系，以“两弹一星”为标志的科学技术的伟大成就。在毛泽东发展经济的思想中，争取较高的发展速度、重视科学技术和自力更生为主，可以说是它的三个基本立足点。[③] 国外学者对毛泽东经济思想也进行了许多有意义的研究，为我们提供了较为丰富的研究资料。

张弛对国外毛泽东经济思想研究的总体状况进行了梳理，总结了国外学者关于毛泽东经济思想发展过程的主要观点，并指出国外毛泽东经济思想研究带给我们的启示。国外关于毛泽东经济思想的研究给我们带来了许多新的视角、新的方法以及新的观点。其较为严谨的学术态度以及将理论、文本和史实相结合的学理性分析范式也值得我们学习和借鉴。不过，我们也应该意识到国内与国外研究环境、研究目的等方面的不同，正视差距与差异，积极探索毛泽东经济思想的当代价值和现实意义。[④]

收入分配也是社会各界十分关心的问题，这关乎人民生活、关乎社会

---

① 董亭亭：《浅析毛泽东生态经济思想对社会生态文明的影响》，《世纪桥》2016 年第 9 期。

② 谢景海：《我国生态文明建设的依靠力量——毛泽东社会发展理论和生态马克思主义的比较分析》，《包头职业技术学院学报》2016 年第 2 期。

③ 梁杜：《毛泽东发展经济思想的三个基本立足点》，《中国浦东干部学院学报》2016 年第 6 期。

④ 张弛：《国外毛泽东经济思想研究状况评述》，《政治经济学评论》2016 年第 4 期。

和谐。毛泽东在中华人民共和国成立初期的收入分配思想较为丰富。关于分配原则，毛泽东倡导以按劳分配为原则，绝对不搞平均主义；关于公平与效率，毛泽东认为公平是首要的，要用公平来促进效率；关于国家、集体、个人之间的利益，毛泽东主张兼顾三者利益，兼顾长远利益和眼前利益；关于积累与消费，毛泽东主张平衡；关于提高农民收入，毛泽东主张通过政策倾斜发展农业，提高农民收入。这些思想观点，也为当今中国社会收入分配制度的完善提供一定的借鉴作用。[①] 也有论者认为，毛泽东在国民收入的分配上，把共同富裕作为一项重要原则。但是，他追求带有严重的平均主义倾向的共同富裕模式。其根源表现在四个方面：一是对马克思分配正义理论的理解不全面；二是受战争年代的平均主义经验的影响；三是片面追求结果平等的理想；四是其知识结构不合理。这也为我们分配正义思想提供了启迪。[②] 有论者就毛泽东节俭思想进行了探讨，认为毛泽东节俭思想主要内容包括三个方面：第一，增产节约、反对浪费是长期的勤俭建国方针；第二，节约是社会主义经济的基本原则之一；第三，贪污与浪费是极大的犯罪。毛泽东节俭思想对党风廉政建设的现实意义在于：指导党坚持勤俭节约的方针；是保持我党勤俭廉洁的理论基础。其对经济持续健康发展的现实意义在于：有利于解决能源资源矛盾；对构建节约型社会有重要意义。其对大学生品质的启示作用在于：为大学生品质的形成指明方向、提供途径。其对人民群众的现实意义在于：使人民群众树立与自然和谐共处理念；使人民群众形成正确消费观。[③]

5. 毛泽东社会思想研究

2016 年，学界主要围绕毛泽东社会公正思想、社会保障思想、民生思想、社会建设思想、和谐思想、集体主义思想、利益协调思想、统筹兼顾思想等对毛泽东的社会思想进行了较为全面的考察。

一是关于毛泽东社会公正思想的研究。自古以来，公平正义就是人们追求美好生活的永恒主题，就是衡量人类文明进步的重要标尺。改革开放 30 多年来，我国经济发展取得了巨大成就，但我国的社会事业发展明显滞后，与经济发展不相适应，社会上出现了一些不和谐、不公正的现象。在

① 王勇：《毛泽东的收入分配思想》，《马克思主义学刊》2016 年第 2 辑。

② 朱春晖：《毛泽东对马克思分配正义理论的承传与创新》，《湖南科技大学学报》（社会科学版）2016 年第 5 期。

③ 李迎霞：《论毛泽东的节俭思想及其现实意义》，《新西部》2016 年第 12 期。

这样的背景下，我们有必要回到毛泽东公平正义思想的宝库中，寻找这些社会问题的破解之道。

陈红飞较为系统地考察了毛泽东的公平正义思想，对毛泽东公平正义思想形成的社会背景、理论渊源、发展脉络、内容特点、历史价值和当代启示进行了考察。作者认为，毛泽东公平正义思想产生于近代中国的社会现状与中国革命和社会主义建设时期的实践中，其理论渊源主要是马克思恩格斯公平正义思想、中国传统文化中的公平正义理念、近代资产阶级民主思想，其内容则涵盖经济、政治、社会等各领域，毛泽东以共同富裕为目标，通过变革生产关系、调节社会分配和统筹兼顾等方法和措施，力求做到起点公平、机会公平和结果公平，带领全体社会成员追求经济领域上的公平正义。他批判旧社会，建立新社会；建设民主制度，保障政治平等；反对一切特权，主张在法律面前人人平等。在社会领域，他主张教育公平，反对特权教育，强调教育的实用性；他主张医疗卫生事业的公平，把医疗卫生事业的重点放到农村地区，并在农村逐步建立起合作医疗制度；他主张社会保障的公平，重视社会救助，提倡社会保险。可以说，毛泽东的公平正义思想把人民性作为实现公平正义的核心，保证了我们党至今处于不败地位；构建了平等的社会基本制度，初步奠定了公平正义的社会格局；把公平正义作为平等的价值目标，初步实现了人民共享社会发展成果；激发了人民巨大的创业热情，初步奠定了新中国的物质经济基础。①

张颖认为，毛泽东通过自身的实践，主张国家独立、主权完整、人民自由、男女平等，反对平均主义和两极分化，注重国家利益、集体利益和个人利益三者之间的协调性，是马克思列宁主义公正思想的发展和延续，是中国特色社会主义健康发展的内在要求。他的社会公正思想启示我们，要坚决拥护共同富裕的思想路线，妥善控制贫富差距；要坚持“公平”的辩证性理解，发展社会主义经济；要重视社会公正问题，维护社会稳定。②实现社会平等是社会主义的最高价值目标，是中国共产党人矢志不渝的理想追求。有不少论者对毛泽东的平等思想进行了研究。展亚冰、郭凯等系统考察了毛泽东的平等思想的思想渊源、形成条件、发展脉络、基本内容、

① 陈红飞:《毛泽东公平正义思想研究》，硕士学位论文，喀什大学，2016 年。

② 张颖:《毛泽东社会公正思想及其启示》，《郑州航空工业管理学院学报》(社会科学版) 2016 年第 5 期。

历史价值和现代启示。[①] 有论者则概述了毛泽东社会领域的平等思想，认为毛泽东的社会主义平等思想内容十分丰富，其中一个重要方面，就是在社会活动领域必须坚持与体现经济平等、政治平等、文化平等和社会平等。经济平等要求整个国家财富尽可能均等地分配给全体人民。政治平等要求人民在普选和基于民主集中制原则参与政治决策过程方面应该具有同样的政治权利。文化平等要求全体人民应该尽可能都接受教育，都有接受教育的权利与义务。社会平等要求在所有的社会关系中，人们在社会地位、声誉和尊严方面都应享受同样的权利。[②]

刘春燕对毛泽东的妇女婚姻思想进行了研究，认为毛泽东的妇女婚姻思想是马克思主义婚姻理论与中国具体实际相结合的产物，它是以男女平等为基本前提、以婚姻自由为基本原则、以妇女经济独立为现实基础、以法律保护为制度保障的思想理论。它在理论和实践方面对当今妇女的自由解放依然具有价值，这主要体现在它对中国特色的妇女解放理论的丰富和发展、对妇女婚姻自由的基本实现、对婚姻自由观念的深入推进与大众普及、对妇女在婚姻家庭中地位的提高及对《婚姻法》的制定和实施等诸多方面。同时，毛泽东的妇女婚姻思想对于当代女性主体意识的强化、经济独立的实现都具有重要贡献，对于在当今社会条件下通过坚持依法与以德相结合的方式维护和促进婚姻家庭关系和谐更具深刻的启示作用。[③]

二是关于毛泽东民生思想的研究。民生这个词最早出现在《左传・宣公十二年》："民生在勤，勤则不匮"，指民众的生计、生活。民生问题关乎民心，系乎党运国运，决定着我国社会主义现代化事业的成败。党的十八大以来，习近平总书记系列重要讲话中阐发的民生思想以及中央下发的多项有关保障民生的文件，都大大助推了毛泽东民生思想的研究。

有论者认为，毛泽东十分关心人民大众的疾苦，在参加和领导中国革命和建设过程中不断探索改善民生的途径，从而形成了以"全心全意为人民服务"为核心和灵魂的民生理论。这为中国特色社会主义民生观的形成做了准备，是其直接理论来源。[④] 韩喜平、巩瑞波认为，毛泽东始终重视解决好群众关心的"小问题"，探索和构建解决民生问题的"好制度"，注重

---

① 展亚冰：《毛泽东社会主义平等思想研究》，硕士学位论文，曲阜师范大学，2016 年；郭凯：《毛泽东平等观研究》，硕士学位论文，山西财经大学，2016 年。

② 帅国文：《毛泽东社会领域平等思想概述》，《环球市场信息导报》2016 年第 29 期。

③ 刘春燕：《毛泽东的妇女婚姻思想研究》，硕士学位论文，哈尔滨商业大学，2016 年。

④ 郑碧莲：《当代中国马克思主义的民生观及其时代价值》，《广西青年干部学院学报》2016 年第 1 期。

确保民生治理“更公平”，经过长期的探索和实践，逐渐形成了一套解决民生问题的“大民生”理念和模式。所谓“大民生”理念，就是要始终坚持用群众观点解决民生问题，把民生问题的解决寓于各项建设之中，要以人的解放和全面自由发展作为解决民生问题的目标，着力解决好关乎群众切身利益的“小问题”，解决好群众普遍关注的热点难点问题，树立“好制度”理念，着力构建完善的民生制度体系，同时要处理好解决民生问题中的公平公正的问题，充分保证改革和发展成果由人民共享。①

有论者认为，毛泽东民生思想以“全心全意为人民服务”为核心精神，试图从“立国”和“富民”的角度去解决和改善革命时期与社会主义时期的民生问题，其民生思想具有精神性、政治性和整体性特征，这些特征有效地促进了中国化马克思主义民生理论和实践的增长。② 唐任伍、范烁杰认为，毛泽东对民生改善有深切的关注，他提出的全心全意为人民服务这一根本宗旨为改善民生提供了思想保障。他强调加快经济建设以改善民生；他重视文化建设，以文化丰富人们的精神生活；他紧紧依靠人民群众，以群众利益为根本。同时，毛泽东民生思想也有其历史局限性，诸如急于变革生产关系，忽视了生产力发展的客观规律；过分追求平均，忽视了效率的提高；偏重生产建设，忽视了人民生活的改善等。新时期，要改善民生，提高人民生活水平，促进社会和谐发展，必须从执政合法性及执政地位巩固的高度重视民生问题；要审慎变革生产关系，在发展的过程中以人为本地解决民生问题；要处理好公平与效率的关系，把改善民生作为效率与公平的结合点；要以民生为重点全面建成小康社会，为实现中国梦奠定基础。③

有论者对毛泽东在井冈山时期的民生思想进行了研究，通过考察毛泽东在井冈山的社会经济调查和开展根据地建设的实践，认为民主制度是保障民生的基础和前提，调查研究是开展民生工作的前提和方法。在农民土地问题上，毛泽东对土地占有情况进行了仔细调查，成立分田领导机构，使得农民获得最起码的物质生产资料。他还号召政府工作人员和妇女参加生产劳动，提高了农村妇女的社会地位。在农民就医问题上，他号召红军战士集资修建医院；在广大人民群众的教育问题上，切实保障当地群众受

① 韩喜平、巩瑞波：《论毛泽东的“大民生”观——兼谈保障和改善民生中几个关键问题》，《湖南社会科学》2016 年第 4 期。

② 杨和英：《再论毛泽东民生思想的意蕴与特征》，《经营管理者》2016 年第 23 期。

③ 唐任伍、范烁杰：《毛泽东民生思想及其当代价值》，《河北经贸大学学报》2016 年第 1 期。

教育的权利，提高他们的知识水平。他还通过调整工商业政策，保障当地群众的民生。而毛泽东在井冈山时期的民生思想也启示我们，应该创新社会治理的体制与方式，从制度出发；注重调查研究，从实际出发；坚持以人为本，从人民出发，保障人民群众的各项社会权利。① 有论者指出，《井冈山土地法》的颁布是土地革命时期一项标志性的活动，它不仅推动着中国革命的发展，也推动着毛泽东民生思想的形成。无论是从《井冈山土地法》制定的背景、内容还是执行效果来看，整个过程就是毛泽东对民生问题的发现、认识和解决的过程。②

有论者对毛泽东在抗战时期对民生问题的思考进行了探讨，认为抗战时期，毛泽东从争取抗战胜利的政治高度，对主要抗战群体即农民、军队、民族资产阶级等的民生问题进行了独到的思考。例如，对农民民生问题，实行减租减息，减轻地主剥削；精兵简政，减轻农民负担；他还要求通过发展农村经济这一根本方法来提高农民的生活水平。在军队民生问题上，开展大生产运动，提出拥军优抗。在民族资产阶级民生问题上，肯定其贡献，减轻其赋税，为其发展创造良好的环境，关心他们的政治诉求。抗战时期毛泽东对主要抗战群体民生问题的思考，利于抗日统一战线的扩大和巩固。③

有论者则对中华人民共和国成立初期毛泽东的民生思想进行了考察，认为毛泽东致力于新中国民生事业的建设，提出了一系列改善民生与发展民生的理论、观点与方法，从而形成了比较完备的民生思想，为社会主义民生建设的开展奠定了思想基础。中华人民共和国成立初期毛泽东民生思想以马克思主义民生观为理论基石，同时受到中国古代传统民生文化的熏陶及孙中山民生主义思想的启发。中华人民共和国成立初期，毛泽东民生思想的内容重点体现在六个方面：稳定社会秩序，保障群众生存需要；发展文化教育事业，提高群众文化水平；重视卫生防疫，保障人民健康；妥善安置失业人员，促进社会就业；健全社会保障体系，保障弱势群体的生活；治理封建社会遗毒，净化群众生活环境。这一时期，毛泽东把人民性作为民生工作的指导原则，围绕人民群众的根本利益，从全局性的角度发

① 许川川、苑芳江：《论井冈山时期毛泽东民生思想及其当代价值》，《继续教育研究》2016年第4期。

② 夏丽娟：《毛泽东民生思想与〈井冈山土地法〉的制定》，《中共南昌市委党校学报》2016年第5期。

③ 赵伟：《毛泽东对抗战群体民生问题的思考》，《党史文苑》2016年第11期。

展中华人民共和国的民生事业。中国的民生状况得到了改善，为新政权的巩固奠定了群众基础，同时也为新时期保障和改善民生积累了丰富的经验。当然，毛泽东民生思想也存在一定的时代局限。由于受到苏联发展方式及思维模式的影响，民生发展理念缺乏创造性，照搬苏联优先发展重工业的模式更是导致中国改善民生的思想在实践中的一些环节出现了偏差，阻碍了中国独立自主地探索民生道路。尽管如此，毛泽东的民生思想，不仅为中华人民共和国成立初期的各项社会建设指明了方向，还在发展生产力、健全社会保障体系等方面对新时期的民生建设具有重要的启示。①

三是关于毛泽东处理社会矛盾思想的研究。社会和谐是人类社会长期以来孜孜以求的理想，更是中国特色社会主义的本质属性，是国家富强、民族振兴、人民幸福的重要保证。党的十八大以来，以习近平同志为总书记的党中央着眼于全面建成小康社会、实现中华民族伟大复兴的中国梦，对化解社会矛盾，强化利益协调，加强社会主义和谐社会建设提出许多新的要求，做出许多新的部署，为在新的历史起点上建设社会主义和谐社会提供了科学指南和基本遵循。习近平总书记还指出，“要学习掌握事物矛盾运动的基本原理，不断强化问题意识，积极面对和化解前进中遇到的矛盾”。加强对毛泽东处理社会矛盾思想的研究，具有重要现实意义。

徐兴灵、徐明忠认为，毛泽东放眼世界，立足中国，兼顾传统，科学总结了中国共产党和国际共产主义运动的历史经验，撰写了《实践论》《矛盾论》《关于正确处理人民内部矛盾的问题》《论十大关系》等光辉文献，提出了社会主义社会基本矛盾和两类社会矛盾学说。他对社会矛盾问题的基本认识是，揭示社会矛盾现象的普遍存在；阐述人民内部矛盾问题的根源；指出党和人民的根本利益问题。对于矛盾和冲突现象，他认为：第一，要破除迷信和思想包袱；第二，要增强政治敏锐性和洞察力；第三，要坚持一分为二地看问题；第四，要抓住矛盾的根本性质和基本特征。他关于化解社会矛盾和冲突的基本思路有：第一，贯彻执行民主集中制原则；第二，大力加强思想政治教育；第三，拓宽密切联系群众渠道；第四，正确运用化解矛盾的策略和方法。这些思想为我们建设中国特色社会主义和谐社会提供了科学的理论依据，对于我们今天认识社会矛盾和冲突现象，正确处理人民内部矛盾，具有重要的理论价值和实践意义。② 有论者指出，虽

① 卢雅琼：《建国初期毛泽东民生思想研究（1949. 10—1956. 12）》，硕士学位论文，华东师范大学，2016 年。

② 徐兴灵、徐明忠：《毛泽东关于化解社会矛盾冲突思想探析》，《祖国》2016 年第 18 期。

然毛泽东没有明确提出“和谐社会”这一概念，但是从1956年到1976年毛泽东逝世的20年间，毛泽东在探索像中国这样经济文化落后的社会主义国家建设社会主义社会的许多论断和做法与我们今天所说的“和谐社会”有异曲同工之处。毛泽东的政治民主论、人民本位论、公平平等观、社会安定论都带有和谐社会的思想，对我国当下改革、建设和创新，实现真正的社会和谐目标具有重大的指导意义。①

有论者对毛泽东《论十大关系》中的和谐思想及当代价值进行了探讨，认为毛泽东在《论十大关系》中，对社会主义社会建设中的十大关系进行了精辟论述。十大关系就是十大矛盾，它是社会主义基本矛盾，即生产力和生产关系、经济基础和上层建筑之间的矛盾。作者从《论十大关系》概括出经济关系、政治和文化关系中的和谐思想。其中，经济关系和谐包括各产业关系的和谐：工农并重，互相促进；各地域关系的和谐：沿海带动内地，逐步平衡；经济建设和国防关系的和谐：经济建设为基，兼顾国防保障；经济主体利益关系的和谐：国家为上，兼顾集体和个人。政治、文化关系和谐包括中央与地方关系的和谐：坚持中央领导，增强地方自主性；民族关系的和谐：反对两个主义，互取优点而发展；党派关系的和谐：调动各民主党派积极性，为社会主义服务；党内关系的和谐：通过“惩前毖后，治病救人”的方针团结全党；中国与外国关系的和谐：坚持独立自主，批判吸取外国优秀文化成果。② 有论者对《论十大关系》与五大发展理念的关系进行了探讨，认为《论十大关系》是马克思主义与中国实际第二次结合的经典之作。它不仅阐述了社会主义建设中需要正确处理的十对矛盾，而且揭示了社会主义建设基本理念，奠定了党的发展理论的思想基础。而五大发展理念是对《论十大关系》蕴含发展理念的继承、发展和超越。③

中共八大前后，毛泽东和第一代党的领导人围绕“第二次结合”的历史任务，“以苏为鉴”，在探索走具有中国特色社会主义建设道路的过程中，从理论与实践相结合上明确指出社会主义社会存在矛盾，深刻地阐释了社会主义社会的基本矛盾和主要矛盾。虽然不久后的实践违背了上述理论原则，给中国带来了挫折，但是这也恰恰证明了中国共产党人对社会主义矛

---

① 张贝：《建国后毛泽东和谐社会思想探析》，《红广角》2016年第8期。

② 温雪飞：《毛泽东〈论十大关系〉中的和谐思想及当代价值》，硕士学位论文，喀什大学，2016年。

③ 杨卓华：《五大发展理念与毛泽东〈论十大关系〉关系探讨》，《马克思主义研究》2016年第4期。

盾问题回答的科学性。这对马克思主义的发展做出了重要贡献，也为全面深化改革提供了重要启示。[①]

统筹兼顾是毛泽东建设社会主义的一个根本思想和方法。蒋光贵认为，毛泽东统筹兼顾思想的立足点是：将唯物辩证法贯穿于统筹兼顾；源于对社会主义社会矛盾的正确认识；着眼于调动一切积极因素谋发展的战略考虑和探索具有中国特色的社会主义建设道路。这一思想具有多维视野，即要处理好统筹兼顾与实际政策的关系；要处理好眼前利益与长远利益的关系；要处理好不同层次的利益关系；要处理好体制与统筹兼顾的关系；要处理好政府的职能与统筹兼顾的关系。这也启示我们必须加强党的建设，才能建设好社会主义；必须正确认识民主、自由、平等、公正与法治的内在关系；贯彻统筹兼顾要周密研究和部署。[②] 毛泽东还在充分继承马克思主义城乡融合理论精髓的基础上，立足中国城乡关系的具体现实，以城乡兼顾为总的方法论，积极探索城乡互助的新模式。同时，在此过程中以城乡均衡为总目标，进一步强化农业的基础地位，重视“农轻重”的协调发展以及人民生活水平的提升。兼顾与均衡，是毛泽东城乡发展观的逻辑主线。[③] 利益协调问题是关系人民福祉的重大问题，中国共产党历来重视维护最广大人民群众的根本利益，重视协调好各方面的利益关系。有论者认为，毛泽东作为中国共产党第一代领导集体的核心，在带领全国人民进行新民主主义革命和社会主义建设的实践中，对利益关系协调问题进行了大胆的尝试和探索，积累了丰富的经验。毛泽东利益协调思想具有人民性、实践性、批判性和辩证性的特点。在利益矛盾日益复杂的今天，协调利益关系时要注意以下几个方面：坚持发展生产，在发展中解决利益问题；建立公平公正的收入分配体系，切实维护人民群众的合法利益；提高党员干部的宗旨意识和协调利益关系的能力；推动社会保障体系和劳动就业制度的建立和完善；加强思想政治工作，重视集体主义教育；加强民主法治建设，推进全面依法治国进程。[④] 可以说，毛泽东思想闪烁着构建社会主义和谐社

① 刘正妙：《毛泽东与中共领导人对社会主义社会矛盾问题的解答——以八大前后的探索为例》，《毛泽东研究》2016 年第 4 期。

② 蒋光贵：《社会主义建设中毛泽东的统筹兼顾思想》，《中共云南省委党校学报》2016 年第 1 期。

③ 朱慧勇：《兼顾与均衡：毛泽东城乡发展观的逻辑主线》，《山西高等学校社会科学学报》2016 年第 4 期。

④ 董漪漪：《毛泽东利益协调思想研究》，硕士学位论文，西南大学，2016 年。

会的光芒。①

四是关于毛泽东医疗卫生思想的研究。改革开放以来，我国的经济飞速发展，医疗卫生事业也取得了很大的进步。但与此同时，突出问题依然存在。在2016年8月举行的全国卫生与健康大会上，习近平总书记强调：没有全民健康，就没有全面小康。这也为研究毛泽东医疗卫生思想提供了动力。

有论者认为，中华人民共和国成立初期，毛泽东带领党中央和国家倡导医疗卫生事业的切实推进，指导新中国卫生防疫工作，重视防治血吸虫病，全力领导新中国的爱国卫生运动，全力推进农村医疗卫生事业，对新中国的医疗卫生事业做出了重大贡献。② 中华人民共和国成立后到改革开放之前这段时期，毛泽东在医疗卫生工作方面有许多独创性的伟大实践。他明确提出党必须领导卫生工作，把卫生工作当作党的事业；他领导创建了世界上最大、最高效的合作医疗体系，领导建立了不同于西方模式的公共卫生体系；他提出了“中西医结合”的基本原则，开展中西医互学运动，挽救了中医和中药；他还主导建立了高效的医药供应体系。他把“一切为了人民健康”作为社会主义医疗卫生事业的根本宗旨，体现了人民的根本利益，明确了社会主义卫生事业的人民性、社会性、公益性，坚持卫生工作为人民服务，使新中国的卫生工作取得了巨大成就。③ 王占宇、尹俊芳认为，毛泽东的医疗卫生思想具有鲜明的群众路线特征，主要体现在毛泽东既强调医疗卫生工作要尽可能为广大人民群众服务，特别注重为占人口绝大多数的农民提供必要的医疗服务；也体现在医疗卫生实践要依靠和教育广大人民，创造性地培养大量赤脚医生；同时还体现在医疗卫生工作要集中群众的智慧和力量，团结中西医。作者认为，这一思想为进一步深化我国医疗卫生体制改革提供了借鉴，应坚持群众路线，从思想认识、制度设计等层面始终坚持把群众路线作为医疗卫生工作的行动指南和评价标准。④

五是关于毛泽东社会建设与治理思想的研究。无论是在新民主主义革命时期还是在社会主义建设时期，毛泽东都高度关注社会建设问题，形成了丰富的社会建设思想。其思想主张也经历了一个不断演进并逐渐丰富的

---

① 蔡蒙颖：《毛泽东思想闪烁着构建社会主义和谐社会的光芒》，《文学教育》2016年第1期。

② 宁崑君：《毛泽东对医疗卫生事业作出的贡献》，《传承》2016年第7期。

③ 刘雪松：《毛泽东与新中国医疗卫生工作》，《党史博览》2016年第5期。

④ 王占宇、尹俊芳：《试论毛泽东医疗卫生思想的群众路线特征》，《山西高等学校社会科学学报》2016年第8期。

过程。

方向新、胡艳辉对毛泽东社会建设思想的演进与内在逻辑进行了探析，认为在局部（中央苏区和陕甘宁边区）实践中毛泽东关于社会建设思想主张包括：一是充分重视群众团体的建设，在社会组织结构的变动中广泛动员群众力量；二是充分关注民生问题的解决，在革命战争的推进中赢得广大人民群众的真心拥护（例如与愚昧和疾病状况做斗争，开展赈灾救济工作，探索劳动保障工作）；三是革除积弊与倡导新风双管齐下，为人民群众着力创造相对和谐的社会环境。而中华人民共和国成立后至社会主义改造完成这一阶段，毛泽东关于社会建设的思考开始产生质的飞跃。一是在不断化解矛盾中理顺社会关系，注重激发社会活力；二是在统筹兼顾中发展社会事业，努力提高民生保障；三是在加强指导中培育社会组织，引导群众参与社会管理。以“三面红旗”为特征的“左”倾思潮，给中国社会主义道路的探索产生了严重的冲击，社会建设也无可置疑地遭受了挫折。毛泽东对此进行了反思，提出了不少新理论：一是以人与人关系的平等推进社会管理参与的扩大；二是收入分配上要反对平均主义和过分集中两种倾向；三是在加快农村发展中逐步缩小城乡差别；四是维护社会秩序，单靠法律是不够的；五是社会建设应与家庭建设联系起来。毛泽东社会建设思想演进的内在逻辑是理论探索与建设实践相连接；理想状态与发展阶段相结合；为了群众与依靠群众相统一；统筹兼顾与重点突破相协调。①

苑芳江认为，毛泽东的经典著作中虽然没有明确使用“社会建设”这个概念，但在其中国化的马克思主义理论中，蕴含着丰富的社会建设思想。这主要体现在对社会公平正义价值目标的诉求（包括在生产劳动中实现劳动关系的平等，在实现男女平等中促进社会公平，以平等的态度对待干部和群众），保障和改善民生是社会建设思想的实践构架（包括发展教育事业，提高国民素质；实行失业救济，探索适合中国国情的就业保障制度；完善医疗卫生制度，提高人民的健康水平）。毛泽东的这些社会建设思想，实现了马克思主义社会建设理论的中国化，我们应坚持“以人为本”和“以民为本”的统一，坚持和维护社会公平正义。② 贾午堃从理论基础、形成背景、主要思想、当代意义四个方面对毛泽东中国社会发展理论进行了研究，认为毛泽东中国社会发展理论的主要思想包括：新民主主义革命理

① 方向新、胡艳辉：《毛泽东社会建设思想的演进及其内在逻辑》，《毛泽东研究》2016 年第 5 期。

② 苑芳江：《论新中国成立后毛泽东社会建设思想》，《学习与探索》2016 年第 5 期。

论、由新民主主义革命到社会主义革命理论、社会主义制度的确立和社会主义现代化建设思想。作者认为，毛泽东中国社会发展理论丰富和发展了马克思主义社会建设的理论，为构建社会主义和谐社会提供了基本方法。[①]

关于社会治理，毛泽东也有颇多建树。中华人民共和国成立初期，为加强社会风气治理，变革旧社会遗留下来的不良风气，毛泽东加强党风建设，以党风政风带动民风发展，开展禁娼、禁毒、反赌活动，革除封建陈规陋习，发展社会主义文化教育事业，采取了一系列措施在短时间内扭转了不良社会风气，对中华人民共和国成立初期国民经济的恢复、社会秩序的稳定和向社会主义的过渡都起到了巨大的促进作用。[②] 还有论者通过解读《农村人民公社工作条例》，论析了毛泽东的农村治理思想，认为《农村人民公社工作条例》是在毛泽东致力于反思和消化人民公社化运动曲折发展所积累的经验和教训，并探索从制度上调整和完善农村人民公社管理体制的背景下制定的。这一文件体现了毛泽东关于农村治理的基本思想，包括："组织起来"改善农业生产条件、开展多种经营和革新乡村社会；属地合作式的农村公共事业建设；大力发展商品经济；发展社队企业，尝试避免西方曾经历过的工农、城乡发展面临的困局等。[③] 有论者认为中华人民共和国成立前后，面对旧的社会制度遗留下来的千疮百孔的社会现实，毛泽东根据党的工作重心转移的实际，提出了一系列做好社会工作的思想观点。例如，坚持"四面八方"的经济政策，用和平方式进行社会主义改造；践行党的宗旨，注重服务广大人民群众；各级党委和领导干部要有正确的工作方法；调动一切积极因素，统筹兼顾，正确处理两类不同性质的矛盾；民族平等、民族团结和各民族共同繁荣的民族政策；倡导妇女解放，主张男女平等。[④] 这些思想和观点，对于我们做好社会工作、加强社会治理，仍具有重要的理论指导作用和现实意义。

六是关于毛泽东社会保障思想的研究。中国共产党在土地革命时期就认识到社会保障在革命中的作用，于是将当时的中国实际情况与社会保障相结合，提出一系列关于社会保障的论述。有论者认为，毛泽东在新民主

---

① 贾午堃：《毛泽东中国社会发展理论研究》，硕士学位论文，黑龙江大学，2016 年。

② 谢丽娟：《建国初期毛泽东社会风气治理路径及启示研究》，硕士学位论文，山西师范大学，2016 年。

③ 尹胜：《〈农村人民公社工作条例〉蕴含的毛泽东农村治理思想论析》，《党的文献》2016 年第 6 期。

④ 周金堂、李春耕：《新中国成立前后毛泽东的社会工作思想》，《赣南师范学院学报》2016 年第 2 期。

主义革命时期对当时的社会保障进行了深入的探讨，主要体现在劳动者的生存权和劳动权、社会保障同抗日救国相联系、劳资两利三个方面。[①]

有论者认为，毛泽东的社会保障思想是在借鉴马克思恩格斯和列宁的社会保障思想的基础上，传承中国传统社会保障思想中的精华，并在与革命时代特征和实践相结合的过程中逐步发展起来的。他的社会保障思想为后来我国社会保障体系的发展奠定了坚实的基础。其主要内容包括社会救济思想、社会优抚思想、社会保险思想和社会福利思想。[②]

有论者考察了毛泽东社会保障与党建思想的关系，认为毛泽东社会保障思想和党建思想既有相同之处，亦有不同之处，即二者都具有人民性、先进性和公平性，但在内容及发挥的作用上存在差异。但二者都统一于毛泽东思想活的灵魂——群众路线，只能依靠群众，发动群众，从群众来，到群众中去。[③] 对于新中国的社会福利事业建设，毛泽东也秉持适度的思想和原则。有论者认为，毛泽东适度福利事业建设思想和实践的主要原则包括：社会福利事业与生产力水平相一致原则；合理适度和循序渐进的福利建设原则；福利事业建设统筹兼顾和适当安排的原则；政府扶助和自力更生相结合的福利建设原则。毛泽东还领导进行了救灾福利、失业救济、职工劳保和农村福利等福利事业建设。作者认为，毛泽东适度福利思想及其实践，奠定了适度、普惠型社会福利改革和发展的基础。[④]

七是关于毛泽东社会伦理思想的研究。毛泽东社会伦理思想是毛泽东在中国革命和建设时代对重建和谐、公正社会伦理秩序的理论思考，其主要内容为正义、民主与自由等，其终极目标是要实现人的全面自由发展，实现人的彻底解放。

在社会正义方面，毛泽东形成了以平等为核心的社会正义观；在民主方面，致力于如何实现中国特色的人民民主；在自由方面，毛泽东追求政治自由和意志自由，并最终为实现人的全面自由发展而努力。[⑤] 刘祥苑阐述了毛泽东伦理思想的当代价值，认为毛泽东伦理思想内涵丰富。

---

① 王彦龙：《东北解放区社会保障研究》，博士学位论文，吉林大学，2016 年。

② 赵莉莉：《中国特色社会主义社会保障思想研究》，硕士学位论文，江西农业大学，2016 年。

③ 张亚飞、王晓荣：《毛泽东社会保障与党建思想的关系及启示》，《陕西行政学院学报》2016 年第 2 期。

④ 严运楼：《毛泽东的适度福利思想及其实践研究》，《毛泽东思想研究》2016 年第 2 期。

⑤ 李志松：《正义·民主·自由：毛泽东社会伦理思想探析》，《西北大学学报》（哲学社会科学版）2016 年第 4 期。

其主要包括：以全心全意为人民服务为基础和出发点的伦理思想；以集体主义为基本原则的伦理思想；以无产阶级的人生观为道德评判的伦理思想；以共产主义理想为指针的道德伦理教育思想；以争做有道德之人为目标的伦理道德修养。结合当今中国实际来重新解读毛泽东伦理思想，对于帮助人们树立和坚持正确的人生观、价值观，对于端正党风、政风、社风，对于自觉能动地控制自己的道德行为，仍然具有启发意义和导向作用。①

倪艳秋则从理论渊源、发展历程、内容特点和当代启示等方面较为系统地考察了毛泽东的集体主义思想，认为毛泽东集体主义思想是毛泽东在继承马克思主义经典作家和中国传统文化中集体主义思想的基础上，结合中国的具体实际和革命建设的实践逐步发展形成的。作者认为，毛泽东集体主义思想的主要内容是：集体主义的本质内涵是为人民服务；正确处理好国家、集体和个人之间的利益关系；坚持集体主义，反对各种形式的个人主义；坚持党的群众路线和集体领导；树立先进典型和道德模范。其特点是：人民性、阶级性、实践性和阶段性。作者认为，要从我国国情出发，坚持和发展集体主义，要正确处理好个人利益与集体利益、物质激励与精神激励的辩证统一关系，要加强集体主义制度化建设。②

2016 年有关毛泽东的研究成果，涉及毛泽东生平事迹、毛泽东思想及其影响等，内容非常丰富。其中，对毛泽东政治思想、外交思想、军事思想、经济社会思想等方面的研究成果更为突出。这些成果对不同时期毛泽东的相关思想进行了探讨，但从总体上对毛泽东某一思想形成及发展的研究成果较少。例如，对毛泽东史学观、哲学观等的研究有待进一步加强。

（二）贺龙研究

贺龙（1896—1969），原名贺文常，字云卿，湖南桑植人。伟大的无产阶级革命家、军事家，中国人民解放军的创始人和主要领导者之一，中华人民共和国元帅。他在半个多世纪的革命斗争生涯中，为中国的旧民主主

① 刘祥苑：《浅析毛泽东伦理思想的当代价值》，《中共南京市委党校学报》2016 年第 1 期。

② 倪艳秋：《毛泽东集体主义思想研究》，硕士学位论文，中央民族大学，2016 年。

义革命、新民主主义革命、社会主义革命和建设做出了重要贡献，建立了不朽功勋。2016 年是贺龙诞辰 120 周年。2016 年关于贺龙的各种文章多达近百篇，但学术性成果较少，主要集中在以下几个方面。

一是贺龙军事思想研究。

梅兴无探析了解放战争时期，贺龙在西北战场对彭德怀的军事协助。解放战争时期，根据党中央的决定，陕甘宁晋绥联防司令贺龙所属野战部队交由彭德怀指挥，贺龙负责陕甘宁、晋绥两个边区的后方工作，支援西北解放战争。一个一辈子带兵打仗、驰骋沙场的将领，在战火最炽烈的时候，却“改行”去管后方，许多人觉得不可理解。但贺龙认为，一名共产党员，一切都要听党的，怎样有利于战争就怎样安排。中央军委留在陕北，作战由军委领导同志亲自指挥更为适宜，而且中央交给自己的任务同样重要。贺龙甘愿挑起了执掌后方的重担，保障彭德怀战西北的后勤供应、兵员补充，协助做好前线部队的思想政治工作，为解放大西北立下了不朽功勋。①

二是贺龙统一战线思想研究。

陈泳熹探讨了贺龙的统一战线思想。他指出，出生于湖南湘西的贺龙，虽然没有念过多少书、没有进过军校，但是作为中华人民共和国十大元帅之一的传奇元帅，却在实践和发展党的统一战线思想方面，取得了很多成果。贺龙在几十年的军事生涯中，严格要求自己，一直保持高度的统一战线思想。在长征的道路上，贺龙多次组织并开展热火朝天的革命活动，积极推动统一战线思想的传播，组建了 1700 多人的抗日游击队、抗日义勇军等武装组织。在贺龙的带领下，中华苏维埃共和国川滇黔省革命委员会在黔西、大方、毕节三个县城及周边地区成立，宣布工农政权的实施方针，组建全面抗日、全民抗日的统一战线，并初步改善了当地人民的生活。其间，敢于任用有才干的人是贺龙统一战线思想的重要表现，也是在唯才是用的原则下，在贺龙的团结下，当地很多红军发展阻碍因素，最终都成为推动我党发展的助力，体现了贺龙元帅的凝聚力与影响力。贺龙始终高举着统一战线思想的旗帜，为社会主义革命及社会主义建设事业，奉献自己的力量。他坚持民族统一战线思想，维护藏族地区的团结和稳定，在民族统一思想过程中，奉行民族团结与民族平等、共同繁荣原则，加快地方经济的发展。贺龙除了在民族统一思想上取得杰出成果外，在发展国际统一

---

① 梅兴无:《贺龙：倾力协助彭德怀战西北》,《党史博采（纪实）》2016 年第 2 期。

战线思想方面，也起到表率性的作用。在中华人民共和国成立后，全球化发展态势愈演愈烈，贺龙就注意到国际统一战线思想的重要价值，意识到人与人的和睦、国家与国家之间的和平，需要通过对话与合作，谋求共存与共同发展。① 文俊阐述了贺龙与杨其昌的革命情谊。杨其昌，曾任黔军团长、旅长、师长。北伐战争时期，任国民革命军第9军第2师师长、第11军第26师师长、第43军教导师师长。他与贺龙相识相知，结义盟誓，并肩作战，患难与共。特别是在土地革命战争时期，他受贺龙的教导和影响，同情革命，倾向革命，在军阀和国民党内部扮演一个红色间谍的角色，为贺龙领导下的红军成长和发展壮大做出了重大贡献。②

三是贺龙体育思想研究。

贺龙同志作为我国老一辈的革命家、军事家，是中国人民解放军的创始人之一，也是我国体育事业的开拓者，为我国体育事业发展打下了坚实的基础。其坚持实践与理论的结合，十分有利于我国特色体育的发展。③ 霞飞论述了贺龙对中国篮球运动的贡献。贺龙在战争年代就十分重视体育运动。在战时军队体育运动中，他特别重视篮球。1938年年初，贺龙在他领导的八路军一二〇师，组建了一支篮球队。中华人民共和国成立后，贺龙对篮球运动给予极大的关注和支持，推动了中国篮球事业的发展。④

2016年对贺龙的研究主要集中在贺龙与彭德怀、任弼时的军事协助，贺龙的统一战线思想、体育思想等方面。贺龙是中国人民解放军的创始人和主要领导者之一，是中华人民共和国十大元帅之一。2016年是贺龙诞辰120周年，本年度对贺龙军事思想的研究应该更为广泛和深入，才有助于我们更好地理解和认识湘籍无产阶级革命家对新民主主义革命的贡献。

（三）王闿运研究

王闿运（1833—1916），字壬秋，又字壬父，号湘绮，世称湘绮先生。晚清经学家、史学家、文学家。咸丰二年（1852）举人，曾任肃顺家庭教

① 陈泳熹：《传奇元帅贺龙：实践和发展党的统一战线思想》，《湘潮》（下半月）2016年第1期。

② 文俊：《贺龙与红色间谍杨其昌的革命情谊》，《红岩春秋》2016年第7期。

③ 文理中、刘少英：《贺龙体育思想的传承与武陵山区特色体育发展探究》，《运动》2016年第10期。

④ 霞飞：《贺龙与新中国篮球运动》，《党史博览》2016年第3期。

师，后入曾国藩幕府。1880 年入川，主持成都尊经书院。后主讲于长沙思贤讲舍、衡州船山书院、南昌高等学堂。授翰林院检讨，加侍读衔。辛亥革命后任清史馆馆长。著有《湘绮楼诗集、文集、日记》等。2016 年，有关王闿运的研究主要集中在其学术思想及政治思想方面。

一是王闿运学术思想研究。

王闿运的《楚辞释》有丰富的思想内涵。罗璐全面梳理和总结了《楚辞释》产生的时代背景、成书时间、版本、注释体例和选目特色，并探讨了王闿运的楚辞思想，从而突出王闿运楚辞研究的显著特色及在楚辞学史上的价值和影响。王闿运阐释《楚辞》有自己的特色。在内容上，《楚辞释》是一种政治化阐释。王闿运着重从时世政治的角度解读《楚辞》，围绕屈原“兴楚返王”的愿望、“荐列众贤”的举措和所谓“款秦误国”的罪名三个重要政治节点展开，重新建构了主观性的政治生态体系。《楚辞释》政治化阐释的背后有王闿运的主导思想和政治寄托。王闿运借屈原的政治谋略传一己帝王之学，纵横思想渗透于整个文本。在风格上，《楚辞释》求新尚奇，在楚辞学史上掀起一股尚奇疑古之风。《楚辞释》阐释特色形成的原因是多方面的。其一，与王闿运的湖湘本土情结密切相关。其二，是经世致用的湖南学风与特殊的历史条件作用的结果。其三，经今文学家的身份使得王闿运阐释《楚辞》注重寻求微言大义。其四，从王闿运的出身背景及平生际遇来看，王闿运没有强大的家学背景充当学问指导，出身贫寒，起自陋巷，为了凸显自己的才能，博取更多的关注，不乏刻意求新。其五，王闿运的史学思想亦对其注释《楚辞》产生了影响。王闿运立足当世之务，注重以史经世，亦以“通经致用”为旨归。《楚辞释》阐释特色的影响体现在两个方面：一是在阐释风格上，对廖平的楚辞研究产生了深远影响；二是在思想内容上，现当代一些楚辞学家也从政治、军事、地理角度解读《楚辞》，承接了王闿运的楚辞思想。王闿运的楚辞思想与其文学创作思想有内在的统一性。他的诗、文创作，就抒写时事政治这一类而言，与《楚辞释》有相同的旨归。众多学者对王闿运的楚辞研究以及其人、其创作有不同的评价，或褒或贬，都凸显了《楚辞释》及王闿运的价值。[①] 郭建勋、罗璐分析了王闿运《楚辞释》的政治化阐释及其影响。王闿运《楚辞释》着重从时世政治的角度解读《楚辞》，围绕屈原“兴楚返王”的愿望、“荐列众贤”的举措和所谓“款秦误国”的罪名三个重要政治节点展开。这种

① 罗璐：《王闿运〈楚辞释〉研究》，硕士学位论文，湖南大学，2016 年。

政治化阐释的背后有其纵横思想的主导和深刻的政治寄寓，并在客观上打上了求新尚奇的烙印，对其弟子廖平的楚辞研究产生了深远影响，在楚辞学史上掀起了一股尚奇疑古之风，并推动了楚辞研究朝求新求变的方向发展。清代楚辞研究呈现阶段化的特征，以清初、乾嘉、道咸三个阶段为代表，表现出不同的学术倾向和风尚。清初遗民学者的楚辞学著作以王夫之的《楚辞通释》和钱澄之的《屈诂》为代表，他们将家国时局与个人身世寄寓熔铸在《楚辞》注释中，带有强烈的社会责任感。故国之思与激愤之情的融合，使得清初《楚辞》研究带有鲜明的时代特色。乾隆、嘉庆时期，是清代朴学登峰造极的时期，也是楚辞学极为辉煌的时期，以蒋骥的《山带阁注楚辞》和戴震的《屈原赋注》为代表，楚辞研究呈现严谨朴实的风格。以戴震为代表的乾嘉诸老由训诂以寻义理，反对空言与臆断，在楚辞研究方面成果丰硕。到道光、咸丰时期，楚辞研究进入了求新求变的时代，王闿运《楚辞释》开其先，廖平承其续。在这一新旧思想更替的转折点上，求新求变与传统朴学本就大异其趣。姜亮夫选取戴震、王闿运这两个时代的代表人物进行评价，称赞王闿运楚辞研究“独步当时，突过前人”的创新性，同时也批评其“不无附会因缘之失”，“篇篇求与时世相应，句句关切怀、襄两世，遂至附会过多，不足以服人”的缺点。即便如此，姜亮夫先生仍称其“虽多不中，而可谓好古敏求者矣”，肯定了王闿运的楚辞研究在清代楚辞学史上的地位和影响。①

李金善、赵然以王闿运、梁启超、游国恩为例，分析了晚清、民国时期楚辞研究的现代转型。他指出，王闿运、梁启超、游国恩是晚清至民国这一时期的楚辞研究者，他们的学术研究受到西方文化与中国本土文化的双重影响，研究目的从“反对理学”经“经世致用”到“还其本体”，研究方法从“微言大义”经“文艺美学”到“唯物主义”，研究视角从“今文经学”经“行为心理”到“文学史观”的转变，从而完成了由古典楚辞学向现代楚辞学的学术转型。晚清西学渐进，以王闿运为代表的学者瞩目时局，思考学术，变新求异，中国的楚辞学开始了变革的萌芽。综观晚清至民国时期的楚辞研究，从研究目的、研究方法到研究视角都在发生深刻变化，楚辞学的学术体系则由古代学术范式向现代学术范式转型。从王闿运、梁启超到游国恩均在中国古典楚辞学研究的基础上逐步接受西方学术

---

① 郭建勋、罗璐：《论王闿运〈楚辞释〉的政治化阐释及其影响》，《湖南科技大学学报》（社会科学版）2016 年第 1 期。

文化之影响，搭起了中国“旧楚辞学”向“新楚辞学”转型的桥梁，为民国和新中国时期的楚辞研究开辟了新的发展道路。[①] 李文在阐述近代公羊学与楚辞研究时，分析了王闿运对楚辞的研究。清代中叶以后，以公羊学为代表的今文经学复兴，与古文经学割席分尊，成为学术思想的主流。公羊学在近代的风靡，对楚辞研究亦产生了深远影响。公羊学对楚辞研究的影响在史不在论，主要有两个方面：其一是近代楚辞研究的大家诸如王闿运、廖平，其注骚著作均可见公羊学的影子；其二是公羊学派为改制而疑古变古，形成清末民初的疑古之风，为廖平否定屈原提供了适宜的土壤，致使“屈原否定论”在楚辞学界引起经久的震动。王闿运于1883年完成的《楚辞释》更是因其奇邃怪诞的风格，成为清代楚辞学独具特色的注本。王氏注骚转求楚辞义理而表现出奇邃的注释特色，与王氏受到公羊学的浸染不无关系。王闿运在《楚辞释》中认为屈原始终念返怀王而怨顷襄，是将怀王视为明君正统，而顷襄则是名不正言不顺，正是用公羊学“大一统”之说观照楚辞的结果。王闿运、廖平将公羊学的微言大义精神发挥到注疏楚辞之中，锐意创新却流于谲怪，虽不免有穿凿附会之说，但对后世的影响不容忽视，楚辞研究也渐渐从乾嘉时期的注重考据而走向多元。王、廖二人将公羊学精神引入楚辞，是传统楚辞学的变异，挣脱了传统注骚讲究章句训释、义理阐发、考据训诂的户牖，虽过度解读而脱离了楚辞的原意，但是为后世将新的方法、新的视角研究楚辞做出了尝试。[②]

朱洪举认为，王闿运是晚清湖湘派诗人的首领。他分析了王闿运的“以词掩意”观，并指出，王闿运之所以在近代文坛产生一定的影响，学界一般认为主要因为他是晚清湖湘派诗人的首领，其诗致力于汉魏，与“同光体”一派分道扬镳，这种观点在微观的文学史层面上说不无道理，但未能触及王闿运诗学思想与近现代中国思想之间的关联，因此也就很难解释王闿运在近代文坛有较大影响的原因。王闿运一方面竭力摆脱当时的理学思想，试图寻找新的思想资源；另一方面又对西方思想持抵制态度。他的“以词掩意”观也基本是在这种矛盾复杂的思想背景下提出的。其实，王闿运在诗学方面并非一味地宗法汉魏，他对于魏晋诗人是有所区分地对待的，这与他所提出的“以词掩意”观有关。他在论诗时多次提到“以词掩意”，这和他对“文”的认识有关。他强调“文”所具有的“隐”“曲”等方面

① 李金善、赵然：《晚清、民国时期楚辞研究的现代转型——以王闿运、梁启超、游国恩为例》，《河北学刊》2016年第2期。

② 李文：《近代公羊学与楚辞研究》，《天中学刊》2016年第2期。

的特征，认为“意”需要以“词”掩之，反对在诗中“露意”或者“意多于词”。在这种诗学思想指导下，王闿运将历代诗歌梳理出两大体系，试图打破宋明以来宗陶的诗学体系，进而树立以谢灵运为宗的谱系。王闿运的“以词掩意”观在某种程度上受到了常州今文学派治经路径的影响，另外也受到了王夫之诗学思想的影响。王闿运“以词掩意”观的宗旨在于批判当时宋明理学的诗学观，将诗歌从作为官方意识形态的理学框架中解脱出来，进而为晚清士人寻求新的思想资源提供可能性。[①] 容楠分析了王闿运的《秋晓风日偶忆淇上》。约翰·济慈的《秋颂》和清朝晚期王闿运的《秋晓风日偶忆淇上》都可谓是19世纪咏秋的名作代表。诗中无不包含着对秋天的赞美与歌颂，但是由于不同的民族传统、诗学理论以及个人性格等，虽同样是咏秋，却在情感、创作手法等方面有所不同。首先，济慈的诗注重“自我”的隐蔽，是对“客观感受力”诗学主张的诠释，而王闿运的诗则重在“自我”的张扬；其次，济慈的诗中包含着无限的希望，更为乐观，而王闿运的诗的基调则为悲观；最后，济慈的诗包含着神话的典故，而王闿运的秋诗多为白描。[②] 吕双伟在《晚清湖湘骈文的崛起》一文中分析了王闿运对序、书、启、记、碑等各类骈体文的影响。[③] 秦帮兴在《论湖湘派对汉代诗歌的接受》中指出，王闿运主张以古为师，充分肯定汉代诗歌的价值，对汉代诗歌的分期、发展、特点、影响有比较详细的论述，并在创作实践上严格践行他的复古理论，在晚清诗坛形成了较大的影响。[④]

郑学分析了王闿运对晚清民国诗人易顺鼎的影响。易顺鼎通过对诗歌语言的丰富探索，最大限度地变革了传统诗歌的外在语言形式，突破和发展了七古诗体。他以韩愈、卢仝为参照，依靠文体迁移，移植散文、辞赋中非诗的文体特征入诗，大量增入长句和四六句，建构出全新的音步节奏，具有流畅雄肆、痛快淋漓的美学特征。这次文体革新是由文学风格和语言形式的小幅变化积累而成的，其创新动力既来自诗坛代际交替过程中的集体选择，也来自易顺鼎本人强调创作主体个性的诗学观念和不安于正统意识的性格特征。王闿运、陈三立等师友对易顺鼎的探索过程影响较大。湘绮老人王闿运是湖湘诗坛一代宗匠，当时的青年作家普遍向他求教，易顺鼎也是其中一员。易顺鼎之父易佩绅是王闿运好友，通过这层关系，易顺

① 朱洪举：《论王闿运的“以词掩意”观》，《郑州师范教育》2016年第2期。

② 容楠：《〈秋颂〉与〈秋晓风日偶忆淇上〉比较研究》，《文学教育》（下）2016年第7期。

③ 吕双伟：《晚清湖湘骈文的崛起》，《求索》2016年第2期。

④ 秦帮兴：《论湖湘派对汉代诗歌的接受》，《中国韵文学刊》2016年第2期。

鼎曾将诗稿呈送王氏批阅。王闿运被视为“魏晋六朝诗派”魁首，受其影响，易顺鼎早年也在魏晋六朝诗上用力颇深。李士芬赠易顺鼎的诗称赞他“烂熟南朝史，澜翻东海波”，即指易氏善用六朝事典。①

王开林分析了王闿运著《湘军志》一书所引发的矛盾。因为《湘军志》一书，王闿运名满天下，谤亦随之。王闿运著史书，臧否的是依然健在的国家“功臣”，后果更为严重。事情果然越闹越离谱，那些原本狂恣跋扈的“功臣”怒从心头起，恶向胆边生，要给王闿运一点厉害瞧瞧。令曾国荃最恼火的是，金陵决战明明是他戎马生涯中最大的亮点，王闿运却轻描淡写，把太平军视为乌合之众，使其军功大为减色。曾国荃的门人怒于市而色于室，责骂王闿运不肯与人为善，专揭九帅的疮疤，专寻九帅的晦气，专跟九帅过不去。他们甚至捋起袖子要动粗。其实，王闿运的史笔已为曾国荃开脱不少，并未赶尽杀绝。②

二是王闿运政治思想研究。

刘雪丽探讨了王闿运对晚清政局的观察。王闿运是近代中国重要的学术与政治人物，他一生研习经学，关注政治，表现出积极的入世精神。面对清王朝的腐朽统治，他无情揭露，希望统治阶级自身采取一些修复措施修明内政；面对风起云涌的农民反抗运动，他则站在统治阶级的立场上主张坚决镇压；他对西方的文化、器物基本上持轻蔑态度，认为西方列强是与中国国内少数民族无异的蛮夷，因此，他不主张向西方学习，主张用中国博大精深的文化来化导外夷，以期达到中外相安、天下太平的理想境地。从中可以看出，在晚清社会转型期文人王闿运既对政局不满，但又寄予希望，希望自己的政治见解能够得到现实应用的复杂心态。③

刘绪义通过考察王闿运与郭嵩焘、曾国藩的交际，分析了王闿运性格的另一面。他认为，近世以来，颇受热捧的晚清民国知识分子中，王闿运无疑是人气最旺者之一，这位身兼晚清经学家、文学家、教育家的狂人，用当时的话来说就是大名士。许多人热衷于考稽他荒诞、独特、另类之处，却对他忠诚友人、实心办事的一面视而不见。王闿运才大志高，为人狂狷谐谑，平时嬉笑怒骂，讥弹嘲弄，无所不至，人常惮怕而避之。他既讨厌

① 郑学：《晚清至民国初期的实验性书写——易顺鼎对七古文体的突破与革新》，《中南大学学报》（社会科学版）2016 年第 2 期。

② 王开林：《〈湘军志〉惹起的笔墨官司》，《北京日报》2016 年 1 月 4 日。

③ 刘雪丽：《理想与现实之间的鸿沟——王闿运对晚清政局的观察》，《艺术科技》2016 年第 9 期。

当时官场的一切，尤其讨厌春风得意的大人物，又寄希望于他们能够给他以平台和机会，使他能够大有作为。王闿运和郭嵩焘都与曾国藩有很深的交情，因此在曾国藩死后，二人开始合作。先是郭嵩焘组织禁烟公社，王闿运是主要支持者；不久建立思贤讲舍、船山祠，郭嵩焘多次邀请王闿运授课。郭嵩焘无疑也是名士，他既是湘军关键人物，也做过广东巡抚，还是近代史上最早的驻外使节。而王闿运在很多方面与郭嵩焘意见不合。一是在对外关系处理上，郭王二人合不来，王闿运甚至贬低郭嵩焘的出洋日记是中了洋人的毒。他认为除了军事科技之外，洋人没什么了不起的，外国威胁也没有想象的那么大。二是对王夫之的看法也不一致。作为今文经学者，王闿运深信自汉以来的经籍都是伪造，而宋代理学是建立在伪造的经文之上，因此王夫之继承宋代理学就受到了王闿运的批评。王闿运对郭嵩焘在长沙崇祀王夫之一事难以理解。1870 年，郭嵩焘在城南书院建立第一座船山祠时，王闿运即表示郭嵩焘“力推船山，真可怪也”。三是在处理《湘军志》一书时产生过尖锐矛盾。郭嵩焘作为湘军的亲历者，对王闿运写的《湘军志》内容极不赞成，认为贬低了湘军的成就，大为不悦，先于曾国荃斥责此书，并要求王闿运把雕版交给他烧毁才了事。但两人交往甚密。郭嵩焘组织禁烟公社时，请王闿运和他一同主持。虽然王闿运已受聘于四川总督丁宝桢，主持成都尊经书院，但他依然是禁烟公社的支柱。王闿运每次回长沙，郭嵩焘都请他执教思贤讲舍。从 1882 年开始，郭嵩焘四度邀请王闿运，王闿运在第四次受邀时终于答应，并于 1887 年搬进思贤讲舍，接任该校首席讲师，直到 1890 年离开。这也反映了王闿运性格的另一面。[①]

2016 年，学界对王闿运的研究成果较多，主要通过梳理和分析其相关著作，探讨其学术思想、政治思想。但作为近代重要的经学家，本年度对其经学思想的研究是薄弱的，对其史学思想的研究也有待加强。

（四）蔡锷研究

蔡锷（1882—1916），原名艮寅，字松坡，汉族，湖南宝庆（即今邵阳市洞口县）人，是中华民国初年的杰出军事领袖。2016 年关于蔡锷研究的

① 刘绪义：《王闿运的另一面》，《中国纪检监察报》2016 年 8 月 22 日。

成果主要集中在四个方面：一是对蔡锷的总体评价；二是对蔡锷在护国运动中的作用的论述；三是关于蔡锷对四川、云南贡献的研究；四是有关蔡锷的考证。

一是蔡锷生平事迹、精神品格研究。

有关蔡锷生平事迹及精神品格的研究，除部分学术性成果外，还有许多通俗性、叙述性的成果。谢本书回顾了蔡锷 34 年短暂的一生，并指出，蔡锷一生有三件大事尤其令人难忘：一是领导昆明辛亥起义，改革成效显著；二是敢为人先，发动护国讨袁，铸成护国军神；三是有高尚的人品，廉洁自守，不愧模范。蔡锷去世后，各方面都给予高度的评价和点赞，先后主宰 20 世纪中国的国民党、共产党领导人的评价，有高度的共识，尤其值得注意。① 陈邵桂指出，蔡锷在短暂的一生中，为人宽厚，为官清廉，为国忠诚，特别是在辛亥革命武昌起义后，发动和领导了云南“重九”起义，在袁世凯称帝，近代中国的历史有可能发生重大逆转的时候，不顾个人安危发动和领导了反袁护国战争，堪称世人楷模。②

易琳、曾胜程分析了中共领导人陈独秀、李大钊、毛泽东、朱德、任弼时、邓颖超等人对蔡锷的评价。蔡锷是中国近代杰出的民主革命家、军事家及爱国主义者。他高尚的人格魅力、炽烈的爱国主义和坚定的民主主义思想，成为鼓舞当时及后来者继续为中国的独立、富强和民主而不懈奋斗的宝贵财富。护国元勋蔡锷逝世时，马克思主义尚未传播到中国，中国共产党也未诞生。但陈独秀、李大钊、毛泽东、朱德、任弼时、邓颖超等未来的中共领袖人物和蔡锷生活在同一个时代，他们中有的和蔡锷并肩战斗，有的以各种方式投入反对袁氏复辟的斗争中，有的目睹耳闻蔡锷再造共和的丰功伟绩。他们不仅继承和光大了蔡锷的精神，还积极探索出新的拯救中国命运的道路，完成了蔡锷未竟的事业。他们都对蔡锷的精神、功勋有着极高的评价。在陈独秀的眼里，以蔡锷为代表的湖南先贤，有着中华民族最优秀的品质和最崇高的精神。在李大钊的心中，“蔡锷将军乃在吾敬服之列”的伟人。在毛泽东的心中，蔡锷的造反精神是值得肯定和学习的。蔡锷这种精神也影响了毛泽东的一生。朱德多次写诗回忆和缅怀昔日的老师。1961 年辛亥革命五十周年纪念之际，朱德写的《辛亥革命杂咏》（八首）再次咏到蔡锷，称颂他领导云南重九起义举动和措施的正确性：

① 谢本书：《蔡锷百年祭》，《邵阳学院学报》（社会科学版）2016 年第 5 期。

② 陈邵桂：《人世楷模蔡锷》，《邵阳学院学报》（社会科学版）2016 年第 5 期。

“二、云南起义是重阳，下定决心援武昌。经过多时诸运动，功成一夜好开场。三、生擒总督李经羲，丧失人心莫敢支。只要投降即免死，出滇礼送亦宜之。四、勒逃钟死人称快，举出都督是蔡锷。五、五华山上树红旗，出师两路援川鄂。”朱德对蔡锷的这些评谈，既表达了一位学生对老师的深浓情谊，又体现了一个共产党领袖对历史人物的客观评价。任弼时对蔡锷的功勋、精神、人格褒扬有加，并号召国人继承蔡锷遗志，急起直追世界潮流，字里行间洋溢着强烈的爱国思想。邓颖超深切缅怀了蔡锷的道德情操、丰功伟绩，号召同胞人人像蔡锷一样以道德爱国，为国家谋进步。蔡锷的护国功勋和崇高人格，是一笔宝贵的精神遗产，充满了正能量，激励着陈独秀、李大钊、毛泽东、朱德、任弼时、邓颖超等为代表的共产党人坚定走上救国救民道路，进行反帝反封建斗争；也激励着一代又一代中国人为国家民族的富强而奋斗。[①]

二是蔡锷与护国运动研究。

蔡锷一生中，做了两件留名青史的大事：一是辛亥革命时期在云南领导了推翻清朝统治的新军起义；二是 1915 年积极参加了反对袁世凯称帝、维护民主共和国政体的护国军起义。刘伟顺分析了蔡锷在护国讨袁前夕的秘密革命活动。蔡锷在护国讨袁前夕开展了一系列秘密革命活动，为发动护国讨袁起义做好了前期准备工作。他与北京、天津等地师友秘密策划护国讨袁方案；与云南、贵州、四川等省旧部秘密联络，互通声气；与国内外革命党人、军界志士同人、各界民主革命人士等秘密组织护国讨袁统一战线；他巧妙掩饰，潜离北京，转道天津、上海、日本、中国香港、越南等地，顺利到达云南，发动了护国讨袁起义。[②]

三是蔡锷对四川、云南的贡献研究。

对蔡锷在四川的贡献，邓江祁指出，护国战争后期，蔡锷以“再造共和”之盛誉而被北京政府任命为四川督军兼署省长。尽管蔡锷此时喉病十分严重，但为了四川能够早日得以安定，他毅然决定扶病赴任。到任工作 10 天后，蔡锷终因病重而不得不离去。以前，由于史料原因，学界对蔡锷的这段经历往往一笔带过，研究得很不够。邓江祁对蔡锷治川系列举措作了评述。到成都后，蔡锷首先安定民心，随后，抱病“昕夕部署”，多管齐

---

① 易琳、曾胜程：《浅谈中共领导人心目中的蔡锷》，《邵阳学院学报》（社会科学版）2016 年第 5 期。

② 刘伟顺：《蔡锷在护国讨袁前夕的秘密革命活动综述》，《邵阳学院学报》（社会科学版）2016 年第 5 期。

下，致力治川：整治政务，整编军队，整顿治安，整理财政，稳定金融，维持学务，设省西康。在蔡锷大刀阔斧的整理下，四川出现局势迅速稳定、人民安生乐业的局面。[①] 聂迅、刘灵在《民国元年云南军政府南防调查考论》一文中分析了蔡锷在云南军政府边防调查中发挥的作用。民国元年，云南军政府在蔡锷的领导下，由参谋部派员实施了对南防的调查，并留下了珍贵的原始资料——《云南南防调查报告》。报告核心内容是对民国元年南防军队布防、建制、装备的调查。报告是云南军政府派员进行边防调查后初步整理的第一手史料，不仅让我们认识到“南防”是真实存在的，而且是在国家政体变革关键时期云南的重要边防重地。民国元年云南军政府对南防的调查应该说对云南历史发展的进程有着重要的意义，具体体现在以下几个方面：第一，在国家政体变革的关键时期，稳定了云南边疆并巩固了国防。第二，对云南近代化国防体系建设具有重要的指导作用。第三，对民国云南南防建制的规整发挥了重要作用，甚至为国家制订边防计划提供了重要指导。第四，更加清晰地认识到云南边疆民族地区的复杂性。《云南南防调查报告》中除军事调查以外，还对滇东南边疆民族地区的气候、教育、民族、语言、经济情况做了较为深入的调查，对国家政体转变时期边疆民族地区基层社会有了更进一步的了解，为稳定云南边疆、推动云南边防近代化发挥了一定的作用。[②]

四是关于蔡锷的相关考证。

在蔡锷的相关考证研究方面，曾业英就“击椎生”是否是蔡锷做了探究。1943 年 7 月，刘达武所编《蔡松坡先生遗集》问世。他在该遗集的《蔡松坡先生年谱》中记曰：梁启超招蔡锷入《新民丛报》馆襄笔政，“署名奋翮生，一署击椎生”。由于后来的历史研究者普遍采用这一记载，于是击椎生这个名字就与蔡锷的英名一起广泛流传开了。这一记载的真实性，其实大可怀疑，《新民丛报》1902 年 2 月 8 日才创刊，1900 年何须“襄笔政”之人？蔡锷这年实际是在《清议报》分任文字之责。此外，无论是《清议报》还是《新民丛报》“均无以‘击椎生’为名发表的文章”。迄今所见，以此为名发表的文章，题为《云南外交之失败及挽回》，最早见于 1907 年 2 月 13 日在日本东京出版的《云南》第 4 号，这时离《新民丛报》创刊已整整五年了。曾业英最后指出，击椎生是时在日本留学的湖南人唐

① 邓江祁：《论蔡锷治川——纪念蔡锷逝世 100 周年》，《邵阳学院学报》（社会科学版）2016 年第 5 期。

② 聂迅、刘灵：《民国元年云南军政府南防调查考论》，《中国边疆史地研究》2016 年第 1 期。

璆，而不是蔡锷。[①]

2016 年，公开发表的有关蔡锷的各类文章数量较多，但学术性的研究成果较少，且对蔡锷军事思想的研究比较薄弱，主要涉及护国运动。对蔡锷在四川、云南期间的理政思想，如教育措施、财政思想、外债思想等的研究甚少涉及。

① 曾业英:《击椎生不是蔡锷，那又是谁?》,《历史研究》2016 年第 3 期。

七　湘学与当代湖南及中国发展研究

湘学源远流长，博大精深，其厚重的文化底蕴和独特的文化张力不仅产生了深远的历史影响，而且具有很强的现实意义，对当代湖南发展，乃至对中国社会发展都有重要的启示意义。

（一）湘学与当代湖南发展研究

发扬湘学精神品格，弘扬湘学历史文化，有助于推动当代湖南的发展。2016 年，一些学者对如何挖掘湘学文化底蕴，促进湖南政治、经济、文化、城市建设各方面的发展做了较为丰富的研究。

刘建武阐述了湘学内涵的挖掘与湖南文化发展的关系。他指出，湘学是湖南文化的根脉与内核，深入挖掘湘学的丰富内涵，如“兼容并蓄”的包容精神、“自强不息”的奋斗精神、“心忧天下”的担当精神、“敢为人先”的创新精神等，在此基础上为湖南文化铸魂塑品，湖南文化才会因魅力四射而香飘万里。[①]

有学者分析了湖湘文化对湖南政治生态、法治建设的影响。刘显著的《湖湘文化视域下的湖南政治生态建设》一文基于湖湘文化的深刻内涵来探讨如何以湖湘文化为依托来加强湖南政治生态建设。湖南政治生态的发展离不开湖湘文化，作为一种上层建筑，湖湘文化为湖南政治生态建设提供了精神动力和智力支持。湖湘文化是一种开放进取的文化，有利于湖南政治改革和制度改革。湖湘文化是一种经世致用的文化，这种强调实用性的文化形态，有利于湖南政治生态建设的实践。湖湘文化强调国家利益、集

---

① 刘建武：《挖掘湘学内涵，为湖南文化塑魂铸品》，《湖南日报》2016 年 2 月 7 日。

体利益，具有忧国忧民的精神情怀。这要求我们的党员干部加强作风建设，具有为国为民服务的意识。在这个基础上，加强反腐倡廉建设，这是构建湖南和谐政治生态的重要举措。湖湘文化是一种开放进取的文化，在湖湘文化的基础上加强湖南政治体制改革和制度的创新。[①]《湖湘法治文化特质、建设实践和推进对策》一文认为湖湘法治文化具有经世济民的时代精神，具有心忧天下、服务大众的民本思想，具有敢为人先的创新意识。因此湖湘法治文化的培育和建设对湖南法治的发展起着重要的作用。[②]

湖湘文化资源的开发推动了湖南旅游业的发展。李朝军、夏军、郑焱的《湖湘文化与旅游产业融合发展模式研究》一文，从产业融合视角，全面研究和挖掘湖湘文化的旅游意蕴，探索湖湘文化与旅游产业融合发展的路径，湖湘文化与旅游产业的融合，要借鉴国内外文化旅游发展的经验和教训。第一，要从理论上研究湖湘文化向旅游转化的方式与模式，探究湖湘文化与旅游产业的类型和空间融合路径，从而进行湖湘文化与旅游产业融合发展的顶层设计；第二，要遵循文化与旅游融合演进规律，在分析湖湘文化旅游资源禀赋和丰度基础上，结合文化区位优势，遵循文化旅游融合路径，开发出系列核心湖湘文化旅游产品。[③]《打造武陵山片区民族特色生态文化旅游支柱产业研究》一文认为，民族特色生态文化旅游是推进武陵山片区全面小康建设的重要支柱产业，进一步盘活武陵山片区民族生态文化旅游资源，推进旅游精准扶贫，对于片区脱贫和全面建成小康社会具有重要的现实意义。推进武陵山片区民族特色生态文化旅游提质升级，要按照“创新、协调、绿色、开放、共享”五大理念，实现民族生态文化旅游健康可持续发展；要优化民族特色生态文化旅游发展的区域空间，加强对生态资源和文化资源的有效保护与利用，拓展民族特色生态文化旅游的内外市场，强化以政府推动、精英带动和市场拉动为核心的民族特色生态文化旅游的保障措施。[④]

挖掘湖湘文化资源，促进湖南城乡发展，是一个重要议题。王克修在《传承与开发湖湘文化促城镇化发展》一文中基于湖湘文化的历史底蕴和丰富资源思考湖南城镇化问题。湖湘文化有着丰富的历史资源、民俗资源、

① 刘显著：《湖湘文化视域下的湖南政治生态建设》，《文史博览（理论）》2016 年第 6 期。

② 王彬辉、刘刚魁：《湖湘法治文化特质、建设实践和推进对策》，《中国司法》2016 年第 6 期。

③ 李朝军、夏军、郑焱：《湖湘文化与旅游产业融合发展模式研究》，《湖南行政学院学报》2016 年第 3 期。

④ 徐克勤、田代武等：《打造武陵山片区民族特色生态文化旅游支柱产业研究》，《民族论坛》2016 年第 1 期。

饮食资源、旅游资源、品牌资源，尊重丰富多样的传统文化资源是城镇化的灵魂，将湖湘文化资源与湖湘山水生态资源紧密结合，以湖湘文化旅游产业的发展为切入点，通过打造一系列“湖湘文化旅游小镇”带动乡村发展，进而推进湖南新型城镇化的进程。[①] 有学者研究了湖湘文化对湖南城市建设的促进作用，郭玉山的《湖湘文化下的历史街区保护与发展》一文以长沙历史街区太平街为研究案例，通过对太平街改造前后在历史价值、文化价值、艺术价值、社会价值、旅游价值、使用价值与经济价值变化进行分析对比，充分挖掘出“忧国忧民，敢为天下先”的湖湘文化学术传统嬗递对于长沙太平街街区保护所起到的人文精神作用，进一步总结了湖湘文化下的历史街区保护对城市文化、旅游、商业发展的重要影响。[②] 黄薇认为湖湘文化特色社区建设有着悠久的历史底蕴和丰富的时代内涵。它既是继承湖湘文化遗产和优良传统的客观要求，又是传统工业社会向现代社区社会转型过程中湖湘文化推陈出新的必然选择，同时也是提升湖湘社区文化生活质量、培育和践行社会主义核心价值观的重要手段。要进一步推进湖湘文化特色社区建设，必须丰富和拓展湖湘文化特色社区的时代内涵，整合湖湘社区文化优质资源，打造具有湖湘文化特色的品牌社区。[③]

湖南是中国西南少数民族文化的重要发祥地之一，悠久的历史、多元的民族和文化、独特的自然资源给湖南留下了丰厚的民俗文化和非物质文化遗产，如何在保护中合理开发、有效传承这些优秀的民俗文化，是值得学术界深入探讨的一个大问题。

欧艳君的《湖湘文化视野下湘西州小康梦圆路径探析》一文从湖湘文化角度探究“神秘湘西”等少数民族文化、民居及民族商品资源构成和开发优势，紧密配合湘西州小康梦圆的现实需求，提出湘西土家族苗族“民族文化、民居及民族商品大雁齐飞式”开发构想，围绕“大雁齐飞式”开发构想，从理论和实践探析湘西州小康梦圆三条路径：一是借鉴已有资料精华，构筑少数民族文化推广·传承开发路径；二是基于乡村、街道重点，保持多样本真的民居开发路径；三是依托文化旅游平台，构建民族商品提升·创新·营销模式开发路径。[④]《湘西土家族音乐文化在旅游产业开发中

① 王克修：《传承与开发湖湘文化促城镇化发展》，《中国城市报》2016 年 4 月 4 日。

② 郭玉山：《湖湘文化下的历史街区保护与发展》，《中外建筑》2016 年第 10 期。

③ 黄薇：《湖湘文化特色社区建设初探》，《艺海》2016 年第 7 期。

④ 欧艳君：《湖湘文化视野下湘西州小康梦圆路径探析》，《吉首大学学报》（社会科学版）2016 年第 S1 期。

的传承与创新研究》一文认为湘西土家族音乐文化源远流长，历经数千载社会历史变迁与时代发展，早已成为土家族子孙心中独特的精神文化与力量源泉。土家族生态人文资源为旅游产业开发提供了开发鉴赏价值，土家族音乐富有特色文化内涵为旅游文化提供了内生动力，土家族音乐的原生性为旅游产业开发利用提供了重要平台。因此，发展生态旅游，保护和传承土家族非遗文化非常重要，我们应该转变地方政府思想观念，因地制宜发展民族旅游产业；加强土家族音乐人才培养力度，提升民族文化核心意识；多举措保护生态旅游环境，传承创新艺术文化遗产；建立民族文化博物馆，拓宽传播民族文化途径；打造创新民族文化旅游品牌，进一步推广民族音乐文化。[①]《湘西凤凰非物质文化遗产的开发与保护》一文针对凤凰非物质文化遗产开发传承与保护原真性差，科学性、系统性不强及创新性不足的问题，提出了新的开发保护策略，认为只有集合政府、民间组织、商业团体、领域专家的共同努力，采用科学的方法、合理的开发手段、创新的模式，和现代的文化、科技相结合，才可以实现最佳的保护和传承效果。[②]《体验视角下的古村落群旅游开发研究——以酉水河流域湖南段的土家村落群为例》一文基于酉水河流域的开发现状和资源优势，以酉水河流域湖南段的土家村落群为例进行研究，根据开发体验旅游项目的原则，提出土家村落群体验旅游项目的开发方案及开发土家生态民俗体验旅游的ALEPH模式。[③]《民族传统文化对现代社会治理的影响——以武陵山龙凤经济协作示范区为例》一文以武陵山龙凤经济协作示范区为例，分析了利用少数民族传统文化加强现代社会治理的方法。要充分利用少数民族传统文化资源，在传统文化的土壤上构建和谐、多样的社会治理机制，实现民族地区社会治理的现代化。[④]《旅游开发中民俗文化的保护与利用研究——以湖南通道侗族自治县为例》一文通过深入的访谈和问卷调查，了解了通道县旅游开发中民俗文化保护现状，提出了旅游开发促进侗族民俗文化保护

① 李朋朋：《湘西土家族音乐文化在旅游产业开发中的传承与创新研究》，《贵州民族研究》2016 年第 7 期。

② 宾阳：《湘西凤凰非物质文化遗产的开发与保护》，《湖南工业大学学报》（社会科学版）2016 年第 3 期。

③ 王华、孙根年、龙茂兴：《体验视角下的古村落群旅游开发研究——以酉水河流域湖南段的土家村落群为例》，《贵州民族研究》2016 年第 4 期。

④ 黄萍、杨金洲：《民族传统文化对现代社会治理的影响——以武陵山龙凤经济协作示范区为例》，《民族论坛》2016 年第 3 期。

与利用的对策。[①] 鲁宁研究了土文化图形元素在湖湘旅游纪念品创新设计中的价值。通过对湖湘土文化资源的研究，可以挖掘大量的湖湘土文化元素，如在通过对文物与古迹、传统民间美术等研究，可以挖掘提炼出土文化图形元素、色彩元素。深入挖掘质朴拙艺的传统工艺中材质表现手法等，精度整合这些传统而又独特的湖湘土文化元素，融入现代的设计语言，可以为湖湘旅游纪念品在创新思路和设计实践方面提供宝贵的艺术借鉴，成为湖湘旅游纪念品设计的创新突破点。[②]

湖湘文化精神内核对湖南教育文化发展有重要的导向作用。龙昱冰在《湖湘文化融入高校音乐专业课程探析》一文中认为，湖湘文化是湖南地区所形成的具有独特民族特色的地域文化，一直以来，湖湘文化都以其独特的精神内涵影响着世人，造就了一批又一批优秀的音乐人才。在湖南高校音乐教学过程当中，教师应当不断研究、传播湖湘文化，使得音乐课堂当中能够彰显湖湘文化的精髓。这样学生才能够在精神层面，乃至价值取向上真正受益。湖湘文化包罗万象，内容新颖，形式数不胜数，将这些文化元素有效运用在音乐课堂教学之中，高校音乐教学活动当中就会注入更多精神元素，丰富湖南高校音乐教育的艺术内涵，湖湘文化才能够通过音乐教学的平台，有效激发高校音乐教育理论的创新。[③]《以“敢为人先”精神开拓高职学生创新意识培养新途径研究》一文指出湖湘文化是中国传统文化中的一种优秀地域文化，“敢为人先”就是湖湘文化和湖南精神的核心内容，其实质体现了一种创新精神。当前，要实现中华民族伟大复兴的中国梦，创新是基础性因素。虽然湖湘文化是中华文化中极具特色的区域文化，但是近代以来，从湖湘文化的历史贡献看，它以其在湖南区域内一方水土的滋养形成的特有的“敢为人先”的湖南精神影响到了整个中华民族。因此，从源远流长的湖湘文化中挖掘、研究、提炼“敢为人先”的具有时代价值之创新精神，把湖湘文化精神贯穿于培养高职学生创新精神中，并把马克思主义理论与湖湘文化相结合，在思想政治理论课程教学中融入湖湘文化的创新精神教育，为创新教育提供新的精神营养，有助于学生的创新精神培养，是使学生具备创新观念的良好途径。这并不仅仅对湖南本土高

① 林榆堤、李灿：《旅游开发中民俗文化的保护与利用研究——以湖南通道侗族自治县为例》,《市场论坛》2016 年第 5 期。

② 鲁宁：《土文化元素在旅游纪念品设计中的创新应用研究》,《上海包装》2016 年第 10 期。

③ 龙昱冰：《湖湘文化融入高校音乐专业课程探析》,《当代音乐》2016 年第 9 期。

职院校，乃至对于我国的整体高职学生都具有很大意义。[①]《湖湘文化融入大学生思想政治教育问题及其对策探讨》一文指出湖湘文化是在湖南地区经过长期积淀形成的具有鲜明特色的地域文化。湖湘文化素以敢为人先、务实求真、忧国忧民著称。湖湘文化作为中华优秀传统文化的重要组成部分，潜移默化地影响着湖南地区高校学生的行为习惯、精神品质和价值取向。湖湘文化融入大学生思想政治教育是在社会主义大环境下进行的，必须顺应社会大环境，抓住时代潮流。湖湘文化融入大学生思想政治教育要紧紧围绕中国梦和社会主义核心价值观的要求，结合湖南实际来开展，增加大学思想政治理论课中的湖湘文化元素，完善湖湘文化融入大学生思想政治教育反馈机制。[②] 许丽英在《湖湘文化融入湖南大学生思想政治教育全过程研究》一文中明确了湖湘文化核心价值的内涵：磨血育人的民风传统、忧国忧民的爱国传统、经世致用的实践精神和吃苦耐劳的拼搏精神；论述了湖湘文化与思想政治教育的关联性和互动性；分析了湖湘文化融入大学生思想政治教育全过程的路径：注重学习宣传教育、抓住课堂教育不松手、形成特色的校园文化活动、凸显校园环境的隐形教育、开展实践教育活动等。[③]

《论湖湘文化对湖南女性人才发展的影响》一文指出，湖湘文化源远流长，其爱国务实的精神、崇义重道的思想、勇敢坚毅的性格对湖南女性人才群体的形成影响深远。湖南女性人才群体的爱国主义思想、艰苦奋斗作风、敢为人先精神，无不秉承着湖湘文化的优良传统。[④]

湖湘文化的创新发展是一个重要的关注点。《创新开放，湖湘文化的未来之路》一文认为创新是文化适应时代变迁的前提，开放是文化赢得未来的“通行证”。要扎根、坚守本民族的文化特质，“愈民族，愈世界”，但也应勇于突破眼前的瓶颈，超越固有的定式，在内容、形式、经营理念、机制建设、思维方式等方面大胆吸收先进的、优秀的成分。吐纳八方，御风

① 邓晓影：《以“敢为人先”精神开拓高职学生创新意识培养新途径研究》，《兰州石化职业技术学院学报》2016 年第 4 期。

② 刘伟、廖晖：《湖湘文化融入大学生思想政治教育问题及其对策探讨》，《劳动保障世界》2016 年第 20 期。

③ 许丽英：《湖湘文化融入湖南大学生思想政治教育全过程研究》，《当代教育论坛》2016 年第 5 期。

④ 李霞：《论湖湘文化对湖南女性人才发展的影响》，决策论坛——公共政策的创新与分析学术研讨会，2016 年 9 月 23 日。

而行，只有坚持这种态度，“以天下为怀”的湖湘文化，才会不断发展壮大。[①]《中国区域文化对外传播的问题与对策——以湖湘文化的对外传播为例》一文认为区域文化的传播可以促进地方经济的转型发展，提升区域知名度和区域形象，应该注重对湖湘文化精神和当代湖南精神的传播，打造湖湘文化的传播品牌，拓展湖湘文化的传播渠道，重视对外传播人才的培养，增强网络传播的能力。[②]《文化转型与当代湖湘文化建设》一文指出，当前湖湘文化面临着转型、重建的问题。文化转型实际上是社会发展过程中的观念意识性先导与精神、物质的具体变迁过程。湖湘文化转型要重视“文化自觉”意识的建构，同时当代湖南人要以开放多元的心态对湖湘文化的内容和价值进行创造性转换。[③]

《湖南文化产业对外传播与推广的策略及路径研究》一文指出“湖湘文化”作为中国最具特质和影响力的区域文化之一，于21世纪新阶段在继承自身优异文化基因的基础上，又以其博采众长的包容理念呈现出新的时代特征。在经济全球化和跨文化传播背景下，当代“湖湘文化”与湖南文化产业应融合发展，协同创新。同时要以多样化的传播内容、因人而异的传播层次、因时而变的传播媒介去提升其影响力和传播力，从而实现当代“湖湘文化”和湖南文化产业全面的对外传播。[④]

2016年，关于如何传播湘学，构建湘学在当代中国的价值的研究成果是一大热点。有学者探讨了湖湘文化的基本元素在创新中的价值。符睿认为湖湘文化的基本元素能够准确地传达信息，帮助湖南区域化树立品牌形象，这对湖南自身的推广是无形的资产。现在，湖湘文化要想提高知名度，让广大消费者接受，为湖南产业带来效益，离不开湖湘传统文化基本元素的传播。湖湘文化要想准确地描述湖南产业的信息，为湖南企业树立品牌形象，引导、提升消费者的自主性和自豪感，都需要对湖湘文化进行创意思维的提炼。[⑤]

---

① 湖南日报评论员：《创新开放，湖湘文化的未来之路》，《湖南日报》2016年5月14日。

② 伍先禄：《中国区域文化对外传播的问题与对策——以湖湘文化的对外传播为例》，《文史博览（理论）》2016年第5期。

③ 邵华：《文化转型与当代湖湘文化建设》，《湖南工业职业技术学院学报》2016年第5期。

④ 王战、韩娟娟：《湖南文化产业对外传播与推广的策略及路径研究》，《湖南行政学院学报》2016年第6期。

⑤ 符睿：《湖湘文化基本元素与创意思维的分析与研究》，《艺海》2016年第11期。

（二）湘学与当代中国的发展

2016年度的湘学研究取得了比较丰硕的成果，其研究的重要内容是：揭示湘学对党和国家建设的意义、传播湘学并建构湘学的当代价值、阐释湖湘文化对当代文化教育等方面的启示。

湘学是中华民族精神的重要组成部分，对国家建设的意义不言而喻。湘学对社会主义建设的意义是2016年湘学研究中的一大突出成果。十八大以来，中央高度重视党的建设，而思想理论建设则是党的建设的根本，贯穿于党的自身建设各个方面的中心环节。湘学优良传统文化是毛泽东党建思想形成的深厚民族根基、“文化基因”。深入探究湘学优良传统对于毛泽东创建、发展党建思想的深刻影响可以加强对党员的党性教育，提高党员的党性修养，进一步提振民族文化的自信。基于此目的，湖南省湘学研究院约请部分专家学者就此展开了深入探讨。他们分别撰写了《从屈原的“志洁行廉”到毛泽东的“高尚纯粹”》《湘学“大本大源”致思传统与毛泽东建党思想》《“实事求是”：源于湘学，光大于毛泽东思想》《党的“三大作风”的湘学渊源》等文章，探讨了湘学对毛泽东创建党、发展党建思想的深刻影响，同时也是当前党的思想建设的重要一课。[①]

湘学历来具有重要的影响，也广为人知。从一定意义上说，弘大湘学就是弘扬中国精神，就是为中华民族伟大复兴提供精神动力和力量源泉，甚至可以说，弘扬湘学，不只为湖南，更为天下。基于此，随着时代的发展，有必要将湘学进一步发扬光大、广为宣传，进一步扩大湘学的影响力。刘云波和马昌忠主编的《湘学与社会主义核心价值观》一书探讨了湘学思想对当代中国核心价值观培育的重要作用。该书共收录40篇论文，主要内容包括三个方面：湘学与社会主义核心价值观的内在关系；湖湘文化及湘学的精神特质与价值内涵；社会主义核心价值观的重要问题。作者充分论证了湘学在构建社会主义核心价值观中的作用，并且探讨了贾谊、周敦颐、王夫之、曾国藩、谭嗣同等人的思想与社会主义核心价值观的关系。[②]《宏大湘学是弘扬中国精神的重要途径》一文认为湘学所倡导的心忧天下的爱

① 夏远生：《湘学优良传统：我党建党思想的重要源泉和“文化基因”》，《湖南日报》2016年8月18日。

② 刘云波、马昌忠：《湘学与社会主义核心价值观》，湖南人民出版社2016年版。

国情怀、敢为人先的创新精神、不尚空言的实干品格以及不甘人后的自强毅力等，早已内化为中国精神的重要组成部分，因此我们大力提倡弘扬中华民族精神时，应重视湘学这支地域精神文化传统在其中发挥的作用。[①]

反腐倡廉是关系到党和国家生死存亡的大事，是党在新时期将长期坚持的一项重要工作。十八大以来，反腐倡廉工作取得了明显成效。有学者关注了湖湘文化的廉政思想对国家建设的重要意义。《论湖湘文化的廉政“基因”》一文认为湖湘文化发端于中原文化南传的远古时期，兴盛于民族危亡的近现代。周敦颐等湖湘文化先贤的“爱民崇道”思想确立了其湖湘廉政文化的“基因”；曾国藩等人的“以俭养廉”思想，形成了湖湘文化的“廉政精神”；胡耀邦等中国共产党人的“利归天下”思想，构成了当代中国湖湘文化中的“廉政理念”。湖湘前辈以其爱民崇道的人生理念、清操厉节的清廉作风，铸就了各有千秋的人生伟业。作为一种既有文化传承又极富地方特色的廉政文化形态，湖湘文化中的廉政精神历经上千年的发展演变，已经融入中华民族廉政文化之中，成为中国共产党人廉政精神的一部分，湖湘廉政文化也将成为中国共产党廉政建设的重要动力之一。[②]《毛泽东反腐倡廉的思想渊源与实践探索》一文指出毛泽东青年时代从家族文化、湖湘文化与中国传统文化中充分汲取了修身、治国、平天下的思想营养，也深深植入了勤、俭、简的理念。马克思主义反腐倡廉理论建立在对整个剥削制度进行批判的基础上，为毛泽东反腐倡廉思想的形成和成功实践提供了有力的思想武器。毛泽东根植于中国传统廉政文化和马克思主义廉政学说，进行了伟大的反腐倡廉实践，取得了重要的成就。[③]

湘学以其厚重的文化底蕴孕育了一大批经邦济世的杰出人才，为推动中国社会变革和发展做出了重要贡献。而这些杰出人才的思想和精神同时也在不断地促进和完善湘学精神，使其积淀为中华民族精神的一部分。时至今日，这些思想与精神仍有重要的意义。

李红雁阐释了湖湘文化历经无数的三湘儿女薪火相传，已经形成了独特之处，一是形成了先天下之忧而忧的民族爱国主义情操；二是形成了经世致用、经邦济世的实学思潮，注重实效；三是形成了力戒空谈虚浮、主张务实践履、倡导实事求是的学风；四是形成了湖湘文化养民重民、以民为主的民本思想；五是形成了湖湘文化勇于探索、敢为天下先，无畏牺牲、

① 陈柳钦：《宏大湘学是弘扬中国精神的重要途径》，《中国城市报》2016 年 7 月 4 日。

② 李泽中：《论湖湘文化的廉政“基因”》，《湘潮》（下半月）2016 年第 3 期。

③ 龙剑宇：《毛泽东反腐倡廉的思想渊源与实践探索》，《毛泽东研究》2016 年第 2 期。

热烈追求新生事物的首创精神和敢打硬拼的“霸蛮”精神，等等。总之，湖湘学派重经世致用，不尚空谈，十分“留心经济之学”，主张从国计民生、“日用之实”的当下环境和社会实际中去探求富国强兵之道。深受湖湘文化影响的毛泽东法律思想，闪烁着湖湘文化中积极向上的璀璨光芒，深刻地打上了湖湘文化的烙印。湖湘文化中贯穿着“民为邦本”的重民思想，十分注重人民群众所蕴藏着的巨大力量，这一思想通过一代代湖湘之士传递到毛泽东，对毛泽东民本法律思想的形成有着重要影响。湖湘文化倡导实事求是、反对“多寻空言，不究实用”的学风也深深地影响了毛泽东。毛泽东成功地把湖湘学派“实事求是”的学术品格演绎升华为党的思想路线、活的灵魂。在毛泽东法律思想中，实事求是的精神贯穿始终，湖湘文化提倡实学，讲求经世致用，其根本在于致用，即关键在于能够解决社会现实问题。这一思想也帮助毛泽东形成了经世致用的法律方法论和工具主义的法律功能论。湖湘文化蕴藏着一种积极探索的创新品质和敢为人先的创新精神，这种文化基因也深深植入到了毛泽东法律思想之中，对其影响深远，进而表现出强烈的创新意识和创新能力。①

刘劲松通过梳理曾国藩的军事伦理思想揭示了其现代价值。由于深受儒家思想的影响，再加上多年来带兵打仗的军事实践，曾国藩形成了“效忠请命”“利国益民”的军人价值观，“勤王卫道”“师出有名”的战争正义观，“敦亲和睦”“铢积寸累”的管理训练观，“忠义血性”“勤恕廉明”的将帅武德观。曾国藩军事伦理思想所蕴含的思想精华，对于加强和改进当前我军职业道德建设、培育当代革命军人核心价值观等具有十分重要的理论价值和现实意义。② 姚武认为魏源作为近代湘学先驱人物，顺应历史潮流，运用“世界眼光”，复兴“经世致用”思想，提出“师夷长技以制夷”等重要主张，引导和促进了近代湘学演进。魏源拉开了近代湘人奋斗篇章的精彩序幕，一大批湘学人物进行艰苦而卓越的文化探索，对中国近代化的开启与突围产生了深远的影响。时至今日，魏源思想和湘学精神早已积淀为中华民族精神的一部分，成为涵养社会主义核心价值观的文化基因，成为激励无数中华儿女在“中国梦”民族复兴道路上改革创新、开拓进取的力量之源。③ 王继平认为谭嗣同具有以天下之忧而忧的爱国情怀、“冲决

① 李红雁：《湖湘地域文化视域中的毛泽东法律思想考评》，《湖南社会科学》2016 年第 2 期。

② 刘劲松：《曾国藩军事伦理思想及其现代价值》，《湖南社会科学》2016 年第 5 期。

③ 姚武：《魏源与湘学演进：中国近代化的开启与突围》，《湖南科技大学学报》（社会科学版）2016 年第 2 期。

一切网罗”的批判意识、敢为人先的改革思想、“我自横刀向天笑”的牺牲决心、包容开放的学术创新、“摩顶放踵”的博爱胸怀等。谭嗣同精神是中华民族精神的体现，也是对湖湘文化精神的弘扬。谭嗣同精神，具有创新的意义，他“冲决一切网罗”的批判精神，具有启蒙的意义。① 徐海祥、田铭指出，黄兴的实干精神具有高度的时代性与启示性，能够为当前我国社会领域的各项深化改革工作提供宝贵的理论支持和实践指导。应全面深入把握黄兴实干精神的内容，从中探索适应于当前我国社会发展的时代启示，从而推动全社会实干风潮的形成。②

李捷从当今坚持和发展中国特色社会主义的现实实践分析了毛泽东思想与精神的当代价值。毛泽东思想与精神，曾经是指导中国共产党团结带领全国各族人民赢得中国革命伟大胜利和社会主义建设伟大成就的一面思想旗帜和精神旗帜。在改革开放取得伟大成就的今天，作为毛泽东思想和精神的坚持、发展和创新，中国特色社会主义成为引领我们不忘初心、继续前进的伟大旗帜。一脉相承又与时俱进，这是时代发展、实践发展、制度创新、理论创新的必然。与此同时，毛泽东思想与精神，并没有过时，反而随着时间的推移、实践的发展，越发显得弥足珍贵。毛泽东思想与精神中的为人民服务、实事求是、实践出真知、建设精神高地和道义高地、敢于斗争又善于斗争、独立自主和自力更生的思想不但没有因时间的流逝而失去其真理与道义的光芒，反而历久弥坚，已作为中国特色社会主义道路自信、理论自信、制度自信、文化自信的滋养，激励着我们去实现中华民族伟大复兴的中国梦。③ 张彦哲在《毛泽东早期体育思想及其当代价值》一文中认为毛泽东以《体育之研究》为中心，对体育进行了较为系统的论述，包括体育的地位、作用、功效、锻炼原则与方法等，同时毛泽东早期体育思想具有爱国性、知行合一、哲学思维等特征。在当下，运用毛泽东的“大体育观”指导体育教学，凸显学生主体地位，因材施教，培养学生“主动自觉”之体育理念，以体育引导智育的有效发展，最终培养健全人格，推进素质教育，促进人的全面发展，均是毛泽东早期体育思想当代价值的体现。④

① 王继平：《论谭嗣同精神及其当代价值》，《湖湘论坛》2016 年第 1 期。

② 徐海祥、田铭：《黄兴实干精神的时代启示》，《齐齐哈尔大学学报》（哲学社会科学版）2016 年第 11 期。

③ 李捷：《毛泽东思想与精神的当代价值》，《文化软实力》2016 年第 3 期。

④ 张彦哲：《毛泽东早期体育思想及其当代价值》，硕士学位论文，河北师范大学，2016 年。

湘学以其独特的教育文化对当代中国高校教育有着借鉴意义。《思想共识与文化自信——岳麓书院教育传统与本科生导师制》一文探讨了岳麓书院的教育历史经验对当前高校实行本科生导师制的影响。中国书院在历史上的繁荣兴盛均与学术的传承、创新紧密相连，书院与宋元理学、阳明心学的结合、促进，均产生了深远的影响。在《朱子语类》和《传习录》中，书院师生围绕经典的阐释而产生的质疑、问难、辩论，充分展示了学术思维的培养过程。从某种程度上说，这就是中国特色的导师制教学的典范。岳麓书院的教育历史经验给我们增添了文化自信：立志圣贤的教育与当今大学教育培养一流品性、见识、学问和思考能力的人实际上有异曲同工之妙。书院的这些经验仍可视为成就一个真正意义上的中国人、中国知识人的必由之道，从而运用在本科生导师制中。①

湖湘文化对当代艺术文化的创作有重要的启示作用。《论湖湘文化中现代服装设计元素的发掘和对接》一文从湖湘文化出发，站在中国和世界的角度来审视湖湘文化中的现代设计元素，深入系统地研究和探讨了湖湘文化的精神内涵和物质遗产与现代服饰设计之间的关系。② 沈巧娜认为湖南的民俗文化多样性，已经成为湖湘文化中独具特色、独树一帜的重要代表。湖南民俗文化不仅体现了湖南地区的风土人情，还诉说着湖南人民的生活、性格、喜好及向往。在动画创作中适当地引入湖南民俗文化，能够让动画形象更为丰富，让故事情节更为生动。贴近生活的故事题材，与文化背景紧密结合的细节处理，能更好地让人接受并认同动画作品，更容易让人产生共鸣。以此帮助创作者在动画创作中更好地利用我国民俗文化③。

加强湘学研究，对传承和弘扬湖湘文化，促进当代湖南各方面的发展都有一定的意义。湘学作为中华传统优秀文化宝库的一部分，对当代中国社会主义的发展繁荣也产生了促进作用。因而，我们应大力加强湘学研究，弘大湘学，为湖南发展提供文化自信和借鉴。

① 殷慧：《思想共识与文化自信——岳麓书院教育传统与本科生导师制》，《大学教育科学》2016 年第 5 期。

② 石丹丹：《论湖湘文化中现代服装设计元素的发掘和对接》，《大众文艺》2016 年第 3 期。

③ 沈巧娜：《湖南民俗文化在动画创作中的应用研究》，《湖南包装》2016 年第 4 期。

一 湘学研究纪事

（一）湘学研究纪事

“‘画诺’问题纵横谈——以长沙汉吴简牍为中心”学术讲座在岳麓书院开展

4月7日，故宫博物院研究员、北京师范大学特聘教授王素在岳麓书院进行了以“‘画诺’问题纵横谈——以长沙汉吴简牍为中心”为题的学术讲座。讲座的主题为汉吴简牍中关于政府公文批注的释读。关于这些公文批注，王素认为应该释读为“诺”字。首先，王素先生论述了关于长沙走马楼吴简“画诺”之争，王素先生主要以草书的字形为切入点阐述了该草书应释读为“诺”的原因和证据。其次，王素先生讲述了关于长沙东牌楼东汉简牍“凤尾诺”之辩，以东牌楼东汉简牍中的“凤尾诺”与其他“若”及吴简“若”进行比较，论证自己的推测。最后，王素先生又从长沙五一广场东汉简牍到吐鲁番高昌郡国文书等文书中，列举了“诺”字来说明其变化的原因与趋势。正确合理地释读古文字是简牍研究的重要基础，简牍经过释读后，使得后人能够从字里行间了解古代的社会状况。

“从叶德辉看清末民初国学传承者的命运”学术讲座在岳麓书院开展

6月1日，湖南师范大学历史文化学院张晶萍教授在岳麓书院进行了以“从叶德辉看清末民初国学传承者的命运”为题的讲座。张晶萍主要从以下三部分对叶德辉展开研究。一是叶德辉的生平。叶德辉在近代史上往往被贴上保守主义的标签，被学者称为“专业逆历史潮流的反动派”。在学分新旧、绅分优劣的时代背景下，叶德辉为我们管窥历史提供了一面镜子。二是叶德辉的文化情怀。清末的政治之争无疑与学术纷争以及思想变动相关，叶德辉以古文经学的立场，在经学转向史学的潮流中，通过倡导读经、经学研究、古籍刊刻等活动来延续斯文。三是以叶德辉为例，看历史事件中真实的人与形象的构建如何成为可能。叶德辉被后世刻画为劣绅、保守派，无疑经过了后世对其形象的构造，历史研究中“形象的构建”也逐渐成为研究热点，故意塑造特定形象的人是否达到目的以及如何达到目的，都是今后值得研究的问题。

“毛泽东与屈原”学术研讨会在汨罗召开

6月13日，“毛泽东与屈原”学术研讨会在汨罗召开，老同志、省毛泽东思想研究会顾问文选德出席并讲话。“一卷离骚万古心”，屈原“为兴国而生，为爱国而死”，其追求自由独立和求索精神千古流芳，理想境界和爱民情结令人景仰。伟人毛泽东对屈原十分崇敬，一首《七绝·屈原》颂扬了屈原为真理献身的精神，也揭示了毛泽东坚持反对帝国主义、霸权主义，维护民族独立和国家主权，维护世界和平，坚决走中国自己的社会主义道路的彻底革命精神。与会人员对两位伟人的独立人格、批判精神、家国情怀、民本思想等进行了充分阐述和认真梳理。文选德在会上指出，毛泽东之所以喜欢《楚辞》《离骚》，是因为诗作从整体上具有爱国情怀和民主性色彩，要认真领会毛泽东思想和屈原精神的内涵实质，进一步加强研究和探索，努力为实现中华民族伟大复兴“中国梦”和建设富饶美丽幸福新湖南，提供思想指导和历史支撑。省委党史研究室主任张志初指出，毛泽东与屈原虽相隔2000余年，但他们的忧国忧民之情、上下求索之心、独立自主人格、激情浪漫之歌，都彰显了湖湘文化精神。

“任弼时与青年工作”学术研讨会在上海召开

8月22日，“任弼时与青年工作”学术研讨会在上海召开。会议由中央文献研究室任弼时研究中心、中国青少年研究中心、团中央青运史档案馆、共青团上海市委主办，上海青年管理干部学院承办。来自北京、上海、湖南、江西等地高等院校、研究机构、共青团系统及中央文献研究室的30多名学者共同探讨了任弼时对中国青年运动的重要贡献及其思想、精神风范和工作方法。有专家指出，在共产主义青年团的工作中，任弼时是其主要领导者，他为青年团的工作制定了正确的方针，奠定了基本的工作原则，被誉为“革命青年导师”。任弼时的共青团工作思想内涵非常丰富，对于今天的共青团改革具有重要启发意义。另有专家指出，回顾任弼时的革命经历，可以发现，青年工作是党的全部工作的有机组成部分，不是哪个群众组织一家的事，需要坚持党的统一领导和部署，以及来自各方面的关注和支持。中国青年运动离不开人民群众，必须融入人民大众解放自身、改造世界的社会运动之中，才有希望和前途。大家认为，在《共青团中央改革方案》正式印发之际，重温老一辈革命家关于青年工作的思想，对于弘扬老一辈革命家的优良作风，继承老一辈革命家开创的伟大事业，推进共青团改革，实现“两个一百年”奋斗目标和中华民族伟大复兴中国梦都有很积极的推动作用。

“毛泽东诗词与中国共产党的伟大精神”学术研讨会在山东枣庄学院召开

9 月 21 日，由中国毛泽东诗词研究会主办的“毛泽东诗词与中国共产党的伟大精神”学术研讨会暨中国毛泽东诗词研究会第十六届年会在山东枣庄学院召开。中央文献研究室原主任、中国毛泽东诗词研究会顾问滕文生，中央文献研究室副主任、中国毛泽东诗词研究会会长陈晋出席会议。来自全国各地的研究、宣传毛泽东诗词的 70 多位专家学者和诗词爱好者参加研讨会。与会专家围绕“毛泽东诗词与中国共产党的伟大精神”这一主题，结合毛泽东同志在各个历史时期创作的诗词，特别是围绕“毛泽东诗词与长征精神”展开了深入研讨。专家们指出，在 95 年奋斗历程中，中国共产党培育形成了一系列彰显党的性质、宗旨和品格，体现人民和时代要求，凝聚各方力量的伟大精神，长征精神就是中国共产党伟大精神的一个醒目坐标。毛泽东诗词，作为中国共产党人不断开辟感天动地伟大斗争新局面的史诗记载，是中国共产党伟大精神及谱系的诗意呈现和艺术表达，其中贯穿了爱国主义精神和共产主义理想两根红线，充满了革命英雄主义和革命乐观主义精神，是中华民族宝贵的精神财富，是激励中国共产党人不断前行的巨大精神动力，值得后人不断从中汲取精神营养。本次研讨会共收到学术论文 120 多篇，经评选，有 50 多篇入选研讨篇目，其中《毛泽东诗论与中国现代诗歌变革》等 7 篇获优秀论文奖。研讨会期间，中国毛泽东诗词研究会第五届理事会还召开了第二次扩大会议，听取了研究会一年来的工作报告，以及关于研究会工作机构成立党组织的通报。研究会以中央文献研究室和中国毛泽东诗词研究会的名义，向枣庄学院赠送了由中央文献出版社出版的习近平总书记系列重要论述摘编等图书。

全国元帅纪念馆第十三次学术研讨会在张家界市桑植县召开

10 月 14—17 日，全国元帅纪念馆第十三次学术研讨会在张家界市桑植县召开，12 家单位的 80 多名代表齐聚一堂，共研红色教育新发展。2016 年是红军长征胜利 80 周年、贺龙元帅诞辰 120 周年。此次学术研讨会由全国元帅纪念馆联谊会和桑植县委、县政府主办，贺龙纪念馆承办，来自全国十大元帅纪念馆和中国西柏坡精神研究会筹委会、湘鄂西苏区革命烈士陵园等 12 家单位的 80 多名代表，围绕红色教育开展学术研讨。此次学术研讨会共收集参会论文 32 篇，朱德故居管理局、彭德怀纪念馆、罗荣桓故居管理处、聂荣臻元帅陈列馆和贺龙纪念馆等 5 家单位的 5 位论文作者围绕“贺龙研究”作了发言，阐述贺龙元帅在军事、经济、体育方面的光辉业绩和长征的贡献，以及贺龙元帅与共和国元帅们的交往等内容；全国十大元帅纪念馆和中国西柏坡精神研究会筹委会、湘鄂西苏区革命烈士陵园等 12 家单位的主要负责人，从纪念馆的红色教育、5A 级景区创建、陈列、讲解、文物保护、学术研究等方面作了发言。

“刘少奇与中央苏区”学术研讨会暨刘少奇思想生平研究会 2016 年年会在福建长汀召开

10 月 26 日，“刘少奇与中央苏区”学术研讨会暨刘少奇思想生平研究会 2016 年年会在福建长汀召开。来自中央文献研究室、各地专家学者以及刘少奇同志亲属代表约 50 人参加研讨会。会议由刘少奇思想生平研究会、中共福建省委党史研究室、湖南刘少奇同志纪念馆主办；中共龙岩市委宣传部，中共龙岩市委党史研究室，中共长汀县委、县政府具体承办。与会专家认为，刘少奇积极纠正工会工作中存在的“左”倾错误，健全和完善了各级工会组织，促进了苏区工人运动的健康发展；以很大力量来抓经济建设，采取了许多符合实际情况的灵活政策，促进了中央苏区和国民党统治区之间的商品流通，活跃和发展了苏区经济；积极动员工人群众参军参战，组建“工人师”，壮大了红军队伍，有力地支援了苏区革命战争；积极开展反腐肃贪工作，遏制了苏区贪污浪费之风，有力地推进了苏区干部好作风建设；加强对地方工作的领导，全力配合第五次反“围剿”作战，为开展南方三年游击战争做了必要的准备。与会专家还深入研讨了刘少奇在长征中的重要贡献。专家指出，在长征途中，刘少奇先后作为红军第九军团、第八军团、第五军团的中央代表，第三军团政治部主任和筹粮委员会主任等职务，加强部队的政治工作，提高红军战士的阶级觉悟和坚定其理想信念，从而为保证胜利完成长征的历史任务起了重要作用。在遵义会议上，支持毛泽东的正确意见。在红一、红四方面军会合后，坚决反对张国焘的分裂活动，积极支持党中央北上抗日的主张。与会专家还围绕刘少奇与中央苏区法制建设、调查研究、党性修养、军事斗争、工会理论等方面展开了交流研讨。

全国毛泽东文艺思想研究会 2016 年学术年会在郑州师范学院举行

10 月 29 日，全国毛泽东文艺思想研究会 2016 年学术年会在郑州师范学院举行，来自全国的近百位学者专家参加此次会议。全国毛泽东文艺思想研究会名誉会长、吉林大学原校长刘中树教授，全国毛泽东文艺思想研究会副会长、著名文艺理论家、北京大学教授董学文，全国毛泽东文艺思想研究会副会长马驰教授，郑州市社科联副主席、郑州社科院副院长许颖杰等知名学者参加会议。郑州师范学院党委书记于向英代表学校向前来参会的各位学者嘉宾表示欢迎，并预祝大会圆满成功，取得丰硕成果。会议主题为“毛泽东文艺思想与新世纪中国马克思主义文艺理论的建构”，分论题有“深入学习和研究习近平同志在文艺工作座谈会上的讲话”“文艺理论研究如何加强同时代生活的联系”“创作与评论的联系”“知识分子的乡土写作”“对红色经典历史价值和现实意义的评价”“当前文艺理论研究存在的问题及其前行之路”等。

“巴蜀文化与湖湘文化高端论坛”暨 2016 海外汉学专题论坛在岳麓书院举行

11 月 12 日，“巴蜀文化与湖湘文化高端论坛”暨 2016 海外汉学专题论坛在湖南大学岳麓书院屈子祠举行。美国、韩国、马来西亚和中国台湾、中国香港与中国大陆的 70 余名专家学者齐聚一堂，围绕“海外汉学”专题展开学术探讨与思想交流。论坛由湖南大学、四川大学、西南民族大学联合主办，湖南大学中国语言文学学院承办。美国著名汉学家金介甫教授为大家解读了沈从文对巴蜀、湖湘文化的贡献。中国语言文学学院郭建勋教授作楚辞及屈原对江户时期日本著名儒学家林罗山诗赋所产生的深远影响的专题报告，彭兰玉教授就我们如何应对湖湘文化背景下的汉语国际化问题提出了思考，罗宗宇教授就国际著名汉学家王德威的沈从文研究发表了见解。小组讨论就海外巴蜀文化与湖湘文化研究中的海外巴蜀文化（巴蜀文学、语言、历史、杰出人物等）研究，海外湖湘文化（湖湘文学、语言、历史、杰出人物等）研究，海外中国文学、中文教育研究，巴蜀文化与湖湘文化的海外传播研究等方面展开对话，显示了海外汉学研究的丰富性、多样性及跨学科性。与会者还就海外中国古代文学及相关研究、海外中国语言与教学研究、比较文学与文化研究等主题展开了讨论。

“湘学与当代区域学术史”研讨会在湘潭大学召开

11 月 12 日至 13 日，由湘潭大学主办，省湘学研究基地、省湖湘文化研究会、历史系共同承办的“湘学与当代区域学术史”研讨会召开。来自全国多所高校及科研机构的专家学者齐聚一堂，围绕湘学研究、区域学术研究、当代学人研究等议题展开研讨。省社会科学院副院长刘云波、省湖湘文化研究会会长周秋光、湘潭大学副校长刘建平等出席，省湘学研究基地首席专家王继平教授主持研讨会开幕式。与会专家就刘大年晚年的学术追求、崔之清与《太平天国战争全史》、胡滨对洋务运动研究的贡献、曾国藩与李鸿章关系述论、林增平与中国近代史研究等当代学人研究，以及学术期刊与史学研究等方面展开了深入的研讨与交流。湘潭大学历史系在湘学和湖湘文化研究领域有一支实力雄厚的学术队伍，拥有省湘学研究基地、省湘学研究院湘潭大学研究基地、曾国藩研究中心等科研平台，办有《曾国藩研究》期刊，在湖南历史文化研究、湘学研究、曾国藩研究、湖南学术思想史研究中取得了一批重要的学术成果，在国内外学术界有较大影响。

蔡锷爱国思想研讨会在邵阳市召开

11 月 21 日，蔡锷爱国思想研讨会及“松坡杯”全球诗词大赛获奖作品书法展在邵阳市举行。全国人大常委会原副委员长、民革中央原主席周铁农出席研讨活动并宣布书法展开展，民革中央副主席修福金，民革中央常委、省政协副主席刘晓，省第十一届人大常委会副主任肖雅瑜，省委统战部副部长陈潇，民革湖南省委专职副主委雷震宇，市领导龚文密、刘事青、赵丽莎、周吉平、李志雄、刘德胜、赵为济、李少华等出席研讨活动。蔡锷将军长孙蔡协在开幕式上发言。活动由民革湖南省委会主办，民革邵阳市委会等有关单位承办。研究蔡锷的专家学者、蔡锷后裔、辛亥革命先辈后裔、“松坡杯”全球诗词大赛获奖作者、有关部门领导、民革党员代表等 140 余人出席研讨会。研讨涉及蔡锷将军成长环境、爱国思想、军事思想、治国理政思想、家国情怀等方方面面。书法展展出纪念蔡锷的诗词书法作品 70 余件。研讨会还举行了《护国军魂》《名人眼中的蔡锷》两本书首发式，并对“松坡杯”全球诗词大赛获奖作者进行了表彰。

“纪念刘蓉诞辰200周年暨晚清湘淮人物”全国学术研讨会在娄底召开

12月15日至16日，“纪念刘蓉诞辰200周年暨晚清湘淮人物”全国学术研讨会在湖南人文科技学院召开。60余名专家学者围绕“刘蓉事功及评述、刘蓉与湘军人物关系、刘蓉思想、晚清湘淮人物”四个主题进行了探讨。本次研讨会由湖南省哲学社会科学研究基地——曾国藩及湘中文化研究基地发起，中国社会科学院中国近代思想研究中心、湖南人文科技学院联合主办，娄星区政协、娄底市政协文史委、娄底槠山刘蓉研究会协办。曾国藩及湘中文化研究基地于2007年经批准设立，挂靠在湖南人文科技学院。近年来，该基地立足湘中娄底，发挥晚清湘军故里的区位优势，积极挖掘地方文化资源，深化晚清湘军历史研究，在相关研究领域形成了自身特色。

“第二届全国曾国藩家教论坛”在湖南人文科技学院举行

12月17日，由湖南人文科技学院、湘潭大学联合主办的“第二届全国曾国藩家教论坛”在湖南人文科技学院举行。论坛主要围绕曾国藩家教家风、家教家风与廉政文化、家教家风与当代教育等论题开展了讨论。开幕式上，省社科院副院长刘云波就家教家风建设作了深刻的历史阐释与现实观照。湘潭大学历史系主任宋银桂教授宣布论坛开幕。20余位学者就曾国藩家教思想的时代背景、基本内涵、历史影响、现实启示与国际比较进行了全面的讨论。与会学者认为，曾国藩家教思想为我们提供了一个非常珍贵的历史标本。吸取其中合理的思想养料，弘扬社会主义价值观，言传身教，是为人父母的重要工作。加强家风建设，管好亲属，管好身边的人，是促进青少年健康成长与构建优良社会生态的基础性工作。

第九届全国“毛泽东论坛”在韶山召开

12月24日，在毛泽东同志诞辰123周年到来之际，第九届全国“毛泽东论坛”在韶山召开。本次论坛由全国毛泽东哲学思想研究会、湘潭大学毛泽东思想研究中心、湖南省韶山管理局、韶山毛泽东同志纪念馆等联合主办。论坛以“思想建党与制度治党——从全面从严治党看毛泽东党建思想的当代价值”为主题。来自中共中央党校、中国人民大学、武汉大学、南京大学、中国社会科学院等高校和研究机构的逾100位专家学者参加研讨会。与会者认为，当前，以习近平同志为核心的党中央正带领全国各族人民进行具有许多新的历史特点的伟大斗争。毛泽东同志在管党治党的实践中积累了宝贵的历史经验，为新时期全面从严治党提供了重要借鉴。深入思考毛泽东提出的跳出“历史周期律”、坚持“两个务必”“进京赶考”等重要历史命题，对于贯彻落实全面从严治党战略举措、统筹推进“四个全面”战略布局具有重大而深远的意义。要将自觉改造世界观、完善制度和法制、依靠人民管党这三者相结合，有效反腐防变。要把历史、理论、现实紧密结合，把坚持和发展毛泽东思想与坚持和发展中国特色社会主义理论体系、学习贯彻习近平同志治国理政的思想相结合，从历史的血脉中深入挖掘毛泽东思想的当代价值。大家还就“毛泽东的党建哲学及其当代价值”“毛泽东个性与党性相统一的共产党员修养观”“毛泽东倡导党的三大工作作风的深远意义”“中国共产党探索从严治党规律的历史逻辑与理论创新”等议题进行了交流。

（二）湘学研究院纪事

湘学院召开成果收购评审会

4月27日上午，省湘学研究院召开了湘学院成果收购评审会，会议由成果收购负责人李斌主持，参加的专家有刘建武、刘云波、刘泱泱、李育民、王国宇。湘学院办公室伍新林主任、陈漫涛参加了会议。会上，各位专家对所有申报材料，从学术研究价值、内容的严谨性、研究的实用价值等方面进行了评审，各自发表了意见，会上初步通过对《湖南朝阳岩石刻考释》（张京华）、《沈从文文学人类学思想研究》（何小平）、《近现代湖南佛教著名居士传》（王兴国）、《黄盖湖缺少发现》（戴兴武）4部成果进行收购。

湘学院成立“湘学传统与当代湖南发展研究”团队

8月，为全面推进哲学社会科学创新工程，进一步加强湖南省社会科学院智库团队建设，推出高质量、有影响的成果，省社科院结合院实际设立4个智库团队研究方向，每个研究方向由各分管领导负责，每个研究方向下设4个研究团队，由各团队首席专家牵头。“湖南历史文化”研究方向负责人为刘云波副院长，下设有“湘学传统与当代湖南发展研究”团队，首席专家为伍新林，团队成员有姜灿慧、任继桃、卢刚、杨斌、陈漫涛。

湖南历史文化研究方向召开会议

8 月 22 日下午，湖南省社科院湖南历史文化研究方向召开第一次会议，会议由方向负责人刘云波副院长主持，邀请科研处陈文胜处长参加，“湘学传统与当代湖南发展研究”团队成员参会。会上，陈文胜处长就历史文化研究方向 4 个团队的首席专家提出的学科建设、申报课题等诸多问题和意见一一作了详细的解释。最后，刘云波副院长作了总结发言，他指出团队成员要认真领会成立智库研究方向的意图，要积极响应，要求首席专家带领各自的团队推出高水平、有影响的标志性成果，鼓励团队成员多出成果，多出精品。

《湘学与社会主义核心价值观》一书出版

8 月，湖南省湘学研究院在湖南人民出版社出版《湘学与社会主义核心价值观》一书。湘学研究院为积极践行党的十八大推进社会主义核心价值观体系建设的新部署、新要求，结合湘学研究的新思路，专项委托一批课题，组织相关专家学者围绕“湘学与社会主义核心价值观”为主题展开深入系统研究，并联合湖南省湖湘文化交流协会、中国特色社会主义道德文化协同创新中心，组织了“湖湘文化传承发展与社会主义核心价值观建设”高峰论坛征文活动。此书由部分优秀课题成果和精选的论坛论文结集而成，全书内容大体按湘学与社会主义核心价值观内在关系研究、湖湘文化及湘学的精神特质与价值内涵研究、社会主义核心价值观重要问题研究三大块进行编排。本书的出版，旨在集中展现湖湘文化及湘学对于涵养社会主义核心价值观的现实意义，以期进一步推进湖湘文化及湘学的研究与宣传，助力社会主义核心价值观的培育与弘扬。

湘学研究院在《湘南日报》推出湘学优良传统研究专版

8 月，湖南省湘学研究院为深入探究湘学优良传统对于毛泽东创建、发展党建思想的深刻影响，对于提振民族文化自信的大力助益，也为当前开展的“两学一做”提供历史的镜鉴，在湖南省湘学研究院常务副院长刘云波的指导下，湘学院办公室主任伍新林牵头约请部分专家学者就此展开了深入探讨，并在《湖南日报》理论版专版推出专家学者的观点。分别是夏远生的《从屈原的“志洁行廉”到毛泽东的“高尚纯粹”》、彭大成的《湘学“大本大源”致思传统与毛泽东建党思想》、李佑新的《“实事求是”：

源于湘学，光大于毛泽东思想》、伍新林的《党的“三大作风”的湘学渊源》。观点深度阐述马克思主义党建理论是毛泽东党建思想产生的直接理论渊源，而湘学蕴含的中国优秀传统文化则是毛泽东党建思想形成的深厚民族根基和“文化基因”。

刘云波副院长率队参加“湘学与当代区域学术史”研讨会

11 月 12 日至 13 日，湖南省社会科学院党组成员、副院长、湖南省湘学研究院常务副院长刘云波带领历史所所长王国宇，湘学办主任伍新林等参加由湘潭大学主办，湖南省湘学研究基地、湖南省湖湘文化研究会、湘潭大学历史系共同承办的“湘学与当代区域学术史”研讨会。刘云波副院长在开幕式上致辞。他指出，湘学作为区域学研究中不可或缺的重要组成部分，多年来受到了省内外各界的高度重视，尤其是湖南省湘学研究院的成立及各项工作的开展，标志着湘学研究进入了一个新的阶段。他向与会代表介绍了湘学研究院的成立缘起、成立目的以及主要工作职能，同时介绍了近几年来湘学研究院从事的主要工作及出产的主要成果，呼吁与会专家及全国同行高度关注并大力支持湘学研究院的各项工作。他还强调，尽管“湘学”的概念、内涵与外延目前还未在学术界达成完全共识，多数人倾向于狭义的“湘学”即纯粹学术意义上的湘学，也有人倾向于中义的或广义的湘学，但这并不妨碍人们对湘学作为一种区域学的浓厚兴趣，对概念、内涵与外延的不同见解，只不过代表各人研究湘学的侧重点有所不同，关注湘学的角度有所不同，这丝毫不影响人们关注湘学、研究湘学、宣传湘学的共同目的，即都是为了繁荣湖南学术，弘扬湖湘文化，塑造湖南形象，提振湖南精神。会上，湘学研究院向与会代表赠送了《湘学研究》《湘学简明读本》以及《崇实重行与求是担当——湘学溯源媒体行》等部分成果，受到与会者的热烈欢迎。

刘云波副院长参加“纪念刘蓉诞辰 200 周年暨晚清湘淮人物”全国学术研讨会并致辞

12 月 15 日至 16 日，湖南省社会科学院党组成员、副院长、湖南省湘学研究院常务副院长刘云波，湘学研究院办公室主任伍新林等应邀参加“纪念刘蓉诞辰 200 周年暨晚清湘淮人物”全国学术研讨会。刘云波副院长在开幕式上致辞。刘云波对湘学研究院的情况作了简要介绍，对晚清湘军文化研究在湘学研究中的重要地位作了深刻阐述。会上，湘学研究院向与会代表赠送了《湘学研究》《湘学普及读本》以及《湘学传统与求是担当》等部分成果，受到与会者的热烈欢迎。

刘云波副院长参加“第二届全国曾国藩家教论坛”并致辞

12 月 17 日，湖南省社会科学院党组成员、副院长、湖南省湘学研究院常务副院长刘云波，湘学研究院办公室主任伍新林等应邀参加由湖南人文科技学院、湘潭大学联合主办的“第二届全国曾国藩家教论坛”。刘云波副院长在开幕式上致辞。他在讲话中指出，中华文化有着“家国一体”与“修齐治平”的优良传统，曾国藩留下了治家“八字诀”“八本”家训、十六字家风箴言等丰富的家教思想，对于当今时代的家风建设不无借鉴意义。他在讲话中特别强调指出，注重家庭、家教、家风也是我们党的优良传统，尤其是党的十八大以来，习近平总书记对家风建设尤为重视，在多个场合反复强调。2015 年中共中央印发的《中国共产党廉洁自律准则》，将廉洁齐家列为党员领导干部廉洁自律规范的重要内容之一，这是“齐家”首次被列入党内规章。最后，刘云波副院长指出，全面优化党风政风，全面改善社风民风，离不开大力弘扬中华文化严以治家的优良传统，离不开从中华传统优良家风中汲取丰厚滋养。并就此介绍了湘学研究院组织撰写的《中华传统家教文化与当代共产党人的家风建设》一书的有关情况。

贵州省社科院副院长索晓霞一行来湖南省社科院调研湘学院建设情况

11 月 25 日上午，贵州省社科院副院长索晓霞一行来湖南省社科院调研湘学院建设情况，会议由湖南省社科院党组成员、副院长，湘学研究院常务副院长刘云波主持。湘学院、历史所等有关人员参加座谈会。会上，湘学院办公室主任伍新林较为全面地介绍了湘学院的总体情况及湘学院服务湖南省经济、文化建设的做法与经验；历史所所长王国宇研究员就湘学学科建设理论与实践谈了自己的思考与认识；《湘学研究》副主编周建刚教授介绍了办刊情况。贵州省社科院有关人员介绍了黔学研究院的工作开展情况。贵州省社科院副院长索晓霞在听取情况介绍之后，高度评价了湘学院的工作格局与工作成绩，并盛情邀请湘学院团队成员赴贵州省社科院开展调研交流。刘云波副院长作了总结讲话。他指出，湘学研究院与黔学研究院此次交流座谈，坦诚而深入，既共享了信息，又分享了经验；既交流了工作，又增进了友情。希望双方今后建立长效联络机制，进一步加强交流与合作，共同促进双方事业发展。

二　湘学论著目录索引

（一）著作目录

陈先枢、梁小进点校整理：《嘉庆长沙县志》，湖南人民出版社 2016 年版。

陈致远、周星林：《钟相草坪大起义研究》，吉林大学出版社 2016 年版。

丁仕原、孔强编校：《易顺鼎辑》，民主与建设出版社 2016 年版。

董尚：《陈天华传》，北京时代华文书局 2016 年版。

范广欣：《以经术为治术　晚清湖南理学家的经世思想》，南京大学出版社 2016 年版。

湖南图书馆：《湖南文献概论》，岳麓书社 2016 年版。

黄沃若、龚再蓉：《古邑风云》，中国文史出版社 2016 年版。

李跃龙主编：《洞庭湖志》，湖南人民出版社 2016 年版。

梁立民：《谭嗣同传》，北京时代华文书局 2016 年版。

林家品：《蔡和森传》，中国大百科全书出版社 2016 年版。

刘建武：《湘学与社会主义核心价值观》，湖南人民出版社 2016 年版。

刘云波、马昌忠：《湘学与社会主义核心价值观》，湖南人民出版社 2016 年版。

柳肃：《湖南古建筑》，中国建筑工业出版社 2016 年版。

毛攀云、曾正、蒋秀召：《梅山民间艺术与再设计》，西南交通大学出版社 2016 年版。

（明）周圣楷编纂，（清）邓显鹤增辑，廖承良、杨云峰等点校：《楚宝》（上、下），岳麓书社 2016 年版。

莫纪德:《梅山图注》，广西师范大学出版社2016年版。

彭雪开:《湖湘地名纪事》第4卷，中南大学出版社2016年版。

钱基博:《近百年湖南学风》，岳麓书社2016年版。

盛定国主编:《先秦南洞庭——南洞庭湖古遗址发掘报告集》，科学出版社2016年版。

万里、刘范弟:《青虚法雨——郴州苏仙岭青墟塔研究》，湖南大学出版社2016年版。

王国宇:《湖南手工业史》，湖南人民出版社2016年版。

王兴国编校:《杨昌济辑》，民主与建设出版社2016年版。

吴相湘:《宋教仁传》，中国大百科全书出版社2016年版。

伍新福:《湖南文化史》，岳麓书社2016年版。

向亮晶、张雅妮:《梅山剪纸》，湖南美术出版社2016年版。

余玮、陈晰:《传奇粟裕》，团结出版社2016年版。

赵匡为编:《简明宗教辞典》，上海辞书出版社2005年版。

张湘涛:《品读长沙》，湖南人民出版社2016年版。

张湘涛主编:《长沙烽火岁月——老报刊中的长沙抗战》，国防科技大学出版社2016年版。

张湘涛主编，陈先枢编撰:《长沙百年名校》，国防科学技术大学出版社2016年版。

张湘涛主编，陈先枢、杨里昂、彭国荣辑录整理:《老报刊中的长沙》，国防科技大学出版社2016年版。

朱汉民:《湘学通论》，高等教育出版社2016年版。

（二）论文目录

安学勇:《重构近代湖南汉学谱系——杨树达盛推叶德辉之原因探析》，《武汉理工大学学报》2016年第6期。

敖炼:《永州〈魏氏宗谱〉的学术价值》，《湖南科技学院学报》2016年第9期。

敖炼:《永州〈魏氏族谱〉选录》，《湖南科技学院学报》2016年第9期。

柏婷:《延安整风时期任弼时的党建思想与实践研究（1941.5—

1945. 4)》，硕士学位论文，华东师范大学，2016 年。

柏颖:《略论湖湘文化影响下红色湘女之精神特质》，《湘潮》（下半月）2016 年第 4 期。

宾阳:《湘西凤凰非物质文化遗产的开发与保护》，《湖南工业大学学报》（社会科学版）2016 年第 3 期。

蔡靖泉:《端午为屈原的节俗演变与文化意义》,《湖北社会科学》2016 年第 1 期。

蔡蒙颖:《毛泽东思想闪烁着构建社会主义和谐社会的光芒》，《文学教育》2016 年第 1 期。

曹春荣:《任弼时的青年团工作群众化思想》,《上海党史与党建》2016 年第 8 期。

曹凤霞:《黎锦熙的“统筹与救济”大学语文教育观》，《文艺理论研究》2016 年第 6 期。

曹虹、陈玉峰、王丹:《论曾国藩家庭道德教育的特色》，《兰台世界》2016 年第 17 期。

曹虹、王丹:《解读曾国藩家庭道德教育思想的形成及影响》，《兰台世界》2016 年第 1 期。

曹维文:《曾国藩伦理思想及其当代价值——基于曾国藩家书的文本研究》，硕士学位论文，南京师范大学，2016 年。

曹宇、赵彦昌：《左宗棠档案编纂研究》，《档案学研究》2016 年第 4 期。

曹展明:《胡耀邦的军队政治工作思想和实践探析》，《学理论》2016 年第 11 期。

陈安民:《“掌御书臣”——李挺祖书刻事迹考略》,《湘学研究》2016 年第 2 期。

陈奥琳、陈廷亮:《文化空间的艺术表达——湘西古丈县太平村土家族“跳马”的田野调查》（上）,《三峡论坛》2016 年第 5 期。

陈保学、王美杰：《芷江孽龙的时代价值与传承探讨》，《怀化学院学报》2016 年第 10 期。

陈灿、黄璜等:《多样的非物质农业文化遗产对武陵山区乡村旅游的发展探究》,《遗产保护与研究》2016 年第 2 期。

陈答才、刘涛:《刘少奇与中共七大》,《党的文献》2016 年第 2 期。

陈代湘、周接兵:《马克思主义大论战与湘学的新民主主义转型》，《湖湘论坛》2016年第2期。

陈福云：《新化山歌简析》，《艺海》2016年第9期。

陈冠汝：《湘西凤凰纸扎艺术及其文化内涵研究》，《大众文艺》2016年第16期。

陈弘、张京华、周欣：《周敦颐著作在日本的传播》，《图书馆》2016年第9期。

陈红飞：《毛泽东公平正义思想研究》，硕士学位论文，喀什大学，2016年。

陈娇华：《“飞蛾扑火”者的精神雕像——评李向东、王增如的〈丁玲传〉》，《武陵学刊》2016年第4期。

陈坤、李佳：《周敦颐〈太极图说〉的理学心理学思想述略》，《黑龙江社会科学》2016年第5期。

陈丽：《周谷城的世界史研究》，硕士学位论文，河北大学，2016年。

陈凌、胡建忠、刘晴：《湖湘地区民俗体育的分布及其特征的研究》，《当代体育科技》2016年第28期。

陈柳钦：《宏大湘学是弘扬中国精神的重要途径》，《中国城市报》2016年7月4日。

陈龙、陈立文：《〈论持久战〉的军事实践智慧要论》，《湖南科技大学学报》（社会科学版）2016年第2期。

陈明、柴福珍：《清初湘西地区农业结构探析》，《怀化学院学报》2016年第7期。

陈明、柴福珍：《清代改土归流后湘西地区农业结构的演变》，《古今农业》2016年第2期。

陈仕姣、糜毅、方明：《湖南省非物质文化遗产景观基因的挖掘及其意象特征》，《现代园艺》2016年第7期。

陈杨：《论王夫之的士人精神与风流思想》，《衡阳师范学院学报》2016年第2期。

陈瑶：《“各族皆有家神”——以湘潭阳塘龙王信仰与周氏宗族建构为中心》，《安徽史学》2016年第1期。

陈泳熹：《传奇元帅贺龙：实践和发展党的统一战线思想》，《湘潮》（下半月）2016年第1期。

陈越华：《湘西传统土家吊脚楼的特色及其可持续发展研究》，《山西农经》2016年第10期。

程佩：《女书习俗价值研究》，《大众文艺》2016 年第 6 期。

程仁桃、杨健：《黄兴致张继未刊信札三通考释》，《文献》2016 年第 2 期。

池瑾璟：《口述史视野中的新晃侗族傩戏研究》，《音乐探索》2016 年第 4 期。

湖南日报评论员：《创新开放，湖湘文化的未来之路》，《湖南日报》2016 年 5 月 14 日。

春紫：《罗荣桓东征往事》，《文史月刊》2016 年第 6 期。

崔桂梁：《民主革命时期毛泽东政治伦理思想研究》，硕士学位论文，青岛大学，2016 年。

戴安林：《论向警予的妇女教育思想》，《湘潮》（下半月）2016 年第 4 期。

戴静雯：《刘少奇党建思想研究》，硕士学位论文，黑龙江大学，2016 年。

邓江祁：《蔡锷辛亥佚文九篇》，《文史拾遗》2016 年第 3 期。

邓江祁：《论蔡锷治川——纪念蔡锷逝世 100 周年》，《邵阳学院学报》（社会科学版）2016 年第 5 期。

邓江祁：《〈谭人凤集〉勘误》，《邵阳学院学报》2016 年第 3 期。

邓开衡、李淼兴：《湖南画家艺术生态之嬗变》，《创作与评论》2016 年第 4 期。

邓莉文：《汝城与桂阳古祠堂漆艺比较研究》，《装饰》2016 年第 1 期。

邓晓影：《以“敢为人先”精神开拓高职学生创新意识培养新途径研究》，《兰州石化职业技术学院学报》2016 年第 4 期。

邓秀华：《毛泽东说服教育方法的新实践》，《毛泽东思想研究》2016 年第 1 期。

邓玉香：《敢为人先的红色湘女》，《湘潮》（下半月）2016 年第 4 期。

邓运山：《土地革命时期毛泽东的农业经济建设思想及其当代价值》，《毛泽东研究》2016 年第 4 期。

丁俊萍、许春涛：《刘少奇反对官僚主义思想的特点及其启示》，《湘潭大学学报》（哲学社会科学版）2016 年第 4 期。

丁威德：《浅谈齐白石的童趣——以花鸟画为论述对象》，《美与时代》2016 年第 1 期。

董丛林：《“杨萧三谕”与〈讨粤匪檄〉比较论》，《河北学刊》2016 年第 3 期。

董俊：《湖南省衡阳县渣江春社的形态及流变》，《遗产与保护研究》2016 年第 4 期。

董俊：《上古遗风：传统民俗——湖南省衡阳县渣江春社历史及发展》，《南华大学学报》（社会科学版）2016 年第 6 期。

董亭亭：《浅析毛泽东生态经济思想对社会生态文明的影响》，《世纪桥》2016 年第 9 期。

董漪漪：《毛泽东利益协调思想研究》，硕士学位论文，西南大学，2016 年。

董云蒂：《浅析毛泽东的科技人才思想》，《大科技》2016 年第 10 期。

杜春艳：《〈论共产党员的修养〉的现实意义》，《党史文苑》2016 年第 6 期。

凡春喜、谈海红：《澧水船工号子的音乐艺术与文化内涵研究》，《音乐创作》2016 年第 9 期。

樊爱萍：《浅析薛福成与曾纪泽的外交思想》，《齐齐哈尔大学学报》（哲学社会科学版）2016 年第 3 期。

范广欣：《从三代之礼到万国公法：试析郭嵩焘接受国际法的心路历程》，《天府新论》2016 年第 4 期。

范广欣：《刘蓉的"门户之见"与理学家的经世观念》，《学术月刊》2016 年第 8 期。

范果：《基于湖南文化产业发展的非物质文化遗产保护与创新模式研究》，《产业与科技论坛》2016 年第 9 期。

范果：《诗歌中的湖湘地域经验——以张惠芬的诗歌为例》，《安徽文学》2016 年第 2 期。

范夏菲：《谈湖南民歌的文化价值》，《歌海》2016 年第 6 期。

方图欢、晏杰雄：《人性光芒的历史回响——评谭仲池长篇小说〈生命签证〉》，《湖南工业大学学报》2016 年第 3 期。

方向新、胡艳辉：《毛泽东社会建设思想的演进及其内在逻辑》，《毛泽东研究》2016 年第 5 期。

房列明：《集体智慧的总结提升——论毛泽东〈论持久战〉的历史形成》，《山东青年政治学院学报》2016 年第 1 期。

房列明：《毛泽东〈论持久战〉的理论创新》，《衡阳师范学院学报》2016 年第 4 期。

符睿:《湖湘文化基本元素与创意思维的分析与研究》,《艺海》2016年第11期。

付伟男:《蒋廷黼经济思想初探》,《2016年第一届今日财富论坛论文集》,2016年。

高辰颖:《毛泽东对社会主义制度下市场作用的探索》,《毛泽东思想研究》2016年第2期。

高毅哲:《徐特立:善走群众路线的教育家》,《中国教育报》2016年11月10日第12版。

龚峰:《悲怆与风流——评廖静仁长篇小说〈白驹〉》,《创作与评论》2016年第4期。

顾海良:《中国特色社会主义政治经济学的始创及理论结晶——毛泽东〈论十大关系〉和〈关于正确处理人民内部矛盾的问题〉研究》,《毛泽东研究》2016年第5期。

顾海良:《中国特色社会主义政治经济学的序篇——纪念毛泽东〈论十大关系〉发表60周年》,《毛泽东邓小平理论研究》2016年第3期。

关婷婷:《侗族民歌的社会功能及传承发展研究——以湖南绥宁侗族嫁歌为例》,《音乐时空》2016年第1期。

郭宏彬:《建国后毛泽东经济思想的四次转折》,硕士学位论文,贵州师范大学,2016年。

郭佳鹏:《徐爱月岩诗刻考略》,《湖南科技学院学报》2016年第9期。

郭建勋、罗璐:《论王闿运〈楚辞释〉的政治化阐释及其影响》,《湖南科技大学学报》(社会科学版)2016年第1期。

郭凯:《毛泽东平等观研究》,硕士学位论文,山西财经大学,2016年。

郭茜:《地域文化·文学·书法——沈从文文学与书法》,《赤峰学院学报》2016年第3期。

郭霞:《叶紫小说新解》,《湘南学院学报》2016年第6期。

郭玉山:《湖湘文化下的历史街区保护与发展》,《中外建筑》2016年第10期。

韩步江:《毛泽东实践哲学思想的解读与反思——以〈论持久战〉为文本个案分析基点》,《湖南科技大学学报》(社会科学版)2016年第1期。

韩洪泉:《曾国藩、刘蓉、郭嵩焘早期交谊考——以刘蓉为中心的考察》,《湖南人文科技学院学报》2016年第2期。

韩喜平、巩瑞波:《论毛泽东的“大民生”观——兼谈保障和改善民生中几个关键问题》,《湖南社会科学》2016 年第 4 期。

韩雪、王宁:《抗战时期毛泽东思想政治教育思想时代价值的探析》,《文化教育》2016 年第 4 期。

韩宇彤:《"勤恕廉明"——曾国藩为官之道论析》,硕士学位论文,吉林大学,2016 年。

何干武:《略论毛泽东的"教育与生产劳动相结合"思想》,《新课程研究》(中旬刊)2016 年第 9 期。

何骏:《湘西游侠精神的彰显——浅析电视剧〈最后一战〉中的张怀滨》,《艺海》2016 年第 12 期。

何连锁:《花鼓戏〈平民领袖〉的舞美创作思路》,《艺海》2016 年第 5 期。

何梦竹、李莉:《民国时期湖南木材贸易初探》,《北京林业大学学报》(社会科学版)2016 年第 1 期。

何书林、王江燕:《南宋时期湖南路之社仓》,《文山学院学报》2016 年第 5 期。

何婷婷:《左宗棠收复新疆与处理民族关系》,《伊犁师范学院学报》(社会科学版)2016 年第 4 期。

何湘:《"海外播流芬"——陶澍与朝鲜梅花诗社》,《古典文学知识》2016 年第 1 期。

何湘:《论历史记忆与清代湖湘文人结社》,《湖南科技大学学报》(社会科学版)2016 年第 4 期。

何小文:《井冈山上的彭德怀》,《党史博览》2016 年第 6 期。

何永珍:《毛泽东的对外开放思想》,《法制与社会》2016 年第 9 期。

贺全胜:《论毛泽东民兵思想的发展与内涵》,《党的文献》2016 年第 5 期。

胡彬彬、吴灿:《湖南江永勾蓝瑶寨水龙祠壁画释读》,《世界宗教研究》2016 年第 4 期。

胡世刚:《新民主主义革命时期毛泽东实践育人观述论》,《毛泽东思想研究》2016 年第 1 期。

胡为雄:《论毛泽东的绿色经济思想——读〈毛泽东论林业〉》,《毛泽东邓小平理论研究》2016 年第 3 期。

胡卫平:《〈大塘朱氏四修族谱〉史料拾菁》,《曾国藩研究》2016 年第 1—2 期。

胡卫平:《曾国藩的军事专著〈武备辑要〉初考》,《曾国藩研究》2016年第4期。

胡显斌、刘俊:《由湘西捞车河村的民居建筑看土家族的人情伦理》,《装饰》2016年第3期。

胡翔飞:《湘南汝城“香火龙”艺术研究》,《艺术科技》2016年第8期。

胡用琼:《群贤毕至的高端相逢——甘建华中篇纪实散文〈甲午夏日青海行〉摭谈》,《衡阳通讯》2016年第3期。

胡云:《沅水流域辛女信仰中的分神传说及其影响浅析》,《新丝路》2016年第2期。

胡最、刘沛林等:《紫鹊界稻作梯田的传统文化特征研究》,《资源开发与市场》2016年第12期。

黄宝:《刘少奇合作社经济思想的现实意义》,《广东合作经济》2016年第1期。

黄国钦:《诗家秉笔柴达木——读甘建华新著〈柴达木文事〉》,《柴达木开发研究》2016年第4期。

黄丽娟、张亮:《家风在中小学家庭教育中的传承与创新研究——以曾国藩家书为例》,《职业教育》2016年第12期。

黄丽、钱隆:《旅游情境下的文化符号与民族认同——以湖南枫树维吾尔族回族乡为例》,《三峡论坛》2016年第6期。

黄萍、杨金洲:《民族传统文化对现代社会治理的影响——以武陵山龙凤经济协作示范区为例》,《民族论坛》2016年第3期。

黄庆、张萍:《20世纪五六十年代毛泽东周边外交思想与实践》,《中州学刊》2016年第4期。

黄秋莹:《罗荣桓思想政治工作运用儒家伦理的启示》,《党史文苑》2016年第6期。

黄葶:《大自然的女儿“翠翠”》,《创作与评论》2016年第18期。

黄薇:《湖湘文化特色社区建设初探》,《艺海》2016年第7期。

黄文夫:《富民的核心是发展商品(市场)经济——再谈胡耀邦富民思想》,《中国民商》2016年第8期。

黄文夫:《富民的政治经济学——六谈胡耀邦富民思想》,《中国民商》2016年第12期。

黄晓莉:《舒新城教学思想与实践研究》,硕士学位论文,沈阳师范大学，2016 年。

黄渊基：《毛泽东教育思想探赜》，《中国社会科学报》2016 年 9 月 22 日。

贾午堃：《毛泽东中国社会发展理论研究》，硕士学位论文，黑龙江大学，2016 年。

江山：《民国〈湖南文献汇编〉学术价值述论》，《河南科技学院学报》2016 年第 5 期。

江涛：《两个迷宫的诗学比较——残雪小说的前后期比较研究》，《文艺争鸣》2016 年第 9 期。

姜爱：《湘鄂民族地区传统村落发展的实践与思考——以龙山县捞车村和来凤县舍米湖村为例》，《湖北民族学院学报》（哲学社会科学版）2016 年第 4 期。

姜莉芳：《侗族萨文化功能研究》，《怀化学院学报》2016 年第 10 期。

姜庆刚：《程千帆早期佚作一则》，《湘学研究》2016 年第 1 辑。

蒋光贵：《社会主义建设中毛泽东的统筹兼顾思想》，《中共云南省委党校学报》2016 年第 1 期。

蒋书红：《贯云石的湖湘印迹与湖湘情结——以其诗歌散曲为中心》，《中国韵文学刊》2016 年第 3 期。

蒋卫平：《论湘西侗族传统建筑风格及其保护》，《艺术百家》2016 年第 3 期。

焦丽锋、徐刚：《湘西苗族巴岱信仰中的模式数字“三”辨析——基于〈民国时期湘西苗族调查实录〉》，《贵州大学学报》（社会科学版）2016 年第 1 期。

居斌斌：《抗战时期毛泽东根据地经济建设思想研究》，《决策与信息》2016 年第 10 期。

瞿宏州：《论湘西土家族丧葬习俗的文化蕴涵》，《民族论坛》2016 年第 6 期。

瞿丽芝：《曾国藩的孝悌思想及现代启示》，硕士学位论文，湖南师范大学，2016 年。

康慧云：《湖南民间音乐的特性和价值》，《城市学刊》2016 年第 1 期。

旷黄忠：《湖南幽岩石刻初探》，《湘学研究》2016 年第 2 期。

兰垂洪、肖文艳：《社会学功能主义视角下清真寺的社会功能——以湖南桃源枫树维回乡清真寺为例》，《宜春学院学报》2016 年第 11 期。

乐之乐:《“三女”傩戏与社会性别研究》,《文史博览(理论)》2016年第3期。

乐之乐:《仪式中的社会性别建构——以湘西苗族“还傩愿”为例》,《湖北民族学院学报》(哲学社会科学版)2016年第5期。

雷国珍、祁雪春:《论红色湘女与湖湘文化》,《湘潮》(下半月)2016年第4期。

李博、韩诗洁等:《万里茶道湖南段文化线路遗产结构初探》,《湖南社会科学》2016年第4期。

李长泰:《论王夫之公正思想的礼用贯通面向》,《湖南师范大学社会科学学报》2016年第2期。

李朝军、夏军、郑焱:《湖湘文化与旅游产业融合发展模式研究》,《湖南行政学院学报》2016年第3期。

李晨曦:《维新时期湖南报人群体研究》,硕士学位论文,湖南大学,2016年。

李春林:《毛泽东延安时期改造干部学风的思想及启示》,《思想政治教育研究》2016年第5期。

李聪:《胡耀邦全面改革思想形成简论》,《泰山学院学报》2016年第1期。

李芳:《左宗棠举荐刘锦棠接任督办新疆军务之我见》,《伊犁师范学院学报》(社会科学版)2016年第4期。

李贵忠:《刘少奇对“新民主主义社会”经济问题的探索及其意义》,《经济研究导刊》2016年第10期。

李合敏:《论毛泽东的“技术革命”思想》,《决策与信息》2016年第8期。

李合敏:《论毛泽东的自然科学观》,《河套学院学报》2016年第3期。

李红、胡彬彬:《乡村的历史与建构——以醴南盐山寺十姓为例》,《湖南师范大学社会科学学报》2016年第5期。

李红梅:《论毛泽东在广州农讲所时期的农运干部教育思想》,《白城师范学院学报》2016年第3期。

李虹:《湘西傩戏音乐发展史考略》,《艺海》2016年第1期。

李湖江:《抗战时期南岳佛道救难协会研究》,《宗教学研究》2016年第2期。

李花蕾:《民国月岩石刻考述》,《湖南科技学院学报》2016年第7期。

李会军、付红梅：《道德、学术、政治：郭嵩焘“人心风俗”论的三重视域》，《船山学刊》2016 年第 5 期。

李佳齐：《毛泽东社会主义经济建设思想研究》，硕士学位论文，东北林业大学，2016 年。

李建锋：《论胡耀邦关于党的作风建设的思想》，《中共合肥市委党校学报》2016 年第 1 期。

李捷：《毛泽东思想与精神的当代价值》，《文化软实力》2016 年第 3 期。

李金善、赵然：《晚清、民国时期楚辞研究的现代转型——以王闿运、梁启超、游国恩为例》，《河北学刊》2016 年第 2 期。

李敬民：《心系三湘、情动四水——论孟勇交响乐作品〈湘江〉和〈日出东山〉的三重结构》，《创作与评论》2016 年第 2 期。

李菊花、胡泽湘、胡龙：《湘西地区土家族传统体育资源创意开发及其成效研究》，《四川体育科学》2016 年第 2 期。

李可心：《延安时期毛泽东的马克思主义理论教育思想及其当代启示》，博士学位论文，新疆大学，2016 年。

李历松：《湖湘有脉　笔墨为魂　解读湖南名人书法墨迹》，《收藏家》2016 年第 5 期。

李曼霞：《我国传统戏剧类非物质文化遗产的保存和发展初探——以湖南花鼓戏为例》，《广西师范大学学报》2016 年第 2 期。

李朋朋：《湘西土家族音乐文化在旅游产业开发中的传承与创新研究》，《贵州民族研究》2016 年第 7 期。

李鹏飞：《浅析毛泽东军事思想的理论基础和主要内容》，《世纪桥》2016 年第 10 期。

李鹏连：《郭嵩焘经学著述考略》，《湘学研究》2016 年第 2 期。

李鹏：《1924 年湖南水灾及其社会影响》，《文史博览（理论）》2016 年第 11 期。

李萍：《试论〈曾国藩家书〉治家思想的主体内容》，《成才之路》2016 年第 22 期。

李蒲星：《丹青水墨两相宜　传承新创一理牵》，《创作与评论》2016 年第 5 期。

李瑞昌：《毛泽东的家风》，《领导之友》2016 年第 14 期。

李涛：《左宗棠国防战略思想研究》，硕士学位论文，湖南大学，

2016 年。

李薇、李青：《土家族梯玛丧葬仪式研究——以龙山县坡脚乡为例》，《黄河之声》2016 年第 15 期。

李文：《近代公羊学与楚辞研究》，《天中学刊》2016 年第 2 期。

李霞：《论湖湘文化对湖南女性人才发展的影响》，决策论坛——公共政策的创新与分析学术研讨会，2016 年 9 月 23 日。

李霞：《中西融合的学者之诗——谈曾思艺的诗歌创作》，《广东开放大学学报》2016 年第 6 期。

李翔：《湘中梅山地区“打三星”考论》，《中国戏曲学院学报》2016 年第 2 期。

李新士：《冯友兰基于近代化视野对晚清湘学及湘人的研究》，《南阳师范学院学报》2016 年第 10 期。

李雄辉：《音乐剧〈袁隆平〉导演构思》，《艺海》2016 年第 7 期。

李洋：《一切景语皆情语——浅谈花鼓戏〈月塘村的菁妹子〉舞美设计》，《艺海》2016 年第 5 期。

李奕霖：《少众传统体育运动项目文化探究——湖南西部地区龙潭镇“舞蚕灯”文化》，《当代体育科技》2016 年第 9 期。

李迎霞：《论毛泽东的节俭思想及其现实意义》，《新西部》2016 年第 12 期。

李永春、岳梅：《毛泽东〈论持久战〉抄袭说驳议》，《毛泽东研究》2016 年第 5 期。

李佑新、吴璇：《胡耀邦与毛泽东交往实录》（上），《湖南科技大学学报》（社会科学版）2016 年第 3 期。

李佑新、吴璇：《胡耀邦与毛泽东交往实录》（下），《湖南科技大学学报》（社会科学版）2016 年第 4 期。

李元鹏：《胡林翼对孙子思想的认知与发展》，《滨州学院学报》2016 年第 3 期。

李赟：《毛泽东军事思想在长征中的发展》，《党史文苑》2016 年第 18 期。

李泽中：《论湖湘文化的廉政“基因”》，《湘潮》（下半月）2016 年第 3 期。

李曾辉：《湘西南地区梅山峒民“炭花舞”的宗教观念及社会价值》，《贵州民族研究》2016 年第 2 期。

李志松：《正义·民主·自由：毛泽东社会伦理思想探析》，《西北大学学报》（哲学社会科学版）2016年第4期。

梁惠娥、王中杰等：《女书文化的传播路径与方式考析》，《广西社会科学》2016年第1期。

梁堂华：《徐特立民主办学思想及其对高校办学的启示》，《特立学刊》2016年第4期。

梁柱：《毛泽东发展经济思想的三个基本立足点》，《中国浦东干部学院学报》2016年第6期。

廖君湘：《侗族萨岁文化生态问题刍议——以湖南通道坪坦侗寨“萨岁安殿仪式”田野考察》，《吉首大学学报》（社会科学版）2016年第1期。

林春菲：《苗族宗教仪式音乐形态中的道德观——以湘西龙鼻嘴村为例》，《民族论坛》2016年第3期。

林怀艺、王轲：《毛泽东对社会主义条件下科学技术发展的探索与启示》，《思想理论教育导刊》2016年第11期。

林玲：《论毛泽东教育思想对当代思想政治教育的启示》，《教育教学论坛》2016年第30期。

林榆堤、李灿：《旅游开发中民俗文化的保护与利用研究——以湖南通道侗族自治县为例》，《旅游市场》2016年第5期。

刘灿姣、林伟：《湖南江永水龙祠壁画的发现报告》，《世界宗教研究》2016年第4期。

刘常辉：《抗战时期毛泽东外交思想研究》，硕士学位论文，辽宁大学，2016年。

刘超：《雷海宗与蒋廷黻——兼论民国“新史学”的发展路径》，《社会科学论坛》2016年第8期。

刘春燕：《毛泽东的妇女婚姻思想研究》，硕士学位论文，哈尔滨商业大学，2016年。

刘大坚：《湖南武冈丝弦的现状分析及发展思考》，《艺术评鉴》2016年第3期。

刘德州：《〈周易异同商〉〈书经集传异同商〉作者献疑》，《中国典籍与文化》2016年第1期。

刘东立：《清早期造物特征——论岣嵝峰佛教石刻艺术》，《衡阳师范学院学报》2016年第2期。

刘东婷：《湖南民间音乐文化的保护与开发现状讨论》，《艺海》2016

年第9期。

刘飞：《毛泽东与王船山军事思想的相通之处》，硕士学位论文，新疆师范大学，2016年。

刘国武：《南岳圣帝信仰与衡岳地域社会——以民国以前时段为中心》，《衡阳师范学院学报》2016年第4期。

刘海霞、马立志：《毛泽东绿色发展思想探析》，《南京航空航天大学学报》（社会科学版）2016年第2期。

刘泓艺：《略论唐代长沙窑彩绘莲花纹饰的艺术特征和历史文化因素》，《陶瓷科学与艺术》2016年第6期。

刘欢：《船山“克己复礼”义析及其时代关切》，《船山学刊》2016年第6期。

刘惠、王旭利：《试析胡耀邦的人格魅力及其现实意义》，《西华师范大学学报》（哲学社会科学版）2016年第6期。

刘坚平、袁绍成：《文化空间视角下的湖南区域表演类非物质文化遗产保护与传承》，《艺海》2016年第12期。

刘建武：《挖掘湘学内涵，为湖湘文化塑魂铸品》，《湖南日报》2016年2月7日。

刘金如、蔡娟：《中央苏区时期罗荣桓对军队思想政治工作的突出贡献》，《老区建设》2016年第6期。

刘俊：《湘西双凤村摆手堂变迁与土家族的群体活动》，《装饰》2016年第7期。

刘荣：《王夫之〈读通鉴论〉中的为君之道》，《湖北社会科学》2016年第11期。

刘胜梅：《曾氏家风的内涵及其现实启示》，《学术探索》2016年第4期。

刘爽：《毛泽东富强思想探析》，硕士学位论文，湘潭大学，2016年。

刘思含、岳凯华：《政坛文学：审视当代文学的独特视角——读龙长吟〈治守之道：湖南当代政坛文学典论〉》，《武陵学刊》2016年第5期。

刘伟、廖晖：《湖湘文化融入大学生思想政治教育问题及其对策探讨》，《劳动保障世界》2016年第20期。

刘伟顺：《蔡锷在护国讨袁前夕的秘密革命活动综述》，《邵阳学院学报》（社会科学版）2016年第5期。

刘显著：《湖湘文化视域下的湖南政治生态建设》，《文史博览（理论）》2016 年第 6 期。

刘祥苑：《浅析毛泽东伦理思想的当代价值》，《中共南京市委党校学报》2016 年第 1 期。

刘新文：《金岳霖论题——一个逻辑的形而上学问题》，《清华大学学报》2016 年第 1 期。

刘兴禄、刘鹤：《民间历史文化记忆中的湘西用坪还傩愿》，《原生态民族文化学刊》2016 年第 3 期。

刘雪丽：《理想与现实之间的鸿沟——王闿运对晚清政局的观察》，《艺术科技》2016 年第 9 期。

刘雪松：《毛泽东与新中国医疗卫生工作》，《党史博览》2016 年第 5 期。

刘亚平：《基于人体工学的永州瑶族服装及文化变迁研究》，《民族论坛》2016 年第 2 期。

刘泱泱：《魏源及其史学著作》，《邵阳学院学报》（社会科学版）2016 年第 4 期。

刘洋：《毛泽东国际政治理论研究》，博士学位论文，东北师范大学，2016 年。

刘洋：《信义会在湘传教事业研究（1902—1937）》，硕士学位论文，湖南师范大学，2016 年。

刘怡果：《盘瓠传说对花瑶服饰形态的影响》，《艺海》2016 年第 5 期。

刘宜民：《毛泽东学校教育思想及对当代素质教育的启示研究》，硕士学位论文，北京化工大学，2016 年。

刘永春、刘洋：《毛泽东德育内容观及其当代价值》，《长沙民政职业技术学院学报》2016 年第 1 期。

刘震：《改革开放初期陈云与胡耀邦经济体制改革思想比较研究》，《传承》2016 年第 5 期。

刘正妙：《毛泽东社会主义经济建设思想述论——以 1958 年第一次郑州会议至 1959 年庐山会议前夕的“纠左”为中心的考察》，《河海大学学报》（哲学社会科学版）2016 年第 4 期。

刘正妙：《毛泽东与中共领导人对社会主义社会矛盾问题的解答——以八大前后的探索为例》，《毛泽东研究》2016 年第 4 期。

刘正妙：《1962—1965 年毛泽东和中央领导集体对中国特色社会主义经济建设道路的先行探索》，《思想理论教育导刊》2016 年第 8 期。

刘正萍:《浅谈刘少奇与盐阜抗日根据地的廉政教育》,《教育理论与实践》2016 年第 36 期。

刘志辉:《中央苏区时期任弼时对党的建设的思考》,《毛泽东研究》2016 年第 1 期。

柳王敏:《湖湘陈鹏年经世致用精神论》,《船山学刊》2016 年第 4 期。

龙佳妮、孙海林:《青年毛泽东军事思想价值观研究》,《文史博览(理论)》2016 年第 10 期。

龙剑宇:《毛泽东反腐倡廉的思想渊源与实践探索》,《毛泽东研究》2016 年第 2 期。

龙丽萍:《湘剧传承的现状分析与路径探讨》,《艺海》2016 年第 8 期。

龙晓添、萧放:《民间道教的礼仪传承与实践——以湖南湘乡丧礼为例》,《宗教学研究》2016 年第 2 期。

龙昱冰:《湖湘古筝曲目的文化体现》,《文艺评论》2016 年第 5 期。

龙昱冰:《湖湘文化融入高校音乐专业课程探析》,《当代音乐》2016 年第 9 期。

卢雅琼:《建国初期毛泽东民生思想研究(1949. 10—1956. 12)》,硕士学位论文,华东师范大学,2016 年。

鲁力:《中美传统修身思想比较研究——以〈曾国藩家书〉和〈富兰克林自传〉为例》,《河北青年管理干部学院学报》2016 年第 5 期。

鲁梦瑶:《刘少奇保持党的纯洁性思想研究》,硕士学位论文,扬州大学,2016 年。

鲁宁:《土文化元素在旅游纪念品设计中的创新应用研究》,《上海包装》2016 年第 10 期。

陆群、蒋欢宜:《腊尔山苗族祭坛“炯”的空间分布及文化内涵探讨》,《宗教学研究》2016 年第 3 期。

路海洋:《王先谦〈骈文类纂〉的文学批评建树》,《苏州大学学报》(哲学社会科学版)2016 年第 6 期。

吕保霖:《曾国藩家庭德育思想及其价值研究》,硕士学位论文,广西师范大学,2016 年。

吕冠南:《王先谦〈诗三家义集疏〉的三重困境》,《北京社会科学》2016 年第 6 期。

吕漫、周宁:《知礼、守节、创新:郭嵩焘外交活动评析》,《阜阳师范学院学报》(社会科学版)2016 年第 5 期。

吕双伟：《晚清湖湘骈文的崛起》，《求索》2016 年第 2 期。

吕锡琛：《宗教和谐的南岳启示》，《中国宗教》2016 年第 5 期。

吕昕娱：《左宗棠西部开发思想探究》，《赤峰学院学报》（汉文哲学社会科学版）2016 年第 6 期。

吕永川：《抗日战争时期毛泽东思想政治教育理论研究》，硕士学位论文，聊城大学，2016 年。

伦玉敏：《花山女神信仰的复苏与变迁——湖南江永县花山庙的人类学考察报告》，《地方文化研究》2016 年第 3 期。

罗彪：《一种原生的美学叙事——谈李岸的艺术创作》，《陶瓷科学与艺术》2016 年第 10 期。

罗付金：《政治家气质的诗人与诗人气质的政治家——浅析毛泽东与屈原何其相似乃尔的几点缘由》，《湘潮》2016 年第 7 期。

罗贵绒：《论康有为、谭嗣同对现代平等观念的接受与误读》，《江汉学术》2016 年第 5 期。

罗华：《近代湖南教会之传教》，《安徽文学》2016 年第 7 期。

罗建华：《斯塔尔论毛泽东的干部教育思想与实践——基于〈毛泽东的政治哲学〉的解读与反思》，《毛泽东研究》2016 年第 6 期。

罗璐：《王闿运〈楚辞释〉研究》，硕士学位论文，湖南大学，2016 年。

罗莎：《湖南花鼓戏演唱基础对提高湘籍女歌唱家演唱能力的作用》，《艺海》2016 年第 12 期。

罗晓琴：《族群生存策略：瑶族盘王信仰的功能研究》，《民族论坛》2016 年第 6 期。

罗雄：《刘少奇军事思想评析》，《军事历史》2016 年第 1 期。

罗悦文：《毛泽东农民教育思想及当代价值研究》，硕士学位论文，昆明理工大学，2016 年。

罗云、钟璞：《文化人类学视野下的湘西傩面具源流考》，《民族艺术研究》2016 年第 4 期。

麻勇恒、范生姣：《对生命神性的敬畏与遵从：武陵山区苗族的生命伦理》，《铜仁学院学报》2016 年第 2 期。

马纯红：《毛泽东共同富裕思想的渊源及其实践探索》，《毛泽东研究》2016 年第 4 期。

马冀群、沈万根：《毛泽东城乡协调发展思想与当代城乡发展一体化》，

《延边党校学报》2016 年第 1 期。

马鹏娟:《陈天华国民教育思想及其当代启示》,《长江大学学报》(社会科学版)2016 年第 8 期。

马晓珍:《论刘坤一在甲午战争时期的军事思想及军事活动》,硕士学位论文,华中师范大学,2016 年。

马勇:《蒋廷黻:学术史上的失踪者》,《中国文化》2016 年第 2 期。

马臻:《"濂溪通书,船山思问"》,《书屋》2016 年第 9 期。

满丹南、李海军等:《〈海国图志〉在英语世界首次译介研究》,《武陵学刊》2016 年第 5 期。

梅兴无:《贺龙:倾力协助彭德怀战西北》,《党史博采(纪实)》2016 年第 2 期。

梅珍生:《论庄子的自由与逍遥——以王夫之的〈庄子解〉为中心》,《船山学刊》2016 年第 5 期。

闵娟娟:《郭嵩焘的〈大学〉〈中庸〉研究》,硕士学位论文,湖南大学,2016 年。

莫丹华:《湖南省非物质文化遗产——梅山剪纸传承与发展途径的思考》,《大众文艺》2016 年第 8 期。

莫丹华:《论梅山剪纸的造型特征》,《艺术教育》2016 年第 6 期。

牟哥:《解读〈曾国藩家书〉中蕴藏的伦理文化》,《牡丹江教育学院学报》2016 年第 4 期。

倪艳秋:《毛泽东集体主义思想研究》,硕士学位论文,中央民族大学,2016 年。

聂迅、刘灵:《民国元年云南军政府南防调查考论》,《中国边疆史地研究》2016 年第 1 期。

宁崑君:《毛泽东对医疗卫生事业作出的贡献》,《传承》2016 年第 7 期。

宁茜:《曾国藩家庭教育思想及当代价值》,《科教导刊》(中旬刊)2016 年第 23 期。

宁宇涵:《浅析刘少奇对社会主义商品经济的理论探讨——以刘少奇读苏联〈政治经济学教科书〉为中心考察》,《金融经济》2016 年第 14 期。

钮小静、高菲:《湘西白族仗鼓舞的"舞武相融"》,《黄河之声》2016 年第 7 期。

钮小静、秦婷:《湘西白族仗鼓舞中蕴含的"本主"文化》,《大众文艺》2016 年第 12 期。

农伟培：《湖南清塘壮族自治乡壮歌音乐现状调查》，《歌海》2016 年第 6 期。

欧锦林：《毛泽东教育公平思想对优秀教师支持农村中小学教育的启示》，《中国教育技术装备》2016 年第 12 期。

欧艳君：《湖湘文化视野下湘西州小康梦圆路径探析》，《吉首大学学报》（社会科学版）2016 年第 S1 期。

欧阳恩涛：《魏源早期革新思想初探》，《邵阳学院学报》（社会科学版）2016 年第 3 期。

欧阳军喜：《新中国成立前夕毛泽东关于经济建设的战略构想及其影响》，《高校马克思主义理论研究》2016 年第 2 期。

潘谊清：《徐特立担当精神在大学生责任感教育中的运用》，《中共山西省委党校学报》2016 年第 1 期。

彭敏：《宋代湖南诗僧地域、宗派分布与存诗类型分析》，《湖南大学学报》（社会科学版）2016 年第 3 期。

彭巧燕、贺方春：《船山思想与社会主义核心价值观》，《衡阳师范学院学报》2016 年第 10 期。

彭书跃：《土家族“摆手堂”的空间记忆建构》，《民族论坛》2016 年第 7 期。

彭夏欢：《近代以来湘西土匪研究述评》，《传承》2016 年第 11 期。

彭雪开：《长沙地名源流考》，《长沙大学学报》2016 年第 6 期。

彭雪开：《宁乡地名源流考》，《长沙大学学报》2016 年第 30 卷第 4 期。

彭雪开：《秦置攸县及时间考》，《湖南工业大学学报》（社会科学版）2016 年第 4 期。

彭雪开：《邵阳地名源流考》，《邵阳学院学报》2016 年第 15 卷第 1 期。

彭雪开：《武冈地名源流考》，《邵阳学院学报》（社会科学版）2016 年第 3 期。

彭育龙：《曾国藩书法艺术影响下湖湘文化体系建构的创新与发展》，《大众文艺》2016 年第 8 期。

戚卫红：《曾国藩家训思想与教化路径新探》，《武陵学刊》2016 年第 5 期。

千泽星：《王先谦绅途阶段经世致用思想研究》，《河池学院学报》2016 年第 4 期。

钱路波:《毛泽东社会主义商品生产思想研究——以〈毛泽东读社会主义政治经济学批注和谈话〉为中心的考察》,《南京航空航天大学学报》(社会科学版)2016 年第 3 期。

秦帮兴:《论湖湘派对汉代诗歌的接受》,《中国韵文学刊》2016 年第 2 期。

秦程节:《毛泽东对外援助思想与实践》,《党的文献》2016 年第 6 期。

秦世龙:《魏源思想的理学渊源——以湖湘实学为视角》,《学术界》2016 年第 5 期。

邱海洪、胡蓉:《古村落传统节日民俗体育的特征和价值——以板梁古村元宵节“倒灯”为个案的研究》,《军事体育学报》2016 年第 4 期。

曲新楠:《湖南新石器时代祭祀遗存概述》,《文史博览(理论)》2016 年第 10 期。

屈晓军:《徐特立在长征中的教育实践》,《特立学刊》2016 年第 6 期。

全华凌、彭晓凤:《王船山咏史词中的主题思想》,《南华大学学报》2016 年第 3 期。

饶怀民:《经铿黄氏遗训对黄兴品格特质形成的影响》,《湖南师范大学社会科学学报》2016 年第 3 期。

容楠:《〈秋颂〉与〈秋晓风日偶忆淇上〉比较研究》,《文学教育》(下)2016 年第 7 期。

尚海丽:《湖南天主教教区历史沿革述略》,《中国天主教》2016 年第 6 期。

邵华:《文化转型与当代湖湘文化建设》,《湖南工业职业技术学院学报》2016 年第 5 期。

邵南征:《刘少奇论统一战线和人民政协》,《经营管理者》2016 年第 33 期。

申圣超:《论曾国藩孝道思想》,《学理论》2016 年第 9 期。

沈畅:《〈郎园读书志〉订补十四则》,《图书馆建设》2016 年第 4 期。

沈琳:《毛泽东的绿色发展思想及其时代价值》,硕士学位论文,合肥工业大学,2016 年。

盛健:《〈左宗棠家书〉思想研究》,硕士学位论文,青岛大学,2016 年。

石丹丹:《论湖湘文化中现代服装设计元素的发掘和对接》,《大众文艺》2016 年第 3 期。

石潇纯、阳骁：《论“艺芳模式”与曾宝荪的女子教育实践》，《湖南科技大学学报》（社会科学版）2016 年第 5 期。

石中英：《重新思考毛泽东的教育思想遗产》，《北京大学教育评论》2016 年第 3 期。

时贤：《浅析毛泽东军事思想对〈老子〉兵学思想的汲取》，《天中学刊》2016 年第 6 期。

寿思华：《中国经济发展要充分发挥社会主义优越性——论毛泽东新中国经济发展战略思想之三》，《改革与战略》2016 年第 7 期。

寿思华：《中国经济发展一定要坚定社会主义政治方向——论毛泽东新中国经济发展战略思想之一》，《改革与战略》2016 年第 3 期。

寿思华：《中国社会主义经济发展必须坚持公有制为基础——论毛泽东新中国经济发展战略思想之二》，《改革与战略》2016 年第 5 期。

舒文睿：《舒新城的教育目的论》，《教育家》2016 年第 3 期。

帅国文：《毛泽东社会领域平等思想概述》，《环球市场信息导报》2016 年第 29 期。

双立珍：《对宋教仁教育立国思想及实践活动的再认识》，《长江丛刊·理论研究》2016 年第 36 期。

宋淳桐：《对毛泽东军事辩证法“军事主体”问题的研究》，《传承》2016 年第 5 期。

宋淳桐：《对毛泽东军事思想“战争主动权”问题的研究》，《传承》2016 年第 6 期。

宋倩倩、陈晓玲：《侗锦图案中的民族文化内涵》，《湖南工程学院学报》2016 年第 3 期。

宋雪玲：《王夫之对君子理想人格的多重期许——以〈读通鉴论〉唐前史评为例》，《船山学刊》2016 年第 6 期。

苏瑞：《曾国藩家庭教育思想及其当代价值浅论》，硕士学位论文，贵州师范大学，2016 年。

苏新宇：《刘少奇关于人民民主政权组织形式的思想论析》，《东北师范大学学报》（哲学社会科学版）2016 年第 5 期。

孙婵：《音乐·湖湘·时代——孟勇访谈录》，《创作与评论》2016 年第 2 期。

孙明月：《毛泽东的农业合作思想与我国新时期农业合作组织》，硕士学位论文，石家庄铁道大学，2016 年。

孙清华:《毛泽东的思想教育艺术对大学生理想信念教育的启示——〈关于纠正党内的错误思想〉为例》,《武汉科技大学学报》(社会科学版)2016年第3期。

孙少柳:《突破与引领:湖南近代教育与社会生活的变迁》,《文史博览(理论)》2016年第1期。

孙婷婷:《蒋廷黻〈中国近代史〉史学思想探究》,《天中学刊》2016年第5期。

孙万君:《毛泽东农业合作化思想的再探析及当代价值》,《延边党校学报》2016年第4期。

覃嫔、姚孟沅:《湘西侗族傩舞的艺术与民俗特征》,《黄河之声》2016年第12期。

覃英:《省少数民族传统体育非物质文化遗产保护与传承研究》,《民族传统体育》2016年第31期。

谭凤林:《医学传教与湖南近代护理教育的发展》,《职大学报》2016年第3期。

谭丽洁:《毛泽东诗词中的政治审美思想研究》,硕士学位论文,广西师范大学,2016年。

谭文:《谈婚礼中的苗歌及其保护——以湘西凤凰县千工坪乡田冲村为例》,《歌海》2016年第4期。

谭智俊:《刘少奇的严明家风》,《福建党史月刊》2016年第7期。

汤城:《王夫之论"风俗"与历史盛衰》,《史学史研究》2016年第1期。

汤锐:《新发现的谭嗣同书简》,《船山学刊》2016年第2期。

汤素兰:《红土地,红辣椒——评"红辣椒儿童文学精品书系"》,《创作与评论》2016年第6期。

唐春玉:《谭嗣同〈仁学〉思想研究》,硕士学位论文,河北大学,2016年。

唐飞凤:《从〈诗比兴笺〉看魏源的人格之美》,《邵阳学院学报》2016年第3期。

唐慧妮:《浅析江华瑶族服饰图案纹样构成形式》,《艺术中国》2016年第9期。

唐靖:《清末资政院湖南公债案探析》,《湖南社会科学》2016年第3期。

唐任伍、范烁杰：《毛泽东民生思想及其当代价值》，《河北经贸大学学报》2016年第1期。

唐司妮：《胡直湖南行迹考》，《湘学研究》2016年第2期。

唐卫红：《王夫之的友情观及其当代价值》，《衡阳师范学院学报》2016年第5期。

唐正芒、周玉文：《质疑与释疑：关于〈论持久战〉影响力之辩论》，《湖南科技大学学报》（社会科学版）2016年第5期。

陶冬林：《毛泽东土地改革思想的价值及意义》，《老区建设》2016年第20期。

陶冬林：《毛泽东土地思想研究》，硕士学位论文，江西农业大学，2016年。

陶耘：《林伯渠经济思想的实践与作用》，《文教资料》2016年第24期。

滕艳、罗宗宇：《根植于湖湘热土中的文化意识——评谭仲池的小说创作》，《湖南工业大学学报》2016年第3期。

田铭钊：《论习近平强军目标思想与毛泽东军事思想的历史继承性》，《传承》2016年第9期。

田晓平：《曾国藩家庭伦理思想研究》，硕士学位论文，南京大学，2016年。

仝鑫：《建国前毛泽东军事和军事哲学思想研究》，硕士学位论文，黑龙江大学，2016年。

童星：《试析曾国藩与颜之推家庭教育思想的异同》，《集美大学学报》2016年第2期。

万琼华、石临风：《“五四”前湖南知识男性对“节妇烈女”的再现——以湖南〈大公报〉（1915—1919）为中心》，《云梦学刊》2016年第2期。

汪璧辉：《沈从文乡土小说文学命运的嬗变——兼对乡土文学走向世界的反思》，《吉首大学学报》2016年第4期。

汪海、金德谷：《土家族地区传统村落发展研究——以湘西土家族苗族自治州永顺县为例》，《贵州民族研究》2016年第8期。

汪雯雯：《从选本形态论曾国藩〈十八家诗钞〉的诗学观念》，《湖南人文科技学院学报》2016年第2期。

王彬辉、刘刚魁：《湖湘法治文化特质、建设实践和推进对策》，《中国司法》2016年第6期。

王聪:《平江“花灯戏”的艺术特征及其传承保护》,《艺术评鉴》2016年第3期。

王达敏:《毛泽东与桐城派》,《安徽大学学报》2016年第6期。

王大千:《郭嵩焘的〈条议海防事宜〉奏疏》,《洛阳师范学院学报》2016年第9期。

王德蓉:《罗荣桓家风:不要搞特殊》,《中国纪检监察》2016年第13期。

王定毅:《1960年代初期李富春农业恢复发展思想探析》,《湖南行政学院学报》2016年第4期。

王海娥:《建国后毛泽东农业现代化思想及当代价值研究》,硕士学位论文,兰州理工大学,2016年。

王浩:《明清时期湖南冰冻雪灾研究——以地方志为中心的考察》,《佳木斯大学社会科学学报》2016年第3期。

王洪铬、何际亮:《1912—1913年湖南县乡议会之教育经费议案研究》,《齐齐哈尔大学学报》(哲学社会科学版)2016年第4期。

王华、孙根年、龙茂兴:《体验视角下的古村落群旅游开发研究——以酉水河流域湖南段的土家村落群为例》,《贵州民族研究》2016年第4期。

王继超、韩立君:《试论曾国藩的主要对外经济思想》,《赤子》2016年第23期。

王继平:《论谭嗣同精神及其当代价值》,《湖湘论坛》2016年第1期。

王继平:《论湘学及其学术谱系》,《船山学刊》2016年第2期。

王继平:《太平天国时期的湖南乡村社会》,《求索》2016年第3期。

王继平:《晚清湘学发展的县学因素》,《安徽史学》2016年第3期。

王婧苏:《童性世界与现实世界碰撞中的张力——张力理论视角下刘第红的〈芍药仙子〉》,《上饶师范学院学报》2016年第1期。

王均伟:《毛泽东的家风故事》,《中国纪检监察》2016年第7期。

王俊桥:《知识·思想·信仰——郭嵩焘“回向三代”的理想诉求》,《船山学刊》2016年第2期。

王卡:《金岳霖的形上学与人生观》,《湖南大学学报》2016年第4期。

王开林:《〈湘军志〉惹起的笔墨官司》,《北京日报》2016年1月4日。

王克修:《传承与开发湖湘文化促城镇化发展》,《中国城市报》2016年4月4日。

王立胜、聂家华：《论毛泽东的政治动员和政治参与思想——以〈论持久战〉为中心的思考》，《山东农业大学学报》（社会科学版）2016 年第 1 期。

王琳：《曾宝荪教育思想研究》，硕士学位论文，西华师范大学，2016 年。

王鲁湘：《独立苍茫自咏诗——湖南名人书法展序》，《文艺生活》2016 年第 2 期。

王路：《论加字哲学——从金岳霖先生的一个区分谈起》，《清华大学学报》2016 年第 1 期。

王朋超：《抗战时期毛泽东军事思想研究》，《才智》2016 年第 6 期。

王青亦：《女书传播的主体、渠道及其启示》，《现代传播》2016 年第 11 期。

王日根、叶再兴：《明清湖南家族人口增长的趋势及差异——以族谱资料为中心的考察》，《南方人口》2016 年第 5 期。

王淑珍、何卫军、郎蕊：《教育心理学视角下曾氏家庭教育思想及现实意义》，《知识经济》2016 年第 19 期。

王文明、钮小静等：《靖州四十八寨赶歌场习俗调查——以岩湾歌场为样本》，《怀化学院学报》2016 年第 2 期。

王文远：《民国〈汝城县志〉述要》，《湘南学院学报》2016 年第 4 期。

王武：《黄兴为发展革命力量做出的突出贡献》，《兰台世界》2016 年第 23 期。

王细芝：《晚清湘潭闺阁诗人群研究初探》，《当代教育理论与实践》2016 年第 7 期。

王晓华：《走向深蓝的启蒙——魏源〈海国图志〉的意义》，《邵阳学院学报》（社会科学版）2016 年第 2 期。

王晓荣、王鑫：《任弼时与中央苏区党组织的布尔什维克化建设》，《毛泽东思想研究》2016 年第 1 期。

王晓天：《四库全书中之湘人著述概说》，《湘学研究》2016 年第 1—2 期。

王晓天：《曾国藩早年湘乡县试佚文的发现与考析——〈何谓也子曰不然〉当为曾国藩现存最早之文》，《湖南社会科学》2016 年第 6 期。

王兴国：《研究杨昌济父女生平思想的珍贵文献——读新发现的杨开慧三篇短文》，《船山学刊》2016 年第 3 期。

王雪霏：《周敦颐〈通书〉“无欲”思想初探》，《太原城市职业技术学院学报》2016 年第 12 期。

王叶青：《论湖湘女性文学的三种文化资源》，《安徽文学》2016 年第 1 期。

王勇：《毛泽东的收入分配思想》，《马克思主义学刊》2016 年第 2 辑。

王玉杰：《邓中夏教育思想研究》，硕士学位论文，西华大学，2016 年。

王玉杰：《论邓中夏的“平民教育”思想对促进“教育公平”的启迪作用》，《法制博览》2016 年第 16 期。

王玉强：《〈论共产党员的修养〉校勘和研究》，《党的文献》2016 年第 1 期。

王彧浓：《春——论民国四大书法家谭延闿之楷书》，《美与时代》2016 年第 4 期。

王预震：《浅析毛泽东在延安时期思想政治教育的成功经验》，《文教资料》2016 年第 2 期。

王泽应：《船山思想对建构中国特色哲学社会科学的贡献与启示》，《船山学刊》2016 年第 4 期。

王占宇、尹俊芳：《试论毛泽东医疗卫生思想的群众路线特征》，《山西高等学校社会科学学报》2016 年第 8 期。

王振：《论建国初期毛泽东的党员干部纪律作风教育》，《中共云南省委党校学报》2016 年第 1 期。

王志华：《畛域抑或归属——试论郭嵩焘的古文成就及其与湘乡派的关系》，《青海师范大学学报》2016 年第 6 期。

王志坚：《故乡如此好天恩——湖湘文化与齐白石》，《艺海》2016 年第 1 期。

王重升：《论唐才常的社会思想》，《兰州教育学院学报》2016 年第 10 期。

魏登云、周元美：《论刘少奇长征过贵州革命活动之功》，《遵义师范学院学报》2016 年第 1 期。

魏义霞：《大同之梦：康有为与谭嗣同的社会构想及其局限》，《江西社会科学》2016 年第 9 期。

魏义霞：《康有为、谭嗣同大同思想的理论误区》，《南京政治学院学报》2016 年第 4 期。

魏义霞：《论谭嗣同对格致之学的运用》，《白城师范学院学报》2016

年第 10 期。

魏义霞：《论谭嗣同基于尚动的变法主张》，《武陵学刊》2016 年第 3 期。

温雪飞：《毛泽东〈论十大关系〉中的和谐思想及当代价值》，硕士学位论文，喀什大学，2016 年。

文长华：《从〈曾国藩家书〉中学教育》，《科教新报》2016 年 11 月 17 日。

文建龙：《刘少奇出任国家主席期间关于民生问题的论述》，《前沿》2016 年第 1 期。

文建龙：《毛泽东实现共同富裕的实践模式及其评价》，《攀登》2016 年第 1 期。

文建龙、朱霞：《〈论共产党员的修养〉的历史贡献》，《西安政治学院学报》2016 年第 2 期。

文俊：《贺龙与红色间谍杨其昌的革命情谊》，《红岩春秋》2016 年第 7 期。

文理中、刘少英：《贺龙体育思想的传承与武陵山区特色体育发展探究》，《运动》2016 年第 10 期。

文选德：《关于屈原和毛泽东》，《湘潮》2016 年第 7 期。

翁建敏、石力：《湖南湘西苗族傩文化研究——“还傩愿”仪式调查研究》，《文化学刊》2016 年第 12 期。

翁敏：《近代日本驻长沙领事制度述论》，《唐山师范学院学报》2016 年第 3 期。

吴春福：《展潇湘风采奏时代新声评大型交响声乐套曲〈浏阳河颂〉》，《人民音乐》2016 年第 9 期。

吴根友：《〈周易外传〉的诠释体式及其诠释的创造性》，《学术月刊》2016 年第 8 期。

吴卫、周少卓：《湖南鸮形铜卣的艺术形式及文化内涵》，《包装学报》2016 年第 2 期。

吴远华：《基于田野调查的澧水船工号子研究》，《音乐探索》2016 年第 3 期。

吴振尘：《湖湘新童谣——谈李少白童谣》，《创作与评论》2016 年第 18 期。

吴振尘：《〈牛说话〉：生态文学的魔幻现实主义新表达》，《文史博览》

2016 年第 6 期。

吴志杰:《对魏源“经世致用”观的分析》,《教师》2016 年第 5 期。

吴志军、陈青阳:《滩头年画的历史演变与发展路径研究》,《包装工程》2016 年第 18 期。

伍春杰:《毛泽东农业合作化思想及其当代价值》,《现代经济信息》2016 年第 2 期。

伍先禄:《中国区域文化对外传播的问题与对策——以湖湘文化的对外传播为例》,《文史博览(理论)》2016 年第 5 期。

伍益中:《〈书香天下〉——湘剧高腔的新标高》,《艺海》2016 年第 5 期。

武军:《刘少奇与新中国国防建设》,《国防》2016 年第 12 期。

霞飞:《贺龙与新中国篮球运动》,《党史博览》2016 年第 3 期。

夏冰:《〈海国图志〉的三个版本考论》,《邵阳学院学报》2016 年第 3 期。

夏剑钦:《谭嗣同致刘淞芙书札编年辨证》,《船山学刊》2016 年第 6 期。

夏丽娟:《毛泽东民生思想与〈井冈山土地法〉的制定》,《中共南昌市委党校学报》2016 年第 5 期。

夏远生:《毛泽东对红军长征胜利的三大历史贡献》,《毛泽东研究》2016 年第 3 期。

夏远生:《毛泽东与向警予的文化精神》,《湘潮》(上半月)2016 年第 2 期。

夏远生:《“我们就是他生命长存的见证”——毛泽东十评屈原》,《湘潮》2016 年第 7 期。

夏远生:《湘学优良传统:我党建党思想的重要源泉和“文化基因”》,《湖南日报》2016 年 8 月 18 日。

肖峰:《论〈春秋大义述〉“经世致用”的时代特色和个人特色》,《大理大学学报》2016 年第 9 期。

肖峰:《论杨树达义近形旁任作》,《铜仁学院学报》2016 年第 5 期。

肖峰:《杨树达初文研究析论》,《贺州学院学报》2016 年第 2 期。

肖青桃、杨军:《邓中夏的教育实践与教育主张探析》,《兰台世界》2016 年第 5 期。

肖逸夫、曹心宝:《向警予早期教育思想与实践述评》,《遵义师范学院学报》2016年第3期。

肖永明、申蔚竹：《南宋湖湘学派对周敦颐的推崇及其思想动因》，《湖南社会科学》2016年第2期。

肖宇强：《京剧舞美设计中湖湘文化元素——创新京剧晚会〈湘魂京韵〉探析》，《西北美术》2016年第1期。

谢菲：《场域—资本视域下非物质文化遗产代表性传承人遴选实践反思——以宝庆竹刻和花瑶挑花为例》，《三峡论坛》2016年第6期。

谢丰、周小喜：《清末新政初期湖南改制书院兴办学堂的章程问题》，《大学教育科学》2016年第1期。

谢金辉：《革命时期毛泽东党内政治生活思想初探》，《学习与实践》2016年第12期。

谢景海：《我国生态文明建设的依靠力量——毛泽东社会发展理论和生态马克思主义的比较分析》，《包头职业技术学院学报》2016年第2期。

谢丽芳：《湖南女画家山水画选登》，《创作与评论》2016年第7期。

谢丽娟：《建国初期毛泽东社会风气治理路径及启示研究》，硕士学位论文，山西师范大学，2016年。

谢模楷：《论楚辞对李群玉诗歌创作的影响》，《文学与文化》2016年第3期。

熊锐：《王夫之〈宋论〉中对文天祥的批判》，《中国典籍与文化》2016年第3期。

熊文娟：《抗战时期毛泽东思想政治教育艺术论析》，《湖南工业职业技术学院学报》2016年第3期。

熊文娟：《曾国藩家庭教育伦理思想论析》，《宁波教育学院学报》2016年第5期。

熊晓晖：《苗族“椎牛祀”的文化特征》，《重庆三峡学院学报》2016年第1期。

熊晓辉：《辰河高腔的行当与表演技巧》，《贵州工程应用技术学院学报》2016年第5期。

熊晓辉：《湖湘艺术人物研究——湖南近代（1840—1949）音乐人物研究》，《三峡论坛》2016年第4期。

熊晓辉：《“书写”与“口传”：辰河高腔口述传播的镜像》，《文化与传播》2016年第2期。

熊英：《论“渔父精神”的内涵及其价值》，《武陵学刊》2016年第

1 期。

徐海祥、田铭:《黄兴实干精神的时代启示》,《齐齐哈尔大学学报》(哲学社会科学版) 2016 年第 11 期。

徐克勤、田代武等:《打造武陵山片区民族特色生态文化旅游支柱产业研究》,《民族论坛》2016 年第 1 期。

徐孟林:《曾国藩家庭生产消费思想浅析》,《文学教育》2016 年第 7 期。

徐兴灵、徐明忠:《毛泽东关于化解社会矛盾冲突思想探析》,《祖国》2016 年第 18 期。

徐雁:《“上不负先贤,下泽惠来学”——从〈沅湘耆旧集〉到〈湖南文献撷珍〉》,《文献研究》2016 年第 6 期。

徐耀芳:《“芸草”创作漫谈》,《艺海》2016 年第 5 期。

许冲:《毛泽东如何论析“斯科比事件”》,《党的文献》2016 年第 3 期。

许川川、苑芳江:《论井冈山时期毛泽东民生思想及其当代价值》,《继续教育研究》2016 年第 4 期。

许钢伟:《论武陵山区傩坛的组织形态》,《世界宗教文化》2016 年第 5 期。

许菊芳:《〈诵帚词集〉:现代学人心灵文献的历史书写》,《武陵学刊》2016 年第 4 期。

许丽英:《湖湘文化融入湖南大学生思想政治教育全过程研究》,《当代教育论坛》2016 年第 5 期。

薛方圆:《毛泽东民主革命时期的民主政治思想刍议》,《唐山学院学报》2016 年第 4 期。

薛莉、张莲:《左宗棠教育观及其实践路径》,《教育评论》2016 年第 2 期。

薛学共:《胡林翼军事哲学思想略论》,《船山学刊》2016 年第 6 期。

寻霖:《湖南文献史概述》,《图书馆》2016 年第 2 期。

严运楼:《毛泽东的适度福利思想及其实践研究》,《毛泽东思想研究》2016 年第 2 期。

严佐之:《清郭嵩焘注〈近思录〉及其“宗朱”之学》,《历史文献研究》2016 年第 1 期。

阎晶明:《创作是“美学抱负”的实现过程——读熊育群长篇小说〈己

卯年雨雪〉》，《南方文坛》2016 年第 6 期。

颜敏：《在战争的雨雪中重构故乡——〈己卯年雨雪〉的一种解读》，《肇庆学院学报》2016 年第 4 期。

晏杰雄：《论王跃文小说创作的纯文学品格》，《湘潭大学学报》2016 年第 5 期。

晏杰雄：《以一孔空灵映现苍莽大地——彭晓玲访谈录》，《创作与评论》2016 年第 7 期。

晏晓斐：《刚正翔实气雄文霸——晚清湘籍名家书法散论》，《中国书画》2016 年第 7 期。

阳海燕：《王夫之的家庭伦理观及其当代价值》，《衡阳师范学院学报》2016 年第 5 期。

阳信生、饶怀民：《长沙抢米风潮爆发的肇因探析》，《文史博览（理论）》2016 年第 12 期。

杨丹：《红樱桃　绿芭蕉——彭玲的陶瓷世界》，《陶瓷科学与艺术》2016 年第 11 期。

杨帆：《象征、符号与权力——基于马颈坳镇烧龙仪式的田野考察》，《装饰》2016 年第 8 期。

杨海燕：《毛泽东的优良家风》，《党史博采》2016 年第 7 期。

杨和英：《再论毛泽东民生思想的意蕴与特征》，《经营管理者》2016 年第 23 期。

杨华方：《一幅人性最美的画卷——记最美画家段江华》，《创作与评论》2016 年第 9 期。

杨建蓉：《侗族织锦色彩语言研究——以湖南通道地区侗锦为例》，《装饰》2016 年第 9 期。

杨军林：《艺术人类学视野下的吊脚楼建筑景观研究》，《吉首大学学报》（社会科学版）2016 年第 6 期。

杨俊、杜红政：《沅陵传统龙舟竞渡的发展》，《湖北体育科技》2016 年第 11 期。

杨奎松：《晋西事变与毛泽东的应对策略》，《史学月刊》2016 年第 1 期。

杨丽平：《毛泽东家风的正能量》，《现代交际》2016 年第 6 期。

杨玲玲：《民俗文化翻译中的缺省与补偿——武陵山片区侗族饮食民俗翻译的个案研究》，《民族论坛》2016 年第 2 期。

杨敏慧:《梅山宗教文化对湖南新化方言词汇的影响》,《广西职业技术学院学报》2016 年第 2 期。

杨涛:《彭玉麟与晚清水师》,硕士学位论文,郑州大学,2016 年。

杨旭东:《湖南麻阳苗族传统体育项目的发展现状与反思》,《湖北体育科技》2016 年第 7 期。

杨旭辉、朱光立:《论朱湘诗歌中的死亡书写》,《苏州科技学院学报》2016 年第 3 期。

杨艳姣:《向警予女子教育思想研究》,硕士学位论文,湖南师范大学,2016 年 4 月。

杨有楠:《论郑小驴小说的神秘书写》,《百家评论》2016 年第 3 期。

杨宇丹:《常德近现代航运业兴衰历程》,《怀化学院学报》2016 年第 1 期。

杨玉双:《从乡土诗意回望到文化思想纵笔——“谢宗玉散文创作研讨会”综述》,《创作与评论》2016 年第 22 期。

杨正社、潘民:《徐特立干部教育实践及启示研究》,《延安大学学报》(社会科学版) 2016 年第 1 期。

杨卓华:《五大发展理念与毛泽东〈论十大关系〉关系探讨》,《马克思主义研究》2016 年第 4 期。

尧育飞:《傅增湘旧藏〈长沙叶定侯家藏书纪略〉》,《湘学研究》2016 年第 1 辑。

尧育飞:《匡互生著述考——兼论其文集的整理》,《邵阳学院》(社会科学版) 2016 年第 6 期。

尧育飞:《新发现王闿运佚诗材料考释》,《湖南人文科技学院学报》2016 年第 2 期。

姚彬彬:《谭嗣同〈仁学〉中的佛教术语释例》,《湘学研究》2016 年第 1 辑。

姚庆武:《刘少奇 1961 年湖南天华调查的当代启示》,《经营管理者》2016 年第 35 期。

姚武:《魏源与湘学演进:中国近代化的开启与突围》,《湖南科技大学学报》2016 年第 2 期。

姚武:《魏源与湘学演进:中国近代化的开启与突围》,《湖南科技大学学报》(社会科学版) 2016 年第 2 期。

叶芳羽:《湘西竹编艺术的美学价值探析》,《传承》2016 年第 4 期。

叶诗：《湘潭王岱文学研究》，硕士学位论文，湘潭大学，2016 年。

易永卿：《周敦颐对湖湘文化和湖南人才的影响》，《湖南师范大学社会科学学报》2016 年第 6 期。

易子晴：《凤凰苗族祭祀服饰区域分类研究》，《艺术生活》2016 年第 2 期。

易子薇：《月岩韩子祁“先天道体”榜书石刻》，《湘学研究》2016 年第 2 期。

殷慧：《思想共识与文化自信——岳麓书院教育传统与本科生导师制》，《大学教育科学》2016 年第 5 期。

殷思佳、李鼎楚：《从宋、清两朝“榜告”看湖湘学派对湖南司法的影响》，《湖南科技大学学报》（社会科学版）2016 年第 6 期。

殷婷：《复兴梦 戏剧魂——评湘剧〈田汉与湘剧抗敌宣传队〉》，《艺海》2016 年第 8 期。

殷婷：《桑榆未晚霞满天——记湘剧表演艺术家曾金贵先生从艺七十周年系列活动》，《艺海》2016 年第 11 期。

尹芳：《青年毛泽东政治思想的转变进程》，硕士学位论文，湘潭大学，2016 年。

尹胜：《〈农村人民公社工作条例〉蕴含的毛泽东农村治理思想论析》，《党的文献》2016 年第 6 期。

尹媛萍：《蒋廷黻与中国近代史书写》，《史学史研究》2016 年第 1 期。

尤海锋：《对毛泽东社会主义工业化思想的探究》，《法制博览》2016 年第 2 期。

尤海锋：《新民主主义革命时期毛泽东工业化思想研究》，硕士学位论文，沈阳工业大学，2016 年。

尤君：《关于毛泽东思想政治教育理论的意义及启示》，《信息化建设》2016 年第 1 期。

于玲玲：《教育家舒新城的公民教育思想》，《教育家》2016 年第 3 期。

余满晖：《论刘少奇党建思想的生态政治意蕴》，《辽宁行政学院学报》2016 年第 7 期。

余求根、罗爱华：《近代湖南的反洋教叙事与湖南士绅的洋教观》，《文史博览（理论）》2016 年第 12 期。

育龙：《曾国藩书法艺术影响下湖湘文化体系建构的创新与发展》，《大众文艺》2016 年第 4 期。

喻立新:《长沙春秋扬越来源探究》,《长沙大学学报》2016 年第 4 期。

袁野璐:《南岳道教“早晚课”仪式中音乐的运用与形态》,《歌海》2016 年第 4 期。

袁悦:《基于湖南民间美术非遗保护视野的电子书籍设计探索》,《艺术评论》2016 年第 3 期。

苑芳江:《论新中国成立后毛泽东社会建设思想》,《学习与探索》2016 年第 5 期。

岳麟:《浅谈曾国藩家教思想及对当代教育的启示》,《教育现代化》2016 年第 30 期。

曾成贵:《任弼时长征及其对党的团结和统一的维护》,《中国延安干部学院学报》2016 年第 5 期。

曾维君、王素华:《蒋廷黻的经济现代化思想与实践》,《邵阳学院学报》2016 年第 3 期。

曾维君、王素华:《蒋廷黻对清华大学历史系专业改革之贡献》,《邵阳学院学报》2016 年第 1 期。

曾业英:《击椎生不是蔡锷,那又是谁?》,《历史研究》2016 年第 3 期。

展亚冰:《毛泽东社会主义平等思想研究》,硕士学位论文,曲阜师范大学,2016 年。

张贝:《建国后毛泽东和谐社会思想探析》,《红广角》2016 年第 8 期。

张冰钰、曾强:《隆回农民画的艺术特征及其传承保护探究》,《美术广角》2016 年第 2 期。

张超凡:《长沙郡起源初探》,《长沙大学学报》2016 年第 30 卷第 1 期。

张弛:《国外毛泽东经济思想研究状况评述》,《政治经济学评论》2016 年第 4 期。

张弛:《湖南城步苗族“风俗歌”探析》,《艺术评鉴》2016 年第 7 期。

张传跃:《抗战爆发前后之湘西革屯运动探析》,《民族论坛》2016 年第 2 期。

张纯、侯典举:《毛泽东探索中国特色社会主义道路的历史贡献》,《大庆师范学院学报》2016 年第 5 期。

张纯、李佳齐:《毛泽东社会主义工业化道路探索及当代价值》,《佳木斯大学社会科学学报》2016 年第 2 期。

张大联:《湖湘文化中的忧患意识与魏源的“救亡图存”“经世致

用”》,《文学教育(下)》2016年第12期。

张帆:《谭嗣同与蔡和森的社会进化思想之比较》,《赤峰学院学报》(汉文哲学社会科学版)2016年第12期。

张宏杰:《曾国藩的家教法》,《视野》2016年第17期。

张洪萍:《基于乡村:徐特立的教师观研究》,《湖南第一师范学院学报》2016年第5期。

张洪萍:《“子弟不教非我有”——徐特立早年普及教育思想及小学教育实践考察》,《特立学刊》2016年第1期。

张徽徽:《汨罗传统龙舟竞渡的渊源探析》,《开封教育学院学报》2016年第2期。

张佳慧:《论徐特立的思想政治教育理论及其启示》,《佳木斯职业学院学报》2016年第4期。

张建安:《平民化叙事的魅力——刘克邦散文创作论》,《湖南师范大学社会科学学报》2016年第5期。

张箭宇:《四渡赤水战役在中国革命中的历史地位再思考》,《上海党史与党建》2016年第10期。

张京华:《湘学的源头和湖南的贡献》,《中华读书报》2016年6月15日。

张京华:《〈永禁江坡〉〈永禁水源〉二碑初探》,《湖南科技学院学报》2016年第4期。

张晶:《湖南民族音乐传承研究——以音乐创作为手段》,《艺术评鉴》2016年第6期。

张晶萍:《湘学何以可能——评〈湘学通论〉》,《湘学研究》2016年第2辑。

张凯丽:《革命战争时期成仿吾的红色干部教育思想及实践》,《延边党校学报》2016年第1期。

张璐璐:《毛泽东农民教育思想对当前我国农民教育问题的启示》,《才智》2016年第12期。

张蕊:《人民教育家徐特立个体成长史研究》,硕士学位论文,天津师范大学,2016年。

张赛娟、蒋卫平:《侗寨鼓楼装饰艺术探析》,《贵州民族研究》2016年第4期。

张淑贤:《祭酒王先谦在新旧教育改革中的突围与坚守》,《继续教育研究》2016 年第 10 期。

张堂锜:《从〈近代侠义英雄传〉看平江不肖生的民族精神与文化反思》,《宜宾学院学报》2016 年第 1 期。

张涛:《冠盖满京华　斯人独憔悴——齐白石〈松鹰图〉研究》,《美术学报》2016 年第 1 期。

张玮:《浅论左宗棠对河西的开发》,《兰台世界》2016 年第 4 期。

张文博、冯泽玉:《浅析抗战时期毛泽东思想政治教育方法及现实启示》,《传承》2016 年第 1 期。

张文涛:《“佛化革命，革命佛化”：唐生智与北伐前后的湖南政教关系》,《武陵学刊》2016 年第 1 期。

张霞:《雪峰山东麓的丝弦音乐系统研究漫谈》，《黄河之声》2016 年第 1 期。

张翔云:《从〈禁种罂粟四字谕〉看左宗棠禁烟》，《兰台世界》2016 年第 13 期。

张潇逸:《论晚清官员曾纪泽的外交素养》,《西安文理学院学报》（社会科学版）2016 年第 6 期。

张晓林:《谭嗣同对儒家“天道—人伦”秩序的重塑——基督教对谭嗣同〈仁学〉“天”概念的建构意义》,《甘肃社会科学》2016 年第 4 期。

张亚飞、王晓荣:《毛泽东社会保障与党建思想的关系及启示》,《陕西行政学院学报》2016 年第 2 期。

张彦哲:《毛泽东早期体育思想及其当代价值》，硕士学位论文，河北师范大学，2016 年。

张燚、温世娣:《浅析曾国藩传统廉洁思想在加强高校党风廉政建设中的价值》,《人才资源开发》2016 年第 14 期。

张应军、李柏山:《武陵山片区竹编文化传承研究》,《怀化学院学报》2016 年第 2 期。

张颖:《毛泽东社会公正思想及其启示》，《郑州航空工业管理学院学报》（社会科学版）2016 年第 5 期。

张宇:《毛泽东对中国特色社会主义政治经济学的探索》,《高校马克思主义理论研究》2016 年第 2 期。

张泽洪：《梅山教文化圈与南岭走廊多元宗教研究》，《宗教学研究》2016 年第 3 期。

张昭国、时贤:《刘少奇在建国初期工会问题论争中的转向论析》,《衡阳师范学院学报》2016 年第 4 期。

张之薇：《尊重传统而又不为传统所拘——观湘剧〈月亮粑粑〉有感》，《艺海》2016 年第 11 期。

章梅芳、姜凯云等：《湖南通道侗族织锦技艺调查》，《北京科技大学学报》（社会科学版）2016 年第 6 期。

赵福超：《毛泽东在遵义会议前后的军事建议》，《吉首大学学报》（社会科学版）2016 年第 S2 期。

赵国宝、何阶平：《毛泽东对中国改革开放的历史贡献》，《中共桂林市委党校学报》2016 年第 3 期。

赵剑锋：《左宗棠与〈伊犁条约〉》，《伊犁师范学院学报》（社会科学版）2016 年第 4 期。

赵静：《刘少奇与〈论共产党员的修养〉》，《戏剧之家》2016 年第 20 期。

赵立波：《曾国藩倾力打造家风》，《文史月刊》2016 年第 6 期。

赵临：《曾国藩的思想政治教育观简析》，《改革与开放》2016 年第 15 期。

赵书峰：《“认同的力量”／“逃避统治的‘艺术’”——湘、粤、桂过山瑶音乐“族性歌腔”的文化隐喻》，《民族艺术研究》2016 年第 6 期。

赵书峰：《瑶族婚俗仪式音乐的调查研究——以湘、桂、滇瑶族为例》，《民族艺术研究》2016 年第 3 期。

赵同友、董标：《韩国的“毛泽东教育学”研究》，《湖南科技大学学报》（社会科学版）2016 年第 6 期。

赵伟：《毛泽东对抗战群体民生问题的思考》，《党史文苑》2016 年第 11 期。

赵义山：《幽愤之歌吟，时代之骚雅——论羊春秋的散曲创作》，《文艺研究》2016 年第 8 期。

郑碧莲：《当代中国马克思主义的民生观及其时代价值》，《广西青年干部学院学报》2016 年第 1 期。

郑红飞：《曾纪泽使俄前后的心路历程》，《学理论》2016 年第 4 期。

郑千山：《传统家庭教育“八宝饭”——〈曾国藩家书〉读后》，《云南日报》2016 年 8 月 27 日。

郑倩：《浅论毛泽东廉政教育思想及其指导意义》，《经济研究导刊》2016 年第 28 期。

郑劭荣、胡丽春:《口述的力量——论辰河高腔文本的生成》,《戏剧文学》2016 年第 3 期。

郑卫平:《毛泽东农业合作化思想研究》,硕士学位论文,湘潭大学,2016 年。

郑文武、邓运员等:《湘西传统聚落文化景观定量评价与区划》,《人文地理》2016 年第 2 期。

郑学:《晚清至民国初期的实验性书写——易顺鼎对七古文体的突破与革新》,《中南大学学报》(社会科学版)2016 年第 2 期。

钟德涛、钟道邦:《胡耀邦从严治党思想述要》,《决策与信息》2016 年第 9 期。

钟山、黄旭东等:《雄师劲旅“彭习军”》,《党史文苑》2016 年第 21 期。

钟山、黄旭东、樊敏涛、汤家玉:《“彭习军”战略大反攻》,《党史文苑》2016 年第 23 期。

周方、高彭露:《宋代湖南地区的茶业经济研究》,《中国农史》2016 年第 4 期。

周方高、宋惠聪:《〈全宋文〉拾补十一则——以〈永乐大典〉本〈湖南方志〉为中心》,《信阳师范学院学报》(哲学社会科学版)2016 年第 2 期。

周广友:《王夫之〈周易外传〉中的圣人观释要》,《中国哲学史》2016 年第 1 期。

周海生:《曾国藩也讲“政治规矩”》,《领导科学》2016 年第 13 期。

周虹霞、张昊:《论曾国藩的建军思想》,《才智》2016 年第 12 期。

周建刚:《张栻对周敦颐之学的继承与发展》,《求索》2016 年第 11 期。

周建刚:《周敦颐与北宋理学之形成》,《湖南科技学院学报》2016 年第 6 期。

周接兵:《挽救危亡:帝国主义瓜分中国形势下的湘学》,《上饶师范学院学报》2016 年第 4 期。

周接兵:《杨昌济的教育救国理念》,《教育家》2016 年第 10 期。

周金堂、李春耕:《新中国成立前后毛泽东的社会工作思想》,《赣南师范学院学报》2016 年第 2 期。

周娟:《魏源慈善思想的历史考察》,《吉首大学学报》(社会科学版)

2016 年第 S1 期。

周敏之：《向警予妇女解放思想之演进》，《湘潮》（下半月）2016 年第 4 期。

周平、张波、熊少波：《苗族节庆体育文化的现代流变——以花垣赶秋习俗为例》，《湖北体育科技》2016 年第 12 期。

周天翼：《左宗棠国家政治伦理思想研究》，硕士学位论文，广西民族大学，2016 年。

周苇：《蒋廷黻的史学思想及其实践》，硕士学位论文，湘潭大学，2016 年。

周新城：《毛泽东经济思想的若干问题探讨（上、下）——学习〈毛泽东读社会主义政治经济学批注和谈话〉》，《当代经济研究》2016 年第 3、4 期。

周雪华、周春晖、谭镜江：《湘西苗族节日体育变迁的文化人类学反思》，《大众体育》2016 年第 2 期。

周亚平：《论唐群英的湘女性格与女杰气质》，《湘潮》（下半月）2016 年第 4 期。

周艳华：《基于碑刻文献的潇湘古渡——永州老埠头研究》，《湖南科技学院学报》2016 年第 1 期。

周英姿：《清光绪辛卯〈巴陵县志〉之人文精神及其当代启示》，《湖南科技学院学报》2016 年第 2 期。

周友良、李林娇：《湘音〈思情鬼歌〉分析与传承》，《湖北师范学院学报》2016 年第 2 期。

周宇：《曾国藩道德教育思想及其对当代思想政治教育的启示》，硕士学位论文，华中师范大学，2016 年。

周远成：《〈周氏五修族谱〉泥田旧序——宋杨万里佚文一篇》，《衡阳师范学院学报》2016 年第 37 卷第 2 期。

周卓霖：《湖南子腊传统古村落建筑的考察与分析》，《艺术科技》2016 年第 12 期。

周宗文：《罗荣桓：达到三个过硬，问题就迎刃而解》，《北京日报》2016 年 1 月 11 日。

周作明：《临武县油湾村人的傩神信仰和民俗傩戏》，《艺海》2016 年第 9 期。

周作明：《通过旅游推进傩文化的保护与利用——以湖南临武傩为例》，

《艺海》2016年第1期。

朱春晖:《毛泽东对马克思分配正义理论的承传与创新》,《湖南科技大学学报》(社会科学版)2016年第5期。

朱迪光:《民国时期〈船山学报〉办刊宗旨发覆》,《船山学刊》2016年第2期。

朱汉民:《湖湘文化精神的务实与浪漫》,《求索》2016年第4期。

朱汉民、郑翔高:《湖湘士人的叛逆与忠诚》,《湖南社会科学》2016年第3期。

朱洪举:《论王闿运的"以词掩意"观》,《郑州师范教育》2016年第2期。

朱慧勇:《兼顾与均衡:毛泽东城乡发展观的逻辑主线》,《山西高等学校社会科学学报》2016年第4期。

朱锦平:《李富春经济思想研究(1949—1966)》,硕士学位论文,浙江师范大学,2016年。

朱民强:《毛泽东社会主义商品经济思想研究》,《人民论坛》2016年第3期。

朱小平:《红色文学湘女的革命情怀》,《湘潮》2016年第4期。

朱旭晨:《谢冰莹创作与研究综述》,《燕山大学学报》2016年第4期。

朱则杰:《〈清人诗文集总目提要〉订补——以吴登鸿等五位湖南籍作家为中心》,《衡阳师范学院学报》2016年第2期。

邹标昌:《湖湘大地上延续两千余年的天问——初探屈原与毛泽东的湘楚精神》,《湘潮》(下半月)2016年第6期。

邹标昌、夏远声:《从屈原到毛泽东:伟大浪漫的理想情怀》,《湘潮》2016年第7期。

邹啸宇:《胡寅中道观探析》,《船山学刊》2016年第3期。

邹新华:《湘西苗寨山歌及其传承思考》,《四川戏剧》2016年第5期。

邹宇灵:《作为文化表征的仪式艺术与文化再生产——以两个场域中的湘西苗族绺巾舞蹈为例》,《民族艺术》2016年第6期。

左静:《浅谈湖南皮影造型艺术的特点》,《大众文艺》2016年第15期。